U0142862

當代整合分析理論與實務

理論與實務

ESS、Meta-SEM、Mvmeta & WinBUGS

Theory and Practice of Modern Meta-analysis: ESS、Meta-SEM、Mvmeta & WinBUGS

李茂能 教授 著

五南圖書出版公司 印行

序 言

　　基於全方位內容的撰寫理念，繼《傳統整合分析理論與實務》一書之後，《當代整合分析理論與實務》的發行，將使整合分析的知識體系更加完備。《當代整合分析理論與實務》延伸了前書的知能，乃是整合分析的嶄新領域。「證據導向的整合分析」是未來量化研究的主流。如果 IRT 理論是測驗界的工業革命，整合分析可說是量化研究界的工業革命，它是無學術領域疆界的必備知能。目前已受到實證醫學、經濟學、心理學、教育學、社會科學、市場行銷等各學術領域的廣泛應用。整合分析的研究在國內學術界已漸受重視，期盼傳統與當代整合分析理論與實務等系列叢書及相關軟體的出版，能讓整合分析的學術更容易落實於研究方法課程中或實際的研究上。

　　本書旨在引領讀者進入整合分析的新境界，探究 SEM & HLM 如何與整合分析相結合、熟悉心理計量整合分析的意義與運用、了解貝氏網絡整合分析與熟練 Mvmeta、metaSEM、metafor & netmeta 等套件在整合分析上之特殊用途。本書中理論的部分均儘量簡化，以著重在實例解說上；實例解說部分將利用到整合分析軟體 Effect Size Synthesizer (ESS)、SEM 與 HLM、WinBUGS、STATA、R 語言等統計分析軟體。為使讀者能有效掌握這些軟體的基本操作實務與相關語法，均以實例配合相關語法加以論述，以利讀者學以致用。全書共分八章，分別介紹 SEM、HLM 在整合分析上的運用、心理計量整合分析、間接比較與網絡整合分析、貝氏網絡整合分析與 WinBUGS 簡介、STATA Mvmeta 套件之簡介、R 套件：metaSEM、metafor & netmeta 之簡介、ESS 在心理計量整合分析的操作與應用。各章節係以最新之理論為經、以實務為緯，深入淺出交織而成系統化與全方位的整合分析知能，讓讀者能迅速應用到實際的研究上，以進行理論之建立或實務之應用。

　　國內系統性的整合分析專書與本土化之應用軟體尚不足，秉持著接受挑戰與開拓新視野的狂熱信念，歷經數年的文獻研析、筆耕與 VBA 程式撰寫及除錯，筆者終於能將此學習過程的心血結晶與讀者分享。企盼個人棉薄的貢獻，可以讓國內的整合分析學術落地生根，並開花結果。雖然書中內容儘可能與國際最新學術同步，但整合分析知能日新月異，亦請整合分析的專家或讀者不吝指教，俾使本書與免費 ESS 軟體日趨完善。

最後，在寫作過程中，及時獲得下列各領域專家：臺灣大學杜裕康教授、英國 Cambridge 大學 Ian White & Jessica Barrett 教授、美國 Iowa 大學 Frank Schmidt 教授、美國 Texas 大學 Huy Le 教授、國立新加坡大學 Mike Cheung 教授與希臘 Ioannina 大學 Anna Chaimani 博士後研究員，在專業上的無私協助，表達由衷感激。當然值此出版界寒冬，五南圖書出版公司仍慨允付梓及編輯群的高品質編輯，本書才得以在讀者殷殷期盼中順利問世。

李茂能 於嘉義大學
2016 年初夏

Contents

HLM 在整合分析上的應用　　103

Contents

Contents

Chapter 05　WinBUGS 簡介與貝氏網絡整合分析　267

Chapter 06 STATA 網絡整合分析套件 Mvmeta 之簡介　　393

Contents

Chapter 07　Netmeta R 套件簡介與整合分析　　443

Chapter 08 心理計量整合分析 ESS 的建檔格式與操作　　493

01

SEM 在整合分析上的運用

本章綱要

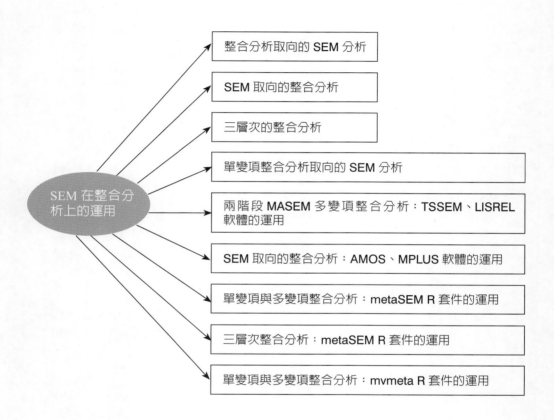

整合分析取向的 SEM 分析

SEM 取向的整合分析

三層次的整合分析

單變項整合分析取向的 SEM 分析

兩階段 MASEM 多變項整合分析：TSSEM、LISREL 軟體的運用

SEM 取向的整合分析：AMOS、MPLUS 軟體的運用

單變項與多變項整合分析：metaSEM R 套件的運用

三層次整合分析：metaSEM R 套件的運用

單變項與多變項整合分析：mvmeta R 套件的運用

SEM 在整合分析上的運用

　　整合分析與統計方法間具有密切關係，研究者可以根據整合分析結果進行任何類別的統計分析，例如：SEM（Viswesvaran & Ones, 1995）& 因素分析（Graham, 2011）；研究者亦可利用各類統計方法進行整合分析，例如：利用 SEM（Cheung, 2009）& HLM（Hox, 2010）進行整合分析。因而，就 SEM 在整合分析上運用而言，研究者可以利用整合分析結果進行 SEM 分析，亦可利用 SEM 進行整合分析。這兩類的整合分析，乃是本章探討的核心議題。

　　第一類的整合分析，利用整合分析結果進行 SEM 分析，首推 Viswesvaran 與 Ones（1995）、Shadish（1996）二階段的整合分析研究。此類整合分析，研究者首先，需進行「整合分析」求取相關係數矩陣當作理論模式的觀察值，其次再利用「結構方程模式」加以考驗該理論模式的適配性，突破了整合分析與結構方程模式的分離不相統屬的關係。不過，此類利用整合分析結果所建立之因果結構模式，常係來自於非實驗性的整合衍生的證據（synthesis-generated evidence），因無法排除第三變因，至多僅能再度驗證其關聯性而已。SEM 的應用並無法改變其關聯性的本質，真正的因果關係之推論，有待來自於透過實驗操弄的研究衍生證據（study-generated evidence）。

近年來，Cheung（2002）、Cheung 與 Chan（2005a & 2009b）更提出了可以處理缺失值的二階段 SEM（結合 TSSEM & LISREL 軟體）途徑，進行 MASEM（Meta-analytic Structural Equation Modeling）分析。TSSEM 分析在本質上，係 SEM 的固定效果整合性分析（最新的 metaSEM 的 R 套件，已能處理隨機效果模式），過程中會先整合相關或共變數矩陣，再利用此併組相關或共變數矩陣，進行理論模式之適配度考驗。傳統之 SEM 分析的焦點放在原始資料上，而 MASEM 分析在處理併組相關或共變數矩陣；並且可以考驗提議模式在不同樣本、不同情境、不同測量模式間的適配度。當提議模式在不同樣本、不同情境、或不同測量模式間的適配度良好時，MASEM 可以提供更堅強的證據（strong evidence），支持所提議的理論模式；如果其適配度不佳時，研究者可以繼續分析該理論模式在不同群組或在不同研究特徵上的適配性（Cheung, 2015）。換言之，MASEM 可以分析研究結果不一致的原因，也可以選出最佳的理論模式。

至於第二類的整合分析，則旨在利用 SEM 的相關技術，進行純粹的傳統整合分析（SEM-based meta-analysis），但過程中並不進行適配度的考驗（Cheung, 2009b）。

早期 Viswesvaran 與 Ones（1995）的整合分析，係採徑路分析模式，涉及以下七大步驟，前三步驟旨在概念的操作型界定，其後之步驟則為統計考驗步驟：

1. 確認重要的構念與其關聯性。
2. 界定每一構念的測量指標。
3. 取得研究中的所有相關統計量。
4. 進行心理計量整合分析（psychometric meta-analysis），以估計各指標間的真分數（母群）相關係數。

有些研究者（Conway, 1999）認為第一階段的 SEM 分析就會校正測量誤差，因此在此階段並不須進行信、效度與全距減縮的校正。

5. 運用因素分析（CFA）考驗測量模式。

3

本步驟旨在檢驗所有的估計參數是否均具有顯著的重要性，可透過一系列的隔宿模式（nested models）進行考驗。

6. 利用各構念的組合分數，估計構念間的相關係數。

7. 利用估計出來的真分數相關係數進行徑路分析，以考驗提議的理論模式。

目前 SEM 的軟體（如 LISREL & AMOS），均能一次就完成步驟 6 & 步驟 7 的工作。假如各外顯指標層次的相關矩陣存在的話，研究者就可進行帶有潛在變項的 CFA 或 SEM 分析；假如只有組合分數（composite scores）的相關矩陣可用的話，研究者就只能進行徑路分析了。

以下首先介紹第一類整合分析取向的 SEM 分析，再介紹第二類 SEM 導向的整合分析。

一、整合分析取向的 SEM 分析

不管 Viswesvaran 與 Ones（1995）或 Cheung（2002，2009b）的整合分析法，均涉及兩階段之分析過程。此二階 MASEM 分析含有兩個階段：第一階段旨在整合相關或共變數矩陣（pooled correlation/covariance matrix）。在整合研究中的相關或共變數矩陣之前，研究者需先進行異質性分析（可利用 SEM 的多群組分析技術）；假如不同質，可利用群聚分析先分群，再作次群組之併組相關矩陣的估計。假如這些研究結果具有同質性而無顯著不同，就可進行計算併組相關或共變數矩陣。

MASEM 分析的第二階段則在利用併組相關矩陣，進行 SEM 理論模式的適配度考驗。此階段旨在針對併組相關或共變數矩陣進行 SEM 分析，以驗證理論模式；亦即使用併組相關矩陣（pooled correlation matrix）當作觀察共變數矩陣（observed covariance matrix），進行 SEM 分析以探究變項間的關係。研究者可使用所有研究的全部樣本大小或調和平均數（較為保守）作為 SEM 分析的樣本。樣本大小調和平均數的計算，如公式 1-1 所示：

$$N_{hm} = \frac{k}{(\frac{1}{N_1} + \frac{1}{N_2} + ... + \frac{1}{N_k})} \qquad 公式 1\text{-}1$$

以表 1-1 資料為例，示範估計人數如下：

$$N \cong \frac{K}{\sum_{i=1}^{k} \frac{1}{N_i}} \cong \frac{3}{(\frac{1}{77}) + (\frac{1}{77}) + (\frac{1}{72})} \cong 75 \text{ 人，K 為研究樣本數。}$$

表 1-1　身心障礙者家長之親職壓力、社會支持與生活品質的平均效果值分析

研究主題	k	N	N 的調和平均數	$\bar{r}$	95%CI		Q_T	Fail-safe N
					LL	UL		
親職壓力 - 社會支持	22	2478	77	-.25	-.29	-.21	90.77*	1097.40[a]
親職壓力 - 生活品質	24	2746	77	-.37	-.41	.34	311.6*	3687.40[a]
社會支持 - 生活品質	15	1276	72	.34	.29	.40	40.08*	767.60[a]

*p<.05；[a] 表示 Fail-Safe N>5k+10
註：取自陳瑋婷（2012）：親職壓力、社會支持與生活品質之關係研究：身心障礙者家長與普通家長之比較；K 為研究樣本數。

　　由表 1-1 知：對於身心障礙者家長而言，各研究主題相關係數之整合分析結果：親職壓力 - 社會支持 = -.25，親職壓力 - 生活品質 = -.37，社會支持 - 生活品質 = .34（Fisher's Z）。這些相關係數之各研究主題整合分析結果，可以透過 CMA 等統計分析軟體取得，圖1-1 係以親職壓力-社會支持為例的整合分析結果。

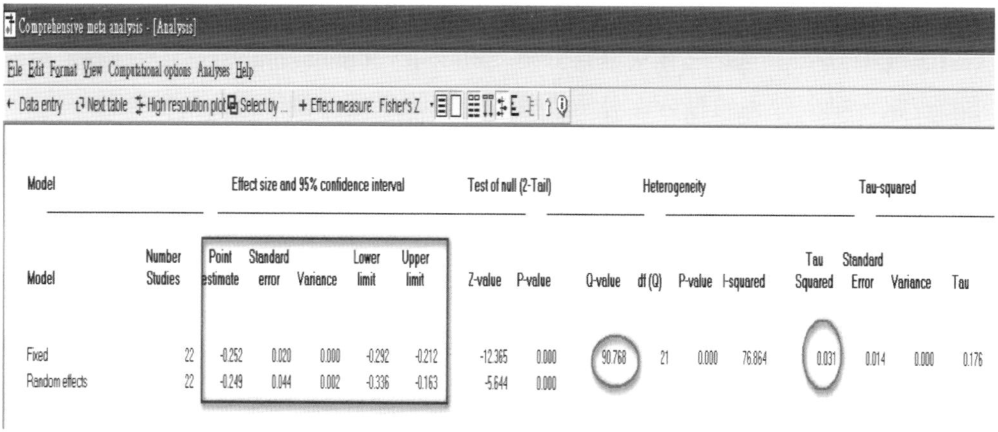

圖 1-1　相關係數整合分析結果之 CMA 報表

　　進行併組相關或共變數矩陣之計算途徑有單變項與多變項二種方式，前者係將各研究內的相關係數視為獨立無關；而後者則考慮到各研究內相關係數的依賴

性。這兩種統計分析可透過以下三種統計分析軟體或套件：TSSEM、metaSEM & mvmeta，進行資料分析；其中第一種為 DOS 軟體，後兩種為 R 套件。

(一) 單變項整合分析

　　單變項整合分析適用於效果值間的資料具獨立性（independence among the effect sizes）時，本分析法因比較容易實施而受到不少研究者的青睞。研究者可以利用 Hunter 與 Schmidt（2004）的單變項 r（取相關係數的平均值）法或 Hedges & Olkin（1985）的單變項 z_r（取 Fisher z_r 的平均值）法，計算併組相關矩陣；此種平均值法乃假設併組相關矩陣內的各元素為獨立無關。為了符合本基本假設，過去有些研究者會漠視相關性的存在、取平均效果值、每一研究只挑一個最佳效果值，或轉移分析單位（shifting the unit of analysis），即先選擇分析單位（如以每一研究的平均效果值為分析單位），再進行研究間的整合分析（Cheung, 2014, 2015）。由於完全漠視相關係數間之共變性或相關的權宜措施仍有不少缺點，例如：標準誤 SE 會低估、統計考驗力下降與研究問題會受限，而取平均效果值可能造成估計值的扭曲，參見 Yeager, Fong, Lee,& Espelage（2015）的反霸凌計畫效果與年紀關係的實例。另外，轉移分析單位可能造成資訊的流失與蒙蔽研究內同質性的基本假設，許多研究者（Becker, 1992 & 2009; Furlow & Beretvas, 2005; Cheung, 2002; Cheung & Chan, 2005a & 2009; Cheung, 2014）建議使用多變項分析途徑或三層次整合分析（three-level meta-analyses），將效果值間相關資訊，納入效果值整合性分析模式中，以降低估計偏差與可能的風險。

　　單變項整合分析的過程中最大的難題是，各研究相關矩陣所涉及的研究變項數目可能不同，研究者必須決定如何整合植基於不同變項數的相關矩陣。處理此問題的常見方法有三（Cheung, 2015）：

　　1. 排除未包含所有研究變項的研究。

本法缺點是最後的研究篇數可能銳減，另外研究之推論性也會受限。

　　2. 降低研究變項以盡可能包含更多的研究。

本法缺點是當研究變項數不大時，複雜的模式將無法考驗。

　　3. 進行成對式整合（pairwise aggregation），將來自於不同研究篇數的相關係數矩陣進行整合。

　　本法最大優點是盡可能包含更多的研究，其缺點是所獲得的併組相關矩陣可能是一個非正定矩陣（a non-positive definite matrix）。

　　當取得併組相關矩陣之後，研究者即可將它視爲觀察共變數矩陣（observed covariance matrix），進行第二階段的 SEM 分析。在此階段，研究者可能面臨以下四大統計上之難題（Cheung, 2015）：決定 SEM 分析的適當樣本大小、非正定矩陣與使用相關矩陣而非使用共變數矩陣進行 SEM 分析的難題、與忽視研究間的抽樣變異量。這些難題有些是難解（如非正定矩陣），有些似乎須靠多變項整合分析或 TSSEM 的方法（利用多群組 CFA 模式考驗相關矩陣同質性與整合第一階段之相關矩陣）來解決了。

　　由於整合分析的併相關矩陣，係來自於不同樣本大小的相關係數矩陣，研究者常面臨如何估計整體樣本大小的問題。常見的併組樣本人數的推估有中位數法、平均數法、調和平均數法、與總人數法。爲解決各研究樣本數不相同的問題與避免大樣本的不當加權，Viswesvaran 與 Ones（1995）的建議，以各細格的樣本數調和平均數來代表整合分析的整體樣本數，而各細格內的樣本數，也是以整合分析中各個比較之樣本數的調和平均數表示之，參見表 1-1 身心障礙者家長之實例（陳瑋婷，2012）解說。但爲提高統計考驗力，在 MASEM 的分析時，也常見使用總人數法進行 SEM 分析。

　　單變項整合分析在求取相關係數的平均值之前，需進行相關係同質性的考驗，以確知這些研究結果是否來自於同一母群（$\rho_1 = \rho_2 = \cdots = \rho_k$）。以 Fisher z 爲例，其 Q 考驗如公式 1-2 所示；Q 統計量近似以 k-1 爲其自由度的卡方分配。

$$Q = \sum_{i=1}^{k}(n_i - 3)(z_i - \bar{z})^2 \qquad \text{公式 1-2}$$

　　經相關係同質性的考驗，確知這些研究結果來自於同一母群，就可進行相關係數的整合工作。如當 Q 值達到異質時（如表 1-1 的 Q_T），可採用隨機效果模式去整合，或採次群體分析。表 1-1 係單變項整合分析的實例，表中 $\bar{r}$ 的計算，可利用公式 1-3，進行各研究的 r 值（Fisher's Z）的整合性分析。

$$\bar{z} = \frac{\sum_{i=1}^{k}\dfrac{z_i}{V_i^2}}{\sum_{i=1}^{k}\dfrac{1}{V_i^2}} = \frac{\sum_{i=1}^{k}z_i w_i}{\sum_{i=1}^{k}w_i} \qquad \text{公式 1-3}$$

公式 1-3 係固定效果的整合分析模式，式中加權量 $W_i = n_i - 3$，如採隨機效果模式公式 1-3 中的 $W_i = \dfrac{1}{\sigma^2}$，需更正為：$W_i^* = \dfrac{1}{\sigma^2 + \tau^2}$。

最後，研究者可以利用 $r_{\bar{z}} = \dfrac{e^{2\bar{z}} - 1}{e^{2\bar{z}} + 1}$ 公式，轉換回相關係數的原始量尺。

(二) 多變項整合分析

Becker（2007）與 Cheung（2014）指出多變項整合分析可以處理效果值間具有相關性的難題，尤其適用於研究內涉及多個依變項、同一構念多時間點測得的依變項（multiple endpoint studies）、同一受試者出現多重指標、或同一構念出現多重指標與共用控制組的多重處理的研究結果（multiple treatment studies）；而且各效果值間的相關資訊可以取得時。如果忽略相關係數間之相關性及缺失值的存在，單變項整合分析常導致不正確的參數估計值（SE 常會低估）或非正定矩陣，多變項整合分析會將相關係數間之關聯性資訊納入模式中，可以改善以上這些缺失。假設併組相關矩陣內的各元素互為相關，運用從第一階段獨立研究取得的相關係數資料，以估計併組相關係數與加權矩陣（weight matrix）。常見的多變項分析方法有 Generalized least squares（簡稱 GLS; Becker,1992 & 2009; Furlow & Beretvas, 2005; Zhang, 2011）、Two-stage SEM（簡稱 TSSEM; Cheung, 2002, 2009a; Cheung & Chan,2005a; 2009; Zhang, 2011）。Cheung & Chan（2005）的研究發現 GLS 方法在較小樣本上效能不佳（誤差較大），而且必須自己撰寫程式（如 SAS IML）才能進行資料分析工作，因此 GLS 法在本章中將不作介紹。

多變項整合分析在整合相關係數矩陣的過程中，會使用相關係數的變異數、共變數矩陣，進行整合的工作。研究者進行 Cheung（2009）二階段 MASEM 時，第一階段須先考驗蒐集到的相關矩陣是否同質，假如他們之間並無顯著不同，研究者即可進行併組相關矩陣（pooled correlation matrix）之估計工作。Cheung & Chan（2004 & 2005a）建議使用多群組 SEM 進行各研究相關係數之整合；利用此併組相關矩陣作為實得觀察相關矩陣，以進行第二階段之 SEM 分析。為加速研究者資料分析的時效與正確性，Cheung（2005, 2007, 2009, & 2012）特別研發 TSSEM（Two-stage SEM）與 metaSEM（R 套件）的應用軟體。有關 MASEM 兩階段的分析過程，詳細說明如下；至於應用實例，請參看本章第五節。

1. 階段一：進行效果值同質性考驗、併組相關矩陣與 ACM（asymptotic covariance matrix）矩陣的計算

圖 1-2 係效果值的同質性考驗的三個研究之原始資料，圖中各矩陣元素，係透過以下幾個途徑求得：Pearson 相關係數 r 之平均值（單變項 r 值法）或 Fisher z 之平均值（單變項 z 值法），或利用多群組 CFA 分析途徑求得。在進行 MASEM 分析時，如果使用題目層次的 CFA 或 SEM 分析，並不需要針對信度問題進行測量誤差之校正（Cheung, 2015）；除非是使用組合分數進行 MASEM，校正公式請參見本書第三章心理計量整合分析。

```
|1.0              |    |1.0              |    |1.0              |      |1.0              |
|.60  1.0         |    |.49  1.0         |    |.32   .   1.0    |  ⇒   |.54  1.0         |
|.43  .44  1.0    |    |.35  .37  1.0    |    |.31   .   .14  1.0|      |.37  .40  1.0    |
|.36  .22  .19 1.0|    |.31  .27  .15 1.0|    |                 |      |.33  .24  .16 1.0|
```

圖 1-2　效果值的同質性考驗的資料（第三個研究具有缺失值）

以圖 1-2 為例，階段一的統計考驗涉及以下 (1) ～ (3) 等三個主要工作：

(1) 使用 SEM 的多群組 CFA 分析，進行跨研究相關矩陣的同質性考驗。使用 SEM 的多群組 CFA 分析，可以利用最大概似法（maximum likelihood method）有效地處理缺失值（Muthen, Kaplan, & Hollis, 1987），考驗未受限與受限模式（各潛在變項間的相關在各研究上限制為等同）之卡方差異量。理論模式建立如圖 1-3 所示，每一研究視為一個群組：

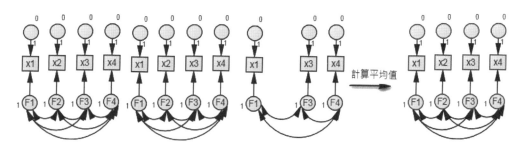

圖 1-3　缺失值的處理（誤差變異量設定為 0，潛在變項變異量設定為 1）

TSSEM 係利用 LISREL 進行同質性考驗（homogeneity test），相關程式設計

有待後敘。同質性考驗的報表，包含卡方考驗結果與許多的適配度指標。假如同質性考驗未被拒絕時，即可進行第二階段的考驗；假如同質性考驗被拒絕時，請查看 LISREL 報表中每一研究的適配度指標，以查出變異源。假如這些研究結果具有同質性，各潛在變相間的母群相關矩陣即為併組相關或共變數矩陣之估計值，請參閱圖 1-3 的最後一個矩陣，可由 TSSEM 程式加以估計。

(2) 利用 AMOS 的 CFA 多群組設計，計算併組相關或共變數矩陣

同樣地，研究者亦可利用圖 1-4 的 CFA 多群組設計（各潛在變項間的相關在各研究上限制為等同，各研究的樣本數均設定為 200），AMOS 軟體會輸出一個 p×p 併組相關或共變矩陣（p 為變項數）。未受限與受限模式之卡方差異量及相關之適配度指標，可作為跨研究相關矩陣的同質性考驗。

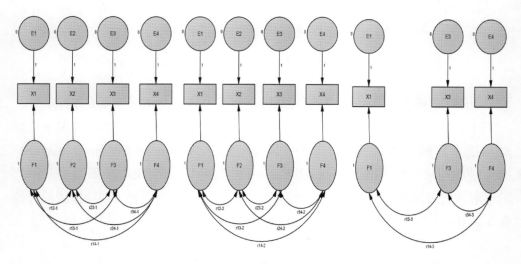

圖 1-4　AMOS 的 CFA 多群組設計（每一研究視為一個群組）

如將各研究中之母群相關係數在各群組中進行等同限制作為受限模式，未作等同限制的模式作為非受限模式。假如受限的模式適配的話，再製的相關矩陣（reproduced correlation matrix）即為併組相關矩陣（pooled correlation matrix），參見圖 1-5 的實例。

	X4	X3	X2	X1
X4	1.000			
X3	.160	1.000		
X2	.238	.395	1.000	
X1	.327	.368	.541	1.000

圖 1-5　AMOS 的再製相關矩陣

圖 1-5 中 AMOS 的再製相關矩陣數據，與前述圖 1-2 矩陣內之數據甚為接近。連帶地，研究者可據此將併組相關矩陣的 ACM 矩陣計算出來（AMOS 的資料建檔格式與徑路設計，請參考圖 1-6 & 圖 1-7）。

(3) 計算併組相關或共變矩陣的 ACM 矩陣

此步驟旨在計算 ACM 矩陣，作為第二階段併組相關矩陣的加權矩陣。ACM 包含有變異數（對角線部分）與共變數（非對角線部分），係一 p×p 矩陣。ACM 反應以下幾個特質：併組相關矩陣的交互相關性（inter-dependency）、二階的研究間（second-order between studies）變異量、與二階的樣本大小效果（second-order effect of sample size）。

為讓研究者理解 MASEM 與 ACM 的運算過程，茲將大樣本 ACM 矩陣的計算過程，在此稍作說明。ACM 在 MASEM 的 ADF（asymptotically distribution-free）估計法中，係作為併組相關矩陣的加權矩陣。在 LISREL 中可以由 PRELIS 加以計算。以 4 個變項為例，其相關係數大樣本 ACM 矩陣的計算公式，請參見公式 1-4 & 公式 1-5（Olkin & Siotani, 1976; Becker, 2007）；如為平均數差異效果值之大樣本 ACM 矩陣的計算公式，請參見 Becker（2007）的公式 2 & 公式 3（p.507）。

$$Var(r_{i12}) = \frac{(1 - \rho^2_{i12})^2}{n_i} \qquad 公式 1\text{-}4$$

公式 1-4 中 r_{i12}，代表某一研究 i 中，1、2 變項之相關係數的變異量；n_i 為研究 i 的樣本大小。

$$Cov\left(r_{i12}, r_{i34}\right) = \frac{\begin{bmatrix} 0.5\rho_{i12}\rho_{i34}\left(\rho_{i13}^2 + \rho_{i14}^2 + \rho_{i23}^2 + \rho_{i24}^2\right) \\ + \\ \rho_{i13}\rho_{i24} + \rho_{i14}\rho_{i23} \\ - \\ \left(\rho_{i12}\rho_{i13}\rho_{i14} + \rho_{i21}\rho_{i23}\rho_{i24} + \rho_{i31}\rho_{i32}\rho_{i34} + \rho_{i41}\rho_{i42}\rho_{i43}\right) \end{bmatrix}}{n_i} \qquad 公式\ 1\text{-}5\text{-}1$$

公式 1-5-1 的共變量 (r_{i12}, r_{i34})，代表某一研究 i 中，1、2 變項之相關係數與 3、4 變項相關係數之共變數；n_i 為研究 i 的樣本大小。這個共變數統計量，在多變項整合分析（multivariate meta-analysis）中或多變項多層次整合分析（multivariate multilevel meta-analysis）中也會使用到，值得讀者留意。相關係數大樣本 ACM 矩陣，也可先轉換成 Fisher's Z，再利用公式 1-5-2 計算之（Becker, 2007, 主張使用此方法）。

$$Cov\left(Z_{i12}, Z_{i34}\right) = \frac{\sigma_{\rho_{i12}\rho_{i34}}}{(1 - \rho_{i12}^2)(1 - \rho_{i34}^2)} \qquad 公式\ 1\text{-}5\text{-}2$$

在進行整合分析時，研究者最大的困擾是研究報告中經常並未報告多重效果值間之相關係數，此時研究者可以試著從其他研究的數據取代之（Becker, 2007）。

公式 1-5-1 中，因為母群的相關係數參數通常為未知，通常以樣本相關係數 r、或 r 平均數之估計值取代之。Olkin 與 Siotani 的公式的運算甚為繁瑣，如利用 SEM 的軟體（如 LISREL、AMOS）來計算與輸出將較為便捷，所估計的結果亦甚為接近（Cheung & Chan, 2004），請比較表 1-2 內二種計算途徑所得之結果（請讀者自行驗證）。

表 1-2 相關係數的 ACM 矩陣估計值

Estimates of Asymptotic Covariance Matrix of Correlation Coefficients			
	r_{21}	r_{31}	r_{32}
$N = 100$			
Olkin and Siotani's method			
r_{21}	8.281		
r_{31}	1.074	7.056	
r_{32}	3.267	2.116	9.216
SEM approach			
r_{21}	8.365		
r_{31}	1.085	7.127	
r_{32}	3.300	2.137	9.309

註：表內數據需再乘以 $1/10^3$

以下將以 AMOS 軟體為例，說明如何利用 AMOS 求得 ACM 矩陣。首先，利用 EXCEL 建立如圖 1-6 之相關矩陣（取自圖 1-5）；注意變項名稱、內容與輸入格式均須符合 AMOS 的規定。

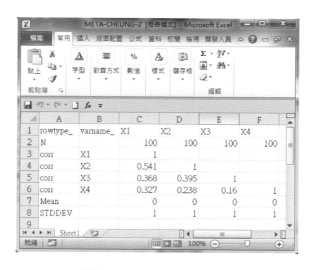

圖 1-6　EXCEL 報表：X1, X2, X3 & X4 變項間之相關矩陣

其次，利用 AMOS 建立如圖 1-7 之徑路圖，並透過 AMOS 之「Data Files」表單將它與 EXCEL 資料檔案相連接，而模式參數估計採 ML 法。

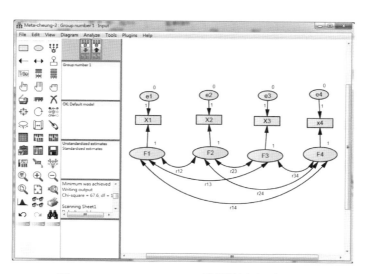

圖 1-7　X1, X2, X3 & X4 變項間之徑路設計

　　注意，圖 1-7 中各外顯指標之變異量（亦即 F1 ～ F4 之變異量）均設定為 1，而其測量誤差變異量均設定為 0。

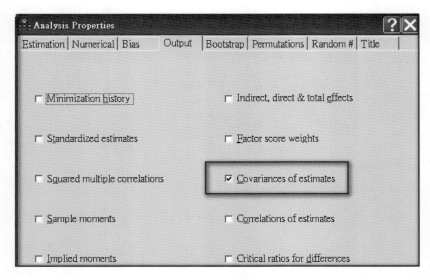

圖 1-8　AMOS 分析屬性的設定

　　接著，在 AMOS 中，欲獲得大樣本的 ACM 矩陣，須點選圖 1-7 中「Analyze」下分析屬性視窗「Analysis Properties」的選項「Output」（如圖 1-8），接著在圖 1-8 的視窗中，勾選『Covariance of estimates』。執行 AMOS 之後，點開「Text Output」表單之後，在 AMOS 輸出視窗內，點開圖 1-9 中之「Pairwise Parameter Comparisions」，就可查看 ACM 矩陣（圖 1-9 中之右下角小視窗），乘以 10^3 後與表 1-2 中 SEM approach 之結果完全相同。

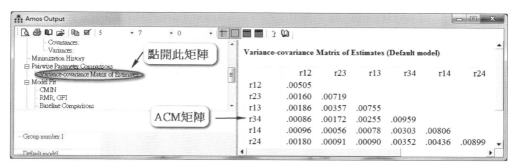

圖 1-9　AMOS 輸出報表：ACM 矩陣

2. 階段二：進行最適配模式的探尋

　　本階段會利用併組相關矩陣與 ACM（i.e. 當作加權矩陣）當作 SEM 分析的讀入資料（LISREL 程式有此功能），以進行最適配模式之探尋（如圖 1-10）。分析時，以所有研究的全部樣本大小，作爲 SEM 分析的樣本大小。

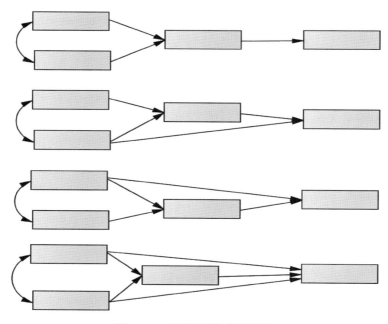

圖 1-10　最適配模式的尋找

使用 SEM 針對併組相關係數矩陣，進行可能理論模式（含徑路分析、CFA & SEM）的適配度考驗，假如不適配則需進行模式之修正，如圖 1-10 的四個可能的理論模式，以尋找最適配的理論模式。最適配的理論模式，可以為徑路分析模式、CFA 模式或 SEM 全模式。在此階段，Cheung（2002）主張 SEM 之參數估計方法應採 ADF，其理由有三：(1) 以所有研究的全部樣本大小作為 SEM 分析的樣本（以提高統計考驗力），通常樣本會夠大足以使 ADF 的推論正確，(2) 研究間的抽樣變異可以反映在加權矩陣中（抽樣變異大的加權小、抽樣變異小的加權大），(3) 因 SEM 係植基於共變數（而非相關係數）分配，而第二階段中係採用相關係數矩陣進行 SEM 分析，採用 ADF 進行加權矩陣校正乃是較適當的估計法。

二、SEM 取向的整合分析

跟前述第一類 SEM 整合分析不同的是，此類整合分析旨在利用 SEM 模式進行傳統的整合性分析，並不進行理論模式之適配度考驗。研究者常利用 WLS（weighted least squares）迴歸模式，進行固定效果模式或隨機效果模式的整合性分析（以每一研究變異量的倒數作為加權量）。此外，如欲使用 OLS（ordinary least squares）或 ML 方法直接進行整合性分析，研究者必須先針對所有迴歸模式中的變項資料加以轉換，以符合變異數同質性的假設：重新量尺化以獲得相同抽樣誤差後，才能進行整合性分析（Cheung, 2008）。另外一種解決不同研究具有不同變異量的方法（每一研究都有自己的理論模式），乃利用定義變項（definition variable），將各研究已知的變異量設定為測量誤差變異量，具體理論與實例請參見 Cheung（2015）的 metaSEM 專書，以下本書將僅介紹變項加權轉換法（參見公式 1-8）。

(一) 固定效果模式

固定效果模式意指所有研究的母群效果值視為相等，效果觀察值間之差異係出自於抽樣誤差。因此，整合分析所得的結果不能推論到其他未蒐集到的相關研究上。大部分已刊登的整合分析研究均屬固定效果模式，因為研究者通常僅對所蒐集到的研究發現之結論感興趣。

在 SEM 的框架中，效果值的整合分析，係透過迴歸模式進行整合估計，參見公式 1-6（未含任何共變項）。

$$y_i = \beta_F + e_i \qquad \text{公式 1-6}$$

公式 1-6 中 y_i 代表該研究的效果值，β_F 代表母群效果值，e_i 代表抽樣誤差（平均數為 0，變異數為 σ_i^2）。固定效果的迴歸斜率係以公式 1-7 估計之：

$$\hat{\beta}_F = \frac{\sum_{i=1}^{k} w_i y_i}{\sum_{i=1}^{k} w_i} \qquad \text{公式 1-7}$$

因為整合性分析中每一研究效果值大都具有不同的變異量，此乃違反 SEM 的基本假設：所有研究效果值的變異量都具有同質性。因此，為了使效果值的資料適合 SEM 分析，研究者必須利用公式 1-8 的對角線矩陣，針對公式 1-9 的所有變項（效果值與預測變項）進行加權的資料轉換。

$$w^{1/2} = diag\left[\frac{1}{\sigma_1}, \frac{1}{\sigma_2}, ..., \frac{1}{\sigma_k}\right] \qquad \text{公式 1-8}$$

經過資料轉換後，含共變項的固定效果模式變為公式 1-9 或簡化成公式 1-10。

$$w^{1/2}y = w^{1/2}X\beta + w^{1/2}e \qquad \text{公式 1-9}$$
$$y^* = X^*\beta + e^* \qquad \text{公式 1-10}$$

上式中 $y^* = w^{1/2}y$, $X^* = w^{1/2}X$（模式設計矩陣），且 $e^* = w^{1/2}e$。

經過資料轉換後，可以使得 e^* 成為公式 1-11 的單元矩陣 I_k（變異量均為 1，共變數為 0），意謂著每一研究均有相同的加權量：

$$\text{var}(e^*) = w^{1/2}\text{var}(e)\,w^{1/2}, \; w^{1/2}V_e\,w^{1/2} = I_k \qquad \text{公式 1-11}$$

式中 $w = V_e^{-1}$。

因為 e^* 具有資料獨立性與等分配（independent and identically distributed (iid) with a unit variance）之特性，OLS 與 ML 估計方法可以直接運用到整合性分析的資料上。換言之，研究者已可以運用 SEM 模式來分析轉換過的效果值資料，不必再額外進行效果值的加權動作。注意模式中 y^* 的變異數需設定為 1，而其截距需設定爲 0（參見圖 1-30）中之設定，如此設定才能使得模式中的 β 值，能夠代表母群效果值的估計值；AMOS & Mplus 的應用實例，請參考本章第六節的實例解說。

(二) 隨機效果模式

　　假如所蒐集到的研究發現可視爲隨機樣本，且研究者希望將整合分析所得的結果推論到其他未蒐集到的相關研究上，隨機效果模式將是適當之分析模式。隨機混合效果模式假定每一研究均有自己的獨特效果值與不同的母群效果值。因此，效果觀察值間之差異係出自於抽樣誤差與眞正差異（variance component）。礙於篇幅，隨機效果模式將僅作簡介，有興趣的讀者請參閱相關書刊（Hedges & Vevea, 1998; Hunter & Schmidt, 2004; National Research Council, 1992; Raudenbush, 2009; Cheung, 2008 & 2009）。研究者可以使用 MPLUS 進行隨機效果模式的分析，以計算隨機斜率，亦甚便捷。

　　在 SEM 的框架中，隨機效果值的整合分析，亦係透過迴歸模式進行整合估計，參見公式 1-12。

$$y_i = \beta_R + \mu_i + e_i \qquad\qquad 公式\ 1\text{-}12$$

　　式中 y_i 代表該研究的效果值，β_R 代表母群隨機效果值，μ_i 代表該研究的獨特效果值，e_i 代表抽樣誤差（平均數爲 0，變異數爲 $\tau^2 + \sigma_i^2$）。

　　隨機效果的迴歸斜率，係以公式 1-13 估計之：

$$\hat{\beta}_R = \frac{\sum_{i=1}^{k} \widetilde{w}_i y_i}{\sum_{i=1}^{k} \widetilde{w}_i} \qquad\qquad 公式\ 1\text{-}13$$

上式中 $\qquad\qquad\qquad \widetilde{w}_i = \dfrac{1}{\tau^2 + \sigma_i^2} \qquad\qquad 公式\ 1\text{-}14$

　　同樣的，研究者亦須針對的所有變項（效果值與預測變項），進行加權的資料轉換，才能利用 SEM 模式，進行傳統的整合性分析；MPLUS 應用實例，請參考本章第六節的實例解說。

三、三層次的整合分析

　　傳統隨機效果模式的整合分析（classical random-effect meta-analysis）可以說是多層次迴歸分析的特例（Raudenbush & Bryk, 2002; Kalaian & Kasim, 2008; Hox, 2010）：研究內受試者（subjects within studies）在第一層次中，而各個研究在第二層次中。然而，在整合分析中，研究者通常並無法取得原始資料，分析過程中需提供各研究的已知變異量；因此有必要針對第一層隨機參數進行限制，將其變異數設定為 1。例如：HLM 的 V-known 分析模式，即為針對整合分析而設計的模式，模式中通常包含兩個層次的模式：第一層為研究內的測量模式（within-study level），旨在分析效果估計值與真效果值（true effect size）間之關係，第二層為研究間的結構模式（between-study level），旨在估計效果值的異質性及異質來源。

　　同樣地，傳統二層次隨機效果模式也是三層次整合分析的特例。三層次整合分析的主要目的，在於先利用第二階處理效果值間的依賴性或相關性問題（multiple effect sizes nested within studies），第三階再估計研究間變異量。茲將三層次隨機效果的整合分析模式界定如下：

$$\text{Level 1：} y_{ij} = \lambda_{ij} + e_{ij} \qquad \text{公式 1-15}$$
$$\text{Level 2：} \lambda_{ij} = f_j + \mu_{(2)ij} \qquad \text{公式 1-16}$$
$$\text{Level 3：} f_j = \beta_0 + \mu_{(3)j} \qquad \text{公式 1-17}$$

　　上述公式 1-15 ～ 1-17 之三個層次模式，反映出 f_j 為第 j 個研究的平均效果值，β_0 為所有效果值的的平均效果值，階層二與階層三皆含隨機效果項（$\mu_{(2)ij}$ & $\mu_{(3)j}$），使得每一效果值（y_{ij}）均有自己的母群效果值（λ_{ij}）。階層二反映出研究內效果值間之變異量，其異質性指標為：$\tau^2_{(2)} = \text{var}(\mu_{(2)ij})$ 與階層三反映出研究間之變異量其異質性指標為：$\tau^2_{(3)} = \text{var}(\mu_{(3)j})$。請讀者繼續參閱本書第二章 HLM，以獲取較完整的相關專題論述。

四、單變項整合分析取向的 SEM 分析

　　本節將先以相關係數為例，介紹 SEM 理論模式的考驗，接著再介紹如何利用 SEM 多群組分析，進行模式恆等性分析。

(一)SEM 理論模式的考驗

理論模式乃是相關變項因果關係之闡釋，其基本前提就是變項間須具有顯著相關；而整合分析的結果正是此基本前提的實徵證據。近年來，不少研究者常將整合分析結果，建構出徑路分析或 SEM 分析的理論模式，以檢驗變項間的因果關係。雖然徑路分析或 SEM 分析無法實證一個理論為眞，但可以否證該理論為假（Schmidt & Hunter, 2015）。

實例解說

本實例分析，係引自工作壓力與工作表現間的中介效果考驗（Fried, Shiron, Gilboa, & Cooper, 2008）的論文。該研究使用 SEM 方法，整合分析過去 25 年間的 113 篇獨立研究結果，這些研究結果取自 PsycINFO, SocLIT, MEDLINE, ABI-INFO, DAI, & Eric 等資料庫，其整合分析結果參見圖 1-11；而由圖 1-12 可知：該理論模式涉及直接效果與中介效果。

嘉義大學國教所, Fred Li, 2011 - Meta-Fried.xls

檔案(F) 編輯(E) 檢視(V) 插入(I) 格式(O) 工具(T) SEM-CAI 整合分析 資料(D) 視窗(

	A	B	C	D	E	F	G
1	rowtype_	varname_	ambiguity	conflict	satisfaction	leaving	performance
2	corr	ambiguity	1.00				
3	corr	conflict	0.52	1.00			
4	corr	satisfaction	-0.46	-0.42	1.00		
5	corr	leaving	0.26	0.26	-0.52	1.00	
6	corr	performance	-0.24	-0.15	0.25	-0.19	1.00
7	mean		0	0	0	0	0
8	stddev		1	1	1	1	1
9	n		5384	5384	5384	5384	5384

圖 1-11 資料取自 Fried, Shiron, Gilboa, & Cooper (2008)

圖 1-11 中之資料內容 n = 5384 為調和平均數 n，而非對角線的加權平均相關係數（weighted mean correlations）係透過雙變項（自變項與依變項）之信度進行

校正的平均效果值（例如：$\dfrac{.41}{\sqrt{.79}\sqrt{.77}} = .52$）；惟該研究在整合分析前，並未進行效果值同質性檢驗。

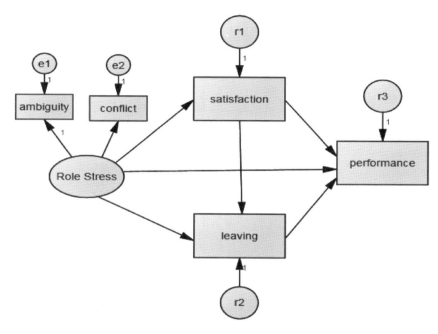

Fried, et al.,2008

圖 1-12　工作壓力與工作表現間的中介效果的理論模式

由圖 1-12 所示知，「Satisfaction」&「Leaving」為中介變項，且由箭頭方向與徑路走向知，本模式涉及單中介（如：「Role Stress」→「Satisfaction」→「Performance」）與雙中介（如：「Role Stress」→「Satisfaction」→「Leaving」→「Performance」）等效果。

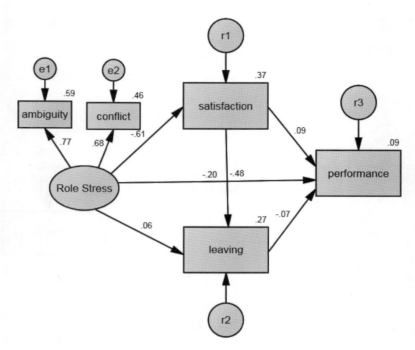

Fried, et al.,2016

圖 1-13　工作壓力與工作表現間的中介效果考驗結果

　　圖 1-13 中的徑路參數，呈現了工作壓力與工作表現間的直接效果與中介效果。由中介效果考驗結果知，本模式的適配性尚佳（χ^2 = 36.269, df = 2, p = .000, CFI = .994,NFI = .993, TLI = .969, RMSEA = .056）。不過，工作壓力對於離職意向與離職意向對於工作表現間的直接效果值卻不大（其標準化徑路係數分別.06、-.07）。顯示可以刪除此兩條徑路，改採圖 1-14 的精簡模式。

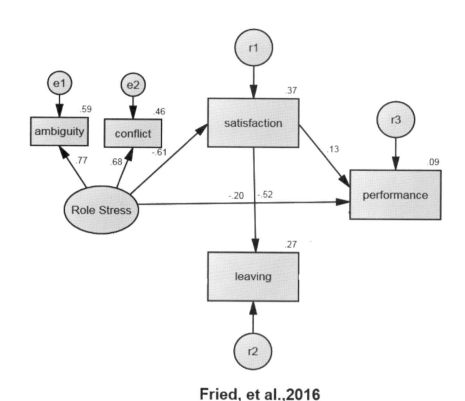

Fried, et al.,2016

圖 1-14　工作壓力與工作表現間的中介效果之修正模式與考驗結果

　　圖 1-14 中的徑路參數，呈現了精簡模式之工作壓力與工作表現間的直接效果與中介效果。由修正模式之 SEM 考驗結果知，本修正模式的適配度為：χ^2 = 71.784, df = 4, p = .000, CFI = .988, NFI = .987, TLI = .969, RMSEA = .056。

　　前面完整模式與此簡化模式的卡方差異考驗結果為：χ^2 = 35.515, df = 2, p = .000, NFI = .006, IFI = .006, TLI = .000, RFI = .000。卡方差異值會受到樣本大小之影響（如本例，N = 5384），但適配度指標在兩模式間的差異值：NFI = .006, IFI = .006, TLI = .000, RFI = .000 均小於 .05，符合 Tucker and Lewis（1973）與 Little（1997）接納虛無假設的提議標準，可推知前後兩個模式並無顯著差異；因此精簡模式是較實用之理論模式。

　　此精簡模式下的間接效果之標準化係數如表 1-3 所示；其中以工作滿意度的中介效果最大（-.607×-.520 = -.3056），顯示出：工作壓力與離職意願的關係受到工作滿意度的影響甚深。亦即工作壓力雖不會導致離職意願的升高，但如工作壓力會產生工作滿意度的低落，就會導致離職意願的高漲。另外，工作壓力也會產生工作滿意度的低落，而導致工作表現的低落（-.607×.128 = -.078）。總而言之，工作滿意度在工作壓力與離職意願間或在工作壓力與工作表現間，具有舉足輕重的地位。

表 1-3　簡化模式的間接效果之標準化係數摘要表

	Role Stress	satisfaction	leaving
satisfaction	.000000	.000000	.000000
leaving	.316000	.000000	.000000
performance	-.078000	.000000	.000000

　　由表 1-4 的間接效果之顯著性考驗知，工作滿意度與離職意願的中介效果均達顯著水準（p < .05）。

表 1-4　間接效果之顯著性考驗（p-value）*

	Role Stress	satisfaction	leaving
satisfaction	...	...	...
leaving	.015000	...	...
performance	.010000	...	...

* 採用 Bias-corrected percentile method。

（二）AMOS SEM 多群組分析：模式與參數恆等性分析

實例解說

　　這個整合分析的應用實例，其資料取自陳瑋婷（2012）的論文：親職壓力、社會支持與生活品質之關係研究：身心障礙者家長與普通家長之比較。圖 1-15 中，$n = \dfrac{3}{\dfrac{1}{190} + \dfrac{1}{224} + \dfrac{1}{125}} = 169$，利用公式 1-1 & 表 1-5 資料所計算出來的樣本調和平均數。

表 1-5　普通家長之親職壓力、社會支持與生活品質的平均效果值分析

研究主題	k	N	N 的調和平均數	$\bar{r}$	95%CI LL	95%CI UL	Q_T	Fail-safe N
親職壓力 - 社會支持	9	2830	190	-.25	-.29	-.21	34.32*	557.2[a]
親職壓力 - 生活品質	8	3966	224	-.45	-.48	.42	160.73*	160.73[a]
社會支持 - 生活品質	5	969	125	.49	.41	.49	45.42*	341.8[a]

*p<.05；[a] 表示 Fail-Safe N>5k+10
註：取自陳瑋婷（2012）：親職壓力、社會支持與生活品質之關係研究：身心障礙者家長與普通家長之比較；K 為研究樣本數。

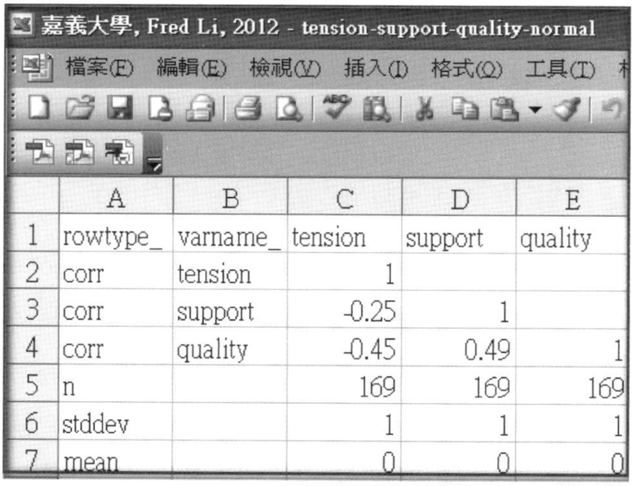

	A	B	C	D	E
1	rowtype_	varname_	tension	support	quality
2	corr	tension	1		
3	corr	support	-0.25	1	
4	corr	quality	-0.45	0.49	1
5	n		169	169	169
6	stddev		1	1	1
7	mean		0	0	0

圖 1-15　AMOS 相關係數矩陣資料檔：普通家長

圖 1-15 係普通家長的相關係數矩陣，這些相關係數是 Fisher'z 的加權平均值；而圖 1-16 係該研究之身心障礙者家長的相關係數矩陣。

嘉義大學, Fred Li, 2012 - tension-support-quality-disable [唯讀]

檔案(F) 編輯(E) 檢視(V) 插入(I) 格式(O) 工具(T) 相關差

	A	B	C	D	E
1	rowtype_	varname_	tension	support	quality
2	corr	tension	1		
3	corr	support	-0.25	1	
4	corr	quality	-0.37	0.34	1
5	n		75	75	75
6	stddev		1	1	1
7	mean		0	0	0

圖 1-16 AMOS 相關係數矩陣資料檔：身心障礙者家長

圖1-16係各研究主題相關係數之整合分析結果，另外，$n = 75$，係利用公式1-1 & 表 1-1 資料所計算出來的樣本調和平均數：$N \cong \dfrac{K}{\sum_{i=1}^{k}\dfrac{1}{N_i}} \cong \dfrac{3}{(\frac{1}{77})+(\frac{1}{77})+(\frac{1}{72})} \cong 75$ 人，K 為研究樣本數。表 1-6 係 AMOS 之徑路參數估計結果：各研究變項間之徑路係數均達 .05 之顯著水準。

表 1-6 徑路參數估計結果：身心障礙者家長 vs 普通家長

參數	標準化參數估計值		標準誤		CR 值 *	
	身障	普通	身障	普通	身障	普通
親職壓力→社會支持	-.25	-.25	.11	.08	-2.24	-3.35
親職壓力→生活品質	-.30	-.35	.11	.06	-2.86	-5.47
社會支持→生活品質	.26	.40	.11	.06	2.47	6.28
e1	.93	.93	.15	.10	6.09	9.14
e2	.79	.64	.13	.07	6.10	9.15

*p<.05

接著，介紹如何利用 SEM 多群組分析，以進行理論模式與參數恆等性分析。首先，將圖 1-17 與圖 1-18 中之親職壓力、社會支持與生活品質的徑路係數加以命名（r1 ～ r6），以便進行群組間的參數等同限制。

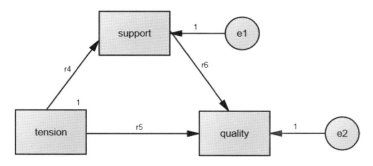

圖 1-17　親職壓力、社會支持與生活品質徑路圖：普通家長

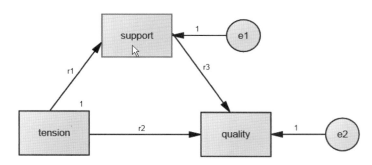

圖 1-18　親職壓力、社會支持與生活品質徑路圖：身心障礙者家長

27

過去如欲比較不同群組的徑路係數，可利用以下之公式 1-18 考驗之（Keil, Tan,Wei & Saarinen, 2000）。

$$t = \frac{PC_1 - PC_2}{S_{pooled}\sqrt{\dfrac{1}{N_1} + \dfrac{1}{N_2}}}$$

$$S_{pooled} = \sqrt{\frac{(N_1 - 1)}{N_1 + N_2 - 2}SE_1^2 + \frac{(N_2 - 1)}{N_1 + N_2 - 2}SE_2^2}$$

公式 1-18

$\left(PC_i = \text{各徑路係數值}；N_i = \text{各組樣本數}；SE_i = \text{各徑路係數值的標準誤}\right)$

如利用 AMOS 進行多群組分析，以檢驗變項間之徑路係數在組間是否相等，其具體考驗之虛無假設為：

$$H_0 : \rho_1 = \rho_4$$

$$H_0 : \rho_2 = \rho_5$$

$$H_0 : \rho_3 = \rho_6$$

為檢驗此三對徑路係數在兩群組間之等同性，我們需要建立以下三個參數等同性的限制模式：參見圖 1-19 ～圖 1-21 小視窗內的參數等同性限制（r1 = r4、r2 = r5、r3 = r6）。

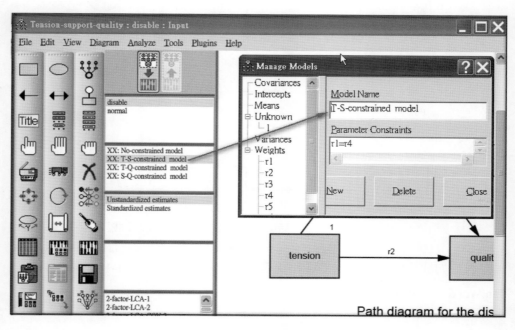

圖 1-19　r1 參數等同性的限制模式

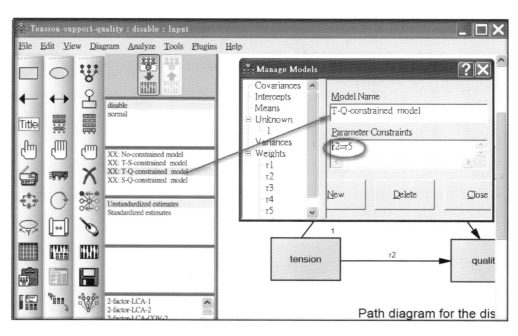

圖 1-20　r2 參數等同性的限制模式

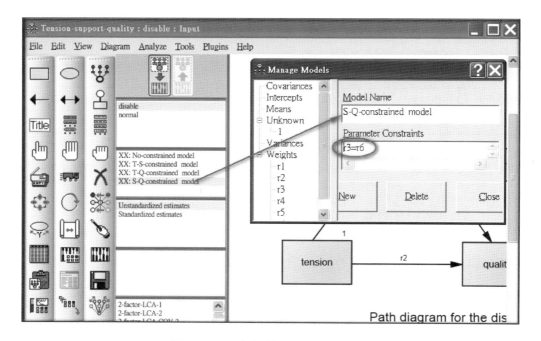

圖 1-21　r3 參數等同性的限制模式

表 1-7　三個徑路參數在組間的等同限制模式分析結果

Model	DF	CMIN	P	NFI Delta-1	IFI Delta-2	RFI rho-1	TLI rho2
T-S-constrained model	1	.000000	1.000000	.000000	.000000	-.000091	-.000096
T-Q-constrained model	1	.132116	.716248	.001249	.001273	.002407	.002551
S-Q-constrained model	1	1.230892	.267234	.011634	.011859	.023178	.024571

　　由表 1-7 徑路係數差異比較之等同限制模式統計考驗結果知，身心障礙者家長與普通家長在「親職壓力→社會支持」（T-S）、「親職壓力→生活品質」（T-Q）、「社會支持→生活品質」（S-Q）的三條徑路係數上，群組間均無顯著差異（p>.05）。此項統計分析亦可利用 AMOS 的 CR 值，進行參數差異值的顯著性考驗，參見表 1-8。

表 1-8　徑路參數在組間差異考驗的 CR 值

	r1	r2	r3	r4	r5
r1	.000000				
r2	-.350531	.000000			
r3	3.326533	4.354244	.000000		
r4	.000000	.415917	-3.942226	.000000	
r5	-.772835	-.365524	-4.922493	-1.011444	.000000
r6	5.074388	5.693654	1.112096	6.637827	9.597824

　　由表 1-8 徑路係數差異比較之統計考驗結果知，身心障礙者家長與普通家長在「親職壓力 → 社會支持」（CR = .000）、「親職壓力 → 生活品質」（CR = -.365524）、「社會支持 → 生活品質」（CR = 1.112096）的徑路係數上，組間均無顯著差異（CR < 1.96，p > .05）。以上這些分析結果，摘要於表 1-9 中。

表 1-9 徑路係數差異比較之統計考驗結果

	徑路關係	身心障礙者家長	普通家長	CR 值
r1/r4	親職壓力 → 社會支持	-.25	-.25	0
r2/r5	親職壓力 → 生活品質	-.30	-.35	-.366
r3/r6	社會支持 → 生活品質	.26	.40	1.112

由表 1-9 徑路係數差異比較之統計摘要知，身心障礙者家長與普通家長在「親職壓力 → 社會支持」、「親職壓力 → 生活品質」、「社會支持 → 生活品質」的徑路係數上，組間均無顯著差異（p > .05）。

五、兩階段 MASEM 多變項整合分析：TSSEM、LISREL 軟體的運用

由於單變項整合分析忽略了效果值間之相關性及不易有效處理缺失值，多變項整合分析日漸取而代之。多變項 SEM 整合分析，早期可以使用 TSSEM（two-stage structural equation modeling）軟體，它係 Cheung（2002, 2005）與 Cheung & Chang（2009）所推廣的 DOS 程式設計，僅適合於整合相關係數矩陣或共變數矩陣，TSSEM 無法進行其他類別的效果值整合分析。其下載 TSSEM 免費軟體網址：http://courses.nus.edu.sg/course/psycwlm/internet/ tssem.zip（TSSEM 程式目前也可利用 metaSEM R 程式套件運作）：最新網址：

https://courses.nus.edu.sg/course/psycwlm/Internet/?

TSSEM 軟體僅能與 LISREL 軟體共同來回運作，以萃取所需之程式語法與統計分析，其他 SEM 軟體無法加以運用。茲將執行 TSSEM 的四大步驟，依序簡述如下（Cheung, 2007 & 2009）：

1. 準備相關／共變數矩陣，將各研究變項間之相關矩陣堆疊在一起，以建立 LISREL 多群組分析所需之資料檔案（參見表 1-10 之 COR.DAT 資料檔案格式）。表 1-10 係 Cheung & Chan（2005）的研究實例中之部分資料（只使用四個國家的資料），筆者將以此資料檔案進行實例操作之說明。該研究旨在探討與工作有關的態度調查：工作前景、工作性質與時間需求，共涉及九個觀察變項間的相關係數。本筆資料中工作前景包含工作安全、收入與升遷機會，工作性質包含工作之有趣性、獨立性、助人性與對社會之有用性，時間需求包含工作時數之彈

性與休閒時數。

表 1-10　工作前景、工作性質與時間需求之態度調查的相關矩陣：COR.DAT

```
1.00000
.32109   1.00000
.25886   .44019   1.00000
.30143   .30423   .31103   1.00000
.25063   .31368   .26286   .55888   1.00000
.21818   .18534   .22199   .43890   .37990   1.00000
.21270   .13287   .17488   .45450   .33126   .63329   1.00000
.05951   .17767   .14354   .07526   .26553   .11531   .10124   1.00000
.11967   .10506   .18103   .11833   .07252   .11642   .13303   -.01537  1.00000
1.00000
.00000   1.00000
.00000   .00000   1.00000
.00000   .00000   .30627   1.00000
.00000   .00000   .23286   .37229   1.00000
.00000   .00000   .16685   .40657   .24433   1.00000
.00000   .00000   .11537   .38946   .17179   .57266   1.00000
.00000   .00000   .20144   .15372   .21161   .14601   .13517   1.00000
.00000   .00000   .06605   .01053   .04781   .01423   .04271   .23570   1.00000
1.00000
.33292   1.00000
.00000   .00000   1.00000
.00000   .00000   .00000   1.00000
.00000   .00000   .00000   .00000   1.00000
.15641   .07923   .00000   .00000   .00000   1.00000
.17289   .07578   .00000   .00000   .00000   .52587   1.00000
.13045   .14124   .00000   .00000   .00000   .21323   .17417   1.00000
.10470   .13151   .00000   .00000   .00000   .04169   .04298   .31630   1.00000
1.00000
.23844   1.00000
.13480   .30850   1.00000
.16443   .22380   .30570   1.00000
.20362   .16293   .09850   .42835   1.00000
.20403   .10355   .14059   .34044   .31760   1.00000
.20217   -.04808  .10247   .25174   .19930   .50159   1.00000
.00000   .00000   .00000   .00000   .00000   .00000   .00000   1.00000
.00000   .00000   .00000   .00000   .00000   .00000   .00000   .00000   1.00000
```

註：在 metaSEM 中檔名為：Cheung09.rda。

　　注意上述矩陣中各行或各列皆為 0 的變項，係該相關係數為遺漏值變項，例如，第四組中第八 & 九變項（參見最後兩行）就是含有遺漏值的變項。

2. 編輯組態程式檔

　　假如研究者欲進行相關矩陣分析，為提供正確的組別數、樣本大小、變項數、資料屬性等重要資訊，使用者需編輯 COR.CFG 組態檔（AN = 1），參見表 1-11；假如研究者欲進行共變數矩陣分析（適合於所有研究均使用相同測量工具時），使用者需編輯 COV.CFG 組態檔（AN = 2），參見表 1-12；假如欲進行變異同質性考驗，使用者需編輯 VAR.CFG 組態檔（AN = 3），參見表 1-13。表 1-11 的 LISREL 程式設計，係分析 3 個變項間相關係數矩陣的語法程式。

表 1-11　分析相關係數矩陣的 LISREL 語法程式：COR.CFG

```
# Syntax generator for meta-analytic SEM with TSSEM
# See http：//courses.nus.edu.sg/course/psycwlm/internet/tssem.zip
# Version 1.10                          Date：22 April, 2007
# 本語法程式係用於分析相關係數矩陣

# Comments. The program will ignore everything after it.
# The syntax is quite similar to the LISREL style.

# Analysis of correlation matrices, covariance matrices or variances
AN = 1
# AN = 1：分析相關係數矩陣
# AN = 2：分析共變數矩陣
# AN = 3：考驗變異數同質性
# Please note that Stage 2 analysis will not be performed for AN = 3

# NG：Specify the # of Groups in multi-group analysis：亦即研究篇數
# The program expects there will be enough information for each group.

NG = 4

# NI：變項數目
NI = 9

# CM means covariance matrix. Covariance matrix is used here.
# FU means full matrix. If the matrix is symmetric, SY can be used.
# FI is the ASCII file for the data. EX.,the data file is raw.dat.
# Note that this line is directly copied to generate LISREL syntax.
CM SY FI = cor.dat

# PH is the file for the parameter estimates of the PHI matrix, i.e,
# the pooled correlation matrix.
# Note that it CANNOT be used as input at the Stage 2 directly
# because it duplicates output for several groups.
# PH = tssem1.cor
```

```
# EC is the file for the asymptotic covariance matrix of the parameter# r estimates.
# It CANNOT be used as the weight matrix at the Stage 2 directly
# because it contains the elements of the standard deviations.
# EC = tssem1.ack

# GP：特定組別的辨識
GP = 1
# NO：設定特定組別的樣本大小
NO = 591
# No missing variables is assumed in the first group.

GP = 2
NO = 656
# MV：界定含缺失值的變項
# 1 and 2 are missing in this group.
MV = 1 2

GP = 3
NO = 832
# Variables 3, 4 and 5 are missing
MV = 3 4 5

GP = 4
NO = 823
# Variables 8 and 9 are missing
MV = 8 9

# This is the Stage 2 model for a CFA model
# Everything after "%" will be copied to generate the stage 2 model
% MO NX = 9 NK = 3 PH = ST,FR
# NK 係外衍潛在變項之數目
% LK
% PROSPECT NATURE DEMAND
% PA LX
# PA 係 pattern matrix，通常配以 0 & 1 進行參數估計之設定（1 代表自由估計）
# 與 X 有關之因素負荷量矩陣
% 3*(1 0 0) 4*(0 1 0) 2*(0 0 1)
# 因素題目的設定
% PD
# Path diagram output
# End of input syntax
```

　　表 1-11 的 COR.CFG 組態檔係處理相關係數矩陣的語法設計，除了前半段研究者須設定相關之參數之外，該程式的最後段係等待拷貝到 LISREL 的程式語法，本例係 CFA 分析的 LISREL 程式設計，如欲改成徑路分析，研究者須視所提出的徑路模式進行 LISREL 程式設計。例如，以圖 1-17 徑路分析圖為例，組態

檔中 LISREL 程式為：

```
# Syntax for 3-variable PATH ANALYSIS
% LA
% Tension Support Quality
# Selection of variables.
% SE
# The y variables should be listed first.
% 2 3 1
% MO NX = 1 NY = 2 GA = FU,FI BE = FU,FI
% FR GA (1,1) GA (2,1) BE (2,1)
% PD
```

表 1-12　分析共變數矩陣的 LISREL 語法程式：COV.CFG

```
# Syntax generator for meta-analytic structural equation modeling with
# the two-stage structural equation modeling
# For more information, see http：//courses.nus.edu.sg/course/psycwlm/internet/tssem.
zip
# Version 1.10                              Date：22 April, 2007
# This syntax is used to analyze covariance matrices
# Comments. The program will ignore everything after it.
# The syntax is quite similar to the LISREL style.

# Analysis of correlation matrices, covariance matrices or variances
AN = 2
# AN = 1：Analysis of correlation matrices
# AN = 2：Analysis of covariance matrices
# AN = 3：Testing the homogeneity of variances.
# Please note that Stage 2 analysis will not be performed for AN = 3
# NG is the number of groups or studies in MASEM.
# The program expects there will be enough information for each group.
NG = 4
# NI is the number of variables.
NI = 9
# CM means covariance matrix. Covariance matrix is used here.
# FU means full matrix. If the matrix is symmetric, SY can be used.
# FI is the ASCII file for the data. For example, the data file is raw.dat.
# Note that this line is directly copied to generate LISREL syntax.
CM SY FI = cov.dat
# PH is the file for the parameter estimates of the PHI matrix, i.e, the pooled correlation
matrix.
# Note that it CANNOT be used as input at the Stage 2 directly
# because it duplicates output for several groups.
# PH = tssem1.cor
# EC is the file for the asymptotic covariance matrix of the parameter estimates.
# Note that it CANNOT be used as the weight matrix at the Stage 2 directly
```

```
# because it contains the elements of the standard deviations.
# EC = tssem1.ack
# GP is the identity for the specific group.
GP = 1
# NO is the sample size for the specific group.
NO = 591
# No missing variables is assumed in the first group.
GP = 2
NO = 656
# MV states the variables that are missing. For example, the variables 1 and 2 are missing in this group.
MV = 1 2
GP = 3
NO = 832
# Variables 2, 3 and 4 are missing (incorrect in V1.0)
MV = 3 4 5
GP = 4
NO = 823
MV = 8 9
# This is the Stage 2 model
# Everything after "%" will be copied to generate the stage 2 model
% MO NX = 9 NK = 3 PH = ST,FR
% PA LX
% 3*(1 0 0) 4*(0 1 0) 2*(0 0 1)
# End of input syntax
```

表 1-13　進行變異數同質性考驗的 LISREL 語法程式：VAR.CFG

```
# Syntax generator for meta-analytic structural equation modeling with
# the two-stage structural equation modeling
# For more information, see http：//courses.nus.edu.sg/course/psycwlm/internet/tssem.zip
# Version 1.10                        Date：22 April, 2007
# This syntax is used to test the homogeneity of variances
# Comments. The program will ignore everything after it.
# The syntax is quite similar to the LISREL style.
# Analysis of correlation matrices, covariance matrices or variances
AN = 3
# AN = 1：Analysis of correlation matrices
# AN = 2：Analysis of covariance matrices
# AN = 3：Testing the homogeneity of variances.
# Please note that Stage 2 analysis will not be performed for AN = 3
# NG is the number of groups or studies in MASEM.
# The program expects there will be enough information for each group.
NG = 4
# NI is the number of variables.
NI = 9
# CM means covariance matrix. Covariance matrix is used here.
```

```
# FU means full matrix. If the matrix is symmetric, SY can be used.
# FI is the ASCII file for the data. For example, the data file is raw.dat.
# Note that this line is directly copied to generate LISREL syntax.
CM SY FI = cov.dat
# PH is the file for the parameter estimates of the PHI matrix, i.e, the pooled correlation
matrix.
# Note that it CANNOT be used as input at the Stage 2 directly
# because it duplicates output for several groups.
# PH = tssem1.cor
# EC is the file for the asymptotic covariance matrix of the parameter estimates.
# Note that it CANNOT be used as the weight matrix at the Stage 2 directly
# because it contains the elements of the standard deviations.
# EC = tssem1.ack
# GP is the identity for the specific group.
GP = 1
# NO is the sample size for the specific group.
NO = 591
# No missing variables is assumed in the first group.
GP = 2
NO = 656
# MV states the variables that are missing. For example, the variables 1 and 2 are
missing in this group.
MV = 1 2
GP = 3
NO = 832
# Variables 2, 3 and 4 are missing（incorrect in V1.0）
MV = 3 4 5
GP = 4
NO = 823
MV = 8 9
# This is the Stage 2 model
# Everything after "%" will be copied to generate the stage 2 model
% MO NX = 9 NK = 3 PH = ST,FR
% PA LX
% 3*(1 0 0) 4*(0 1 0) 2*(0 0 1)
# End of input syntax
```

　　3. 利用 TSSEM 產製階段一 LISREL 程式語法

　　研究者接著需利用 TSSEM 產製階段一 LISREL 程式語法，如表 1-14 所示，其產製之內容即為 cor1.ls8 檔案內容，研究者不必操心如何撰寫 cor1.ls8 的檔案內容。

　　表 1-14 的 LISREL 語法程式（cor1.ls8），係由 DOS 程式 TSSEM 自動產製出來，而正確的 LISREL 語法程式，端靠正確的組態檔中各項參數的設定。因此，研究者必須熟悉表 1-11 ～ 1-13 的組態檔內容的每一個指令所代表的意義與功能。

圖 1-22　執行 TSSEM 的 DOS 指令操作視窗：以產生 cor1.ls8 檔案

　　圖 1-22 係使用 TSSEM 的 DOS 指令操作視窗，研究者需先在 Windows 的「所有程式（p）」中點選「附屬應用程式」後，按下「命令提示字元」選目。之後，利用「CD」指令切換到 TSSEM 程式所在的次目錄中。在 DOS 視窗中，執行 TSSEM.EXE -1 COR.CFG，以產製 LISREL 的 Cor1.ls8 的語法檔（參見表 1-14），以進行第一階段的同質性考驗與計算併組相關矩陣。

表 1-14　階段一 LISREL 程式語法內容：cor1.ls8

```
! Generated by TSSEM, Mike Cheung（2007）
! Analysis of correlation matrices

TI TSSEM Stage 1：Group 1
DA NG = 4 NI = 9 NO = 591
CM SY FI = cor.dat
MO NX = 9 NK = 9 LX = DI,FR TD = ZE PH = ST,FR
OU

TI TSSEM Stage 1：Group 2
DA NI = 9 NO = 656
CM SY FI = cor.dat
MO NX = 9 NK = 9 LX = DI,FR TD = ZE PH = ST,FR
OU

TI TSSEM Stage 1：Group 3
DA NI = 9 NO = 832
CM SY FI = cor.dat
MO NX = 9 NK = 9 LX = DI,FR TD = ZE PH = ST,FR
OU
```

TI TSSEM Stage 1：Group 4
DA NI = 9 NO = 823
CM SY FI = cor.dat
MO NX = 9 NK = 9 LX = DI,FR TD = ZE PH = ST,FR

! Constraints on testing the homogeneity of correlation matrices
! Variables 1 & 2 in the 2nd group are missing
EQ PH(1,3,4) PH(2,3,4)
EQ PH(1,3,5) PH(2,3,5)
EQ PH(1,3,6) PH(2,3,6)
EQ PH(1,3,7) PH(2,3,7)
EQ PH(1,3,8) PH(2,3,8)
EQ PH(1,3,9) PH(2,3,9)
EQ PH(1,4,5) PH(2,4,5)
EQ PH(1,4,6) PH(2,4,6)
EQ PH(1,4,7) PH(2,4,7)
EQ PH(1,4,8) PH(2,4,8)
EQ PH(1,4,9) PH(2,4,9)
EQ PH(1,5,6) PH(2,5,6)
EQ PH(1,5,7) PH(2,5,7)
EQ PH(1,5,8) PH(2,5,8)
EQ PH(1,5,9) PH(2,5,9)
EQ PH(1,6,7) PH(2,6,7)
EQ PH(1,6,8) PH(2,6,8)
EQ PH(1,6,9) PH(2,6,9)
EQ PH(1,7,8) PH(2,7,8)
EQ PH(1,7,9) PH(2,7,9)
EQ PH(1,8,9) PH(2,8,9)
EQ PH(1,1,2) PH(3,1,2)
! Variables 3,4 & 5 in the 3nd group are missing
EQ PH(1,1,6) PH(3,1,6)
EQ PH(1,1,7) PH(3,1,7)
EQ PH(1,1,8) PH(3,1,8)
EQ PH(1,1,9) PH(3,1,9)
EQ PH(1,2,6) PH(3,2,6)
EQ PH(1,2,7) PH(3,2,7)
EQ PH(1,2,8) PH(3,2,8)
EQ PH(1,2,9) PH(3,2,9)
EQ PH(1,6,7) PH(3,6,7)
EQ PH(1,6,8) PH(3,6,8)
EQ PH(1,6,9) PH(3,6,9)
EQ PH(1,7,8) PH(3,7,8)
EQ PH(1,7,9) PH(3,7,9)
EQ PH(1,8,9) PH(3,8,9)
EQ PH(1,1,2) PH(4,1,2)
EQ PH(1,1,3) PH(4,1,3)
EQ PH(1,1,4) PH(4,1,4)
EQ PH(1,1,5) PH(4,1,5)
EQ PH(1,1,6) PH(4,1,6)

```
EQ PH(1,1,7) PH(4,1,7)
! Variables 8 & 9 in the 4nd group are missing
EQ PH(1,2,3) PH(4,2,3)
EQ PH(1,2,4) PH(4,2,4)
EQ PH(1,2,5) PH(4,2,5)
EQ PH(1,2,6) PH(4,2,6)
EQ PH(1,2,7) PH(4,2,7)
EQ PH(1,3,4) PH(4,3,4)
EQ PH(1,3,5) PH(4,3,5)
EQ PH(1,3,6) PH(4,3,6)
EQ PH(1,3,7) PH(4,3,7)
EQ PH(1,4,5) PH(4,4,5)
EQ PH(1,4,6) PH(4,4,6)
EQ PH(1,4,7) PH(4,4,7)
EQ PH(1,5,6) PH(4,5,6)
EQ PH(1,5,7) PH(4,5,7)
EQ PH(1,6,7) PH(4,6,7)
!Output the pooled covariance matrix & its asymptotic covariance matrix
OU PH = cor1.cor EC = cor1.ack
```

4. 執行 LISREL 以輸出同質性考驗結果、ACM、併組相關矩陣、與相關參數的標準誤。

利用 TSSEM 建置了 LISREL 程式：Cor1.ls8（參見圖 1-23，只顯示部分內容）之後，研究者就可直接利用 LISREL 呼叫該程式，進行第一階段的各研究效果值的同質性考驗；其同質性考驗結果摘要如表 1-15（Cor1.out），並可輸出併組相關矩陣樣本，請參見表 1-16（cor1.cor），而 ACM 矩陣（cor1.ack）因資料龐大在此從略。

```
cor1 - 記事本

檔案(F)  編輯(E)  格式(O)  檢視(V)  說明(H)

TI TSSEM Stage 1: Group 3
DA NI=9 NO=832
CM SY FI=cor.dat
MO NX=9 NK=9 LX=DI,FR TD=ZE PH=ST,FR
OU

TI TSSEM Stage 1: Group 4
DA NI=9 NO=823
CM SY FI=cor.dat
MO NX=9 NK=9 LX=DI,FR TD=ZE PH=ST,FR

! Constraints on testing the homogeneity of correlation matrices
EQ PH(1,3,4) PH(2,3,4)
EQ PH(1,3,5) PH(2,3,5)
EQ PH(1,3,6) PH(2,3,6)
EQ PH(1,3,7) PH(2,3,7)
EQ PH(1,3,8) PH(2,3,8)
EQ PH(1,3,9) PH(2,3,9)
EQ PH(1,4,5) PH(2,4,5)
EQ PH(1,4,6) PH(2,4,6)
EQ PH(1,4,7) PH(2,4,7)
EQ PH(1,4,8) PH(2,4,8)
EQ PH(1,4,9) PH(2,4,9)
EQ PH(1,5,6) PH(2,5,6)
EQ PH(1,5,7) PH(2,5,7)
EQ PH(1,5,8) PH(2,5,8)
EQ PH(1,5,9) PH(2,5,9)
EQ PH(1,6,7) PH(2,6,7)
EQ PH(1,6,8) PH(2,6,8)
EQ PH(1,6,9) PH(2,6,9)
EQ PH(1,7,8) PH(2,7,8)
EQ PH(1,7,9) PH(2,7,9)
EQ PH(1,8,9) PH(2,8,9)
EQ PH(1,1,2) PH(3,1,2)
EQ PH(1,1,6) PH(3,1,6)
EQ PH(1,1,7) PH(3,1,7)
EQ PH(1,1,8) PH(3,1,8)
EQ PH(1,1,9) PH(3,1,9)
EQ PH(1,2,6) PH(3,2,6)
EQ PH(1,2,7) PH(3,2,7)
EQ PH(1,2,8) PH(3,2,8)
EQ PH(1,2,9) PH(3,2,9)
EQ PH(1,6,7) PH(3,6,7)
EQ PH(1,6,8) PH(3,6,8)
EQ PH(1,6,9) PH(3,6,9)
EQ PH(1,7,8) PH(3,7,8)
EQ PH(1,7,9) PH(3,7,9)
EQ PH(1,8,9) PH(3,8,9)
EQ PH(1,1,2) PH(4,1,2)
EQ PH(1,1,3) PH(4,1,3)
EQ PH(1,1,4) PH(4,1,4)
EQ PH(1,1,5) PH(4,1,5)
EQ PH(1,1,6) PH(4,1,6)
EQ PH(1,1,7) PH(4,1,7)
EQ PH(1,2,3) PH(4,2,3)
EQ PH(1,2,4) PH(4,2,4)
EQ PH(1,2,5) PH(4,2,5)
EQ PH(1,2,6) PH(4,2,6)
EQ PH(1,2,7) PH(4,2,7)
EQ PH(1,3,4) PH(4,3,4)
EQ PH(1,3,5) PH(4,3,5)
EQ PH(1,3,6) PH(4,3,6)
EQ PH(1,3,7) PH(4,3,7)
EQ PH(1,4,5) PH(4,4,5)
EQ PH(1,4,6) PH(4,4,6)
EQ PH(1,4,7) PH(4,4,7)
EQ PH(1,5,6) PH(4,5,6)
EQ PH(1,5,7) PH(4,5,7)
EQ PH(1,6,7) PH(4,6,7)

OU PH=COR1.cor EC=COR1.ack
```

圖 1-23　第一階段的同質性考驗：LISREL 程式設計（取自表 1-14 內容）

　　茲將同質性考驗結果摘要如表 1-15：結論爲同質性高（RMSEA = .054, CFI = .97, GFI = .99 , NFI = .96），因此可以繼續第二階段的 MASEM 分析。

表 1-15　階段一 LISREL 適配度考驗輸出內容：cor1.out

PH was written to file C：\Documents and Settings\USER\ 桌 面 \ 統 計 \meta-analysis\
sem-meta\tssem\cor1.cor
Global Goodness of Fit Statistics
Degrees of Freedom = 57
Minimum Fit Function Chi-Square = 172.73（P = 0.00）
Normal Theory Weighted Least Squares Chi-Square = 175.41（P = 0.00）
Minimum Fit Function Value = 0.060
Root Mean Square Error of Approximation（RMSEA）= 0.054
90 Percent Confidence Interval for RMSEA =（0.045；0.063）
P-Value for Test of Close Fit（RMSEA < 0.05）= 1.00
Normed Fit Index（NFI）= 0.96
Non-Normed Fit Index（NNFI）= 0.93
Parsimony Normed Fit Index（PNFI）= 0.38
Comparative Fit Index（CFI）= 0.97
Incremental Fit Index（IFI）= 0.97
Relative Fit Index（RFI）= 0.89
Root Mean Square Residual（RMR）= 0.044
Standardized RMR = 0.042
Goodness of Fit Index（GFI）= 0.99

　　假如階段一 LISREL 適配度考驗結果出現異質性，研究者須進行調節變項分析或使用隨機效果模式。

表 1-16　階段一 LISREL 併組相關矩陣的輸出內容（僅提供前 6 變項）：cor1. cor

PH1						
	VAR 1	VAR 2	VAR 3	VAR 4	VAR 5	VAR 6
VAR 1	1.00					
VAR 2	0.30 (0.02) 15.34	1.00				
VAR 3	0.20 (0.02) 7.92	0.37 (0.02) 16.38	1.00			

VAR 4	0.22 (0.02) 9.06	0.25 (0.02) 10.79	0.31 (0.02) 15.51	1.00	
VAR 5	0.22 (0.02) 9.00	0.23 (0.02) 9.50	0.19 (0.02) 9.02	0.45 (0.02) 25.90	1.00
VAR 6	0.19 (0.02) 9.31	0.11 (0.02) 5.58	0.17 (0.02) 8.06	0.39 (0.02) 20.93	0.31 (0.02) 15.98	1.00

5. 利用 TSSEM 產製階段二 LISREL 程式語法（cor2.ls8 檔案內容），主要在排除重複元素與將樣本大小乘入 ACM 矩陣中（LISREL 的要求）。

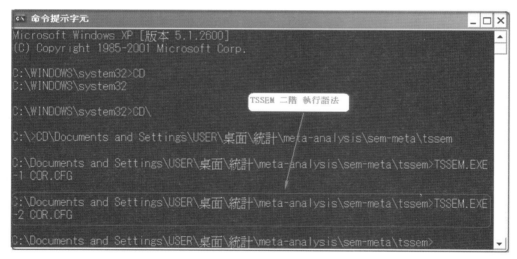

圖 1-24　執行 TSSEM 的 DOS 指令操作視窗：二階的執行語法

為了進行第二階段的 SEM 分析，研究者須在圖 1-24 的 DOS 視窗中，執行 TSSEM.EXE -2 COR.CFG，TSSEM 會自動產製 LISREL 的 Cor2.ls8 的語法檔（參見圖 1-25 內容）、COR2.COR & COR2.ACK 等資料檔，研究者不必操心如何撰寫 cor2.ls8 的檔案內容。

6. 利用 LISREL 執行階段二的統計分析：SEM 整合分析

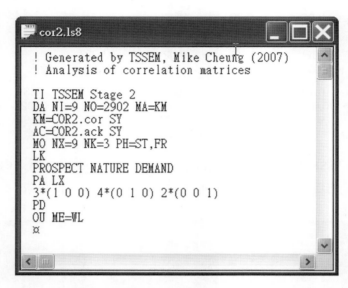

```
! Generated by TSSEM, Mike Cheung (2007)
! Analysis of correlation matrices

TI TSSEM Stage 2
DA NI=9 NO=2902 MA=KM
KM=COR2.cor SY
AC=COR2.ack SY
MO NX=9 NK=3 PH=ST,FR
LK
PROSPECT NATURE DEMAND
PA LX
3*(1 0 0) 4*(0 1 0) 2*(0 0 1)
PD
OU ME=WL
¤
```

圖 1-25　第二階段的 SEM 考驗 LISREL 程式：cor2.ls8

研究者除了利用 LISREL 程式：cor2.ls8 之外，亦可將 LISREL 程式（cor2.
ls8）轉換成 SIMPLIS 程式（如圖 1-26 視窗內容），進行第二階段的統計分析。

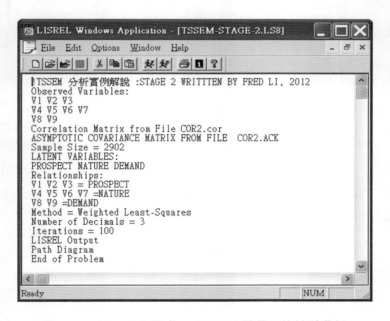

```
!TSSEM 分析實例解說 :STAGE 2 WRITTTEN BY FRED LI, 2012
Observed Variables:
V1 V2 V3
V4 V5 V6 V7
V8 V9
Correlation Matrix from File COR2.cor
ASYMPTOTIC COVARIANCE MATRIX FROM FILE  COR2.ACK
Sample Size = 2902
LATENT VARIABLES:
PROSPECT NATURE DEMAND
Relationships:
V1 V2 V3 = PROSPECT
V4 V5 V6 V7 =NATURE
V8 V9 =DEMAND
Method = Weighted Least-Squares
Number of Decimals = 3
Iterations = 100
LISREL Output
Path Diagram
End of Problem
```

圖 1-26　SIMPLIS 程式：MASEM 階段二的統計分析

執行 MASEM 第二階段的統計分析之後，LISREL/SIMPLIS 所輸出的適配度考驗結果如表 1-17 所示，相關徑路圖如圖 1-27 所示。

表 1-17　階段二 LISREL 適配度考驗輸出內容：cor2.out

Goodness of Fit Statistics
Degrees of Freedom = 24
Minimum Fit Function Chi-Square = 378.58（P = 0.0）
Estimated Non-centrality Parameter（NCP）= 354.58
90 Percent Confidence Interval for NCP =（295.27 ; 421.33）
Minimum Fit Function Value = 0.13
Population Discrepancy Function Value（F0）= 0.12
90 Percent Confidence Interval for F0 =（0.10 ; 0.15）
Root Mean Square Error of Approximation（RMSEA）= 0.071
90 Percent Confidence Interval for RMSEA =（0.065 ; 0.078）
P-Value for Test of Close Fit（RMSEA < 0.05）= 0.00
Expected Cross-Validation Index（ECVI）= 0.14
90 Percent Confidence Interval for ECVI =（0.12 ; 0.17）
ECVI for Saturated Model = 0.031
ECVI for Independence Model = 1.15
Chi-Square for Independence Model with 36 Degrees of Freedom = 3309.20
Independence AIC = 3327.20
Model AIC = 420.58
Saturated AIC = 90.00
Independence CAIC = 3389.96
Model CAIC = 567.02
Saturated CAIC = 403.79
Normed Fit Index (NFI) = 0.89
Non-Normed Fit Index (NNFI) = 0.84
Parsimony Normed Fit Index (PNFI) = 0.59
Comparative Fit Index (CFI) = 0.89
Incremental Fit Index (IFI) = 0.89
Relative Fit Index (RFI) = 0.83

執行 MASEM 第二階段的統計分析之後，LISREL 所輸出的徑路圖與參數估計結果，如圖 1-27 所示：χ^2 = 378.58, df = 24, p = .001, RMSEA = 0.071, CFI = 0.89, NNFI = 0.84：本模式的適配度尚差強人意，而其三個潛在變項（Prospect, Nature & Demand）間的相關係數，分別為：.54, .39 & .48。

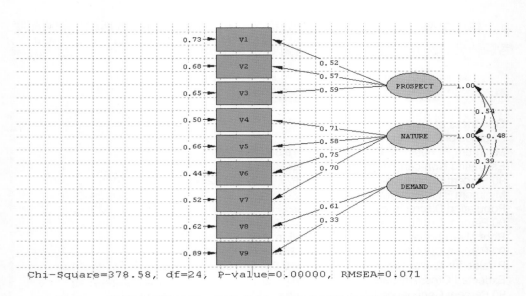

Chi-Square=378.58, df=24, P-value=0.00000, RMSEA=0.071

圖 1-27　適配度考驗結果：工作前景、工作性質與時間需求的 CFA 模式

　　綜上所述，TSSEM 分析時研究者須備齊程式檔：tssem.exe & lisrel、組態檔：cor.cfg 與資料檔：cor.dat 等三種檔案，而 TSSEM 的功能主要在產製 LISREL 程式：cor1.ls8 & cor2.ls8。在 TSSEM 產製的過程中，會輸出 cor1.cor & cor1.ack 與 cor2.cor & cor2.ack 等併組相關矩陣與 ACM 矩陣，以供 LISREL 程式呼叫使用。茲將整個 TSSEM 分析流程與 DOS 指令摘要於表 1-18 中，以利研究者應用。

表 1-18　TSSEM 階段一 & 階段二分析的流程：DOS 語法摘要表

❶準備原始資料檔與組態檔
MASEM 階段一分析：
❶執行語法：tssem.exe -1 cor.cfg
輸出報表：cor1.ls8
❷執行語法：lisrel85.exe cor1.ls8 cor1.out
輸出報表：cor1.out, cor1.cor and cor1.ack
MASEM 階段二分析：
❸執行語法：tssem.exe -2 cor.cfg
輸出報表：cor2.ls8, cor2.cor and cor2.ack
❹執行語法：lisrel85.exe cor2.ls8 cor2.out
輸出報表：cor2.out

至於整個 TSSEM 分析流程中與 LISREL 交互應用的操作介面，則依序圖示如圖 1-28：

❶ 準備原始資料檔與組態檔

❶

❷

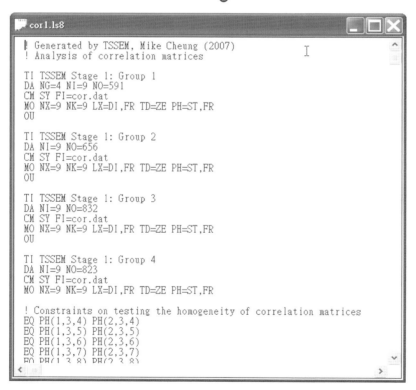

❸

❹

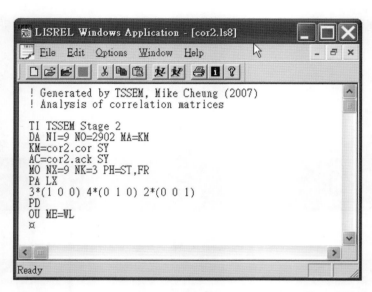

圖 1-28　MASEM 階段一 & 階段二分析的流程：操作介面

六、SEM 取向的整合分析：AMOS、MPLUS 軟體的運用

此類整合分析可以透過 SEM 分析軟體如 AMOS、MPLUS 等執行之，但過程中並不進行適配度的考驗。

(一) 固定效果模式

實例解說　*以平均數差異之整合分析爲例*

圖 1-29 中的資料係各研究平均數差異效果值之虛擬檔案，檔案內容提供了效果值（d），變異量（vard），加權量（w），加權量的平分根（wsqrt）等等相關資訊。

hedges.sav [DataSet1] - SPSS Data Editor

File Edit View Data Transform Analyze Graphs Utilities Window Help

1 : study 1

	study	d	vard	wsqrt	dt	dt2	w
1	1	-.33	.0288	5.89	-1.94	-11.46	34.72
2	2	.07	.0336	5.46	.38	2.08	29.76
3	3	-.30	.0220	6.74	-2.02	-13.64	45.45
4	4	.35	.0161	7.88	2.76	21.74	62.11
5	5	.69	.0662	3.89	2.68	10.42	15.11
6	6	.81	.2166	2.15	1.74	3.74	4.62
7	7	.40	.0453	4.70	1.88	8.83	22.08
8	8	.47	.0685	3.82	1.80	6.86	14.60
9	9	.37	.0508	4.44	1.64	7.28	19.69
10	10	-.06	.0320	5.59	-.34	-1.88	31.25
	Total	2.47	.5799	50.55	8.58	33.99	279.38

圖 1-29　各研究效果值之原始檔案

根據圖 1-29 中的資料，其併組平均數差異效果值的計算爲：

$$\bar{d} = \frac{\sum_{i=1}^{k} \frac{d_i}{V_{di}^2}}{\sum_{i=1}^{k} \frac{1}{V_{di}^2}} = \frac{\sum_{i=1}^{k} dt2_i}{\sum_{i=1}^{k} w_i} = \frac{33.99}{279.38} = .1216$$

式中 $dt2 = d_i w_i$。

如研究者改採 SEM 模式進行傳統整合分析，需先進行資料的轉換（dt = d×wsqrt），才能利用 AMOS 或 MPLUS 進行 OLS 迴歸分析。圖 1-30 模式係無共變項時，SEM 分析所需的徑路模式，模式中的變異數需設定爲 1，dt 的截距設定爲 0，才能使得各研究效果值具有相同的抽樣分配，而其變異量化爲 1。當模式含有共變項時，SEM 分析所需的徑路設計細節，請參考 Cheung（2008）的論文。

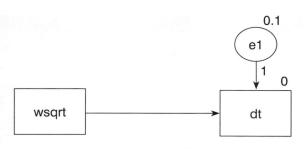

圖 1-30　固定效果理論模式：無共變項

執行 AMOS 的結果如圖 1-31 所示：

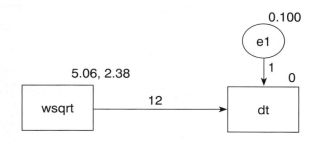

圖 1-31　固定效果估計值

表 1-19　固定效果估計值的 AMOS 估計值

			Estimate	S.E.	C.R.	P
dt	<---	wsqrt	.122	.063	1.929	.054

表 1-19 係固定效果估計值的 AMOS 估計值，研究者也可利用 MPLUS 程式獲得此固定效果估計值（0.122），參見圖 1-32。

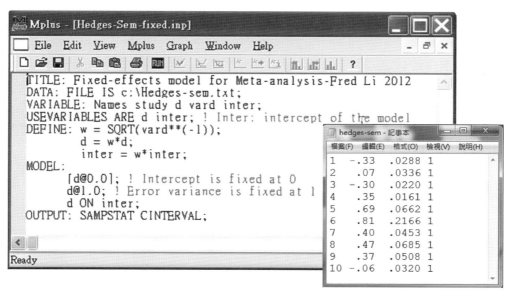

圖 1-32　整合性分析 MPLUS 程式設計與資料檔：固定效果模式

　　圖 1-32 中 MPLUS 程式中的資料檔（參見該圖右側小視窗）與相關之變項命名，係取自圖 1-29 的 SPSS 資料檔案，而程式中的理論徑路模式則如圖 1-33 所示。

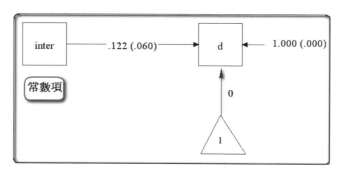

圖 1-33　MPLUS 分析的徑路圖與輸出結果：固定效果

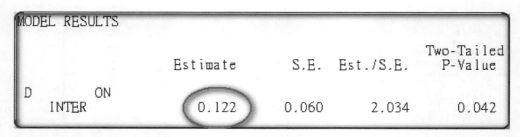

圖 1-34　MPLUS 整合性分析報表：固定效果

由圖 1-34 知，MPLUS 之固定效果分析結果（0.122）與 AMOS 之固定效果分析結果（0.122，參見表 1-19）完全相同。

(二) 隨機效果模式

隨機效果模式的 SEM-based 整合分析，需透過 Mplus 執行之，參見圖 1-36。

實例解說　平均數差異之整合分析

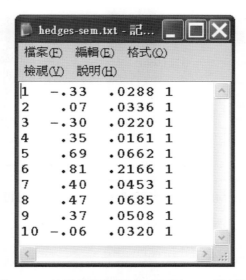

圖 1-35　效果值資料檔案（同圖 1-29 資料）

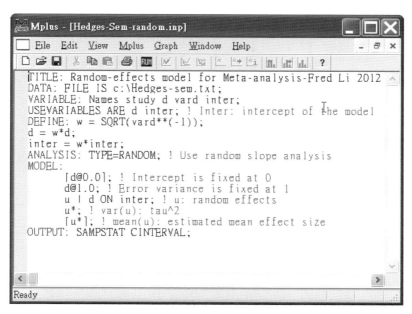

圖 1-36　整合性分析 MPLUS 程式檔：隨機斜率模式（估計隨機效果變異量）

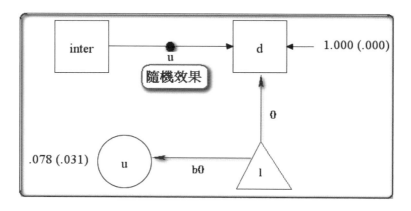

圖 1-37　MPLUS 分析的徑路圖與輸出結果：隨機效果

　　圖 1-37 之徑路圖係參照公式 1-12 所設計，圖中之中方型、圓形與三角形分別代表觀察變項、潛在變項與平均數。隨機效果的設計（代表各研究 u_i 的迴歸徑路）用以捕捉研究間的變異量（τ^2），僅有少數的 SEM 軟體（如 MPLUS & MX）可以估計此隨機效果，研究 u_i 的整合平均數即為 β_o。

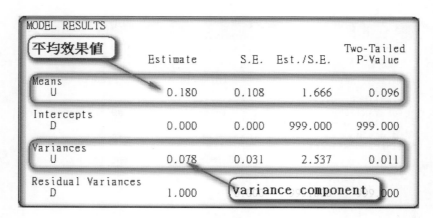

圖 1-38　平均效果值與研究間變異量之估計值

由圖 1-38 & 1-39 知，效果值之隨機效果為 0.180，研究間的變異量為 0.078。

CONFIDENCE INTERVALS OF MODEL RESULTS							
	Lower .5%	Lower 2.5%	Lower 5%	Estimate	Upper 5%	Upper 2.5%	Upper .5%
Means U	-0.098	-0.032	0.002	0.180	0.357	0.391	0.458
Intercepts D	0.000	0.000	0.000	0.000	0.000	0.000	0.000
Variances U	-0.001	0.018	0.027	0.078	0.129	0.139	0.158

圖 1-39　平均效果值與研究間變異量之信賴區間：隨機效果

七、單變項與多變項整合分析：metaSEM R 套件的運用

此 metaSEM 軟體係 R 套件（R package），為 DOS 版 TSSEM 的延伸創作，作者為新加坡大學心理系教授 Cheung（2012、2013a）。該 R 套件為免費的自由軟體，係透過 OpenMx 套件，執行 SEM 取向單變項與多變項的整合分析（meta & meta3 副程式），也能更快速進行前述的二階 MASEM 分析（tssem1 & tssem2 副程式），並能執行固定效果模式與隨機效果模式的整合分析。meta 副程式可執行單變項與多變項整合分析，採最大概似法（ML）估計參數值；meta3 副程式可執行 3 層次單變項整合分析，亦採最大概似法（ML）估計參數值。tssem1 副程式進行 TSSEM 第一階段的相關或共變數矩陣的併組工作與同質性的考驗；tssem2 副程式進行 TSSEM 第二階段的 SEM 分析任務，採加權最小平方法

（WLS）進行參數估計（以 ACM 矩陣的倒數作爲加權矩陣）。

Cheung（2015）的 MASEM 專書中也提供數個應用實例，甚具參考價值。Windows 版本的 metaSEM 下載網址：https://dl.dropboxusercontent.com/u/25182759/metaSEM_0.9-2.zip

具體的程式內涵與相關語法，請參考 metaSEM 軟體係 R 套件的 PDF 檔案 Cheung（2012、2013a、2015）或相關之操作手冊。以下特針對上述 metaSEM 的四個副程式（meta & meta3、tssem1 & tssem2），各舉一整合分析實例（大部分取自 Cheung 教授的示範實例），示範如何撰寫相關之程式語法與正確解讀報表，以利研究者參考運用。R 語言的基本操作與語法，不熟悉者，請先參見本書第八章的結尾，以利無縫接軌。

(一) 單變項整合分析

Data Editor

	row.names	Id	Study	Cluster	logOR	v	Year	Type	Discipline
1	5	5	Ackers (2000e; Marie Curie)	1	-0.33336	0.01282103	1996	Fellowship	Social sciences/humanities
2	8	8	Allmendinger (2002a; DFG)	2	-0.55585	0.3964969	1993	Grant	Social sciences/humanities
3	9	9	Allmendinger (2002b; DFG)	2	-0.09217	0.5866794	1994	Grant	Social sciences/humanities
4	10	10	Allmendinger (2002c; DFG)	2	0.48184	0.7119478	1995	Grant	Social sciences/humanities
5	11	11	Allmendinger (2002d; DFG)	2	-0.25672	0.2932547	1996	Grant	Social sciences/humanities
6	12	12	Allmendinger (2002e; DFG)	2	-0.429	0.4365245	1997	Grant	Social sciences/humanities
7	13	13	Allmendinger (2002f; DFG)	2	-0.55207	0.136161	1998	Grant	Social sciences/humanities
8	14	14	Allmendinger (2002g; DFG)	2	-1.113	0.3360289	1999	Grant	Social sciences/humanities
9	17	17	Brouns (2000a; NWO/ KNAW)	5	-0.44629	0.5400045	1994	Fellowship	Social sciences/humanities
10	18	18	Brouns (2000b; NWO/ KNAW)	5	-0.87855	0.3606843	1994	Fellowship	Social sciences/humanities
11	45	45	Sigelman (1987; NSF)	14	-0.86392	0.6091334	1986	Grant	Social sciences/humanities
12	63	63	Wood (1997f; ARC)	21	0.11464	0.07515274	1995	Grant	Social sciences/humanities
13	65	65	Wood (1997h; ARC)	21	0.02763	0.05699201	1995	Grant	Social sciences/humanities
14									

圖 1-40　獎助金同儕審查之性別歧視研究資料：社會科學與人文科學領域

圖 1-40 係利用 R 的資料編輯器（data editor）建立，該筆資料（Bornmann07.rda）係摘自：Bornmann, Mutz, & Daniel（2007）獎助金同儕審查之性別歧視研究，在此僅利用 R Commander 摘錄社會科學與人文科學領域存成 SCdata。

1. R 操作語法

單變項整合分析需使用 meta 副程式，其程式語法：

```
>library ("meta")
>SCdata<-edit (Bornmann07)
>library (Rcmdr)
# 打開 R Commander 以利編修檔案
>meta (y = logOR, v = v, data = SCdata)
```

2. R 輸出結果：隨機效果模式

表 1-20 　獎助金同儕審查之性別歧視研究結果：隨機效果模式

95% confidence intervals: z statistic approximation
Coefficients:

	Estimate	Std.Error	lbound	ubound	z value	Pr(>|z|)
Intercept1	-2.83e-01	7.92e-02	-4.39e-01	-1.28e-01	-3.58	0.00034
Tau2_1_1	1.0000e-10	NA	NA	NA	NA	NA

Q statistic on the homogeneity of effect sizes: 9.286041
Degrees of freedom of the Q statistic: 12
P value of the Q statistic: 0.678324

Heterogeneity indices (based on the estimated Tau2):

	Estimate
Intercept1: I2 (Q statistic)	0

Degrees of freedom: 11
-2 log likelihood: 14.29884
OpenMx status1: 0 ("0" or "1": The optimization is considered fine.)

　　報表 1-20 之解釋：根據報表底部 OpenMx status1：0 之資訊，本分析結果可信賴。如果未出現 0 或 1，研究者可以重跑一次看看。根據 Q 統計量 9.286041（df = 12, p = .678324），異質性指標與 I^2 等於 0，顯示效果值間之同質性甚高。在隨機效果模式下，平均效果值與其 .95 的 Wald 信賴區間為 -.283(-.439, -.128)。因此，研究者可以採用固定效果模式，進行資料分析，其程式設計為：

```
>summary( meta(y=logOR, v=v, data=SCdata, RE.constraints=0) )
```

3. R 輸出結果：固定效果模式

表 1-21　獎助金同儕審查之性別歧視研究結果：固定效果模式

95% confidence intervals: z statistic approximation
Coefficients:

	Estimate	Std.Error	lbound	ubound	z value	Pr(> |z|)
Intercept1	-0.284	0.086	-0.451	-0.116	-3.316	0.0009

4. 單變項森林圖之製作：

單變項森林圖之製作需使用 metafor 副程式，其操作語法爲：

```
> library("metafor")
> forest( rma(yi=logOR, vi=v, data=SCdata) )
> title("Gender Bias:Forest plot of Social Science")
```

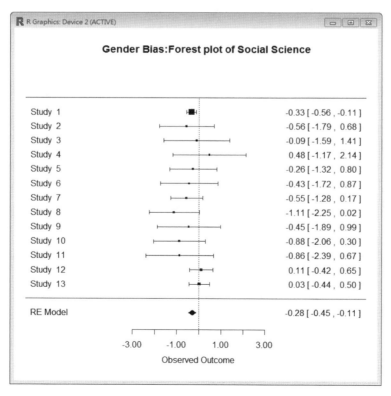

圖 1-41　獎助金同儕審查之性別歧視森林圖：隨機效果模式

根據圖 1-41 之對數勝算比分布來看，似乎對於女性學生有些不利，logOR = -.28。

(二) 多變項整合分析

Data Editor

	Study	Year	EE	DP	PA	V_EE	V_DP	V_PA	C_EE_DP	C_EE_PA	C_DP_PA	Publication_type
1	Betoret	2009	-0.38	-0.32	0.62	0.0016	0.0018	0.0011	5e-04	-2e-04	-3e-04	Journal
2	Brouwers & Tomic	2000	-0.4	-0.39	0.56	0.0013	9e-04	8e-04	6e-04	-4e-04	-4e-04	Journal
3	Bumen	2010	-0.31	-0.34	0.48	0.0014	0.0014	0.0012	7e-04	-3e-04	-4e-04	Journal
4	Chang	2009	-0.32	-0.41	0.41	0.0021	0.0019	0.0019	9e-04	-0.001	-0.0011	Dissertation
5	Durr	2008	-0.47	-0.54	0.71	0.0061	0.0063	0.0041	0.0032	-0.001	-0.0012	Dissertation
6	Evers et al.	2002	-0.26	-0.31	0.39	0.0093	0.0067	0.0066	0.0028	-0.0015	-0.0045	Journal
7	Evers et al.	2004	-0.3	-0.33	0.56	0.002	0.0013	0.001	7e-04	-4e-04	-6e-04	Journal
8	Friedman	2003	-0.15	-0.33	0.23	0.0045	0.0045	0.0048	0.0011	-0.0018	-0.0014	Journal
9	Gold	1985	-0.08	-0.1	0.12	0.0019	0.0015	0.0016	0.001	-5e-04	-7e-04	Journal
10	Huk	2011	-0.08	-0.11	0.06	0.0136	0.0118	0.0107	0.0062	-0.0041	-0.0051	Dissertation
11	Kress	2007	0	-0.2	0.23	0.0143	0.0102	0.0087	0.0081	-0.002	-0.0026	Dissertation
12	Kumarakulasingam	2002	-0.22	-0.3	0.56	0.0058	0.0066	0.0049	0.0029	-7e-04	-0.001	Dissertation
13	Martin et al.	2012	-0.24	-0.4	0.49	0.0016	0.001	7e-04	9e-04	-3e-04	-4e-04	Journal
14	Ozdemir	2007	-0.42	-0.46	0.62	0.002	0.002	0.0015	5e-04	-2e-04	-3e-04	Journal
15	Skaalvik and Skaalvik	2007	-0.35	-0.34	0.37	0.0042	0.0049	0.0047	0.0014	-0.0011	-0.0013	Journal
16	Williams	2012	-0.26	-0.26	0.4	0.0048	0.004	0.0033	0.0021	-7e-04	-9e-04	Dissertation
17												

圖 1-42　多變項整合分析的建檔格式與原始資料：寬型格式

資料取自：Aloe, Amo, & Shanaham (2014)

該研究旨在探究CMSE（classroom management self-efficacy）與EE（emotional exhaustion），DP（depersonalization），& PA（person accomplishment）的相關性，EE，DP & PA 爲 teacher-burnout 量表的三個分量表。本筆分析資料除了須包含三個分量表與 CMSE 的相關效果值（EE、DP、PA）、變異量（V_EE、V_DP、V_PA）之外，尚須包含他們之間的共變量（C_EE_DP、C_EE_PA、C_DP_PA），才能進行多變項整合分析。

1. R 操作語法

R 操作之語法，請參考網址內所附之手冊：https://courses.nus.edu.sg/course/psycwlm/Internet/metaSEM/manual/Aloe14.html

```
>library("metaSEM")
# 隨機效果模式
>teacher_burnout<-edit(Aloe14)
>outp1 <- meta(y=cbind(EE,DP,PA),v=cbind(V_EE,C_EE_DP,C_EE_PA,V_DP,C_DP_
PA,V_PA),data=teacher_burnout)
> summary(outp1)
```

2. R 輸出結果

(1) 隨機效果模式

表 1-22　探究 CMSE（classroom management self-efficacy）& EE（emotional exhaustion），DP（depersonalization），& PA（person accomplishment）相關性的整合研究結果：隨機效果模式

```
95% confidence intervals: z statistic approximation
Coefficients:
              Estimate    Std.Error       lbound       ubound   z value  Pr(>|z|)
Intercept1 -0.27787801  0.02933889  -0.33538118  -0.22037484  -9.4713   < 2e-16 ***
Intercept2 -0.32888552  0.02765563  -0.38308956  -0.27468148  -11.8922  < 2e-16 ***
Intercept3  0.43364914  0.04355499   0.34828293   0.51901535   9.9564   < 2e-16 ***
Tau2_1_1    0.01041631  0.00500650   0.00060375   0.02022888   2.0806    0.03747 *
Tau2_2_1    0.00856245  0.00423539   0.00026124   0.01686365   2.0216    0.04321 *
Tau2_2_2    0.00907552  0.00434071   0.00056789   0.01758314   2.0908    0.03655 *
Tau2_3_1   -0.01635020  0.00695076  -0.02997343  -0.00272697  -2.3523    0.01866 *
Tau2_3_2   -0.01379872  0.00629766  -0.02614190  -0.00145554  -2.1911    0.02845 *
Tau2_3_3    0.02702532  0.01101255   0.00544111   0.04860953   2.4540    0.01413 *
---
Signif. codes:  0 '***' 0.001 '**' 0.01 '*' 0.05 '.' 0.1 ' ' 1

Q statistic on the homogeneity of effect sizes: 256.7292
Degrees of freedom of the Q statistic: 45
P value of the Q statistic: 0

Heterogeneity indices (based on the estimated Tau2):
                                 Estimate
Intercept1: I2 (Q statistic)      0.7917
Intercept2: I2 (Q statistic)      0.7969
Intercept3: I2 (Q statistic)      0.9344

Number of studies (or clusters): 16
Number of observed statistics: 48
Number of estimated parameters: 9
Degrees of freedom: 39
-2 log likelihood: -98.57498
OpenMx status1: 0 ("0" or "1": The optimization is considered fine.
Other values indicate problems.)
```

　　由表 1-22 知，所有的平均效果值均達統計上的 .001 顯著水準；I^2 在三個分量表上分別是 .7917，.7969 & .9344，顯示研究者最好使用隨機效果模式來詮釋資料。另外，根據報表底部 OpenMx status1：0 之資訊，本分析結果可信賴。如果得到非 0 或 1，研究者可以重跑一次看看，例如：

```
>outp1<-rerun(outp1)

# Extract the coefficients for the variance component of the random effects
> coef1 <- coef(outp1, select="random")

# Convert it into a symmetrix matrix by row major
> my.cov <- vec2symMat(coef1, byrow=TRUE)
# Convert it into a correlation matrix
> cov2cor(my.cov)
```

表 1-23　多變量效果值間之相關矩陣

```
            [,1]         [,2]         [,3]
[1,]   1.0000000    0.9945345  -0.9664982
[2,]   0.9945345    1.0000000  -0.8666784
[3,]  -0.9664982   -0.8666784   1.0000000
```

　　由表 1-23 相關矩陣可知：EE 與 DP 呈現高度正相關，但他們與 PA 呈高度負相關，參見圖 1-43：多變項效果值的森林圖。

(2) 多變項效果值的森林圖

　　多變項效果值的森林圖製作語法為：

```
plot (outp1)
```

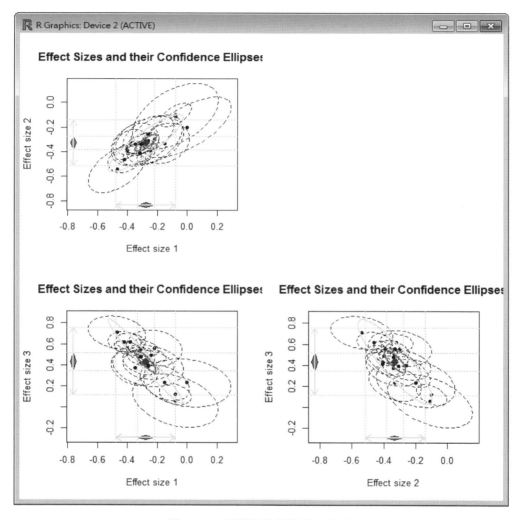

圖 1-43 多變項效果值的森林圖

　　進行多變項整合分析之後，研究者可以透過 metaSEM 的 plot() 函數，製作配對式森林圖與信賴圓（confidence ellipses）。圖 1-43 為單變項整合分析森林圖的延伸，內定為隨機效果模式之 .95 信賴區間。黑色原點與黑色虛線橢圓為各研究的觀察效果值與其 .95 信賴圓。在對角線上，藍色方塊係母群效果值的估計值，紅色橢圓（區域較小）為其固定效果模式的 .95 信賴圓。綠色橢圓（區域較大）為隨機效果模式的 .95 信賴圓。95% 的研究之母群效果值會落在此信賴圓內。

(3) 單變項森林圖之製作

　　研究者可以利用 Viechtbauer（2010）的 metafor R 套件的副程式 forest 製作教師倦怠三個分量表之森林圖，參見圖 1-44 ～圖 1-46。

```
>library("metafor")
> forest( rma(yi=EE, vi=V_EE, data=teacher_burnout) )
> title("Forest plot of EE")
```

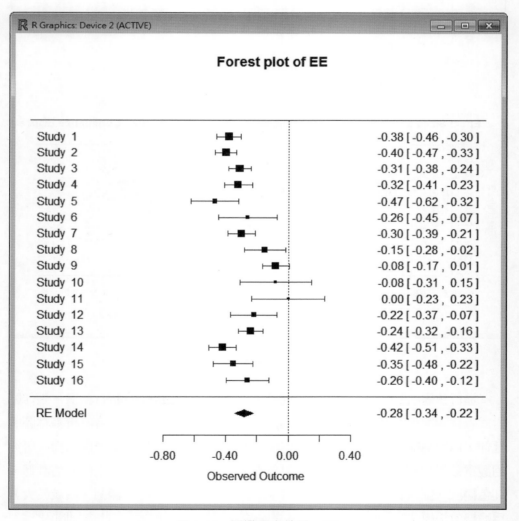

圖 1-44　單變項森林圖：EE

```
> forest( rma(yi=DP, vi=V_DP, data=teacher_burnout) )
> title("Forest plot of DP")
```

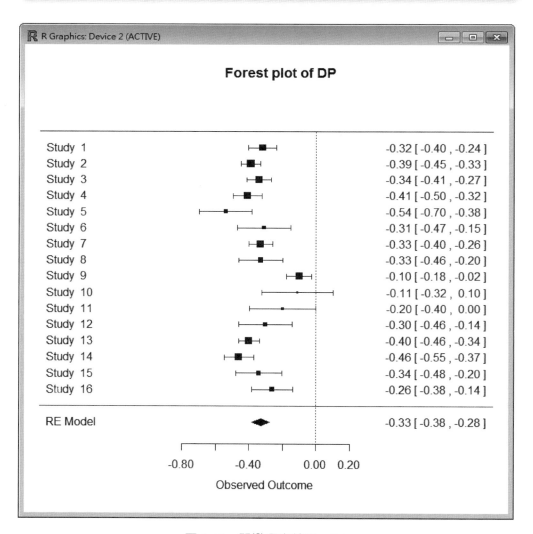

圖 1-45　單變項森林圖：DP

```
> forest( rma(yi=PA, vi=V_PA, data=teacher_burnout) )
> title("Forest plot of PA")
```

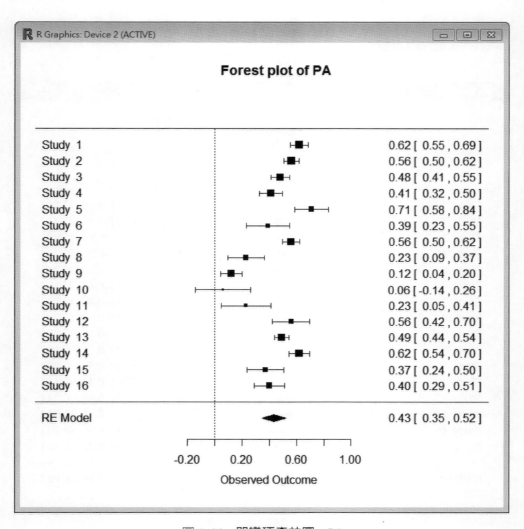

圖 1-46　單變項森林圖：PA

(4)　固定效果模式輸出結果

```
# 固定效果模式語法
 Outp2 <-
meta(y=cbind(EE,DP,PA),v=cbind(V_EE,C_EE_DP,C_EE_PA,V_DP,C_DP_PA,
V_PA), RE.constraints=matrix(0, nrow=3, ncol=3),data=teacher_burnout)
> summary(outp2)
```

表 1-24　探究 CMSE（classroom management self-efficacy）& EE（emotional exhaustion），DP（depersonalization），& PA（person accomplishment）相關性的整合分析研究結果：固定效果模式

```
95% confidence intervals: z statistic approximation
Coefficients:
           Estimate Std.Error    lbound    ubound z value   Pr(>|z|)
Intercept1 -0.305402  0.012689 -0.330271 -0.280533 -24.069 < 2.2e-16 ***
Intercept2 -0.360293  0.011401 -0.382639 -0.337948 -31.602 < 2.2e-16 ***
Intercept3  0.483789  0.010533  0.463144  0.504434  45.929 < 2.2e-16 ***
---
Signif. codes:  0 '***' 0.001 '**' 0.01 '*' 0.05 '.' 0.1 ' ' 1

Q statistic on the homogeneity of effect sizes: 256.7292
Degrees of freedom of the Q statistic: 45
P value of the Q statistic: 0

Heterogeneity indices (based on the estimated Tau2):
                             Estimate
Intercept1: I2 (Q statistic)       0
Intercept2: I2 (Q statistic)       0
Intercept3: I2 (Q statistic)       0

Number of studies (or clusters): 16
Number of observed statistics: 48
Number of estimated parameters: 3
Degrees of freedom: 45
-2 log likelihood: 58.27624
```

(5) 混合效果模式分析：次群體分析

```
>library("metaSEM")
>teacher_burnout<-edit(Aloe14)
>outp1 <- meta(y=cbind(EE,DP,PA),v=cbind(V_EE,C_EE_DP,C_EE_PA,V_DP,C_DP_PA,V_PA),data=teacher_burnout)
> summary(outp1)
```

　　由前面表 1-22 知，I^2 在三個分量表上分別是 .7917，.7969 & .9344，顯示異質性蠻大的。因此，研究者可以繼續找出異質性的變異源。Aloe et al.（2014）的研究也曾經檢驗了幾個調節變項。當中一個調節變項就是這些研究是在同儕審查期刊上發表過或僅為學位論文。為了將文字型出版類別變項轉換成虛擬變項當作調節變項，研究者可以利用 ifelse 指令來達成，再進行次群體整合分析。

```
>journal <- ifelse(teach_burnout$Publication_type=="Journal", 1, 0)
# 發表在期刊上之論文編碼為 1，其餘編為 0。
> outp3 <- meta(y=cbind(EE,DP,PA),v=cbind(V_EE, C_EE_DP, C_EE_PA, V_DP, C_DP_
PA, V_PA),x=journal, data=teacher_burnout)
> summary(outp3)
```

表 1-25　探究 CMSE（classroom management self-efficacy）& EE（emotional exhaustion），
　　　　DP（depersonalization），& PA（person accomplishment）相關性的隨機效
　　　　果模式整合分析研究結果：次群體分析

```
95% confidence intervals: z statistic approximation
Coefficients:
             Estimate   Std.Error      lbound      ubound z value   Pr(>|z|)
Intercept1 -0.26495345  0.05221017 -0.36728350 -0.16262340 -5.0747 3.880e-07 ***
Intercept2 -0.33881218  0.04954056 -0.43590989 -0.24171446 -6.8391 7.970e-12 ***
Intercept3  0.39509350  0.07256712  0.25286457  0.53732244  5.4445 5.194e-08 ***
Slope1_1   -0.02293641  0.06312759 -0.14666422  0.10079139 -0.3633   0.71636
Slope2_1    0.00965682  0.05993195 -0.10780765  0.12712128  0.1611   0.87199
Slope3_1    0.05901357  0.09008512 -0.11755003  0.23557717  0.6551   0.51241
Tau2_1_1    0.01026936  0.00490234  0.00066095  0.01987777  2.0948   0.03619 *
Tau2_2_1    0.00851798  0.00416830  0.00034827  0.01668770  2.0435   0.04100 *
Tau2_2_2    0.00897922  0.00428308  0.00058454  0.01737390  2.0964   0.03604 *
Tau2_3_1   -0.01612904  0.00679833 -0.02945354 -0.00280455 -2.3725   0.01767 *
Tau2_3_2   -0.01399824  0.00623821 -0.02622491 -0.00177157 -2.2440   0.02484 *
Tau2_3_3    0.02626579  0.01069320  0.00530749  0.04722408  2.4563   0.01404 *
---
Signif. codes:  0 '***' 0.001 '**' 0.01 '*' 0.05 '.' 0.1 ' ' 1

Q statistic on the homogeneity of effect sizes: 256.7292
Degrees of freedom of the Q statistic: 45
P value of the Q statistic: 0

Explained variances (R2):
                             y1        y2        y3
Tau2 (no predictor)      0.0104163 0.0090755 0.0270
Tau2 (with predictors)   0.0102694 0.0089792 0.0263
R2                       0.0141084 0.0106104 0.0281

Number of studies (or clusters): 16
Number of observed statistics: 48
Number of estimated parameters: 12
Degrees of freedom: 36
-2 log likelihood: -99.97052
OpenMx status1: 0 ("0" or "1": The optimization is considered fine.
Other values may indicate problems.)
```

　　由表 1-25 知，就研究來自學位論文來看，CMSE 與 EE, DP, & PA 的整合
分析效果值分別為 -.2650，-.3388，.3951；就發表在期刊之論文來看，CMSE
與 EE, DP, & PA 的整合分析效果值分別為 -.28844(= -.2650-.02294)，-.32914 (=
-.3388+.00966)，.41001(= .3951+.05901)。調節變項在 EE，DP & PA 上的迴歸係

數分別爲 -.02294、.00966 & .05901，均未達 .05 的顯著水準，顯示此調節變項（出版與否）未能有效解釋效果值的變異源，這也可由相關的 R^2 看出來（均在 3% 以下）。研究者亦可利用帶有調節變項模式與未含調節變項模式間的卡方差異值，進行 $\beta_{EE} = \beta_{DP} = \beta_{PA} = 0$ 的統計考驗。分析結果爲：χ^2（df = 3）= 1.39554，p = .7066，顯示此調節變項無法有效區辨此兩個群組，參見表 1-26。metaSEM 之操作語法爲：

```
> anova（outp3,outp1）
```

表 1-26　模式間差異性考驗：調節變項效能的檢驗

```
              base           comparison ep  minus2LL df       AIC  diffLL diffdf         p
1 Meta analysis with ML               <NA> 12 -99.97052 36 -171.9705      NA     NA        NA
2 Meta analysis with ML Meta analysis with ML  9 -98.57498 39 -176.5750 1.39554      3 0.7065804
```

(三) CFA 分析

本節旨在利用 tssem 1 與 tssem 2 副程式，進行 CFA 分析。

1. 在 R 中建立資料檔

表 1-27 係根據表 1-10 相關矩陣資料，轉換而來的共變數矩陣。

表 1-27　工作前景、工作性質與時間需求之態度調查的共變數矩陣：R 語言建檔

```
Cheung09 <-
structure(list(data = structure(list(`1` = structure(c(0.77298,
0.26975, 0.24009, 0.23778, 0.20869, 0.22377, 0.18801, 0.07055,
0.10051, 0.26975, 0.91307, 0.44374, 0.26083, 0.28387, 0.2066,
0.12764, 0.22892, 0.0959, 0.24009, 0.44374, 1.11292, 0.2944,
0.26262, 0.2732, 0.18548, 0.20417, 0.18243, 0.23778, 0.26083,
0.2944, 0.80501, 0.47489, 0.45939, 0.40998, 0.09104, 0.10142,
0.20869, 0.28387, 0.26262, 0.47489, 0.89692, 0.41972, 0.31541,
0.33907, 0.06561, 0.22377, 0.2066, 0.2732, 0.45939, 0.41972,
1.36089, 0.74274, 0.18137, 0.12973, 0.18801, 0.12764, 0.18548,
0.40998, 0.31541, 0.74274, 1.01075, 0.13724, 0.12776, 0.07055,
0.22892, 0.20417, 0.09104, 0.33907, 0.18137, 0.13724, 1.81805,
-0.0198, 0.10051, 0.0959, 0.18243, 0.10142, 0.06561, 0.12973,
0.12776, -0.0198, 0.91252), .Dim = c(9L, 9L), .Dimnames = list(
  c("v1", "v2", "v3", "v4", "v5", "v6", "v7", "v8", "v9"),
  c("v1", "v2", "v3", "v4", "v5", "v6", "v7", "v8", "v9"))),
  `2` = structure(c(NA, NA, NA, NA, NA, NA, NA, NA, NA, NA,
```

```
NA, NA, NA, NA, NA, NA, NA, NA, NA, NA, 1.06293, 0.27094,
0.20331, 0.16522, 0.11922, 0.25387, 0.06877, NA, NA, 0.27094,
0.73625, 0.27053, 0.33506, 0.33495, 0.16124, 0.00912, NA,
NA, 0.20331, 0.27053, 0.71718, 0.19873, 0.14582, 0.21907,
0.04089, NA, NA, 0.16522, 0.33506, 0.19873, 0.92247, 0.55128,
0.17143, 0.0138, NA, NA, 0.11922, 0.33495, 0.14582, 0.55128,
1.00462, 0.16561, 0.04322, NA, NA, 0.25387, 0.16124, 0.21907,
0.17143, 0.16561, 1.49431, 0.29094, NA, NA, 0.06877, 0.00912,
0.04089, 0.0138, 0.04322, 0.29094, 1.0196), .Dim = c(9L,
9L), .Dimnames = list(c("v1", "v2", "v3", "v4", "v5", "v6",
"v7", "v8", "v9"), c("v1", "v2", "v3", "v4", "v5", "v6",
"v7", "v8", "v9"))), `3` = structure(c(0.95825, 0.32958,
NA, NA, NA, 0.13948, 0.15463, 0.15248, 0.10405, 0.32958,
1.02277, NA, NA, NA, 0.073, 0.07002, 0.17056, 0.13502, NA,
NA, NA, NA, NA, NA, NA, NA, NA, NA, NA, NA, NA, NA, NA, NA,
NA, NA, NA, NA, NA, NA, NA, NA, NA, NA, 0.13948, 0.073,
NA, NA, NA, 0.82987, 0.43769, 0.23195, 0.03856, 0.15463,
0.07002, NA, NA, 0.43769, 0.83476, 0.19002, 0.03986,
0.15248, 0.17056, NA, NA, NA, 0.23195, 0.19002, 1.42583,
0.38343, 0.10405, 0.13502, NA, NA, NA, 0.03856, 0.03986,
0.38343, 1.03062), .Dim = c(9L, 9L), .Dimnames = list(c("v1",
"v2", "v3", "v4", "v5", "v6", "v7", "v8", "v9"), c("v1",
"v2", "v3", "v4", "v5", "v6", "v7", "v8", "v9"))), `4` = structure(c(0.83995,
0.21117, 0.14249, 0.13268, 0.17861, 0.22783, 0.18991, NA,
NA, 0.21117, 0.9338, 0.34383, 0.1904, 0.15068, 0.12191, -0.04762,
NA, NA, 0.14249, 0.34383, 1.33025, 0.31041, 0.10873, 0.19756,
0.12113, NA, NA, 0.13268, 0.1904, 0.31041, 0.77512, 0.36093,
0.36519, 0.22716, NA, NA, 0.17861, 0.15068, 0.10873, 0.36093,
0.91598, 0.37035, 0.1955, NA, NA, 0.22783, 0.12191, 0.19756,
0.36519, 0.37035, 1.48445, 0.62637, NA, NA, 0.18991, -0.04762,
0.12113, 0.22716, 0.1955, 0.62637, 1.05049, NA, NA, NA, NA,
NA, NA, NA, NA, NA, NA, NA, NA, NA, NA, NA, NA, NA, NA, NA, NA,
NA), .Dim = c(9L, 9L), .Dimnames = list(c("v1", "v2", "v3",
"v4", "v5", "v6", "v7", "v8", "v9"), c("v1", "v2", "v3",
"v4", "v5", "v6", "v7", "v8", "v9")))), .Names = c("1", "2",
"3", "4")), n = c(591, 656, 832, 823)), .Names = c("data", "n")
))
```

　　利用 R 語言建立完資料之後 , 即可進行呼叫使用，參見表 1-28。

```
> edit(Cheung09)
```

表 1-28　工作前景、工作性質與時間需求之態度調查的 R 共變數矩陣資料

```
$data
$data$`1`
          v1      v2      v3      v4      v5      v6      v7      v8      v9
v1 0.77298 0.26975 0.24009 0.23778 0.20869 0.22377 0.18801  0.07055  0.10051
v2 0.26975 0.91307 0.44374 0.26083 0.28387 0.20660 0.12764  0.22892  0.09590
v3 0.24009 0.44374 1.11292 0.29440 0.26262 0.27320 0.18548  0.20417  0.18243
v4 0.23778 0.26083 0.29440 0.80501 0.47489 0.45939 0.40998  0.09104  0.10142
v5 0.20869 0.28387 0.26262 0.47489 0.89692 0.41972 0.31541  0.33907  0.06561
v6 0.22377 0.20660 0.27320 0.45939 0.41972 1.36089 0.74274  0.18137  0.12973
v7 0.18801 0.12764 0.18548 0.40998 0.31541 0.74274 1.01075  0.13724  0.12776
v8 0.07055 0.22892 0.20417 0.09104 0.33907 0.18137 0.13724  1.81805 -0.01980
v9 0.10051 0.09590 0.18243 0.10142 0.06561 0.12973 0.12776 -0.01980  0.91252

$data$`2`
     v1 v2      v3      v4      v5      v6      v7      v8      v9
v1 NA NA      NA      NA      NA      NA      NA      NA      NA
v2 NA NA      NA      NA      NA      NA      NA      NA      NA
v3 NA NA 1.06293 0.27094 0.20331 0.16522 0.11922 0.25387 0.06877
v4 NA NA 0.27094 0.73625 0.27053 0.33506 0.33495 0.16124 0.00912
v5 NA NA 0.20331 0.27053 0.71718 0.19873 0.14582 0.21907 0.04089
v6 NA NA 0.16522 0.33506 0.19873 0.92247 0.55128 0.17143 0.01380
v7 NA NA 0.11922 0.33495 0.14582 0.55128 1.00462 0.16561 0.04322
v8 NA NA 0.25387 0.16124 0.21907 0.17143 0.16561 1.49431 0.29094
v9 NA NA 0.06877 0.00912 0.04089 0.01380 0.04322 0.29094 1.01960

$data$`3`
          v1      v2 v3 v4 v5      v6      v7      v8      v9
v1 0.95825 0.32958 NA NA NA 0.13948 0.15463 0.15248 0.10405
v2 0.32958 1.02277 NA NA NA 0.07300 0.07002 0.17056 0.13502
v3      NA      NA NA NA NA      NA      NA      NA      NA
v4      NA      NA NA NA NA      NA      NA      NA      NA
v5      NA      NA NA NA NA      NA      NA      NA      NA
v6 0.13948 0.07300 NA NA NA 0.82987 0.43769 0.23195 0.03856
v7 0.15463 0.07002 NA NA NA 0.43769 0.83476 0.19002 0.03986
v8 0.15248 0.17056 NA NA NA 0.23195 0.19002 1.42583 0.38343
v9 0.10405 0.13502 NA NA NA 0.03856 0.03986 0.38343 1.03062

$data$`4`
          v1       v2      v3      v4      v5      v6       v7 v8 v9
v1 0.83995  0.21117 0.14249 0.13268 0.17861 0.22783  0.18991 NA NA
v2 0.21117  0.93380 0.34383 0.19040 0.15068 0.12191 -0.04762 NA NA
v3 0.14249  0.34383 1.33025 0.31041 0.10873 0.19756  0.12113 NA NA
v4 0.13268  0.19040 0.31041 0.77512 0.36093 0.36519  0.22716 NA NA
v5 0.17861  0.15068 0.10873 0.36093 0.91598 0.37035  0.19550 NA NA
v6 0.22783  0.12191 0.19756 0.36519 0.37035 1.48445  0.62637 NA NA
v7 0.18991 -0.04762 0.12113 0.22716 0.19550 0.62637  1.05049 NA NA
v8      NA       NA      NA      NA      NA      NA       NA NA NA
v9      NA       NA      NA      NA      NA      NA       NA NA NA

$n
[1] 591 656 832 823
```

2. R 操作語法

```
>library("metaSEM")  # 載入 R package
>data(Cheung09)
>fixed1 <- tssem1(Cheung09$data, Cheung09$n, method="FEM")
# 程式中 tssem1 副程式，係用來進行第一階段同質性考驗，tssem1() 函數中 "FEM" 的界
定（FEM 為內定狀態），代表要用固定效果模式來進行相關係數矩陣的整併；如欲使用隨
機效果模式，請使用 method="REM" 的設定。
>summary(fixed1)    # 輸出結果
```

以上程式之輸出結果，參見表 1-29。

3. R 輸出結果

表 1-29　併組相關係數估計值

```
Coefficients:
        Estimate  Std.Error  z value   Pr(>|z|)
S[1,2]  0.295204  0.019260   15.3269  < 2.2e-16  ***
S[1,3]  0.195315  0.024752    7.8907  3.109e-15  ***
S[1,4]  0.218764  0.024122    9.0689  < 2.2e-16  ***
S[1,5]  0.219891  0.024410    9.0082  < 2.2e-16  ***
S[1,6]  0.188085  0.020243    9.2912  < 2.2e-16  ***
S[1,7]  0.192202  0.020245    9.4937  < 2.2e-16  ***
S[1,8]  0.098345  0.025657    3.8331  0.0001265  ***
S[1,9]  0.098792  0.025906    3.8134  0.0001371  ***
S[2,3]  0.369539  0.022700   16.2790  < 2.2e-16  ***
S[2,4]  0.254045  0.023528   10.7975  < 2.2e-16  ***
S[2,5]  0.228515  0.024101    9.4815  < 2.2e-16  ***
S[2,6]  0.114146  0.020523    5.5619  2.668e-08  ***
S[2,7]  0.045226  0.020795    2.1748  0.0296455  *
S[2,8]  0.148062  0.025249    5.8641  4.516e-09  ***
S[2,9]  0.101849  0.025716    3.9605  7.480e-05  ***
S[3,4]  0.307683  0.019828   15.5178  < 2.2e-16  ***
S[3,5]  0.190534  0.021199    8.9879  < 2.2e-16  ***
S[3,6]  0.168640  0.020894    8.0711  6.661e-16  ***
S[3,7]  0.131195  0.021077    6.2246  4.827e-10  ***
S[3,8]  0.165582  0.027014    6.1295  8.815e-10  ***
S[3,9]  0.125626  0.027582    4.5546  5.248e-06  ***
S[4,5]  0.451816  0.017509   25.8055  < 2.2e-16  ***
S[4,6]  0.385260  0.018401   20.9364  < 2.2e-16  ***
S[4,7]  0.356264  0.018830   18.9202  < 2.2e-16  ***
S[4,8]  0.118676  0.026682    4.4478  8.676e-06  ***
S[4,9]  0.056840  0.027193    2.0902  0.0365982  *
S[5,6]  0.312550  0.019537   15.9977  < 2.2e-16  ***
```

```
S[5,7]  0.231882   0.020370  11.3834  < 2.2e-16  ***
S[5,8]  0.238513   0.026159   9.1177  < 2.2e-16  ***
S[5,9]  0.064725   0.027416   2.3608  0.0182334  *
S[6,7]  0.553722   0.012912  42.8838  < 2.2e-16  ***
S[6,8]  0.162009   0.021035   7.7020  1.332e-14  ***
S[6,9]  0.053050   0.021658   2.4494  0.0143097  *
S[7,8]  0.135426   0.021212   6.3845  1.719e-10  ***
S[7,9]  0.066476   0.021650   3.0705  0.0021370  **
S[8,9]  0.198064   0.021253   9.3192  < 2.2e-16  ***
---
Signif. codes:  0 '***' 0.001 '**' 0.01 '*' 0.05 '.' 0.1 ' ' 1
```

　　併組相關係數估計值矩陣（參見表 1-30），可利用 R 語法呼叫出來。

```
< coef(fixed1)
```

表 1-30　併組相關係數矩陣

```
          x1          x2          x3          x4          x5          x6          x7
x1 1.00000000 0.2952055 0.1953170 0.21876525 0.21989168 0.18808479 0.19220200
x2 0.29520547 1.0000000 0.3695412 0.25404723 0.22851659 0.11414705 0.04522720
x3 0.19531697 0.3695412 1.0000000 0.30768485 0.19053594 0.16864177 0.13119696
x4 0.21876525 0.2540472 0.3076849 1.00000000 0.45181741 0.38526161 0.35626569
x5 0.21989168 0.2285166 0.1905359 0.45181741 1.00000000 0.31255144 0.23188328
x6 0.18808479 0.1141470 0.1686418 0.38526161 0.31255144 1.00000000 0.55372293
x7 0.19220200 0.0452272 0.1311970 0.35626569 0.23188328 0.55372293 1.00000000
x8 0.09834578 0.1480624 0.1655828 0.11867792 0.23851446 0.16201062 0.13542710
x9 0.09879309 0.1018502 0.1256267 0.05684204 0.06472652 0.05305054 0.06647661
          x8          x9
x1 0.09834578 0.09879309
x2 0.14806242 0.10185019
x3 0.16558283 0.12562670
x4 0.11867792 0.05684204
x5 0.23851446 0.06472652
x6 0.16201062 0.05305054
x7 0.13542710 0.06647661
x8 1.00000000 0.19806532
x9 0.19806532 1.00000000
```

4. 第一階段同質性考驗結果

表 1-31　效果值同質性考驗結果

```
Goodness-of-fit indices:
                                        Value
Sample size                         2902.0000
Chi-square of target model           172.7320
DF of target model                    57.0000
p value of target model                0.0000
Chi-square of independence model    3246.6915
DF of independence model              93.0000
RMSEA                                  0.0529
SRMR                                   0.0492
TLI                                    0.9401
CFI                                    0.9633
AIC                                   58.7320
BIC                                 -281.7379
```

　　metaSEM R 套件之輸出結果與 TSSEM DOS 之輸出結果（參見表 1-15）非常
接近。表 1-31 係同質性考驗結果摘要：結論為同質性高（RMSEA = .0529, CFI =
.9633, TLI = .9401），因此可以繼續第二階段的 SEM 分析。

5. 第二階段 SEM 理論模式之適配性考驗

　　第二階段的資料分析需使用 tssem2() 函數，用來進行因素分析模式的適
配度考驗，考驗對象係併組相關矩陣（利用 inverse of its asymptotic covariance
matrix 作為加權矩陣）。第二階段的結構模式之界定，係透過網絡行動模式
（the reticular action model）來建立（McArdle and McDonald, 1984）。結構模式
的界定需靠以下三大矩陣來完成。A 與 S 矩陣分別用來界定非對稱性徑路（the
asymmetric paths）與對稱性變異數／共變數（symmetric variance-covariance）矩
陣。A 矩陣中的元素可能是迴歸係數或因素負荷量，S 對稱性矩陣中的元素代表
觀察變項之變異數與共變數。F 是一個選擇變項矩陣，用來篩選觀察變項。

```
> Lambda <- matrix(c(" .3*Prospect_v1", " .3*Prospect_v2", ".3*Prospect_v3", rep(0,9),
".3*Nature_v4", ".3*Nature_v5", ".3*Nature_v6", ".3*Nature_v7", rep(0,9) , ".3*Demand_
v8", ".3*Demand_v9"), ncol = 3, nrow = 9)
```

式中 .3 係徑路係數的起始值

```
>A1 <- rbind(cbind(matrix(0,ncol=9, nrow=9), Lambda), matrix(0, ncol=12, nrow=3))
> dimnames(A1) <- list(c("v1", "v2","v3", "v4","v5", "v6", "v7","v8","v9", "Prospect",
"Nature","Demand") , c("v1", "v2","v3", "v4","v5", "v6", "v7","v8","v9", "Prospect",
"Nature","Demand"))
>A1
```

表 1-32　非對稱性徑路係數矩陣之設定

```
> A1
          v1  v2  v3  v4  v5  v6  v7  v8  v9  Prospect          Nature          Demand
v1       "0" "0" "0" "0" "0" "0" "0" "0" "0" " .3*Prospect_v1" "0"             "0"
v2       "0" "0" "0" "0" "0" "0" "0" "0" "0" " .3*Prospect_v2" "0"             "0"
v3       "0" "0" "0" "0" "0" "0" "0" "0" "0" ".3*Prospect_v3"  "0"             "0"
v4       "0" "0" "0" "0" "0" "0" "0" "0" "0" "0"               ".3*Nature_v4"  "0"
v5       "0" "0" "0" "0" "0" "0" "0" "0" "0" "0"               ".3*Nature_v5"  "0"
v6       "0" "0" "0" "0" "0" "0" "0" "0" "0" "0"               ".3*Nature_v6"  "0"
v7       "0" "0" "0" "0" "0" "0" "0" "0" "0" "0"               ".3*Nature_v7"  "0"
v8       "0" "0" "0" "0" "0" "0" "0" "0" "0" "0"               "0"             ".3*Demand_v8"
v9       "0" "0" "0" "0" "0" "0" "0" "0" "0" "0"               "0"             ".3*Demand_v9"
Prospect "0" "0" "0" "0" "0" "0" "0" "0" "0" "0"               "0"             "0"
Nature   "0" "0" "0" "0" "0" "0" "0" "0" "0" "0"               "0"             "0"
Demand   "0" "0" "0" "0" "0" "0" "0" "0" "0" "0"               "0"             "0"
```

```
>A1 <- as.mxMatrix(A1)
```
#A1 係用以界定非對稱性徑路，參見表 1-32

```
>Phi <- matrix(c(1, "0.3*cor12", "0.3*cor13", "0.3*cor12", 1, "0.3*cor23", "0.3*cor13",
"0.3*cor23",1), ncol = 3, nrow = 3)
```
界定潛在變項間之共變數矩陣，參見表 1-33

```
> S1 <- bdiagMat(list(Diag(c(".2*e1", ".2*e2",".2*e3", ".2*e4", ".2*e5", ".2*e6", ".2*e7",
".2*e8",".2*e9")), Phi))
```
界定誤差變項間之誤差變異數矩陣，參見表 1-33

```
> dimnames(S1) <- list(c("v1", "v2","v3", "v4","v5", "v6", "v7","v8","v9", "Prospect",
"Nature","Demand") , c("v1", "v2","v3", "v4","v5", "v6", "v7","v8","v9", "Prospect",
"Nature","Demand"))
>S1
```

表 1-33　對稱性變異數／共變數矩陣之設定

```
> S1
          v1       v2       v3       v4       v5       v6       v7       v8       v9       Prospect  Nature         Demand
v1        ".2*e1"  "0"      "0"      "0"      "0"      "0"      "0"      "0"      "0"      "0"       "0"            "0"
v2        "0"      ".2*e2"  "0"      "0"      "0"      "0"      "0"      "0"      "0"      "0"       "0"            "0"
v3        "0"      "0"      ".2*e3"  "0"      "0"      "0"      "0"      "0"      "0"      "0"       "0"            "0"
v4        "0"      "0"      "0"      ".2*e4"  "0"      "0"      "0"      "0"      "0"      "0"       "0"            "0"
v5        "0"      "0"      "0"      "0"      ".2*e5"  "0"      "0"      "0"      "0"      "0"       "0"            "0"
v6        "0"      "0"      "0"      "0"      "0"      ".2*e6"  "0"      "0"      "0"      "0"       "0"            "0"
v7        "0"      "0"      "0"      "0"      "0"      "0"      ".2*e7"  "0"      "0"      "0"       "0"            "0"
v8        "0"      "0"      "0"      "0"      "0"      "0"      "0"      ".2*e8"  "0"      "0"       "0"            "0"
v9        "0"      "0"      "0"      "0"      "0"      "0"      "0"      "0"      ".2*e9"  "0"       "0"            "0"
Prospect  "0"      "0"      "0"      "0"      "0"      "0"      "0"      "0"      "0"      "1"       "0.3*cor12"    "0.3*cor13"
Nature    "0"      "0"      "0"      "0"      "0"      "0"      "0"      "0"      "0"      "0.3*cor12" "1"          "0.3*cor23"
Demand    "0"      "0"      "0"      "0"      "0"      "0"      "0"      "0"      "0"      "0.3*cor13" "0.3*cor23"  "1"
```

```
#S1 係用以界定對稱性變異數共變數矩陣
>S1 <- as.mxMatrix(S1)
# 前面 9 個 1 代表 9 個觀察變項，最後面代表 3 個潛在變項。
>F1 <- create.Fmatrix(c(1,1,1,1,1,1,1,1,1,0,0,0))
#F 係篩選矩陣，用以選擇觀察變項

> fixed2 <- tssem2(fixed1,Amatrix=A1,Smatrix=S1,Fmatrix=F1, model.name=" TSSEM
for Cheung09, Created by Fred Li, 2015")
> summary(fixed2)
```

以上程式之分析結果，參見表 1-34。

6. R 輸出結果

表 1-34　SEM 理論模式中之參數估計：徑路係數與 ϕ 相關

```
95% confidence intervals: z statistic approximation
Coefficients:
            Estimate Std.Error   lbound   ubound  z value  Pr(>|z|)
Prospect_v1 0.515740 0.024563 0.467598 0.563883 20.9968 < 2.2e-16 ***
Prospect_v2 0.568981 0.024243 0.521466 0.616496 23.4701 < 2.2e-16 ***
Prospect_v3 0.588518 0.026877 0.535840 0.641196 21.8967 < 2.2e-16 ***
Nature_v4   0.705865 0.016126 0.674258 0.737473 43.7706 < 2.2e-16 ***
Nature_v5   0.577243 0.018375 0.541229 0.613256 31.4154 < 2.2e-16 ***
Nature_v6   0.747703 0.013854 0.720550 0.774857 53.9703 < 2.2e-16 ***
Nature_v7   0.693920 0.014604 0.665297 0.722543 47.5164 < 2.2e-16 ***
Demand_v8   0.620620 0.053812 0.515151 0.726088 11.5332 < 2.2e-16 ***
Demand_v9   0.330908 0.033383 0.265478 0.396337  9.9125 < 2.2e-16 ***
cor12       0.545461 0.026392 0.493733 0.597189 20.6673 < 2.2e-16 ***
cor13       0.485553 0.056839 0.374150 0.596955  8.5426 < 2.2e-16 ***
cor23       0.388748 0.040748 0.308885 0.468612  9.5404 < 2.2e-16 ***
---
Signif. codes:  0 '***' 0.001 '**' 0.01 '*' 0.05 '.' 0.1 ' ' 1
```

　　表 1-34 中 SEM 理論模式中之參數估計：徑路係數與 ϕ 相關，請檢視表 1-34 中之參數估計值，所有這些參數之估計值均達 .001 上之顯著水準。

表 1-35 　CFA 模式之適配性考驗

```
Goodness-of-fit indices:
                                              Value
Sample size                               2902.0000
Chi-square of target model                 379.3189
DF of target model                          24.0000
p value of target model                      0.0000
Number of constraints imposed on "Smatrix"   0.0000
DF manually adjusted                         0.0000
Chi-square of independence model          3305.3980
DF of independence model                    36.0000
RMSEA                                        0.0714
SRMR                                         0.0727
TLI                                          0.8370
CFI                                          0.8913
AIC                                        331.3189
BIC                                        187.9632
```

　　表 1-35 係第二階結構模式之考驗結果為：χ^2(df = 24, N = 2902) = 379.3189; p = 0 < .001, CFI = 0.8913, TLI = 0.8370, and RMSEA = 0.0714。代表此 CFA 理論模式之適配性尚佳。相關的徑路係數與各因素間之相關係數，請參見圖 1-47。所有這些參數之估計值均達 .001 上之顯著水準。

7. 製作徑路圖

```
>my.plot <- meta2semPlot(fixed2,latNames= c("Prospect","Nature","Demand"))
>semPaths(my.plot,whatLabels="est", nCharNodes=12, color="red")
```

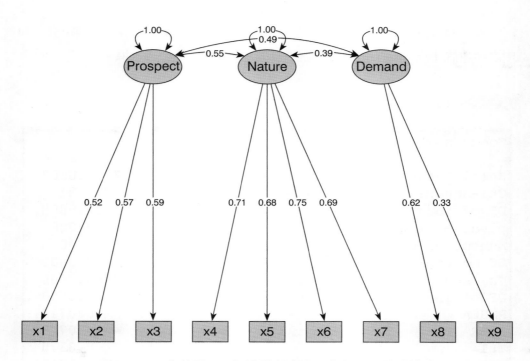

圖 1-47　工作前景、工作性質與時間需求之 CFA 理論模式

(四) SEM 理論模式分析

　　本法仍爲 TSSEM 的二階段整合分析，惟第二階段之理論模式考驗係針對 SEM 結構模式的分析；相關的語法文字說明已在前節中說明過，因此語法的文字說明在本節中將從略。本筆資料仍採用 Cheung and Chan（2009）的示範資料，工作前景包含工作安全、收入與升遷機會，工作性質包含工作之有趣性、獨立性、助人性與對社會之有用性，時間需求包含工作時數之彈性與休閒時數。

表 1-36　工作前景、工作性質與時間需求之態度調查的 R 共變數矩陣資料

```
> Cheung09$data
$`1`
       x1      x2      x3      x4      x5      x6      x7       x8       x9
x1 0.77298 0.26975 0.24009 0.23778 0.20869 0.22377 0.18801  0.07055  0.10051
x2 0.26975 0.91307 0.44374 0.26083 0.28387 0.20660 0.12764  0.22892  0.09590
x3 0.24009 0.44374 1.11292 0.29440 0.26262 0.27320 0.18548  0.20417  0.18243
x4 0.23778 0.26083 0.29440 0.80501 0.47489 0.45939 0.40998  0.09104  0.10142
x5 0.20869 0.28387 0.26262 0.47489 0.89692 0.41972 0.31541  0.33907  0.06561
x6 0.22377 0.20660 0.27320 0.45939 0.41972 1.36089 0.74274  0.18137  0.12973
```

```
x7 0.18801 0.12764 0.18548 0.40998 0.31541 0.74274 1.01075  0.13724  0.12776
x8 0.07055 0.22892 0.20417 0.09104 0.33907 0.18137 0.13724  1.81805 -0.01980
x9 0.10051 0.09590 0.18243 0.10142 0.06561 0.12973 0.12776 -0.01980  0.91252

$`2`
   x1 x2     x3      x4      x5      x6      x7      x8      x9
x1 NA NA     NA      NA      NA      NA      NA      NA      NA
x2 NA NA     NA      NA      NA      NA      NA      NA      NA
x3 NA NA 1.06293 0.27094 0.20331 0.16522 0.11922 0.25387 0.06877
x4 NA NA 0.27094 0.73625 0.27053 0.33506 0.33495 0.16124 0.00912
x5 NA NA 0.20331 0.27053 0.71718 0.19873 0.14582 0.21907 0.04089
x6 NA NA 0.16522 0.33506 0.19873 0.92247 0.55128 0.17143 0.01380
x7 NA NA 0.11922 0.33495 0.14582 0.55128 1.00462 0.16561 0.04322
x8 NA NA 0.25387 0.16124 0.21907 0.17143 0.16561 1.49431 0.29094
x9 NA NA 0.06877 0.00912 0.04089 0.01380 0.04322 0.29094 1.01960

$`3`
         x1      x2 x3 x4 x5      x6      x7      x8      x9
x1 0.95825 0.32958 NA NA NA 0.13948 0.15463 0.15248 0.10405
x2 0.32958 1.02277 NA NA NA 0.07300 0.07002 0.17056 0.13502
x3      NA      NA NA NA NA      NA      NA      NA      NA
x4      NA      NA NA NA NA      NA      NA      NA      NA
x5      NA      NA NA NA NA      NA      NA      NA      NA
x6 0.13948 0.07300 NA NA NA 0.82987 0.43769 0.23195 0.03856
x7 0.15463 0.07002 NA NA NA 0.43769 0.83476 0.19002 0.03986
x8 0.15248 0.17056 NA NA NA 0.23195 0.19002 1.42583 0.38343
x9 0.10405 0.13502 NA NA NA 0.03856 0.03986 0.38343 1.03062

$`4`
         x1       x2      x3      x4      x5      x6       x7 x8 x9
x1 0.83995  0.21117 0.14249 0.13268 0.17861 0.22783  0.18991 NA NA
x2 0.21117  0.93380 0.34383 0.19040 0.15068 0.12191 -0.04762 NA NA
x3 0.14249  0.34383 1.33025 0.31041 0.10873 0.19756  0.12113 NA NA
x4 0.13268  0.19040 0.31041 0.77512 0.36093 0.36519  0.22716 NA NA
x5 0.17861  0.15068 0.10873 0.36093 0.91598 0.37035  0.19550 NA NA
x6 0.22783  0.12191 0.19756 0.36519 0.37035 1.48445  0.62637 NA NA
x7 0.18991 -0.04762 0.12113 0.22716 0.19550 0.62637  1.05049 NA NA
x8      NA       NA      NA      NA      NA      NA       NA NA NA
x9      NA       NA      NA      NA      NA      NA       NA NA NA
```

以下旨在說明如何利用 tssem 1 與 tssem 2 進行 SEM 分析。

1. R 操作語法

```
>library("metaSEM")  # 載入 R package
>fixed1 <- tssem1(Cheung09$data, Cheung09$n, method="FEM")
>summary(fixed1)   # 輸出結果
```

表 1-37　效果值同質性考驗結果

```
Goodness-of-fit indices:
                                        Value
Sample size                        2902.0000
Chi-square of target model          172.7320
DF of target model                   57.0000
p value of target model               0.0000
Chi-square of independence model   3246.6915
DF of independence model             93.0000
RMSEA                                 0.0529
SRMR                                  0.0492
TLI                                   0.9401
CFI                                   0.9633
AIC                                  58.7320
BIC                                -281.7379
```

　　metaSEM R 套件之輸出結果與 TSSEM DOS 之輸出結果（參見表 1-15）也非常接近。表 1-37 係同質性考驗結果摘要表：結論為同質性高（RMSEA = .0529, CFI = .9633, TLI = .9401），因此可以繼續第二階段的 SEM 分析。

```
> Lambda <- matrix(c(" .3*Prospect_v1", " .3*Prospect_v2", ".3*Prospect_v3", rep(0,9),
".3*Nature_v4", ".3*Nature_v5", ".3*Nature_v6", ".3*Nature_v7", rep(0,9) , ".3*Demand_
v8", ".3*Demand_v9"), ncol = 3, nrow = 9)
>A2 <- rbind(cbind(matrix(0,ncol=9, nrow=9), Lambda), matrix(0, ncol=12, nrow=3))
#>A2[11, 10] <- "0.3*PN"
>A2[12, 10] <- "0.3*PD"
>A2[12, 11] <- "0.3*ND"
> dimnames(A2) <- list(c("v1", "v2","v3", "v4","v5", "v6", "v7", "v8", "v9", "Prospect",
"Nature","Demand") , c("v1", "v2","v3", "v4","v5", "v6", "v7","v8", "v9", "Prospect",
"Nature","Demand"))
>A2
```

表 1-38　非對稱性徑路係數矩陣之設定：A2

```
> A2
          v1  v2  v3  v4  v5  v6  v7  v8  v9  Prospect          Nature          Demand
v1       "0" "0" "0" "0" "0" "0" "0" "0" "0" " .3*Prospect_v1" "0"             "0"
v2       "0" "0" "0" "0" "0" "0" "0" "0" "0" " .3*Prospect_v2" "0"             "0"
v3       "0" "0" "0" "0" "0" "0" "0" "0" "0" ".3*Prospect_v3"  "0"             "0"
v4       "0" "0" "0" "0" "0" "0" "0" "0" "0" "0"               ".3*Nature_v4"  "0"
v5       "0" "0" "0" "0" "0" "0" "0" "0" "0" "0"               ".3*Nature_v5"  "0"
v6       "0" "0" "0" "0" "0" "0" "0" "0" "0" "0"               ".3*Nature_v6"  "0"
v7       "0" "0" "0" "0" "0" "0" "0" "0" "0" "0"               ".3*Nature_v7"  "0"
v8       "0" "0" "0" "0" "0" "0" "0" "0" "0" "0"               "0"             ".3*Demand_v8"
v9       "0" "0" "0" "0" "0" "0" "0" "0" "0" "0"               "0"             ".3*Demand_v9"
Prospect "0" "0" "0" "0" "0" "0" "0" "0" "0" "0"               "0"             "0"
Nature   "0" "0" "0" "0" "0" "0" "0" "0" "0" "0"               "0"             "0"
Demand   "0" "0" "0" "0" "0" "0" "0" "0" "0" "0.3*PD"          "0.3*ND"        "0"
```

```
>A2 <- as.mxMatrix(A2)
>Phi <- matrix(c(1, ".3*corPN", 0, ".3*corPN", 1, 0, 0, 0, "0.2*errD"), ncol = 3, nrow = 3)
> S2 <- bdiagMat(list(Diag(c(".2*e1", ".2*e2",".2*e3", ".2*e4", ".2*e5", ".2*e6", ".2*e7",
".2*e8",".2*e9")), Phi))
> dimnames(S2) <- list(c("v1", "v2","v3", "v4","v5", "v6", "v7","v8", "v9", "Prospect",
"Nature","Demand") , c("v1", "v2","v3", "v4","v5", "v6", "v7","v8", "v9", "Prospect",
"Nature","Demand"))
>S2
```

表 1-39　對稱性變異數／共變數矩陣之設定：S2

	v1	v2	v3	v4	v5	v6	v7	v8	v9	Prospect	Nature	Demand
v1	".2*e1"	"0"	"0"	"0"	"0"	"0"	"0"	"0"	"0"	"0"	"0"	"0"
v2	"0"	".2*e2"	"0"	"0"	"0"	"0"	"0"	"0"	"0"	"0"	"0"	"0"
v3	"0"	"0"	".2*e3"	"0"	"0"	"0"	"0"	"0"	"0"	"0"	"0"	"0"
v4	"0"	"0"	"0"	".2*e4"	"0"	"0"	"0"	"0"	"0"	"0"	"0"	"0"
v5	"0"	"0"	"0"	"0"	".2*e5"	"0"	"0"	"0"	"0"	"0"	"0"	"0"
v6	"0"	"0"	"0"	"0"	"0"	".2*e6"	"0"	"0"	"0"	"0"	"0"	"0"
v7	"0"	"0"	"0"	"0"	"0"	"0"	".2*e7"	"0"	"0"	"0"	"0"	"0"
v8	"0"	"0"	"0"	"0"	"0"	"0"	"0"	".2*e8"	"0"	"0"	"0"	"0"
v9	"0"	"0"	"0"	"0"	"0"	"0"	"0"	"0"	".2*e9"	"0"	"0"	"0"
Prospect	"0"	"0"	"0"	"0"	"0"	"0"	"0"	"0"	"0"	"1"	".3*corPN"	"0"
Nature	"0"	"0"	"0"	"0"	"0"	"0"	"0"	"0"	"0"	".3*corPN"	"1"	"0"
Demand	"0"	"0"	"0"	"0"	"0"	"0"	"0"	"0"	"0"	"0"	"0"	"0.2*errD"

```
>S2 <- as.mxMatrix(S2)
>F2 <- create.Fmatrix(c(1,1,1,1,1,1,1,1,1,0,0,0))
```

表 1-40　觀察變項篩選矩陣

```
$values
      [,1] [,2] [,3] [,4] [,5] [,6] [,7] [,8] [,9] [,10] [,11] [,12]
[1,]    1    0    0    0    0    0    0    0    0     0     0     0
[2,]    0    1    0    0    0    0    0    0    0     0     0     0
[3,]    0    0    1    0    0    0    0    0    0     0     0     0
[4,]    0    0    0    1    0    0    0    0    0     0     0     0
[5,]    0    0    0    0    1    0    0    0    0     0     0     0
[6,]    0    0    0    0    0    1    0    0    0     0     0     0
[7,]    0    0    0    0    0    0    1    0    0     0     0     0
[8,]    0    0    0    0    0    0    0    1    0     0     0     0
[9,]    0    0    0    0    0    0    0    0    1     0     0     0
```

```
> fixed2 <- tssem2(fixed1,diag.constraints = TRUE, intervals.type="z",Amatrix=A2,
Smatrix=S2, Fmatrix=F2, model.name=" TSSEM for Cheung09, Created by Fred Li,
2015")
> summary(fixed2)
```

以上程式之分析結果，如表 1-41 所示。

2. R 輸出結果

表 1-41　SEM 理論模式中之參數估計

	Estimate	Std.Error	lbound	ubound	z value	Pr(>|z|)	
Prospect_v1	0.515724	0.027213	0.462387	0.569060	18.9513	< 2.2e-16	***
Prospect_v2	0.568978	0.028162	0.513783	0.624174	20.2041	< 2.2e-16	***
Prospect_v3	0.588511	0.031878	0.526032	0.650990	18.4614	< 2.2e-16	***
Nature_v4	0.705862	0.017540	0.671483	0.740241	40.2419	< 2.2e-16	***
Nature_v5	0.577235	0.012553	0.552632	0.601839	45.9839	< 2.2e-16	***
Nature_v6	0.747699	0.016669	0.715028	0.780371	44.8545	< 2.2e-16	***
Nature_v7	0.693917	0.050783	0.594384	0.793450	13.6643	< 2.2e-16	***
Demand_v8	0.620622	0.074156	0.475278	0.765965	8.3691	< 2.2e-16	***
Demand_v9	0.330899	0.062917	0.207585	0.454214	5.2593	1.446e-07	***
PD	0.389324	0.014707	0.360499	0.418148	26.4729	< 2.2e-16	***
ND	0.176382	0.035715	0.106382	0.246382	4.9386	7.869e-07	***
e1	0.734029	0.028562	0.678049	0.790009	25.6998	< 2.2e-16	***
e2	0.676263	0.031843	0.613853	0.738674	21.2375	< 2.2e-16	***
e3	0.653655	0.037093	0.580954	0.726356	17.6220	< 2.2e-16	***
e4	0.501759	0.020683	0.461220	0.542297	24.2593	< 2.2e-16	***
e5	0.666799	0.020205	0.627198	0.706401	33.0017	< 2.2e-16	***
e6	0.440946	0.018831	0.404038	0.477854	23.4160	< 2.2e-16	***
e7	0.518480	0.023280	0.472851	0.564108	22.2714	< 2.2e-16	***
e8	0.614829	0.064924	0.487580	0.742078	9.4700	< 2.2e-16	***
e9	0.890506	0.024677	0.842140	0.938872	36.0865	< 2.2e-16	***
corPN	0.545447	0.028638	0.489317	0.601577	19.0461	< 2.2e-16	***
errD	0.742405	0.050013	0.644381	0.840429	14.8442	< 2.2e-16	***

```
---
Signif. codes:  0 '***' 0.001 '**' 0.01 '*' 0.05 '.' 0.1 ' ' 1
```

表 1-42　SEM 理論模式之適配性考驗

```
Goodness-of-fit indices:
                                                Value
Sample size                                2902.0000
Chi-square of target model                  379.3189
DF of target model                           24.0000
p value of target model                       0.0000
Number of constraints imposed on "Smatrix"    0.0000
DF manually adjusted                          0.0000
Chi-square of independence model           3305.3980
DF of independence model                     36.0000
RMSEA                                         0.0714
SRMR                                          0.0727
TLI                                           0.8370
CFI                                           0.8913
AIC                                         331.3189
BIC                                         187.9632
```

表 1-42 係第二階結構模式之考驗結果為：χ^2（df = 24, N = 2902）= 379.3189; p = 0 < .001, CFI = 0.8913, TLI = 0.8370, & RMSEA = 0.0714。代表此 CFA 理論模式之適配性尚佳。相關的徑路係數與各因素間之相關係數，請參見表 1-41。所有這些參數之估計值均達 .001 上之顯著水準。因係等同模式，此 SEM 理論模式與前節之 CFA 模式兩者之適配度指標均完全相同，參見表 1-34。如欲輸出相關的 SEM 徑路圖，請使用以下程式為之，圖 1-48 係輸出之徑路圖。

```
>my.plot <- meta2semPlot(fixed2,latNames= c("Prospect","Nature","Demand"))
>library("semPlot")  # 載入 R package
>semPaths(my.plot,whatLabels="est", curveAdjacent="reg", nCharNodes=12,
color="green")
```

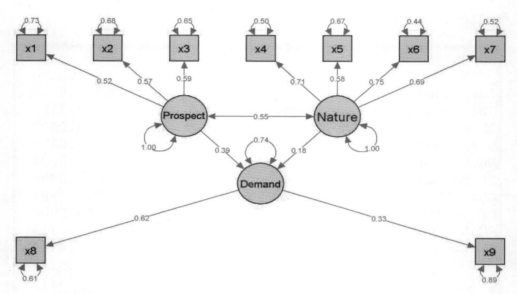

圖 1-48　工作前景、工作性質與時間需求之 SEM 理論模式

八、三層次整合分析：metaSEM R 套件的運用

　　大部分的整合分析方法均假定效果值間具獨立性，這在眞實的研究情境中常不符實際。當效果值間的相依程度已知時，研究者可以使用多變項整合分析處理之；此相依程度未知時，替代方法就是使用三層次整合分析（three-level meta-analysis, Cheung, 2013 & 2014）；請讀者參閱本書第二章 HLM 的相關專題論述。Cheung（2015）也指出三層次整合分析是多變項整合分析的特例。此三層次整合分析的第二層次，旨在處理研究內各效果值間之相依性，第三層次則旨在估計研究間平均效果值與其變異量（Scammacca, Roberts, & Stuebing, 2013）。換言之，三層次整合分析可以詮釋各研究內或研究間的不同依賴源（various sources of dependence），因而每一研究效果值各有自己的母群效果值（true population effect size），其最大好處是不需事先知道各研究間的抽樣共變數數據；而且可以判斷效果值間的變異量源出在何處。metaSEM R 套件的副程式 meta3，即在處理效果值間相關性的程式，它適用於三層次單變項整合分析；但假如研究內的多元效果值間具有很大異質性，最好使用多變項整合分析，否則會得到偏估的併組平均值，因爲三層次整合分析假定同一群聚內的效果值具完全可互換性（perfect replication of each other within a cluster）。違反此假定時，研究者可在三層次整合分析模式中納入層次二的虛擬變項，以解決層次二異質性變異數不為 0 的困境（Cheung, 2015），具體的操作方法詳細說明如下。

1. R 操作語法

資料仍取自：Aloe, Amo, & Shanaham（2014）的研究，該研究旨在探討 CMSE（classroom management self-efficacy）與 EE（emotional Exhaustion），DP（depersonalization），& PA（person accomplishment）的相關性，EE，DP & PA 為 teacher-burnout 量表的三個分量表；因此每一研究均包含三個分量表資料，共有 48 筆資料。

筆者直接利用長型資料格式（long format）先在 EXCEL 中建立原始資料，也新增了兩個虛擬變項：EE, DP 與 1 個 Study 變項（Cluster 變項），以間接估計各分測驗的平均效果值，再使用 read.csv() 呼叫入 R，參見圖 1-49 之原始資料。

```
>teacher_burnout_3_level<-read.csv("d:/Aloe-3-level.csv")
# 讀取 EXCEL 的 *CSV 檔案
>teacher_burnout_3_level<-edit(teacher_burnout_3_level)
>summary(meta3(y=ES,v=Variance,cluster=Study, data=teacher_burnout_3_level))
```

	Observation	Year	Study	ES	Variance	EE	DP
1	Betoret	2009	1	−0.38	0.0016	1	0
2	Brouwers-Tomic	2000a	2	−0.4	0.0013	1	0
3	Bumen	2010	3	−0.31	0.0014	1	0
4	Chang	2009	4	−0.32	0.0021	1	0
5	Durr	2008	5	−0.47	0.0061	1	0
6	Evers-et-al	2002	6	−0.26	0.0093	1	0
7	Evers-et-al	2004	7	−0.3	0.002	1	0
8	Friedman	2003	8	−0.15	0.0045	1	0
9	Gold	1985	9	−0.08	0.0019	1	0
10	Huk	2011	10	−0.08	0.0136	1	0
11	Kress	2007	11	0	0.0143	1	0
12	Kumara-kulasingam	2002	12	−0.22	0.0058	1	0
13	Martin-et-al	2012	13	−0.24	0.0016	1	0
14	Ozdemir	2007	14	−0.42	0.002	1	0
15	Skaalvik-Skaalvik	2007	15	−0.35	0.0042	1	0
16	Williams	2012	16	−0.26	0.0048	1	0
17	Betoret	2009	1	−0.32	0.0018	0	1
18	Brouwers-Tomic	2000a	2	−0.39	9e-04	0	1
19	Bumen	2010	3	−0.34	0.0014	0	1
20	Chang	2009	4	−0.41	0.0019	0	1
21	Durr	2008	5	−0.54	0.0063	0	1
22	Evers-et-al	2002	6	−0.31	0.0067	0	1
23	Evers-et-al	2004	7	−0.33	0.0013	0	1
24	Friedman	2003	8	−0.33	0.0045	0	1
25	Gold	1985	9	−0.1	0.0015	0	1
26	Huk	2011	10	−0.11	0.0118	0	1
27	Kress	2007	11	−0.2	0.0102	0	1
28	Kumara-kulasingam	2002	12	−0.3	0.0066	0	1
29	Martin-et-al	2012	13	−0.4	0.001	0	1
30	Ozdemir	2007	14	−0.46	0.002	0	1
31	Skaalvik-Skaalvik	2007	15	−0.34	0.0049	0	1
32	Williams	2012	16	−0.26	0.004	0	1
33	Betoret	2009	1	0.62	0.0011	0	0
34	Brouwers-Tomic	2000a	2	0.56	8e-04	0	0
35	Bumen	2010	3	0.48	0.0012	0	0
36	Chang	2009	4	0.41	0.0019	0	0
37	Durr	2008	5	0.71	0.0041	0	0
38	Evers-et-al	2002	6	0.39	0.0066	0	0
39	Evers-et-al	2004	7	0.56	0.001	0	0
40	Friedman	2003	8	0.23	0.0048	0	0
41	Gold	1985	9	0.12	0.0016	0	0
42	Huk	2011	10	0.06	0.0107	0	0
43	Kress	2007	11	0.23	0.0087	0	0
44	Kumara-kulasingam	2002	12	0.56	0.0049	0	0
45	Martin-et-al	2012	13	0.49	7e-04	0	0

圖 1-49　三層次整合分析的 R 建檔格式與原始資料：長型格式

原始資料取自：Aloe, Amo, & Shanaham (2014)

2. R 輸出結果：估計併組平均效果值

表 1-43　三層次整合分析結果：不含調節變項

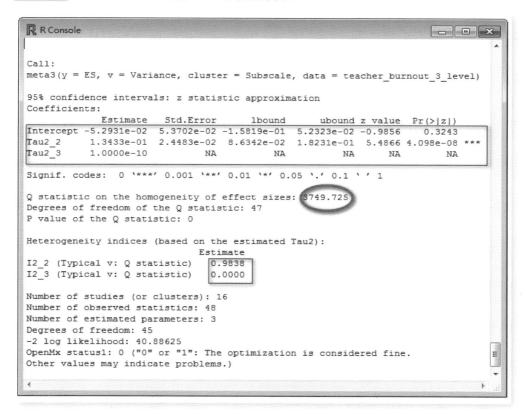

```
R Console

Call:
meta3(y = ES, v = Variance, cluster = Subscale, data = teacher_burnout_3_level)

95% confidence intervals: z statistic approximation
Coefficients:
            Estimate    Std.Error      lbound      ubound z value   Pr(>|z|)
Intercept -5.2931e-02  5.3702e-02 -1.5819e-01  5.2323e-02 -0.9856    0.3243
Tau2_2     1.3433e-01  2.4483e-02  8.6342e-02  1.8231e-01  5.4866 4.098e-08 ***
Tau2_3     1.0000e-10          NA          NA          NA      NA        NA

Signif. codes:  0 '***' 0.001 '**' 0.01 '*' 0.05 '.' 0.1 ' ' 1

Q statistic on the homogeneity of effect sizes: 3749.725
Degrees of freedom of the Q statistic: 47
P value of the Q statistic: 0

Heterogeneity indices (based on the estimated Tau2):
                                    Estimate
I2_2 (Typical v: Q statistic)        0.9838
I2_3 (Typical v: Q statistic)        0.0000

Number of studies (or clusters): 16
Number of observed statistics: 48
Number of estimated parameters: 3
Degrees of freedom: 45
-2 log likelihood: 40.88625
OpenMx status1: 0 ("0" or "1": The optimization is considered fine.
Other values may indicate problems.)
```

　　因爲 OpenMx status1：0，表示估計上沒問題；如果 OpenMx status1 的值大於 1，表示估計上出了問題，需要使用 rerun() 函數重跑一次，如果仍出現異常值（> 1），其結果將不可靠。表 1-43 之分析結果顯示：Q(df = 47) = 3749.725，p < .001。根據 Q 統計量計算而得的 I^2，在層次二與層次三分別爲 0.9838 與 0。 由此統計量可知：層次二解釋了約 98% 的整體變異量，層次三研究間的變異源（τ_3^2）分析就不必考慮了。此項分析結果顯示不同分量表上的平均效果值變異很大（層次二的異質性 τ_2^2 = .13433，p < .01，反映來自於研究內各分量表間之變異），意味著選擇哪一分量表會嚴重影響效果值的估計；反映出研究者有必要將分量表的類別（作爲共變項）納入分析的理論模式中。就隨機效果模式來看，整體平均

效果值與其 95% CI 為 - 0.053 (-0.158, 0.052)。因為研究內的分量表間之效果值具有很大異質性，併組所得的結果與前述多變項整合分析結果（c.f., 三個分量表與 CMSE 的相關效果值），具有很大的出入。在此情況，Dr. Cheung（個人通信）建議採用多變項整合分析途徑；或者建立虛擬變項，以進行研究內的效果值分析，請參見以下間接估計各分測驗的平均效果值與直接估計分測驗的平均效果值的實例。換言之，研究內的效果值分析與研究間效果值的分析同等重要，應用實例，請參見 Yeager, Fong, Lee, & Espelage（2015）的反霸凌計畫效果與年紀關係的研究。

注意，研究者如需將共變項放在第二層或第三層次，需使用 metaSEM 的另一副程式 meta3X()。此副程式可處理預測變項的缺失值（meta3() 程式遇到缺失值，分析前會先刪除該筆資料），但估計值較不穩定，除非缺失值甚多，Dr. Cheung（個人通信）建議仍使用 meta3() 程式較妥。

```
>summary(meta3X(y=ES,v=Variance,cluster=Study, x3=Year , data=teacher_
burnout_3_level))
```

3. R 輸出結果：間接估計各分測驗的平均效果值

```
> summary(meta3(y=ES,v=Variance,cluster=Study, x=cbind(EE,DP),data=teacher_
burnout_3_level))
# 建立兩個虛擬變項 :EE,DP 作為調節變項，以間接估計各分測驗的平均效果值
> head(teacher_burnout_3_level)
```

表 1-44　前 6 筆資料內容與格式檢查：含兩個虛擬變項

```
> head(teacher_burnout_3_level)
      Observation  Year Study     ES Variance EE DP
1         Betoret  2009     1  -0.38   0.0016  1  0
2 Brouwers-Tomic 2000a     2  -0.40   0.0013  1  0
3           Bumen  2010     3  -0.31   0.0014  1  0
4           Chang  2009     4  -0.32   0.0021  1  0
5            Durr  2008     5  -0.47   0.0061  1  0
6      Evers-et-al  2002     6  -0.26   0.0093  1  0
```

表 1-45　三層次整合分析：間接估計各分測驗的平均效果值

```
95% confidence intervals: z statistic approximation
Coefficients:
              Estimate    Std.Error       lbound       ubound    z value   Pr(>|z|)
Intercept    4.3976e-01   3.3574e-02   3.7395e-01   5.0556e-01   13.0980   < 2.2e-16
Slope_1     -7.1681e-01   4.8108e-02  -8.1110e-01  -6.2252e-01  -14.9000   < 2.2e-16
Slope_2     -7.6702e-01   4.7786e-02  -8.6068e-01  -6.7336e-01  -16.0510   < 2.2e-16
Tau2_2       1.4758e-02   3.4557e-03   7.9848e-03   2.1531e-02    4.2706   1.95e-05
Tau2_3       1.0974e-10          NA           NA           NA         NA         NA
```

　　由表 1-45 知，PA 的平均效果值為 -.43976（截距項估計值），EE 的平均效果值為 -.27705（= .43976-.71681），DP 的平均效果值為 -.32725（= .43976-.76701）。這些估計值與多變項整合分析結果相近。Slope_1 & Slope_2 的估計值分別代表各分量表之效果值與對照組（PA）的差異值，由其後的機率 P 值（< .001）可知：均達 .01 的顯著差異水準。

表 1-46　三層次整合分析結果：效果值同質性考驗

```
Q statistic on the homogeneity of effect sizes: 3749.725
Degrees of freedom of the Q statistic: 47
P value of the Q statistic: 0

Explained variances (R2):
                             Level 2  Level 3
Tau2 (no predictor)          0.134328       0
Tau2 (with predictors)       0.014758       0
R2                           0.890138       0

Number of studies (or clusters): 16
Number of observed statistics: 48
Number of estimated parameters: 5
Degrees of freedom: 43
-2 log likelihood: -52.93449
OpenMx status1: 0 ("0" or "1": The optimization is considered fine.
Other values may indicate problems.)
```

　　表 1-46 顯示三層次整合分析效果值同質性之考驗結果，R^2 = .89，說明了以分量表作為調節變項已解釋了大部分的變異源，不必再考慮其他的變異源了。

4. R 輸出結果：直接估計各分測驗的平均效果值

內定的迴歸模式是含有截距項，如果模式中未含截距項，估計可能會產生問題。因此，可能須利用 coef.constraints 的指令提供迴歸係數之起始值。

```
> startvalues <- matrix(c("0*Slope1_1", "0*Slope1_2", "0*Slope1_3"), nrow=1, ncol=3)
# 截距設定為 0，建立 3 個虛擬變項:EE,DP,PA，以直接估計各分測驗的平均效果值
>summary(meta3(y=ES,v=Variance,cluster=Study, x=cbind(EE,DP,PA),coef.constraints
=startvalues,intercept.constraints=0,data=teacher_burnout_3_level))
```

以上程式之分析結果，如表 1-47 & 表 1-48 所示。

表 1-47　前 6 筆資料內容與格式檢查：含三個虛擬變項

```
> head(teacher_burnout_3_level)
      Observation   Year Study     ES Variance EE DP PA
1        Betoret   2009     1  -0.38   0.0016  1  0  0
2 Brouwers-Tomic  2000a     2  -0.40   0.0013  1  0  0
3          Bumen   2010     3  -0.31   0.0014  1  0  0
4          Chang   2009     4  -0.32   0.0021  1  0  0
5           Durr   2008     5  -0.47   0.0061  1  0  0
6    Evers-et-al   2002     6  -0.26   0.0093  1  0  0
```

表 1-48　三層次整合分析：直接估計各分測驗的平均效果值

```
95% confidence intervals: z statistic approximation
Coefficients:
            Estimate   Std.Error      lbound      ubound z value  Pr(>|z|)
Slope1_1 -2.7706e-01  3.4355e-02 -3.4439e-01 -2.0972e-01 -8.0646 6.661e-16
Slope1_2 -3.2726e-01  3.3953e-02 -3.9381e-01 -2.6072e-01 -9.6389 < 2.2e-16
Slope1_3  4.3975e-01  3.3574e-02  3.7395e-01  5.0555e-01 13.0980 < 2.2e-16
Tau2_2    1.4758e-02  3.4556e-03  7.9847e-03  2.1530e-02  4.2706 1.949e-05
Tau2_3    8.7866e-10          NA          NA          NA      NA        NA
```

由表 1-48 知，PA 的平均效果值為 .43975，EE 的平均效果值為 -.27706，DP 的平均效果值為 -.32726。這些直接估計值與前述表 1-45 間接估計結果幾乎完全相同。

5. 直接在 R 的資料編輯器中利用 reshape 與 ifelse() 函數：另解

建立長型格式之資料（參見圖 1-51）與直接平均效果值考驗（Cheung，個

人通信，2015），reshape 可將寬型資料格式（wide format）轉換成長型資料格式（long format）。寬型的資料格式會將同一筆重複量數的資料存放在不同欄位（參見圖 1-50），長型的資料格式會將同一筆重複量數的資料存放在同一欄位。

```
> tb.df <- data.frame(Study=1:16, Aloe14[, 3:8])
```

	Study	EE	DP	PA	V_EE	V_DP	V_PA
1	1	−0.38	−0.32	0.62	0.0016	0.0018	0.0011
2	2	−0.4	−0.39	0.56	0.0013	9e-04	8e-04
3	3	−0.31	−0.34	0.48	0.0014	0.0014	0.0012
4	4	−0.32	−0.41	0.41	0.0021	0.0019	0.0019
5	5	−0.47	−0.54	0.71	0.0061	0.0063	0.0041
6	6	−0.26	−0.31	0.39	0.0093	0.0067	0.0066
7	7	−0.3	−0.33	0.56	0.002	0.0013	0.001
8	8	−0.15	−0.33	0.23	0.0045	0.0045	0.0048
9	9	−0.08	−0.1	0.12	0.0019	0.0015	0.0016
10	10	−0.08	−0.11	0.06	0.0136	0.0118	0.0107
11	11	0	−0.2	0.23	0.0143	0.0102	0.0087
12	12	−0.22	−0.3	0.56	0.0058	0.0066	0.0049
13	13	−0.24	−0.4	0.49	0.0016	0.001	7e-04
14	14	−0.42	−0.46	0.62	0.002	0.002	0.0015
15	15	−0.35	−0.34	0.37	0.0042	0.0049	0.0047
16	16	−0.26	−0.26	0.4	0.0048	0.004	0.0033
17							

圖 1-50　三層次整合分析的 R 建檔格式與原始資料：寬型格式

```
> tb.long <- reshape(tb.df, idvar="Study", direction="long",
 varying=list(c("EE","DP","PA"), c("V_EE","V_DP","V_PA")),
 v.names=c("y","v"), times=c("EE","DP","PA"))
```

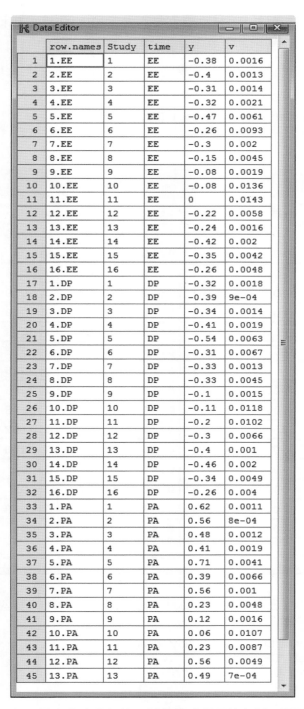

	row.names	Study	time	y	v
1	1.EE	1	EE	−0.38	0.0016
2	2.EE	2	EE	−0.4	0.0013
3	3.EE	3	EE	−0.31	0.0014
4	4.EE	4	EE	−0.32	0.0021
5	5.EE	5	EE	−0.47	0.0061
6	6.EE	6	EE	−0.26	0.0093
7	7.EE	7	EE	−0.3	0.002
8	8.EE	8	EE	−0.15	0.0045
9	9.EE	9	EE	−0.08	0.0019
10	10.EE	10	EE	−0.08	0.0136
11	11.EE	11	EE	0	0.0143
12	12.EE	12	EE	−0.22	0.0058
13	13.EE	13	EE	−0.24	0.0016
14	14.EE	14	EE	−0.42	0.002
15	15.EE	15	EE	−0.35	0.0042
16	16.EE	16	EE	−0.26	0.0048
17	1.DP	1	DP	−0.32	0.0018
18	2.DP	2	DP	−0.39	9e−04
19	3.DP	3	DP	−0.34	0.0014
20	4.DP	4	DP	−0.41	0.0019
21	5.DP	5	DP	−0.54	0.0063
22	6.DP	6	DP	−0.31	0.0067
23	7.DP	7	DP	−0.33	0.0013
24	8.DP	8	DP	−0.33	0.0045
25	9.DP	9	DP	−0.1	0.0015
26	10.DP	10	DP	−0.11	0.0118
27	11.DP	11	DP	−0.2	0.0102
28	12.DP	12	DP	−0.3	0.0066
29	13.DP	13	DP	−0.4	0.001
30	14.DP	14	DP	−0.46	0.002
31	15.DP	15	DP	−0.34	0.0049
32	16.DP	16	DP	−0.26	0.004
33	1.PA	1	PA	0.62	0.0011
34	2.PA	2	PA	0.56	8e−04
35	3.PA	3	PA	0.48	0.0012
36	4.PA	4	PA	0.41	0.0019
37	5.PA	5	PA	0.71	0.0041
38	6.PA	6	PA	0.39	0.0066
39	7.PA	7	PA	0.56	0.001
40	8.PA	8	PA	0.23	0.0048
41	9.PA	9	PA	0.12	0.0016
42	10.PA	10	PA	0.06	0.0107
43	11.PA	11	PA	0.23	0.0087
44	12.PA	12	PA	0.56	0.0049
45	13.PA	13	PA	0.49	7e−04

圖 1-51　三層次整合分析的 R 建檔格式與原始資料：長型格式

```
> tb.long$ind_EE <- ifelse(tb.long$time=="EE", yes=1, no=0)
> tb.long$ind_DP <- ifelse(tb.long$time=="DP", yes=1, no=0)
> tb.long$ind_PA <- ifelse(tb.long$time=="PA", yes=1, no=0)
> my.long
```

	row.names	Study	time	y	v	ind_EE	ind_DP	ind_PA
1	1.EE	1	EE	-0.38	0.0016	1	0	0
2	2.EE	2	EE	-0.4	0.0013	1	0	0
3	3.EE	3	EE	-0.31	0.0014	1	0	0
4	4.EE	4	EE	-0.32	0.0021	1	0	0
5	5.EE	5	EE	-0.47	0.0061	1	0	0
6	6.EE	6	EE	-0.26	0.0093	1	0	0
7	7.EE	7	EE	-0.3	0.002	1	0	0
8	8.EE	8	EE	-0.15	0.0045	1	0	0
9	9.EE	9	EE	-0.08	0.0019	1	0	0
10	10.EE	10	EE	-0.08	0.0136	1	0	0
11	11.EE	11	EE	0	0.0143	1	0	0
12	12.EE	12	EE	-0.22	0.0058	1	0	0
13	13.EE	13	EE	-0.24	0.0016	1	0	0
14	14.EE	14	EE	-0.42	0.002	1	0	0
15	15.EE	15	EE	-0.35	0.0042	1	0	0
16	16.EE	16	EE	-0.26	0.0048	1	0	0
17	1.DP	1	DP	-0.32	0.0018	0	1	0
18	2.DP	2	DP	-0.39	9e-04	0	1	0
19	3.DP	3	DP	-0.34	0.0014	0	1	0
20	4.DP	4	DP	-0.41	0.0019	0	1	0
21	5.DP	5	DP	-0.54	0.0063	0	1	0
22	6.DP	6	DP	-0.31	0.0067	0	1	0
23	7.DP	7	DP	-0.33	0.0013	0	1	0
24	8.DP	8	DP	-0.33	0.0045	0	1	0
25	9.DP	9	DP	-0.1	0.0015	0	1	0
26	10.DP	10	DP	-0.11	0.0118	0	1	0
27	11.DP	11	DP	-0.2	0.0102	0	1	0
28	12.DP	12	DP	-0.3	0.0066	0	1	0
29	13.DP	13	DP	-0.4	0.001	0	1	0
30	14.DP	14	DP	-0.46	0.002	0	1	0
31	15.DP	15	DP	-0.34	0.0049	0	1	0
32	16.DP	16	DP	-0.26	0.004	0	1	0
33	1.PA	1	PA	0.62	0.0011	0	0	1
34	2.PA	2	PA	0.56	8e-04	0	0	1
35	3.PA	3	PA	0.48	0.0012	0	0	1
36	4.PA	4	PA	0.41	0.0019	0	0	1
37	5.PA	5	PA	0.71	0.0041	0	0	1
38	6.PA	6	PA	0.39	0.0066	0	0	1
39	7.PA	7	PA	0.56	0.001	0	0	1
40	8.PA	8	PA	0.23	0.0048	0	0	1
41	9.PA	9	PA	0.12	0.0016	0	0	1
42	10.PA	10	PA	0.06	0.0107	0	0	1
43	11.PA	11	PA	0.23	0.0087	0	0	1
44	12.PA	12	PA	0.56	0.0049	0	0	1

圖 1-52　三層次整合分析的 R 建檔格式與原始資料：長型格式（含三個虛擬變項）

```
# 截距設定為 0，建立 3 個虛擬變項 :ind_EE,ind_DP,ind_PA，以直接估計各分測驗的平均
效果值
> summary( meta3(y=y, v=v, cluster=Study, x=cbind(ind_EE, ind_DP, ind_PA),
intercept.constraints=0, data=tb.long) )
```

上行 summary 程式執行結果，如表 1-49 所示。

表 1-49　三層次整合分析：直接估計各分測驗的平均效果值

```
95% confidence intervals: z statistic approximation
Coefficients:
          Estimate    Std.Error      lbound      ubound z value   Pr(>|z|)
Slope_1 -2.7706e-01  3.4355e-02 -3.4439e-01 -2.0972e-01 -8.0646 6.661e-16 ***
Slope_2 -3.2726e-01  3.3953e-02 -3.9381e-01 -2.6072e-01 -9.6389 < 2.2e-16 ***
Slope_3  4.3975e-01  3.3574e-02  3.7395e-01  5.0555e-01 13.0980 < 2.2e-16 ***
Tau2_2   1.4758e-02  3.4556e-03  7.9847e-03  2.1530e-02  4.2706 1.949e-05 ***
Tau2_3   8.7866e-10          NA          NA          NA      NA        NA
---
Signif. codes:  0 '***' 0.001 '**' 0.01 '*' 0.05 '.' 0.1 ' ' 1

Q statistic on the homogeneity of effect sizes: 3749.725
Degrees of freedom of the Q statistic: 47
P value of the Q statistic: 0

Explained variances (R2):
                        Level 2 Level 3
Tau2 (no predictor)     0.134328       0
Tau2 (with predictors)  0.014758       0
R2                      0.890138       0
```

由表 1-49 可知，PA 的平均效果值為 .43975，EE 的平均效果值為 -.27706，DP 的平均效果值為 -.32726。這些直接估計值與前述表 1-22 估計結果非常接近，說明了使用多變項整合分析與使用三層次整合分析的可替代性。這些直接估計值也與表 1-45 & 表 1-48 估計結果非常相同，可謂殊途同歸。

九、單變項與多變項整合分析：mvmeta R 套件的運用

本節將介紹另一常用之單變項與多變項整合分析 R 套件：mvmeta，為 Gasparrini, Armstrong, Kenward（2012）所研發，它與 metaSEM R 套件均為研究者所常用的分析程式。分析資料仍取自：Aloe, Amo, & Shanaham（2014）的資料。R 語法的操作方法同前 metaSEM 一節所述，不再贅述，僅將 mvmeta 的單變項與多變項之操作過程與報表內容稍作說明。

(一) 單變項途徑

```
> library(mvmeta)
> head(teacher_burnout)
```

表 1-50　前 6 筆資料內容與格式檢查

	Study	Year	EE	DP	PA	VEE	VDP	VPA	CEEDP	CEEPA	CDPPA
1	Betoret	2009	-0.38	-0.32	0.62	0.0016	0.0018	0.0011	0.0005	-0.0002	-0.0003
2	Brouwers	2000	-0.40	-0.39	0.56	0.0013	0.0009	0.0008	0.0006	-0.0004	-0.0004
3	Bumen	2010	-0.31	-0.34	0.48	0.0014	0.0014	0.0012	0.0007	-0.0003	-0.0004
4	Chang	2009	-0.32	-0.41	0.41	0.0021	0.0019	0.0019	0.0009	-0.0010	-0.0011
5	Durr	2008	-0.47	-0.54	0.71	0.0061	0.0063	0.0041	0.0032	-0.0010	-0.0012
6	Evers	2002	-0.26	-0.31	0.39	0.0093	0.0067	0.0066	0.0028	-0.0015	-0.0045

```
> y <- as.matrix(teacher_burnout[3:3])
> s <-as.matrix(teacher_burnout[6:6])
> burnout <- mvmeta(y,s,method="ml",data=teacher_burnout)
> summary(burnout)
```

以上程式輸出結果，如表 1-51 ～表 1-53 所示。

表 1-51　單變項整合分析結果：EE

Univariate random-effects meta-analysis
Dimension: 1
Estimation method: ML

Fixed-effects coefficients

	Estimate	Std. Error	z	Pr(>|z|)	95%ci.lb	95%ci.ub
(Intercept)	-0.2803	0.0288	-9.7174	0.0000	-0.3368	-0.2238

Between-study random-effects (co)variance components
 Std. Dev
  0.0971

Univariate Cochran Q-test for heterogeneity:
Q = 68.6644 (df = 15), p-value = 0.0000
I-square statistic = 78.2%

16 studies, 16 observations, 1 fixed and 1 random-effects parameters
 logLik   AIC   BIC
 11.0478 -18.0957 -16.5505

mvmeta 的小錯誤，表中標題 Fixed-effects coefficients 應更正為 Random-effects coefficients。

```
> y <- as.matrix(teacher_burnout[4:4])
> s <-as.matrix(teacher_burnout[7:7])
> burnout <- mvmeta(y,s,method="ml",data=teacher_burnout)
> summary(burnout)
```

表 1-52　單變項整合分析結果：DP

Univariate random-effects meta-analysis
Dimension: 1
Estimation method: ML

Fixed-effects coefficients

	Estimate	Std. Error	z	Pr(>|z|)	95%ci.lb	95%ci.ub
(Intercept)	-0.3297	0.0264	-12.5048	0.0000	-0.3814	-0.2780

Between-study random-effects (co)variance components
  Std. Dev
   0.0877

Univariate Cochran Q-test for heterogeneity:
Q = 69.6086 (df = 15), p-value = 0.0000
I-square statistic = 78.5%

16 studies, 16 observations, 1 fixed and 1 random-effects parameters

logLik	AIC	BIC
12.9104	-21.8208	-20.2756

mvmeta 的小錯誤，表中標題 Fixed-effects coefficients 應更正為 Random-effects coefficients。

```
> y <- as.matrix(teacher_burnout[5:5])
> s <-as.matrix(teacher_burnout[8:8])
> burnout <- mvmeta(y,s,method="ml",data=teacher_burnout)
> summary(burnout)
```

表 1-53　單變項整合分析結果：PA

```
Univariate random-effects meta-analysis
Dimension: 1
Estimation method: ML
Fixed-effects coefficients
             Estimate  Std. Error      z     Pr(>|z|)    95%ci.lb    95%ci.ub
(Intercept)   0.4346    0.0436      9.9670    0.0000      0.3492      0.5201
Between-study random-effects (co)variance components
  Std. Dev
   0.1646
Univariate Cochran Q-test for heterogeneity:
Q = 185.4251 (df = 15), p-value = 0.0000
I-square statistic = 91.9%
16 studies, 16 observations, 1 fixed and 1 random-effects parameters
 logLik    AIC     BIC
 4.9280  -5.8559  -4.3107
```

mvmeta 的小錯誤，表中標題 Fixed-effects coefficients 應更正爲 Random-effects coefficients。

（二）多變項途徑

```
> library(mvmeta)
> head(teacher_burnout)
```

表 1-54　前 6 筆資料內容與格式檢查

	Study	Year	EE	DP	PA	VEE	VDP	VPA	CEEDP	CEEPA	CDPPA
1	Betoret	2009	-0.38	-0.32	0.62	0.0016	0.0018	0.0011	0.0005	-0.0002	-0.0003
2	Brouwers	2000	-0.40	-0.39	0.56	0.0013	0.0009	0.0008	0.0006	-0.0004	-0.0004
3	Bumen	2010	-0.31	-0.34	0.48	0.0014	0.0014	0.0012	0.0007	-0.0003	-0.0004
4	Chang	2009	-0.32	-0.41	0.41	0.0021	0.0019	0.0019	0.0009	-0.0010	-0.0011
5	Durr	2008	-0.47	-0.54	0.71	0.0061	0.0063	0.0041	0.0032	-0.0010	-0.0012
6	Evers	2002	-0.26	-0.31	0.39	0.0093	0.0067	0.0066	0.0028	-0.0015	-0.0045

1. 隨機效果模式

```
> burnout.random <- mvmeta(cbind(EE,DP,PA),S=teacher_burnout[,c("VEE","CEEDP","
CEEPA","VDP","CDPPA","VPA")],method="ml",data=teacher_burnout)
> summary(burnout.random)
```

以上程式分析結果如表 1-55 所示。

表 1-55　多變項整合分析結果：隨機效果模式

```
Multivariate random-effects meta-analysis
Dimension: 3
Estimation method: ML
Fixed-effects coefficients
     Estimate  Std. Error    z      Pr(>|z|)  95%ci.lb  95%ci.ub
EE   -0.2779    0.0292    -9.5290    0.0000    -0.3350   -0.2207
DP   -0.3289    0.0275   -11.9492    0.0000    -0.3828   -0.2749
PA    0.4336    0.0435     9.9802    0.0000     0.3485    0.5188
Between-study random-effects (co)variance components
     Structure: General positive-definite
     Std. Dev    Corr
EE   0.1021      EE        DP
DP   0.0953     0.8807
PA   0.1644    -0.9745   -0.8811
Multivariate Cochran Q-test for heterogeneity:
Q = 256.7292 (df = 45), p-value = 0.0000
I-square statistic = 82.5%
16 studies, 48 observations, 3 fixed and 6 random-effects parameters
 logLik    AIC      BIC
 49.2875  -80.5750  -63.7342
```

mvmeta 的小錯誤，表中標題 Fixed-effects coefficients 應更正為 Random-effects coefficients。

由表 1-55 知，mvmeta R 套件隨機效果模式之分析結果可知，與前述 metaSEM R 套件所得結果非常接近（參見表 1-22）。另外，多變項異質性考驗結果顯示：研究間具有顯示異質性（p < .01），其三個組間變異量（τ^2）分別：.0104(.1021^2)、.0097(.0953^2)、.0270(.1644^2)，顯示教室的自我管理效能與個人成就間相關的變異量最大。多變項 I^2 = 82.5%，亦顯示出研究間具高度的異質性。

2. 固定效果模式

```
> burnout.fixed <- mvmeta(cbind(EE,DP,PA),S=teacher_burnout[,c("VEE","CEEDP","CE
EPA","VDP","CDPPA","VPA")],method="fixed",data=teacher_burnout)
> summary(burnout.fixed)
```

以上程式分析結果，如表 1-56 所示。

表 1-56　多變項整合分析結果：固定效果模式

Multivariate fixed-effects meta-analysis
Dimension: 3
Fixed-effects coefficients

	Estimate	Std. Error	z	Pr(> |z|)	95%ci.lb	95%ci.ub
EE	-0.3054	0.0127	-24.0691	0.0000	-0.3303	-0.2805
DP	-0.3603	0.0114	-31.6021	0.0000	-0.3826	-0.3379
PA	0.4838	0.0105	45.9294	0.0000	0.4631	0.5044

Multivariate Cochran Q-test for heterogeneity:
Q = 256.7292 (df = 45), p-value = 0.0000
I-square statistic = 82.5%
16 studies, 48 observations, 3 fixed and 0 random-effects parameters

logLik	AIC	BIC
-29.1381	64.2762	69.8898

　　由表 1-56 的 mvmeta R 套件固定效果模式之分析結果可知，與前述 metaSEM R 套件所得結果幾乎完全相同（參見表 1-24）。

習題

一、請使用 TSSEM & LISREL 等程式，利用表 1-57 資料，進行多變項 SEM
　　整合分析（含缺失值）。

表 1-57　親職壓力、社會支持與生活品質之關係研究的資料

	研究者	出版類型	年齡.教育程度	身障類型	N	親職壓力.社會支持	親職壓力.生活品質	社會支持.生活品質
1	鄭洵華 (1987)	碩論	6~16歲	智能障礙	251	NA	-0.44	NA
2	林麗玲 (1988)	碩論	3~18歲	智能障礙	102	-0.19	NA	0.42
3	利慶松 (1992)	碩論	18歲以下	自閉症	136	-0.31	-0.63	0.38
4	陳一蓉 (1993)	碩論	2~12歲	自閉症	102	-0.13	-0.35	0.3
5	曾紀瑩 (1993)	碩論	17歲以下	癌症	109	0.05	NA	NA
6	林溫彩 (1994)	碩論	13~23歲	智能障礙	97	0.15	-0.51	0.13
7	莊美娥 (1995)	碩論	2~18歲	多重障礙	100	NA	0.05	NA
8	高寶蓮 (1998)	碩論	16歲以下	裘馨氏症	38	-0.27	-0.57	0.38
9	高寶蓮 (1998)	碩論	16歲以下	裘馨氏症	43	-0.58	-0.64	0.46
10	羅高文 (1998)	碩論	7~12歲	末期腎病	25	-0.28	NA	NA
11	賴奕志 (1999)	碩論	12歲以下	ADHD	69	-0.2	NA	NA
12	吳佳賢 (2002)	碩論	2~8歲	自閉症	115	NA	-0.56	0.27
13	蔡如怡 (2002)	碩論	7歲以下	膽道閉鎖	42	-0.15	-0.74	0.32
14	林寶玉 (2003)	碩論	學前	心臟病	50	-0.1	-0.34	0.32
15	蔡淑美 (2003)	碩論	國小	智能障礙	127	NA	NA	0.5
16	孫佩雯 (2006)	碩論	2~8歲	自閉症	99	NA	NA	0.37
17	范秀麗 (2006)	碩論	6歲以下	腦性麻痺	102	-0.24	-0.47	NA
18	郭孟瑜/王翠鳳 (2006)	期刊	6歲以下	發展遲緩	220	NA	-0.36	NA
19	郭孟瑜/余季容 (2006)	期刊	6歲以下	發展遲緩	235	-0.17	NA	NA
20	郭盈瑛 (2006)	碩論	在學學生	唐氏症	113	-0.09	-0.31	NA
21	臧汝芬 (2006)	碩論	國小	ADHD	50	NA	-0.28	NA
22	蔡玉純 (2006)	碩論	學前	發展遲緩	116	-0.43	NA	NA
23	李淑美 (2007)	碩論	國小	資源班學生	267	-0.11	NA	NA
24	李鳳美 (2007)	碩論	20歲以下	精神障礙	59	-0.16	-0.07	0.25
25	張美蓉 (2007)	博論	學前	發展遲緩	203	-0.29	NA	NA
26	羅鳳菊 (2007)	碩論	1~10歲	代謝異常	35	NA	-0.48	NA
27	Lee等人 (2007)	期刊	6~12歲	妥瑞氏症	150	-0.46	NA	NA
28	李家琦 (2008)	碩論	12歲以下	自閉症	100	-0.17	-0.53	0.37
29	楊宇寧 (2008)	碩論	20歲以下	癲癇	80	NA	-0.44	NA
30	黃芳儀 (2009)	碩論	18歲以下	癌症	293	NA	0.32	NA
31	趙貞玲 (2009)	碩論	高中職	智能障礙	242	-0.46	NA	NA
32	吳佩綺 (2010)	碩論	1~12歲	腦性麻痺	147	NA	-0.71	NA
33	翁麗淑 (2010)	碩論	國小	啟智班學生	78	-0.61	-0.52	0.58
34	陳玫伶 (2010)	碩論	6~12歲	ADHD	88	NA	-0.67	0.33
35	黃威尊 (2010)	碩論	國小	身心障礙	361	NA	-0.39	NA
36	簡純青 (2010)	碩論	27歲以下	透納症	46	NA	0.39	NA

註：摘自陳瑋婷（2012）論文中表 1 資料。

* 在加權平均效果值的計算上，本研究先將 r 轉換為 Zr，再以 Zr 的變異數倒數進行加權，以便求算 Zr
的加權平均效果值及 95% 信賴區間。再將 Zr 的加權平均效果值轉換為 r 值的加權平均效果值，且將 Zr
值加權平均效果值的 95% 信賴區間轉換為 r 值加權平均效果值之 95% 信賴區間。

提示：

組態檔中 LISREL 程式（以圖 1-4 徑路圖為例）：

```
# Syntax for 3-variable PATH ANALYSIS
% LA
% Tension Support Quality
# Selection of variables.
% SE
# The y variables should be listed first.
% 2 3 1
% MO NX=1 NY=2 GA=FU,FI BE=FU,FI
% FR GA(1,1) GA(2,1) BE(2,1)
% PD
```

二、TSSEM 只能處理固定效果的整合分析，研究者如欲處理隨機效果的整合分析，請改用 Cheung（2012，2013）的最新創作：metaSEM 套裝軟體在 R 下執行（軟體下載網站 https：//courses.nus.edu.sg/course/psycwlm/Internet/metaSEM/?#examples）。相關的下載實例為：

http://courses.nus.edu.sg/course/psycwlm/internet/metaSEM/index.html

http://meta-analysis.ning.com/group/meta-analytic-structural-equation-modeling(resources)

三、以下表 1-58 係服用阿司匹靈（aspirin）vs 安慰劑（placebo）對於心肌梗塞的勝算比資料（d 係 LogOdds ratios），相關研究結果的變異量亦呈現於表中。請利用 Mplus 程式估計這 7 筆研究的整合分析結果（含固定效果與隨機效果模式），並解釋此項整合分析之研究結果。

表 1-58 服用阿司匹靈 vs 安慰劑對於心肌梗塞的勝算比資料

Study	d	vard	inter
1	-0.3289	0.0389	1
2	-0.3845	0.0412	1
3	-0.2196	0.0205	1
4	-0.2222	0.0648	1
5	-0.2255	0.0352	1
6	0.1246	0.0096	1
7	-0.1110	0.0015	1

Ans：-.109 vs -.127

四、metaSEM & OpenMx 的下載與安裝

請參考 Dr. Cheung 的 metaSEM 下載說明 IP：

https：//courses.nus.edu.sg/course/psycwlm/Internet/metaSEM/index.html#in...

其次，OpenMx 亦須安裝於 R。

```
## Install OpenMx
<source('http://openmx.psyc.virginia.edu/getOpenMx.R')
```

接著，可到以下網站下載 metaSEM R 軟體套件（windows binary version，32 bit），自行手動安裝：

https://dl.dropboxusercontent.com/u/25182759/metaSEM_0.9-2.zip

http://cran.cnr.Berkeley.edu/bin/windows/contrib/3.2/metaSEM_0.9.4.zip

或在 R 中直接下載：

> install.packages("metaSEM")

也可利用 devtools 下載 metaSEM R 軟體套件：

> install.packages("devtools")

> library(devtools)

```
## Install metaSEM from GitHub
```

> install_github("mikewlcheung/metasem")

最後，要注意下載 R 軟體的版本是否與 metaSEM 版本相容。例如：metaSEM_0.9.4.zip 須配合 R version 3.2.0(2015-04-16) 以上。

五、在整合分析中，為了獲得較佳的母群估計值，到底要使用 Pearson r 或 Fisher's z，研究結果尚無定論，欲知細節請參閱以下經典論文。

Cheung, M. W.-L., & Chan, W. (2005). Meta-analytic structural equation modeling: A two-stage approach. *Psychological Methods, 10*, 40–64.

Corey, D. M., Dunlap, W. P., & Burke, M. J. (1998). Averaging correlations: Expected values and bias in combined Pearson rs and Fisher's z transformations. *The Journal of General Psychology, 125*(3), 245–261.

Furlow, C. F., & Beretvas, S. N. (2005). Meta-analytic methods of pooling correlation matrices for structural equation modeling under different patterns of missing data. *Psychological Methods, 10*(2), 227–254.

Hafdahl, A. R., & Williams, M. A. (2009). Meta-analysis of correlations revisited: Attempted replication and extension of Field's (2001) simulation studies. *Psychological Methods, 14*(1), 24–42.

Hunter, J. E., & Schmidt, F. L. (1990). *Methods of meta-analysis. Correcting error and bias in research findings*. Newbury Park, CA: Sage

Publications.

Schulze, R. (2004). *Meta-analysis: A comparison of approaches*. Toronto: Hogrefe & Huber Publishers.

02

HLM 在整合分析上的應用

本章綱要

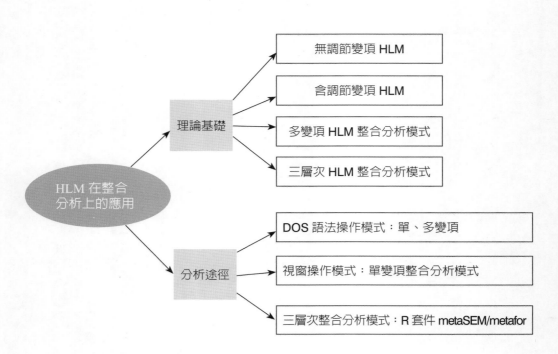

許多的研究資料都具有階層性（nested data），例如：學區 → 學校 → 班級 → 學生，因而具有多重變異源，HLM 就是分析多重變異源的適當統計方法。使用多層次整合分析（multilevel meta-analysis，簡稱 Meta-HLM）具有以下五大優點：

第一、可以直接處理資料不獨立的問題（例如：一個研究中包含一個以上的相關效果值），

第二、可以估計研究間隨機誤差效果（a random between-studies error），以使研究結果較具推論性，

第三、不管是類別變項或連續變項，均可將它納入分析模式中，以探究研究結果的異質性，

第四、Meta-HLM 分析除了處理單一效果值的單變量整合分析（univariate meta-analysis）之外，也可以處理多個相關效果值的多變項整合分析（multivariate meta-analysis），

第五、Meta-HLM 另一優點就是在調節變項分析時，可以同時處理類別變項與連續變項，因而比其他的整合分析統計方法更具彈性與便利。

傳統隨機效果模式的整合分析（Classical Random-effect Meta-Analysis）可以說是多層次迴歸分析的特例（Raudenbush & Bryk, 2002; Kalaian & Kasim, 2008; Hox, 2010）：研究內受試者（subjects within studies）在第一層次中，而各個研究在第二層次中。假如所有研究的原始資料均可取得的話，就可進行制式的多層次分析。然而，在整合分析中，研究者通常並無法取得原始資料，分析過程中需提供各研究的已知變異量；因此，有必要針對第一層隨機參數進行限制，將其變異數設定為 1。此種 HLM 變異量已知（V-known）的分析模式，即為針對整合分析而設計的模式；模式中通常包含兩個層次的模式：第一層為研究內的測量模式（within-study level），旨在分析效果估計值與真效果值（true effect size）間之關係，第二層為研究間的結構模式（between-study level），旨在估計效果值的異質性及異質來源。以下先簡介多層次整合分析的理論模式；接著，再談多層次整合分析的分析途徑與常用軟體的運用。

一、多層次整合分析的理論基礎

本節將依多層次整合分析的有無調節變項與依變數之多寡，依序逐一介紹之。

(一) 無調節變項的多層次模式

沒有調節（或稱為脈絡）變項的多層次模式（unconditional multilevel model），旨在估計平均效果值與評估異質性。如果研究結果無異質性時，其第一層研究內的單變項分析模式，定義如公式 2-1。

$$d_i = \delta_i + \varepsilon_i, \text{ 式中 } \varepsilon_i \sim N(0, \sigma_\varepsilon^2)，i = 1, 2, \cdots, K \qquad \text{公式 2-1}$$

公式 2-1 中，d_i 代表研究 i 的實際觀察效果值，δ_i 代表研究 i 的真效果值，K 為研究篇數，而各研究效果值的抽樣誤差變異量 σ_ε^2 為已知（例如：效果值 g 的抽樣誤差變異量為 $V_{gi}^2 = \dfrac{N_E + N_C}{N_E N_C} + \dfrac{g_i^2}{2(N_E + N_C)}$，這是根據統計理論而已知的事實）。因此，在整合性 HLM 分析（multilevel meta-analysis）的文獻中，常被稱爲多層次變異量已知（variance-known）分析。因而，進行多層次 V-known 分析時，研究者的首要工作就是效果值之抽樣誤差變異量的計算。至於層次二研究間模式則定義如公式 2-2 所示：

$$\delta_i = \gamma_0 + U_i, \text{式中 } U_i \sim N(0, \tau^2) \qquad \text{公式 2-2}$$

公式 2-2 中，δ_i 反映出每一研究的眞效果多少與平均效果估計值間會出現一些差異，γ_0 代表橫跨所有研究的平均效果估計值，τ^2 代表 U_i 的變異量，此統計量係自由度爲 k-1 的卡方分配。τ^2 反應出各研究效果值間實際差異之變異量（研究間變異量，常被稱爲隨機效果）；因此考驗這些研究間是否具有同質性，等於考驗 U_i 的變異量（τ^2）等於 0 的虛無假設。假如卡方值達到預定的顯著水準，就顯示出各研究間的效果值具有異質性；此時就可使用調節變項的多層次模式（conditional multilevel model），以進行調節變項的探索。另一異質性的指標爲ICC，其主要概念爲 τ^2 在總變異量中的比率。通常 ICC 等於或大於 .25（Hunter & Schmidt, 1990），不管 τ^2 是否達到既定的顯著水準，即可視爲研究結果具有異質性。

如將層次一模式與層次二模式合併，就可獲得公式 2-3：

$$d_i = \gamma_0 + U_i + \varepsilon_i \qquad \text{公式 2-3}$$

公式 2-3 反映出 d_i 的多重變異源，含有 σ_ε^2（誤差變異量）& τ^2（隨機效果），此變異量的倒數即爲 γ_0 的加權量估計值（誤差愈小的研究，其加權量愈大）。此完全模式因僅含截距項，又稱爲空模式（empty model）；此種空模式相當於傳統整合分析的隨機效果模式，假如 U_i 的變異量等於 0 的虛無假設沒有被推翻，此時可改用沒有 U_i 的固定效果模式。換言之，當 τ^2 值等於 0 時，平均效果值也會等於傳統整合分析固定效果模式的估計值。多層次整合分析與傳統整合分析的隨機效果模式的分野在於參數估計的方法。在多層次整合分析中採疊代方式（an iterative process）進行參數改善的估計法，本法疊代迴圈一直到參數收斂（無法顯著改善）疊代才會終止。執行此法的估計法除了最大概似估計（full maximum likelihood）法之外，就是限制性或殘差最大概似法（restricted/residual maximum likelihood，常簡稱 REML），後者係將最大概似原理應用到最小平方殘差的估計。本法會先將模式中的固定效果排除之後，再進行研究間變異量（variance component）的估計。REML 算則的優點爲：除了在小樣本上更具不偏性外，在研究間變異成分（variance component）的估計較精確（Hox, 2002），且偏差較小（相較於 Hedges & Olkin（1985）的傳統估計法），尤其在固定效果模式上的標準誤，更是明顯（O'Mara & Marsh, 2008）。

（二）含調節變項的多層次模式

含有調節（或稱爲脈絡）變項的多層次模式（conditional multilevel model），旨在分析情境或研究特徵對於個別研究結果的影響力，這是截距當作結果變項（intercepts as outcomes）的分析模式；此模式適用於研究結果出現異質性時。含調節變項的層次二單變項分析模式，定義如公式 2-4。

$$\delta_i = \gamma_0 + \gamma_1 W_{1i} + \gamma_2 W_{2i} + ... + \gamma_q W_{qi} + U_i, \text{式中 } U_i \sim N(0, \tau^2) \qquad \text{公式 2-4}$$

公式 2-4 中含有 q 個研究特徵變項（W）作爲預測（或稱爲調節）變項，當調節變項如爲類別變項時，需轉換成虛擬變項。如與層次一模式合併，其完整模式如公式 2-5 所示。

$$d_i = \gamma_0 + \gamma_1 W_{1i} + \gamma_2 W_{2i} + ... + \gamma_q W_{qi} + U_i + \varepsilon_i \qquad \text{公式 2-5}$$

本模式相當於 Hedges & Olkin（1985）所提出的一般加權隨機效果迴歸模式（the general weighted regression model for random effects）。假如本模式中的層次二的隨機誤差 U_i 可以被忽視的話，本模式即爲含有調節變項的固定效果模式，參見公式 2-6。

$$d_i = \gamma_0 + \gamma_1 W_{1i} + \gamma_2 W_{2i} + ... + \gamma_q W_{qi} + \varepsilon_i \qquad \text{公式 2-6}$$

由此觀之，傳統整合分析（classical Meta-Analysis）可以說是多層次分析的特例。另外，由於整合分析常聚焦於研究間的變異量成分（the between-study variance component）大小，爲獲得精確估計值，REML 估計算則應是最佳的選擇。

(三) 多變項多層次整合分析模式

　　假如整合分析的資料含有兩個以上的相關效果值時，多變項多層次整合分析（multivariate multilevel meta-analysis）是較適當的分析模式，因為它可以顧及多重效果值間的相關性，而獲得較佳的參數估計值。多變項多層次整合分析，會涉及以下五大工作：

1. 多重效果值的估計

　　公式 2-7 係第 p 個研究之標準化平均數差異效果值的計算公式。

$$g_{ip} = \frac{\overline{Y}_{ip}^E - \overline{Y}_{ip}^C}{S_{ip}}$$
公式 2-7

　　公式 2-7 中分母第 i 個效果值之併組組內共變量的計算，如公式 2-8 所示。

$$S_{ip}^2 = \frac{(N_{ip}^E - 1)(S_{ip}^E)^2 + (N_{ip}^C - 1)(S_{ip}^C)^2}{(N_{ip}^E - 1) + (N_{ip}^C - 1)}$$
公式 2-8

　　就如同單變項整合分析，當樣本數很小時，研究者須利用公式 2-9 進行修正，以獲得效果值的不偏估計值。

$$d_{ip} = (1 - 3/(4m_{ip} - 1))g_{ip}$$
公式 2-9

　　公式 2-9 中 $m_{ip} = N_{ip}^E + N_{ip}^C - 2$，等於樣本總人數減 2。

2. 變異數—共變數的估計

　　在分析平均數差異的效果值時，第 p 個研究的第 i 個效果值的抽樣變異量，需利用公式 2-10 進行估計。

$$\sigma_{dip}^2 = \frac{N_{ip}^E + N_{ip}^C}{N_{ip}^E N_{ip}^C} + \frac{d_{ip}^2}{2(N_{ip}^E + N_{ip}^C)}$$
公式 2-10

　　至於，多變項多層次 V-known 分析時，需額外再計算多重效果值間的共變數，需利用公式 2-11 進行計算。

$$\sigma_{(dip,dip')} = \frac{N_{ip}^E + N_{ip}^C}{N_{ip}^E N_{ip}^C} \times r_{ip,ip'} + \frac{d_{ip}^2 \times r_{ip,ip'}^2}{2(N_{ip}^E + N_{ip}^C)}$$
公式 2-11

公式 2-11 中，$r_{ip,ip'}$，係多重效果值間的相關係數。

　　以上僅舉平均數差異效果值的計算過程，如欲計算相關效果值的已知變異量與共變量，其計算公式請參閱 Hox（2010）之專書。

　　多變項多層次整合分析涉及兩個階段的分析，第一階段為研究內的模式分析，第二階段為研究間的模式分析，茲逐一敘說如下。

3. 多變項研究內（層次一）無調節變項模式

　　第一階段為研究內的模式分析，定義如公式 2-12。

$$\underline{d}_i = \underline{\delta}_i + \underline{\varepsilon}_i，式中 \underline{\varepsilon}_i \sim N(0, \sigma_\varepsilon^2)，i = 1, 2, \cdots, K \qquad 公式 2\text{-}12$$

　　公式 2-12 中，$\underline{d}_i$ 表 p 個多重效果的觀察值向量，$\underline{\delta}_i$ 表 p 個多重效果的母群效果值向量，$\underline{\varepsilon}_i$ 表 p 個多變項誤差向量，K 為原始研究的篇數。

4. 多變項研究間（層次二）無調節變項模式

　　第二階段為研究間的模式分析，定義如公式 2-13。

$$\underline{\delta}_i = \gamma + \underline{U}_i，式中 \underline{U}_i \sim N(0, \tau^2) \qquad 公式 2\text{-}13$$

　　由公式 2-12 & 公式 2-13 的前後參數的階層關係，可推知 HLM 是迴歸中的迴歸分析（HLM is a regression of regressions）。公式 2-13 中 τ^2 的大小，研究者可據以檢驗研究間效果值是否具有異質性（透過卡方考驗），並評估是否有必要進行含調節變項的多變項整合分析。結合公式 2-12 與公式 2-13，可以公式 2-14 表示之。

$$\underline{d}_i = \gamma + \underline{U}_i + \underline{\varepsilon}_i \qquad 公式 2\text{-}14$$

　　公式 2-14 中，γ 表多變項的總平均數向量，$\underline{U}_i$ 表隨機誤差向量。

5. 含調節變項的多變項分析模式

　　假如前述研究間效果值是具有異質性，研究者可根據研究特徵或樣本特徵作為調節變項（W），進行變異源的探究與詮釋。此種分析模式，可以公式 2-15 表示之。

$$\underline{\delta}_i = \underline{W}_i \gamma + \underline{U}_i，\text{式中 } \underline{U}_i \sim N(0, \tau^2) \qquad \text{公式 2-15}$$

公式 2-15 中 τ^2 的大小，反映出在排除調節變項的影響力之後，參數的變異量與共變量仍未被解釋到的部分，研究者可藉以評估是否繼續進行另一調節變項的多變項整合分析。公式 2-16 係含調節變項的多變項分析的完整模式，相關參數之定義同前所述。

$$\underline{d}_i = \underline{W}_i \gamma + \underline{U}_i + \underline{\varepsilon}_i \qquad \text{公式 2-16}$$

(四) 三層次的整合分析模式

三層次的整合分析模式，最適合於資料具階層性結構與依賴性（nested structure and dependencies in the data）。Cheung（2014）的 metaSEM R 套件即依此需求而設計。雖然二層次的整合分析模式可以捕捉到研究間的隨機變異，但卻無法詮釋更高層次的隔宿變異（nested effects 或稱為 cluster effects）。以教育成就資料為例，班級隔宿於學校之下，學校隔宿於學區之下。為捕捉隔宿內的相關性，研究者可以採用三層次的整合分析模式。如果加上一個群集效果（a cluster effect），二層次的整合分析模式，就會延伸為三層次的整合分析模式。三層次整合分析的隨機效果模式之定義，如公式 2-17 ～公式 2-19 所示（Cheung, 2014）。

$$\text{層次一模式：} y_{ij} = \lambda_{ij} + e_{ij} \qquad \text{公式 2-17}$$

公式 2-17 中，y_{ij} 係第 j 個群集（cluster）的第 i 個效果值。群集的界定端視資料的結構與研究問題而定；它常是某個研究含多重效果值中的一個效果值。式中 λ_{ij} 為真效果值（true effect size），其變異量 $Var(e_{ij}) = v_{ij}$ 為第 j 個群集的第 i 個效果值之已知抽樣變異量。

$$\text{層次二模式：} \lambda_{ij} = k_j + u_{(2)ij} \qquad \text{公式 2-18}$$

公式 2-18 中，k_j 為第 j 個群集的平均效果值，其變異量 $Var(u_{(2)ij}) = \tau^2_{(2)}$。層次二的變異量 $\tau^2_{(2)}$，代表著層次二研究內群集效果值的變異量（the within-level-3 unit variation）；例如，假如層次二代表使用多重分量表的效果值，那麼 $\tau^2_{(2)}$ 代表著來自於分量表效果值的變異量。當 $\tau^2_{(2)}$ 甚小時，代表著層次二的效果值很類似，意謂著分量表的選擇不會影響效果值的大小。然而，當 $\tau^2_{(2)}$ 甚大時，代表著層次二的效果值大小會因分量表的不同而不同。此時，研究者有必要使用分量表的類別作為層次二的共變項，以分析其變異源。由此觀之，層次二乃設計可用來處理群集內相依效果值（dependent effect size）的問題。

$$層次三模式： k_j = \beta_0 + u_{(3)j} \qquad 公式 2\text{-}19$$

公式 2-19，β_0 為平均母群效果值；其變異量 $Var(u_{(3)j}) = \tau^2_{(3)}$。層次三的變異量 $\tau^2_{(3)}$，代表著在排除層次二多重分量表的變異之後，所殘餘的研究間效果值變異量（the between-level-3 unit variation）。當 $\tau^2_{(3)}$ 甚大時，代表著研究間的效果值尚具有很大的歧異性；此時研究特徵即可納入模式的層次三中，以分析與解釋效果值間之變異源。

如將公式 2-17 ～公式 2-19 合併，即為公式 2-20，此為無調節變項的三層次整合分析的隨機效果完整模式。

$$y_{ij} = \beta_0 + u_{(2)} + u_{(3)} + e_{ij} \qquad 公式 2\text{-}20$$

由此模式可推知變異量具有可加性，$Var(y_{ij}) = \tau^2_{(2)} + \tau^2_{(3)} + v_{ij}$，據此可知：同一群集內的效果值具有相同的共變量與不同群集的效果值間具有獨立性。

另外，雖然 Q 統計量可以用來考驗效果值同質性的假設，但它無法反映異質性的大小。Cheung（2014）的 metaSEM R 套件亦提供傳統常見的 I^2 指標，其層次二的 I^2 指標 & 層次三的 I^2 指標（反映研究間之異質性大小），分別定義如公式 2-21 & 2-22 所示。

$$I^2_{(2)} = \frac{\tau^2_{(2)}}{\tau^2_{(2)} + \tau^2_{(3)} + \tilde{v}} \qquad 公式 2\text{-}21$$

$$I^2_{(3)} = \frac{\tau^2_{(3)}}{\tau^2_{(2)} + \tau^2_{(3)} + \tilde{v}} \qquad 公式 2\text{-}22$$

公式中 $\tilde{v}$（研究內的變異量）的定義，metaSEM 中針對典型的研究內變異量（typical within-study variance），提供了四種定義方法：I2q（使用 Q 統計量）、

I2hm（調和平均數）、I2am（算術平均數）、ICC（intraclass correlation）等，供使用者採用，其中以 I2q 最常用。

公式 2-20 的隨機效果模式，也可加入研究特徵的共變項，而延伸為混合效果模式（mixed effect model）。假如單一變項加在層次二（假定 j 群集內的共變項值不相同），其模式之定義如公式 2-23：

$$y_{ij} = \beta_0 + \beta_1 X_{ij} + u_{(2)ij} + u_{(3)j} + e_{ij} \qquad \text{公式 2-23}$$

假如單一變項加在層次三（假定 j 群集內的共變項值均相同），其模式之定義如公式 2-24：

$$y_{ij} = \beta_0 + \beta_1 X_j + u_{(2)ij} + u_{(3)j} + e_{ij} \qquad \text{公式 2-24}$$

三層次的整合分析模式雖然有其研究上的優勢，但實際執行時，應注意層次三的分析單位數最好大於 10，而且每一層次三分析單位均應包含多重研究 Konstantopoulos（2011）；如果分析單位小於 4，可採二層次的整合分析模式，將三層次的分析單位化為虛擬指標。

二、多層次整合分析的途徑

多層次整合分析的途徑與分析的統計軟體具有密切關係，本節著重於 HLM & R 套件 metaSEM & metafor。進行 Meta-HLM 整合分析，筆者採 HLM2 V-known 分析模式，在單變項整合分析時，可採 DOS 操作模式或採視窗操作模式；但在多變項整合分析時，則無法使用視窗操作模式，必須使用 DOS 語法程式進行操作。以上這些分析模式均為二層次之整合分析，本節之末將特別介紹 Cheung（2014）的 metaSEM R 套件與 Viechtbauer（2010）的 metafor R 套件，以進行三層次的整合分析。為利於研究者之應用，以下將逐一舉例分別說明之。

（一）多層次單變項整合分析 DOS 操作模式

以下 DOS 操作模式的介紹，將視有無調節變項，分別敘述之。

1. 單變項 HLM V-known 分析模式：無調節變項

實例解說　無調節變項

本模式的資料準備工作與 DOS 語法操作程序，依序分述如下。

(1) 準備原始資料檔案

研究者可以利用 SPSS 的資料編輯視窗（參見圖 2-1 內容），進行變項的設定與觀察值的輸入，建立好之後可存成 *dat 固定欄位格式。圖 2-1 內容係 SAT-Math-Coaching 的原始資料檔案（Kalaian, 1994），第一欄位為 ID 欄，第二欄位為 SAT 數學考前教導效果值（d2），第三欄位為 SAT 數學考前教導效果值之變異數欄（vard2），第四欄位為調節變項：教導時數（loghr）。另外，HLM DOS 語法建立 MDM 檔案過程中，在讀取原始資料檔時，研究者必須特別留意以下規定：

(a) 第一欄位需為 ID 識別欄，第二欄位需為效果值欄，第三欄位需為變異數欄，第四欄位以後為調節變項欄，此順序絕對不可錯亂。

(b) 讀入資料的格式（本例為：A6,2F11.4,F6.4）必須正確無誤，否則會造成資料分析結果的錯誤。建議讀者利用 SPSS 的資料編輯器查看欄寬與小數位數（或於 SPSS 存檔時，在 SPSS Output 中，查閱其存檔的格式設定，才可正確

	Name	Type	Width	Decimals
1	ID	String	6	0
2	d2	Numeric	11	4
3	vard2	Numeric	11	4
4	loghr	Numeric	6	4

讀取正確欄位的資料），或使用 HLM 的「Check Stats」進行資料分析前的檢查。研究者於編輯資料檔案時，第一欄位務必為 ID 欄位，其次為效果值（本例為數學）欄位，緊接著為效果值之變異數欄位，最後才建立調節變項，SPSS 存檔格式請設定為 *.dat 格式。

113

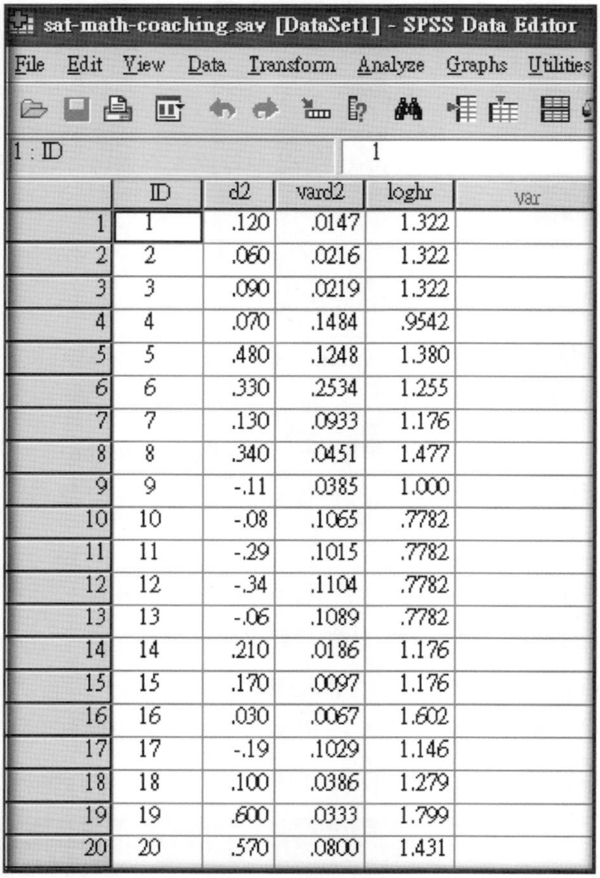

	ID	d2	vard2	loghr	var
1	1	.120	.0147	1.322	
2	2	.060	.0216	1.322	
3	3	.090	.0219	1.322	
4	4	.070	.1484	.9542	
5	5	.480	.1248	1.380	
6	6	.330	.2534	1.255	
7	7	.130	.0933	1.176	
8	8	.340	.0451	1.477	
9	9	-.11	.0385	1.000	
10	10	-.08	.1065	.7782	
11	11	-.29	.1015	.7782	
12	12	-.34	.1104	.7782	
13	13	-.06	.1089	.7782	
14	14	.210	.0186	1.176	
15	15	.170	.0097	1.176	
16	16	.030	.0067	1.602	
17	17	-.19	.1029	1.146	
18	18	.100	.0386	1.279	
19	19	.600	.0333	1.799	
20	20	.570	.0800	1.431	

圖 2-1　SAT-Math (D2) coaching data

Note：Data 修訂自 Kalaian（1994）

(2) 利用 HLM2 進行資料檔之轉換，以建立 HLM 所要求的 MDM 檔案格式

研究者首先須暫時脫離視窗模式，進入早期的 DOS 模式，進入方法有二；一是：

首先點開「附屬應用程式」（參見圖 2-2），點選「命令提示字元」（參見圖 2-3），就可切換至 DOS 操作模式。

圖 2-2　附屬應用程式：DOS 所在位置

圖 2-3　傳統 DOS 副程式

　　二是，在 Windows 視窗的最左下角點選〔開始〕→ 於其上頭的〔搜尋程式及檔案〕空格內輸入〔CMD〕、按 Enter 鍵，進入早期的 DOS 模式（參見圖 2-4）。

圖 2-4　傳統 DOS 程式視窗

　　接著，利用 DOS 的「CD 指令」切換到 HLM6 軟體所在路徑（CD C:\program files\HLM6），以便執行 HLM2 的執行指令，參見圖 2-5 視窗內容。

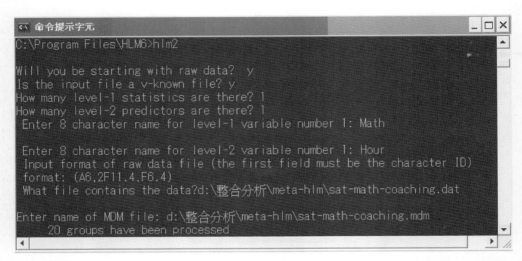

圖 2-5 建立 Sat-Math-Coaching 之 MDM 檔案的步驟：利用「命令提示字元」進入

　　由圖 2-5 之文字內容知，執行 HLM V-known 分析前，研究者在層次一設定的變項爲 MATH，而在第二層有一預測變項爲 Hour，作爲調節變項。另外，請注意原始資料檔案的格式爲（A6,2F11.4,F6.4），其檔案名稱爲 sat-math-coaching.dat，存放於 D:\ 整合分析 \meta-hlm 目錄中。細言之，操作 HLM2 時，研究者必須逐一回答以下的問題：

```
Will you be starting with raw data? y
Is the input file a v-known file? y
How many level-1 statistics are there? 1
How many level-2 predictors are there? 1
Enter 8 character name for level-1 variable number 1: Math
Enter 8 character name for level-2 variable number 1: Hour
(Note, there can be only 1 level-1 statistic, but if there are more than 1 level-2 predictors,
you would provide these names as well)
Input format of raw data file (the first field must be the character ID)
format: (A6,2F11.4,F6.4)
What file contains the data?D:\ 整合分析 \meta-hlm\Sat-math-coaching.dat
Enter name of MDM file: D:\ 整合分析 \meta-hlm\ Sat-math-coaching.mdm
```

　　最後，HLM 在讀取原始資料檔之後，HLM 會自動建立一個 MDM 檔案，以供 HLM 後續的統計分析。

(3) 利用 HLM2 執行 V-known 整合分析：沒有調節變項

當 HLM 的 MDM 檔案建立成功之後，即可用來執行 V-known 整合分析。圖 2-6 內容，係沒有調節變項的 HLM2 之執行步驟，首先須執行下一行的指令：

c:\Program Files\ HLM6S> HLM2 D:\ 整合分析 \meta-hlm\Sat-math-coaching.mdm

接著，電腦會要求您提供以下統計分時所需之資訊，在此特拷貝圖 2-6 內的語法，以供研究者參考。

```
Level 1 predictor variable specification
Which level-1 predictors do you wish to use?
The choices are:
For MATH enter 1
Level-1 predictor? (Enter 0 to end) 1
Level-2 predictor specification
Which level-2 variables do you wish to use?
Which level-2 predictors to model MATH?
Level-2 predictor? (Enter 0 to end) 0
```

因本例係無調節變項的實例，在 Level-2 predictor? 之後須輸入「0」。

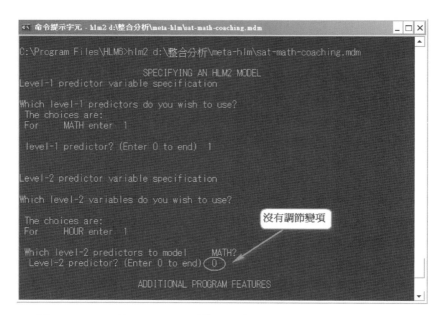

圖 2-6　HLM 的 V-known 單變項整合分析操作步驟：無調節變項

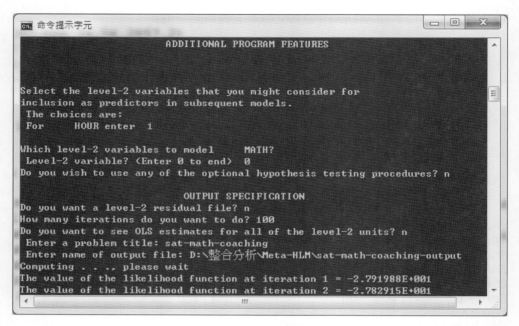

圖 2-7　結果輸出檔案之設定

　　統計分析結果將存放於所設定的檔案中，本例為 D:\ 整合分析 \Meta-HLM\ sat-math-coaching-output，請參閱圖 2-7 的視窗內容；分析結果如表 2-1 所示。

表 2-1　HLM 的 V-known 分析模式報表：SAT 數學考前教導固定效果（無調節變項）

Fixed Effect	Coefficient	Standard Error	T-ratio	Approx. d.f.	P-value
For MATH, B1 INTRCPT2, G10	0.1213	0.0410	3.018	19	0.008

Note：# of iterations = 100

　　由表 2-1 結果知平均效果值為 .120310，顯著大於 0（p = .008，α = .05），顯示 SAT 數學考前的教導具有正向的效果。注意，HLM 摘要表 2-1 中 Fixed Effect，事實上它等於是傳統 Meta-analysis 的隨機效果估計值；只有當 τ^2 值等於 0 時，它才會等於傳統 Meta-analysis 的固定效果估計值。另外，為了獲得較穩固的參數估計值，迴圈數不可過小，最好要確知參數的收斂性。

表 2-2　HLM 的 V-known 分析模式報表：SAT 數學考前教導隨機效果

Random Effect		Standard Deviation	Variance Component	df	Chi-square	P-value
MATH,	U1	0.03881	0.00151	19	20.43018	0.369

　　由表 2-2 統計量知，隨機效果 $\tau^2 = .00151$（代表研究間的隨機變異量），其 p 值 > .05，反映出這些研究效果值具有同質性（$\chi^2 = 20.43018, p = .369$），係來自於同一母群體，因而所有的研究結果可以統整在一起作整合分析。原本，至此研究者即不必進行後續的調節變項分析；但爲了 Meta-HLM 統計分析的完整性，筆者仍然在下節利用「SAT 數學教導時數」作爲預測變項，繼續進行調節變項分析。

2. 單變項 HLM V-known 分析模式：含調節變項

實例解說　含調節變項

　　含調節變項之 HLM 的 V-known 單變項整合分析的執行步驟與前節所述步驟大致相同，請詳見圖 2-8 & 圖 2-9 之 DOS 視窗內容。研究者須執行「HLM2 D:\整合分析 \meta-hlm\Sat-math-coaching.mdm」之後，再逐一依指示輸入 HLM 所要求輸入的數據。

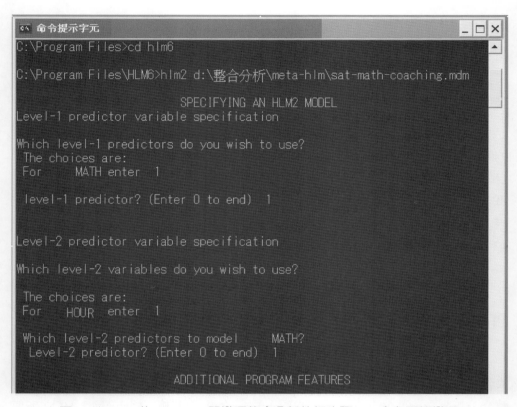

圖 2-8　HLM 的 V-known 單變項整合分析執行步驟一：含有調節變項

　　由圖 2-8 之內容知，HLM 的 V-known 分析執行時，會要求研究者輸入第一層變項（Level-1 predictor）或第二層變項（Level-2 predictor），本例所含調節變項為 HOUR。

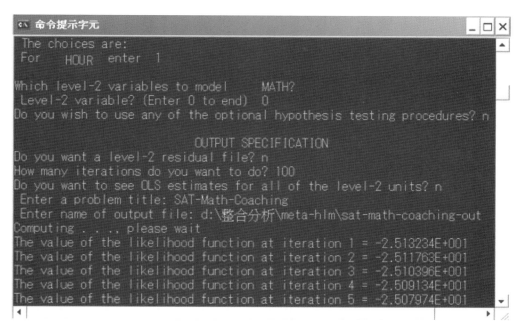

圖 2-9　HLM 的 V-known 單變項整合分析執行步驟二：研究主題與輸出檔名之設定

　　由圖 2-9 之內容知，HLM 的 V-known 分析操作最後步驟，會要求設定一個檔案名稱作爲 HLM 統計分析結果的存放位置，本例分析結果會放在「d:\ 整合分析 \meta-hlm\sat-math-coaching-out」。點開此檔案就可以看到主要的分析結果，如表 2-3 & 2-4 所示。

表 2-3　HLM 的 V-known 分析模式報表：SAT 數學考前教導固定效果（含有調節變項）

Fixed Effect	Coefficient	Standard Error	T-ratio	Approx. d.f.	P-value
For MATH, B1 INTRCPT2, G10	-0.485243	0.258065	-1.880	18	0.076
HOUR, G11	0.471619	0.195809	2.409	18	0.027

　　由表 2-3 知，SAT 數學教導的時數對於 SAT 數學教導效果值，具有顯著的正向影響力（$\gamma = .471619$，$p = .027$）。

表 2-4　HLM 的 V-known 分析模式報表：SAT 數學考前教導隨機效果

Random Effect		Standard Deviation	Variance Component	df	Chi-square	P-value
MATH,	U1	0.09714	0.00944	18	17.71265	> .500

由表 2-4 知，隨機效果 τ^2 = .00944，其 p 值 > .50，反映出在控制教學時數之後，這些效果值更具有同質性，顯然係來自於同一母群體。

(二) 多層次單變項整合分析視窗操作模式

單變項整合分析的 HLM V-known 分析模式，亦可以利用 HLM 視窗模式進行整合分析，比起語法模式的操作，視窗操作模式可省去許多語法輸入或拷貝的工作。資料檔中的變項輸入順序依序為 ID，需為字串格式；接著為「效果值統計量」、「變異數」、與「調節變項」，均須為數字型格式。HLM 視窗程式的啟動，筆者建議以系統管理員身分執行之（按滑鼠右鍵點選 [whlm]），否則可能會有 C 碟無法寫入的執行障礙。HLM 啟動之後，其操作步驟逐一簡述如下：

1. 選擇 HLM 分析模式

利用 SPSS 的檔案進行 HLM MDM 資料檔之建立時，研究者首先需在圖 2-10 中點選「Make New MDM file」下的「Stat package input」，以便在圖 2-12 ～ 2-14 中，進行 MDM 檔案內容的各項參數及存檔位置之設定。

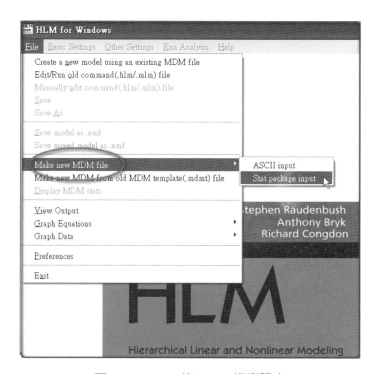

圖 2-10　HLM 的 MDM 檔案建立

　　建立 MDM 的檔案前，須先選取所欲分析的統計模式，本示範實例係一 2 階
的單一依變項的整合分析，研究者須在圖 2-11「Hierarchical Linear Models」中點
選「HLM2」。

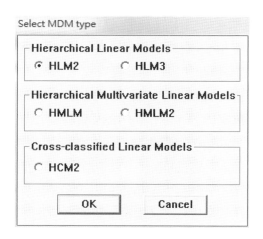

圖 2-11　HLM 分析模式的選擇

2. 建立 MDM 檔案

HLM 分析模式選擇之後，按下圖 2-11 底部的「OK」，就會跳出圖 2-12 的 HLM MDM 之建檔操作介面：原始資料檔之設定與 MDM 之建檔；其操作順序，請使用者按圖中數字之大小（1～11）順序，確實依序操作。

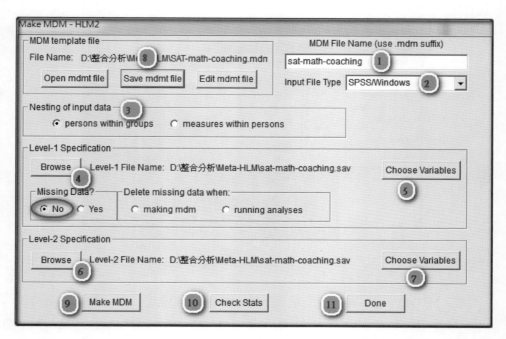

圖 2-12　HLM 之 MDM 建檔操作順序：層次一與層次二原始資料檔之設定

　　HLM 的 MDM 建檔，研究者首先設定 MDM 的檔名與檔案型態，本例為「sat-math-coaching」與 SPSS 資料檔型態（參見圖 2-12 的第一、二步驟）；第三步驟為內定的資料型態：橫斷式資料而非縱貫式。

　　接著，按下「Browse」，以選擇「Level 1 Specification」與「Level 2 Specification」的原始檔案內容；本例的 SPSS 資料檔存在「D:\ 整合分析 \Meta-HLM\sat-math-coaching.sav」，須事先建好，才能呼叫使用。原始檔案設定成功之後，接著需按下「Choose Variables」，就會跳出如圖 2-13 的 HLM 一階層次變項的選擇視窗與圖 2-14 的 HLM 二階層次變項的選擇視窗，以便挑選各層次所需分析的變項（步驟四～步驟七）。其次後，研究者須按下「Save mdmt file」（參見圖 2-12 的第八步驟），以儲存相關設定。

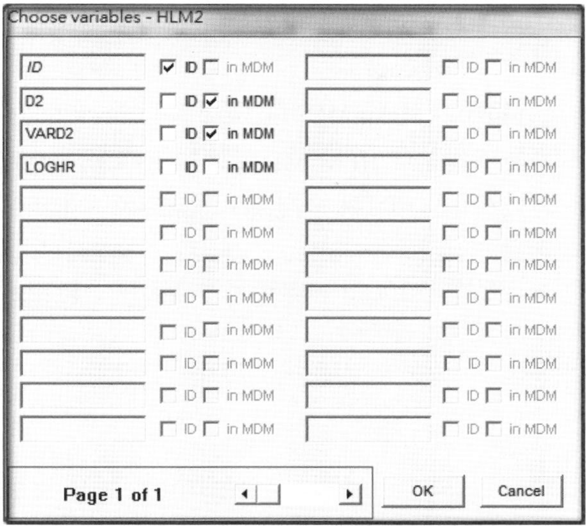

圖 2-13　HLM 一階層次變項的選擇

在圖 2-13 中，對於 HLM 一階層次變項的選擇，筆者選擇了「D2」效果值變項（D2 代表 SAT 數學），及其變項的變異數（VARD2）。

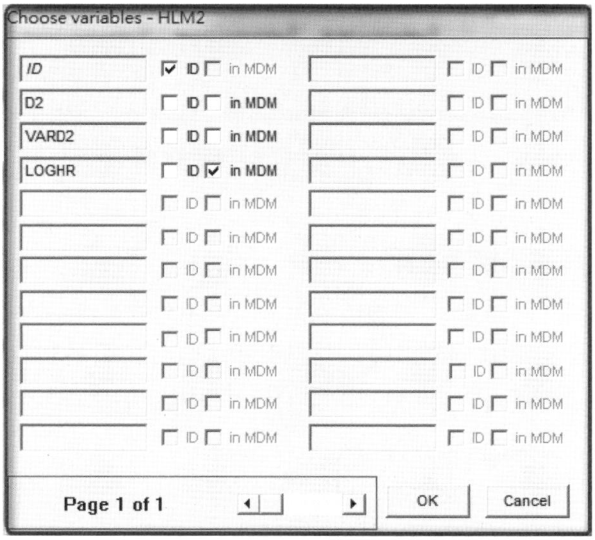

圖 2-14　HLM 二階層次變項的選擇

　　圖 2-14 顯示了 HLM 的 V-known 整合分析的調節變項，需放在第二層的模式中，本例為 LOGHR：教導時數。

　　最後，必須再接連按下「Make MDM」按鈕、「Check Stats」、「Done」（參見圖 2-12 底部），才是正式完成 HLM MDM 建檔工作。當研究者按下「Done」之後，就可看到圖 2-15 之 HLM 模式設定視窗，等待研究者進行統計模式的設定。

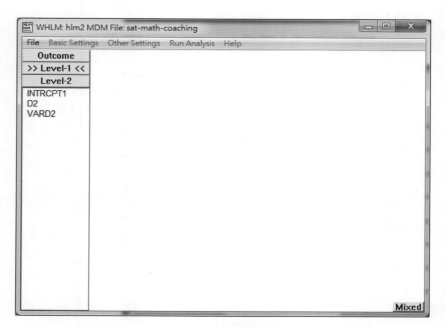

圖 2-15　HLM 模型設定視窗

3. HLM 層次一與層次二模式之設定

　　模式設定請於圖 2-15 的左上角，先點擊「outcome」進行基本模式之設定：包括標題的設定、HLM 的分析結果與圖形輸出的檔名與存放位置。利用圖 2-16 的 HLM 報表存檔命名，研究者可將 HLM 分析結果，存放在指定的檔案中，本例為「d:\\sat-math-coaching.txt」。

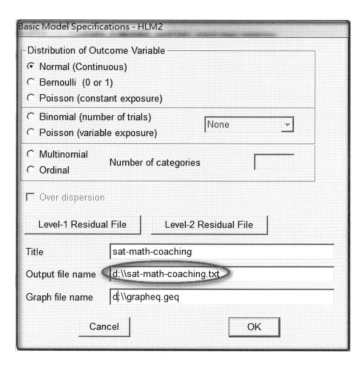

圖 2-16　HLM 的分析結果與圖形輸出的檔名與存放位置

於圖 2-15 的 HLM 模型設定視窗左上角，點擊「>>Level-1<<」，並於其

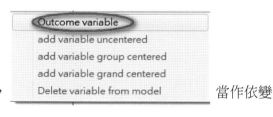

下左側的空小視窗內挑選依變項 D2，　　　　　　　　　　　　當作依變項。

接著點選「Level-2」，於其下的視窗內挑選二階之調節變項 LOGHR，

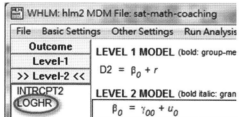　　　，並視之爲未中心化的調節變項

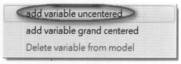 。圖 2-17 即是含調節變項的 HLM 理論模式，設定完成後的狀態，正等待研究者執行統計分析。以下將舉數個實例，分別就有無調節變項，逐一說明資料分析之過程。

實例解說一： SAT數學，含調解變項

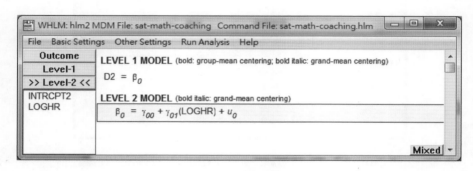

圖 2-17　HLM 理論模式之界定含調節變項

當 HLM 的 MDM 檔案建立成功之後，即可進行層次一與層次二的分析模式設定。根據圖 2-17 的一階模式內容可知，即將分析的對象是 D2 變項（SAT 數學）；而二階程式內容含有調節變項 LOGHR，且即將利用隨機效果模式進行分析；如欲進行固定效果模式，請使用滑鼠將 μ_0 點一下，變暗時即為固定效果模式。

4. 估計情境參數之設定

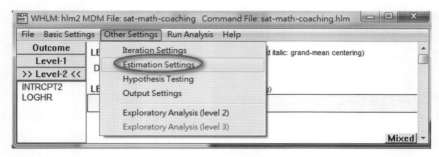

圖 2-18　HLM 參數之界定

　　因爲 V-Known 模式的要求：各研究效果值的變異量爲已知，研究者須利用圖 2-18 中「Estimation Settings」進行估計情境的設定。按下此按鈕之後，就會出現圖 2-19 的 HLM V-known 分析的加權設定視窗。接著，按下「Weighting」鈕之後，就會出現圖 2-20 中的 HLM V-known 分析的小視窗（Specify Weighting），以便進行加權變項的設定。

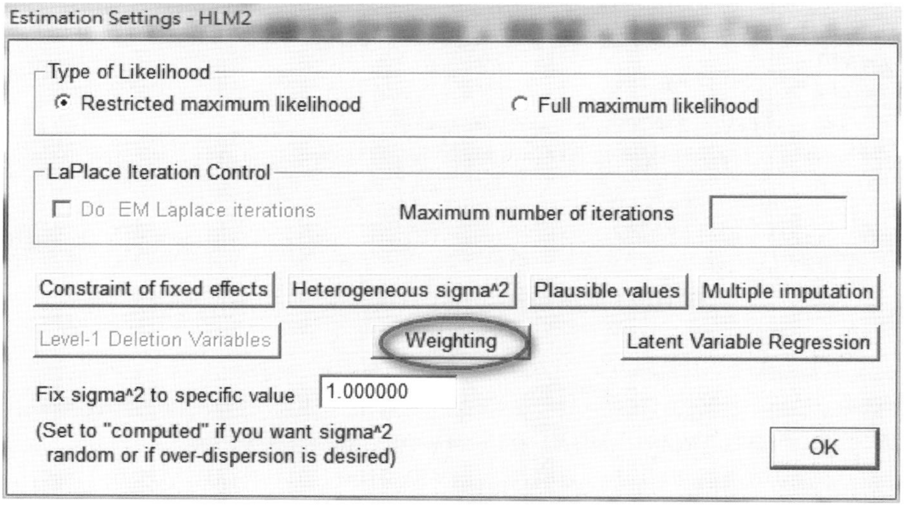

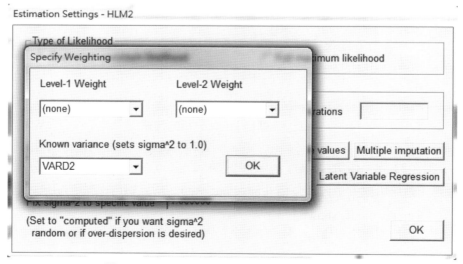

圖 2-19　HLM 的 V-known 分析的加權設定

圖 2-20　HLM V-known 分析的加權變項設定

　　圖 2-20 的小視窗顯示：研究者選擇代表層次一 D2 的已知的變異數（VARD2），HLM 會將其變異數設定為 1，設定完後，HLM 理論模式的一階模式中的隨機變數就會消失（如果未消失，請按一下層次二模式），如圖 2-21 所示；如果研究者忘記作此變異數已知的設定，分析時會出現自由度不足的錯誤警訊。

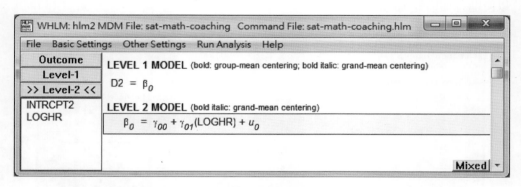

圖 2-21　數學 HLM 理論模式之界定含調節變項：V-known 分析模式

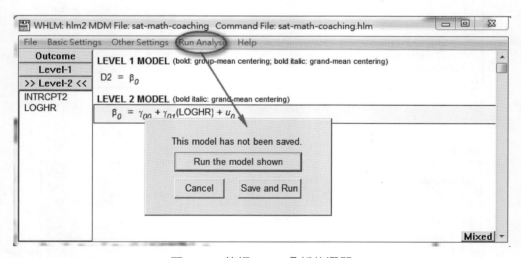

圖 2-22　執行 HLM 分析的選單

　　由圖 2-22 知，研究者執行一個理論模式（Run Analysis）的統計分析時，HLM 會先確認研究者是否要存檔「Save and Run」或只執行程式看結果，而不存程式檔「Run the model shown」。

5. HLM 報表的輸出

　　當執行 HLM 程式之後，研究者可以利用圖 2-23 視窗中左側的「View Output」，直接查看剛剛所分析的結果（HLM 會利用記事本顯示，內含表 2-5、表 2-6 等分析結果），或到指定的目錄中打開圖 2-16 內所設定檔案，查看 HLM 的統計分析結果。

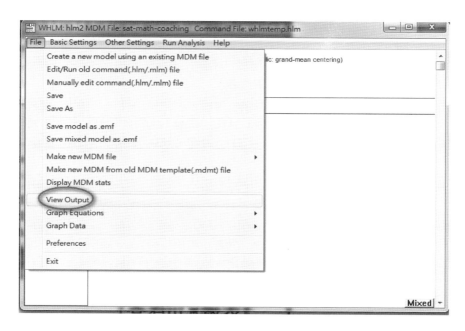

圖 2-23　HLM 報表的輸出選單與查看

表 2-5　固定效果估計值：SAT 數學

Fixed Effect	Coefficient	Standard Error	T-ratio	Approx. d.f.	P-value
For INTRCPT1, B0 INTRCPT2, G00	-0.485230	0.258050	-1.880	18	0.076
LOGHR, G01	0.471609	0.195797	2.409	18	0.027

　　按下圖 2-23 中之「View Output」選單之後，就可觀看分析結果。由表 2-5 知，SAT 數學的考前訓練績效會隨著時間的增加而增強（$\gamma = .471609$, $P = .027$），與表 2-3 之結果幾乎相同。

表 2-6　隨機效果變異量估計值

Random Effect		Standard Deviation	Variance Component	df	Chi-square	P-value
INTRCPT1,	U0	0.09712	0.00943	18	17.71117	> .500

　　由表 2-6 知，隨機效果 $\tau^2 = .00943$，其 p 值 > .50，反映出這些研究效果值具有同質性，係來自於同一母群體，分析結果與表 2-4 之結果非常接近。

實例解說二：SAT語文，含調解變項

　　以下係 SAT 語文考前教導效果值（D1）之整合分析結果（含調節變項），其分析模式之設定，如圖 2-24 所示；至於相關 MDM 檔案之建立，請參考上一實例。

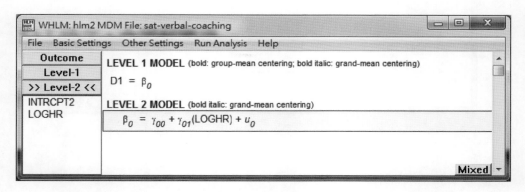

圖 2-24　語文 HLM 理論模式之界定含調節變項：V-known 分析模式

　　研究者如遇 HLM 參數之估計值內定值內無法收斂時，請打開圖 2-25 的收斂迴圈數設定視窗，進行設定或 HLM 自動繼續執行，一直到收斂為止。

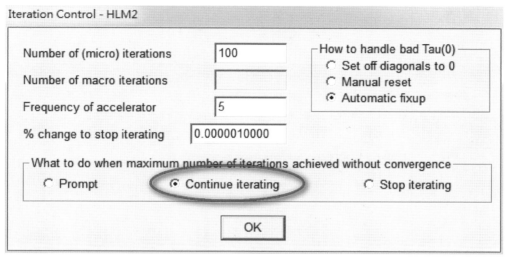

圖 2-25　收斂迴圈數之設定

表 2-7　固定效果估計值：SAT 語文

Fixed Effect	Coefficient	Standard Error	T-ratio	Approx. d.f.	P-value
For INTRCPT1, B0 INTRCPT2, G00	-0.136006	0.218128	-0.624	18	0.540
LOGHR, G01	0.184524	0.161796	1.140	18	0.269

　　由表 2-7 知，SAT 語文的考前訓練績效，似乎會隨著時間的增加而增強（γ = .184524, P = .269），但未達 .05 之顯著水準。

表 2-8　隨機效果變異量估計值

Random Effect	Standard Deviation	Variance Component	df	Chi-square	P-value
INTRCPT1,　U0	0.00349	0.00001	18	8.67742	> .500

　　由表 2-8 知，隨機效果 τ^2 = .00001，其 p 值 > .50，反映出這些研究效果值具有同質性，係來自於同一母群體。

實例解說三：SAT語文，不含調解變項

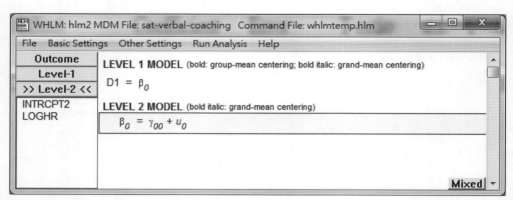

圖 2-26 語文 HLM 理論模式之界定（不含調節變項）：V-known 分析模式

以下係 SAT 語文考前教導效果值之整合分析結果（無調節變項），如表 2-9 所示。因無調節變項，Level-2 模式不用界定。

表 2-9 無調節變項的單變項多層次整合分析：考前教導對於 SAT 語文分數的影響

Fixed Effect	Coefficient	Standard Error	T-ratio	Approx. d.f.	P-value
INTRCPT2, G00	0.108775	0.038895	2.797	19	0.012

由表 2-9 結果知，平均效果值為 .108775，顯著大於 0（$p = .012$，$\alpha = .05$）。

表 2-10 隨機效果變異量估計值

Random Effect	Standard Deviation	Variance Component	df	Chi-square	P-value
INTRCPT1, U0	0.00340	0.00001	19	9.97877	> .500

由表 2-10 結果知，表中隨機效果 $\tau^2 = .00001$，其 p 值 > .50，反映出這些研究效果值具有同質性，來自於同一母群體。

實例解說四： SAT數學，不含調解變項

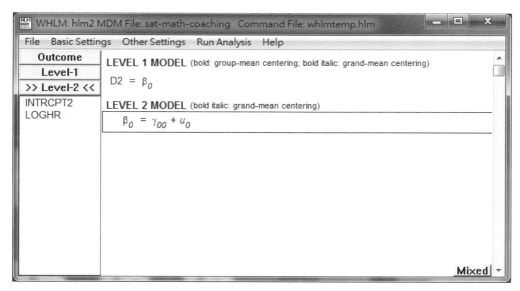

圖 2-27　SAT 數學 HLM 理論模式之界定（不含調節變項）：V-known 分析模式

　　至於 SAT 數學考前教導效果值之整合分析結果（無調節變項），如表 2-11 所示。因無調節變項，Level-2 模式不用界定。

表 2-11　無調節變項的單變項多層次整合分析：考前教導對於 SAT 數學分數的影響

Fixed Effect	Coefficient	Standard Error	T-ratio	Approx. d.f.	P-value
INTRCPT2, G00	0.120077	0.039627	3.030	19	0.007

　　由表 2-11 結果知，平均效果值為 .120077 顯著大於 0（$p = .007$，$\alpha = .05$）與表 2-1 之分析結果甚為接近（平均效果值為 .11213，SE = .0410）。此即印證了傳統隨機效果模式的整合分析，可以說是多層次整合分析的特例。

135

表 2-12　隨機效果變異量估計值

Random Effect		Standard Deviation	Variance Component	df	Chi-square	P-value
INTRCPT1,	U0	0.02214	0.00049	19	20.42799	0.369

由表 2-12 結果知，表中隨機效果 τ^2 = .00049，其 p 值 = 0.369，反映出這些效果值具有同質性，來自於同一母群體。

(三) 多層次多變項整合分析 DOS 語法操作模式

多變項整合分析模式必須透過 HLM 的 V-known 語法程式，無法利用 HLM 視窗模式進行統計分析；其基本的資料準備工作與操作步驟，依序說明如下：

1. 原始資料檔案的建立

研究者可以利用 SPSS 的資料編輯視窗（參見圖 2-28），進行變項的設定與觀察值的輸入。變項的輸入順序必須依序為 ID（需為字串格式）；接著為效果值統計量（d1、d2）、變異數（vard1）、共變數（covd1d2）、變異數（vard2）與調節變項（loghr），均須為數字型格，存檔時請利用 *.dat 格式存檔。本研究之調節變項（HOUR）因為呈現偏態，係經 log 函數之轉換以符常態性之基本假設。

*sat-coaching.sav [DataSet1] - SPSS Data Editor

File Edit View Data Transform Analyze Graphs Utilities Window

1 : ID 1

	ID	d1	d2	vard1	covd1d2	vard2	loghr
1	1	.1300	.120	.015	.0097	.0147	1.322
2	2	.2500	.060	.022	.0143	.0216	1.322
3	3	.3100	.090	.022	.0144	.0219	1.322
4	4	.0000	.070	.148	.0979	.1484	.9542
5	5	.1300	.480	.122	.0805	.1248	1.380
6	6	-.230	.330	.252	.1640	.2534	1.255
7	7	.1300	.130	.093	.0615	.0933	1.176
8	8	.1300	.340	.045	.0294	.0451	1.477
9	9	.0900	-.11	.039	.0254	.0385	1.000
10	10	-.100	-.08	.107	.0703	.1065	.7782
11	11	-.140	-.29	.101	.0665	.1015	.7782
12	12	-.160	-.34	.109	.0721	.1104	.7782
13	13	-.070	-.06	.109	.0718	.1089	.7782
14	14	-.020	.210	.019	.0123	.0186	1.176
15	15	.0600	.170	.010	.0064	.0097	1.176
16	16	.1500	.030	.007	.0044	.0067	1.602
17	17	.1700	-.19	.103	.0675	.1029	1.146
18	18	.0200	.100	.039	.0254	.0386	1.279
19	19	-.040	.600	.032	.0211	.0333	1.799
20	20	.5400	.570	.080	.0521	.0800	1.431

圖 2-28 SAT-Verbal (d1)、SAT-Math (d2) coaching data

註：Data 修定自 Kalaian & Raudenbush（1994）

2. MDM 檔案之建立步驟

原始資料檔案建檔之後，研究者即可利用 DOS 指令進行 MDM 檔案之建立，其詳細操作步驟，請參見圖 2-29 內之語法；因係多變項整合分析，研究者須於 Level-1 的變項數設定爲 2（Math & Verbal）。

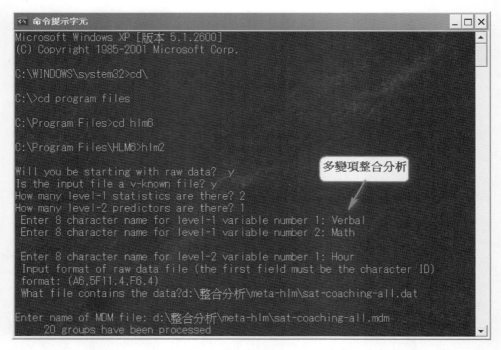

圖 2-29　HLM V-known 多變項整合分析時建立 MDM 檔案操作步驟

由圖 2-29 內容知，HLM V-known 多變項整合分析，可同時分析兩個以上的效果值變項，本例涉及數學（Math）與語文（Verbal）兩個變項，在二階層次中並包含一個調節變項（Hour）。茲將 MDM 檔案建檔之 DOS 指令摘要如下，以供研究者之參考。

```
C:\WINDOWS\system32>cd\
C:\>cd program files
C:\Program Files>cd hlm6
C:\Program Files\HLM6>hlm2
Will you be starting with raw data?  y
Is the input file a v-known file? y
How many level-1 statistics are there? 2
How many level-2 predictors are there? 1
 Enter 8 character name for level-1 variable number 1: Verbal
 Enter 8 character name for level-1 variable number 2: Math
 Enter 8 character name for level-2 variable number 1: Hour
 Input format of raw data file (the first field must be the character ID)
 format: (A6,5F11.4,F6.4)
What file contains the data?d:\ 整合分析 \meta-hlm\sat-coaching-all.dat
Enter name of MDM file: d:\ 整合分析 \meta-hlm\sat-coaching-all.mdm
```

　　MDM 建檔成功之後，就可執行 V-known 多變項整合分析了。圖 2-30 視窗內容係 HLM V-known 多變項整合分析的執行步驟，應用時請依照此指令進行操作，即可順利獲得下節多變項整合分析的結果。

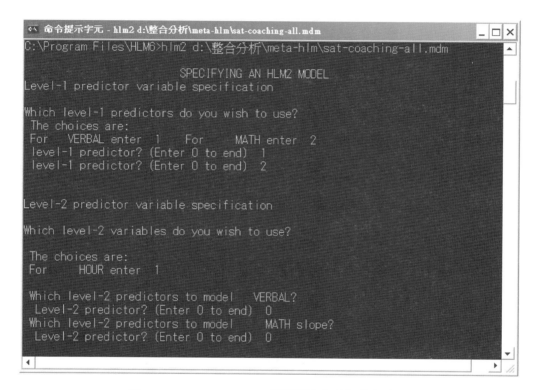

圖 2-30　HLM V-known 多變項整合分析執行步驟

3. HLM 的 V-known 多變項整合分析結果

　(1) 無調節變項的結果

　　因係多變項整合分析，HLM 也估計出 SAT-verbal & SAT-math 效果值間的隨機共變數矩陣：

$$\begin{bmatrix} 0.00359 & -0.00696 \\ -0.00696 & 0.01380 \end{bmatrix}$$

　　HLM 也估計出 SAT-verbal & SAT-math 效果值間的相關矩陣：

$$\begin{bmatrix} 1.000 & -0.989 \\ -0.989 & 1.000 \end{bmatrix}$$

　　顯示出 SAT-verbal & SAT-math 考前教學效果值間相關，幾乎為完全負相關（r = -.989）。

表 2-13　無調節變項的多變項多層次整合分析：考前教導對於 SAT 數學與語文分數的影響

Fixed Effect	Coefficient	Standard Error	T-ratio	Approx. d.f.	P-value
Verbal, G10	0.102962	0.042059	2.448	19	0.024
Math, G20	0.131004	0.050042	2.618	19	0.017

　　由表 2-13 知，SAT 學科考前之教導，對於 SAT-verbal & SAT-math 成績具有積極的成效（p 值均 < .05）。

表 2-14　SAT-verbal & SAT-math 隨機效果變異量

Random Effect		Standard Deviation	Variance Component	df	Chi-square	P-value
Verbal,	U1	0.05988	0.00359	19	10.00121	> .500
Math,	U2	0.11746	0.01380	19	20.51718	0.364

　　表 2-14 反映出 SAT-verbal & SAT-math 的效果值間具有同質性（p 值均大於 .05），因此研究者沒有必要繼續進行調節變項分析。但為了進行多變項整合分析的完整性，筆者仍將繼續以 SAT 學科考前教導時數作為預測變項，以進行調節變項分析。

(2) 含調節變項的結果

　　因係多變項整合分析，HLM 也估計出 SAT-verbal & SAT-math 效果值間的隨機共變數矩陣：

$$\begin{bmatrix} 0.00248 & -0.00579 \\ -0.00579 & 0.01405 \end{bmatrix}$$

HLM 也估計出 SAT-verbal & SAT-math 效果值間的相關矩陣：

$$\begin{bmatrix} 1.000 & -0.982 \\ -0.982 & 1.000 \end{bmatrix}$$

由此可知 SAT-verbal & SAT-math 考前教導效果幾乎為完全負相關（r = -.982）；根據圖 2-27 的原始資料內容，亦顯示出 SAT 數學教導效果愈大者，其 SAT 語文教導效果則愈小。

表 2-15　含有調節變項的多變項多層次整合分析：考前教導對於 SAT 數學與語文分數的影響

Fixed Effect	Coefficient	Standard Error	T-ratio	Approx. d.f.	P-value
For VERBAL, B1					
INTRCPT2, G10	-0.056988	0.226154	-0.252	18	0.804
HOUR, G11	0.115105	0.168746	0.682	18	0.504
For MATH, B2					
INTRCPT2, G20	-0.498088	0.261049	-1.908	18	0.072
HOUR, G21	0.489390	0.198678	2.463	18	0.024

由表 2-15 知，考前 SAT 數學教導的時數，對於 SAT 數學分數具有顯著的影響力（$\gamma = .489390$，$p = .024$）；但考前 SAT 語文教導的時數對於 SAT 語文分數沒有顯著的影響力（$\gamma = .115105$，$p = .504$）；似乎顯示 SAT 考前的教導訓練，對於數學的成效優於語文的成效。

表 2-16　隨機效果變異量估計值

Random Effect		Standard Deviation	Variance Component	df	Chi-square	P-value
VERBAL,	U1	0.04975	0.00248	18	8.97464	> .500
MATH,	U2	0.11853	0.01405	18	18.29879	0.436

由表 2-16 知，語文隨機效果 $\tau^2 = .00248$ & 數學隨機效果 $\tau^2 = .01405$，其 p 值

均 > .05，反映出在控制教學時數之後，這些研究效果值間已具有同質性，不必再進一步探求變異源。

(四) 三層次的整合分析模式

三層次的整合分析模式，最適合於資料結構具階層性與相關性。本節將示範如何利用 Cheung（2014）的 metaSEM R 套件與 Viechtbauer（2010）的 metafor R 套件，進行三層次的整合分析。

1. metaSEM R 套件的示範

本研究的抽樣係先抽學區，在由學區內抽取學校，進行抽樣調查；其資料結構具階層性與相關性。因此，最適合於使用三層次的整合分析模式來分析。表 2-17 資料為標準化學業成績的平均數差異值（反映使用不同的學校行事曆的影響力），係來自於 11 學區內的 56 個學校（資料取自於 Konstantopoulos, 2011）。由於學校隔宿於學區之下，乃利用三層次的整合分析模式來分析學區內學校間之變異量（heterogeneity between schools within districts）與學區間的異質性（heterogeneity between districts）。層次一可以分析研究內之變異，層次二可以分析層次三單位內之變異（variation within level-3 units, τ_2^2），層次三可以分析層次三單位間研究內之變異（variation between level-3 units, τ_3^2）。相關 R 程式語法的撰寫，依序列述如下：

```
> library(metafor)
> dat <- get(data(dat.konstantopoulos2011))
> dat
```

表 2-17 係上一行 >dat 指令的輸出結果。

表 2-17　三層次的整合分析的原始數據：取自於 Konstantopoulos（2011）

	district	school	study	year	yi	vi
1	11	1	1	1976	-0.18	0.118
2	11	2	2	1976	-0.22	0.118
3	11	3	3	1976	0.23	0.144
4	11	4	4	1976	-0.30	0.144
5	12	1	5	1989	0.13	0.014
6	12	2	6	1989	-0.26	0.014
7	12	3	7	1989	0.19	0.015
8	12	4	8	1989	0.32	0.024
9	18	1	9	1994	0.45	0.023
10	18	2	10	1994	0.38	0.043
11	18	3	11	1994	0.29	0.012
12	27	1	12	1976	0.16	0.020
13	27	2	13	1976	0.65	0.004
14	27	3	14	1976	0.36	0.004
15	27	4	15	1976	0.60	0.007
16	56	1	16	1997	0.08	0.019
17	56	2	17	1997	0.04	0.007
18	56	3	18	1997	0.19	0.005
19	56	4	19	1997	-0.06	0.004
20	58	1	20	1976	-0.18	0.020
21	58	2	21	1976	0.00	0.018
22	58	3	22	1976	0.00	0.019
23	58	4	23	1976	-0.28	0.022
24	58	5	24	1976	-0.04	0.020
25	58	6	25	1976	-0.30	0.021
26	58	7	26	1976	0.07	0.006
27	58	8	27	1976	0.00	0.007
28	58	9	28	1976	0.05	0.007
29	58	10	29	1976	-0.08	0.007
30	58	11	30	1976	-0.09	0.007
31	71	1	31	1997	0.30	0.015
32	71	2	32	1997	0.98	0.011
33	71	3	33	1997	1.19	0.010
34	86	1	34	1997	-0.07	0.001
35	86	2	35	1997	-0.05	0.001
36	86	3	36	1997	-0.01	0.001
37	86	4	37	1997	0.02	0.001
38	86	5	38	1997	-0.03	0.001
39	86	6	39	1997	0.00	0.001
40	86	7	40	1997	0.01	0.001
41	86	8	41	1997	-0.10	0.001
42	91	1	42	2000	0.50	0.010
43	91	2	43	2000	0.66	0.011
44	91	3	44	2000	0.20	0.010
45	91	4	45	2000	0.00	0.009
46	91	5	46	2000	0.05	0.013
47	91	6	47	2000	0.07	0.013
48	108	1	48	2000	-0.52	0.031
49	108	2	49	2000	0.70	0.031
50	108	3	50	2000	-0.03	0.030
51	108	4	51	2000	0.27	0.030
52	108	5	52	2000	-0.34	0.030
53	644	1	53	1995	0.12	0.087
54	644	2	54	1995	0.61	0.082
55	644	3	55	1994	0.04	0.067
56	644	4	56	1994	-0.05	0.067

```
> summary(meta3(y=yi,v=vi,cluster=district,data=dat))
```

表 2-18 係上一行 > summary() 指令的輸出結果。

表 2-18　三層次的整合分析結果：使用 metaSEM

```
95% confidence intervals: z statistic approximation
Coefficients:
            Estimate   Std.Error      lbound      ubound z value Pr(>|z|)
Intercept  0.1844554  0.0805411   0.0265977   0.3423131  2.2902 0.022010 *
Tau2_2     0.0328648  0.0111397   0.0110314   0.0546982  2.9502 0.003175 **
Tau2_3     0.0577384  0.0307423  -0.0025154   0.1179921  1.8781 0.060362 .
---
Signif. codes:  0 `***' 0.001 `**' 0.01 `*' 0.05 `.' 0.1 ` ' 1

Q statistic on the homogeneity of effect sizes: 578.864
Degrees of freedom of the Q statistic: 55
P value of the Q statistic: 0

Heterogeneity indices (based on the estimated Tau2):
                                Estimate
I2_2 (Typical v: Q statistic)    0.3440
I2_3 (Typical v: Q statistic)    0.6043

Number of studies (or clusters): 11
Number of observed statistics: 56
Number of estimated parameters: 3
Degrees of freedom: 53
-2 log likelihood: 16.78987
OpenMx status1: 0 ("0" or "1": The optimization is considered fine.
Other values may indicate problems.)
```

　　由表 2-18 底部資訊：OpenMx status1：0，表示估計上沒問題；如果有問題，需要使用 rerun() 函數重跑一次，如果仍出現異常值（> 1），其結果不可靠需拋棄。又由表中之 Q 值（$p = 0$），$\tau_2^2 = .033$ & $I_2^2 = 0.344$，可知階層二各學區內之效果值具異質性；同樣地，學區的變異量 $\tau_3^2 = .058$ & $I_3^2 = 0.6043$，代表階層三各學區間之效果值具異質性；而截距等於 0.18445（$p = .022$），代表平均母群效果值。I_2^2 & I_3^2 的總變異量為 0.9483，剩下來的部分（0.052）為來自於各研究的抽樣誤差。

2. metafor R 套件的示範

metafor 的副程式：rma.mv，亦可以用來進行多變項或多層次的整合分析，以處理資料的階層性或相關性問題。以下將以相同資料，使用 metafor 程式進行分析。

```
> library(metafor)
> dat <- get(data(dat.konstantopoulos2011))
>res.ml <- rma.mv(yi, vi,method="ML", random = ~ 1 | district/study, data=dat)
> print(res.ml, digits=3)
```

表 2-19 係上一行 > print () 指令的輸出結果。

表 2-19　三層次的整合分析結果：使用 metafor

```
Multivariate Meta-Analysis Model (k = 56; method: ML)

Variance Components:

              estim    sqrt   nlvls  fixed           factor
sigma^2.1    0.058   0.240     11     no            district
sigma^2.2    0.033   0.181     56     no    district/study

Test for Heterogeneity:
Q(df = 55) = 578.864, p-val < .001

Model Results:

estimate         se      zval       pval      ci.lb     ci.ub
   0.184      0.080     2.292      0.022      0.027     0.342         *

---
Signif. codes:  0 `***' 0.001 `**' 0.01 `*' 0.05 `.' 0.1 ` ' 1
```

比較前述表 2-18 & 表 2-19 的分析結果，兩個 R 套件 metaSEM R 與 metafor R 分析結果，幾乎完全相同。不過，metaSEM 額外提供了 I^2 的指標。根據 Q 值與 I^2 值，似乎顯示使用不同的學校行事曆的影響力，在不同學區間及學區內均具有顯著分歧性，值得進一步深入探討。

習題

一、請利用表 2-20 資料，進行 HLM V-known 模式的整合分析，如研究結果
　　具有異質性，請將 weeks 變項當作調節變項，進行後續的整合分析。

表 2-20　平均數差異之整合分析

Study	g_i	v_i^2	$w_i = 1/v_i^2$	d_i	w_i*d_i	N_E	N_c	N_{tot}	weeks
1	-0.264	0.086	11.63	-0.268	-3.1168	23	24	47	3
2	-0.23	0.106	9.43	-0.235	-2.2161	18	20	38	1
3	0.166	0.055	18.18	0.168	3.05424	33	41	74	2
4	0.173	0.084	11.9	0.176	2.0944	26	22	48	4
5	0.225	0.071	14.08	0.228	3.21024	29	28	57	3
6	0.291	0.078	12.82	0.295	3.7819	30	23	53	6
7	0.309	0.051	19.61	0.312	6.11832	37	43	80	7
8	0.435	0.093	10.75	0.442	4.7515	35	16	51	9
9	0.476	0.149	6.71	0.448	3.00608	22	10	32	3
10	0.617	0.095	10.53	0.628	6.61284	18	28	46	6
11	0.651	0.11	9.09	0.66	5.9994	44	12	56	6
12	0.718	0.054	18.52	0.725	13.427	41	38	79	7
13	0.74	0.081	12.35	0.751	9.27485	22	33	55	9
14	0.745	0.084	11.9	0.756	8.9964	25	26	51	5
15	0.758	0.087	11.49	0.768	8.82432	42	17	59	6
16	0.922	0.103	9.71	0.938	9.10798	17	39	56	5
17	0.938	0.113	8.85	0.955	8.45175	14	31	45	5
18	0.962	0.083	12.05	0.976	11.7608	28	26	54	7
19	1.522	0.1	10	1.541	15.41	50	16	66	9
20	1.844	0.141	7.09	1.877	13.3079	31	14	45	9
Total	11.998	1.824	236.69	12.141	131.861	585	507	1092	112

註：資料取自 Hox（2010）：http：//www.ats.ucla.edu/stat/HLM/examples/ma_hox/chapter8.htm

二、圖 2-31 係 Denson & Seltzer（2011）對於種族歧視教學效果的整合分析數據，該研究包含 29 篇相關研究，效果值為標準化的平均數差異效果值。

Meta-HLM-Denson-2011 - 記事本

檔案(F) 編輯(E) 格式(O) 檢視(V) 說明(H)

1	.15	.01	0	0
2	.87	.03	1	1
3	.86	.05	1	0
4	.83	.00	0	0
5	.81	.00	0	0
6	.67	.01	0	0
7	.64	.01	0	0
8	.61	.00	0	0
9	.59	.00	0	0
10	.53	.03	0	0
11	.52	.01	0	0
12	.48	.00	0	0
13	.48	.03	1	1
14	.46	.01	0	0
15	.44	.00	0	0
16	.43	.00	0	0
17	.42	.01	0	0
18	.41	.00	0	0
19	.40	.01	0	0
20	.39	.01	0	1
21	.38	.02	0	1
22	.37	.01	0	1
23	.36	.00	0	0
24	.35	.00	0	0
25	.33	.01	0	0
26	.31	.00	0	0
27	.30	.00	0	1
28	.30	.00	0	0
29	.25	.01	0	0

圖 2-31　Denson & Seltzer（2011）種族歧視教學效果整合分析的原始資料檔

圖 2-31 的原始資料檔數據中，各欄位依序含有 ID、ES、Var(ES)、教學方法與效果值類型等變項。請利用 HLM 軟體，進行種族歧視教學效果之整合分析，分析模式先採固定效果模式分析，再進行隨機效果模式分析。表 2-21 係固定效果模式的分析結果；表 2-22 係隨機效果模式的分析結果。

表 2-21　種族歧視教學效果基本模式的整合分析結果：固定效果

Final estimation of fixed effects:

Fixed Effect	Coefficient	Standard Error	T-ratio	Approx. d.f.	P-value
For INTRCPT1, B0					
INTRCPT2, G00	0.439780	0.029790	14.763	28	0.000

表 2-22 係三個隨機效果理論模式的比較，模式 1 係基本理論模式之分析結果，模式 2 係含調節變項：教學方法（content-based knowledge vs cross-racial interaction activities）之分析結果，模式 3 係再增含另一調節變項：效果值類型（未調整效果值 vs 調整效果值）之分析結果。

表 2-22　種族歧視教學效果的整合分析結果：三個隨機效果理論模式的比較

Fixed effect	Model 1		Model 2		Model 3	
	Estimate (SE)	t-Ratio	Estimate (SE)	t-Ratio	Estimate (SE)	t-Ratio
Intercept, γ_0	0.47(0.033)	14.38*	0.45(0.033)	13.86*	0.47(0.036)	12.99*
Pedagogical approach, γ_1			0.28(0.112)	2.48*	0.35(0.096)	3.66*
Effect size type, γ_2					-0.12(0.041)	-3.01*
Random effect	Variance component	χ^2　df	Variance component	χ^2　df	Variance component	χ^2　df
True effect size, δ_i	.026	984.38*　28	0.024	950.51*　27	0.024	961.57*　26

*$p < 0.05$

請根據表 2-21 & 表 2-22 中各模式的整體效果值、調節變項效能與異質性的考驗結果，逐一回答以下問題。

1. 請比較固定效果模式（表 2-21）與隨機效果模式（表 2-22）間估計效果值的差異性，兩者具有顯著差異嗎？

2. 模式 1 中的截距 0.47，代表整體效果值嗎？假如是，它的 .95 信賴區間為何？請列出其隨機效果模式的信賴區間。

3. 模式 1 中的卡方考驗結果，旨在考驗什麼？它可以用來考驗各研究間效果值是否具有同質性嗎？它可作為次群體分析的依據嗎？

4. 假設模式 2 中的截距 0.45，代表教學方法為 content-based knowledge 一組的平均效果值，那麼 cross-racial interaction activities 一組的平均教學效果值為何？

5. 模式 3 中含有兩個調節變項：教學方法 & 效果值類型，他們都具有顯著的預測力嗎？

6. 模式 3 中的卡方考驗結果達到顯著水準，代表何意義？

03

心理計量整合分析簡介：
Hunter-Schmidt 模式

本章綱要

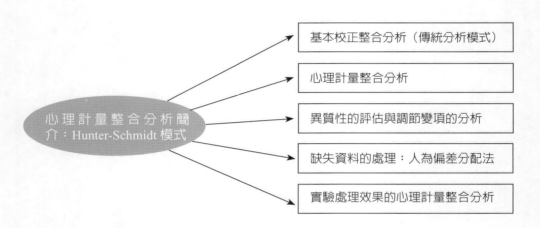

心理計量整合分析簡介：Hunter-Schmidt 模式

- 基本校正整合分析（傳統分析模式）
- 心理計量整合分析
- 異質性的評估與調節變項的分析
- 缺失資料的處理：人為偏差分配法
- 實驗處理效果的心理計量整合分析

　　整合分析的類別大致可分為五種：單變項整合分析、多變項整合分析、整合迴歸分析、網絡整合分析（network meta-analysis）與心理計量整合分析（psychometric meta-analysis）。本章將針對心理計量整合分析的理論與應用，進行簡單介紹。有別於 Hedges-Olkin（1985）對於整合分析的變異源主要係歸因於調節變項，Hunter & Schmidt（1990、2004、2015）在其整合分析的經典著作上（Methods of Meta-analysis: Correcting Error and Bias in Research Findings），極力提倡在進行整合分析時，應先利用心理計量理論校正人為的偏差或缺陷，才不致於將效果估計值間的變異量錯誤歸因於調節變項。他們認為各研究效果估計值間的變異量，其中有很大的變異源並不是來自於調節變項，而是來自於人為偏差的變異源，例如：抽樣誤差、測量誤差、全距減縮與登錄錯誤（Pierce, 2008）。任何研究或多或少皆有研究方法、測量工具上的缺陷，這些人為缺陷都會影響研究結果之正確性。常見的人為偏差或缺陷（artifacts）主要可分為三大類：(1) 不良資料（bad data）：例如，登錄、計算與報告中的錯誤，(2)隨機的抽樣誤差，與(3)系統性的誤差，例如，測量信度不佳、全距減縮（range restriction）。

　　心理計量整合分析，又稱為效度推論性（validity generalization）分析，主要係因過去常用來考驗及整合職業測驗效度的推論力而得名，或稱為 Hunter-Schmidt 整合分析（Murphy, 2003）。顧名思義，心理計量整合分析乃是利用心理計量學與統計理論，校正抽樣誤差（sampling error）、測量偏差（measurement error）、全距減縮等等人為偏差之後，再進行研究結果的整合分析。因而，Oh（2007）稱之為構念層次（construct-level）的整合分析法，而有別於其他的測量層次的整合分析法。心理計量整合分析依誤差控制的嚴謹程度，可分為兩大類：基本校正整合分析與心理計量整合分析。

一、基本校正整合分析

基本校正整合分析（bare bones meta-analysis），相當於傳統整合分析，常適用於當測驗工具與全距減縮等等人為偏差的資訊不明時，研究者只能根據樣本大小之資訊進行校正抽樣誤差；因而基本校正整合分析常導致低估效果估計值，但卻高估其變異量。以相關係數為例，進行基本校正整合分析，涉及公式 3-1 ～公式 3-6 等相關統計量的計算。

首先，研究者需利用公式 3-1，計算加權平均效果值：

$$\bar{r} = \frac{\sum N_i r_i}{\sum N_i} \qquad \text{公式 3-1}$$

接著，研究者利用公式 3-2，計算研究間的效果值變異量：

$$Var(r) = s_r^2 = \frac{\sum \left[N_i (r_i - \bar{r})^2 \right]}{\sum N_i} \qquad \text{公式 3-2}$$

公式 3-3 係相關係數之信賴區間（confidence interval, CI）的計算公式，旨在測量單一母群平均數估計值（$\bar{\rho}$）的精確性，反應抽樣誤差對於母群估計值（相關係數平均值）的影響程度；k 為研究篇數。

$$95\%\text{CI} = \bar{r} \pm 1.96 \sqrt{\frac{s_r^2}{k}} \qquad \text{公式 3-3}$$

公式 3-3 反映出，在無限地重複抽樣下，這些 CI 有 95% 的機率會包含母群參數。因此，單一研究的 CI 包含母數的機率不是 0 就是 1。不過，也許可以說我們有 .95 的信心（避免使用機率用語），此 CI 會包含母數。

其次，利用平均效果值估計抽樣誤差變異量，參見公式 3-4：

$$\hat{\sigma}_e^2 = \frac{(1 - \bar{r}^2)^2}{\overline{N} - 1} \qquad \text{公式 3-4}$$

153

至於排除抽樣誤差之後，母群相關係數的變異量（adjusting for the sampling error variance）之估計，請參見公式 3-5：

$$\hat{\sigma}_\rho^2 = s_r^2 - \hat{\sigma}_e^2$$

公式 3-5

據此，研究者即可使用公式 3-6，計算不受抽樣誤差影響的可信區間（credibility interval, CRI）。CRI 反應母群參數估計值（母群平均數的抽樣分配）會落在此區間內的機率，通常用以了解效度的推論性，探究是否需要進行次群體分析；尤其當效果值的標準差 σ_p（相對於效果值大小）很大時，就須找出調節變項進行次群體分析。可信區間常用於經人為偏差（research artifacts）校正之後的隨機效果模式上。

$$95\%\text{CRI} = \bar{r} \pm 1.96\sigma_p$$

公式 3-6

公式 3-6 反映出，此 CRI 包含母群參數的機率為 .95。假如公式 3-6 的 CRI 區間不大且不包含 0，即表示此平均效果值具有不同情境的推論性，假如 CRI 區間很大且包含 0，即表示可能需要探究存在的調節變項。在臨床上，研究者或實務工作者會較關切可信區間的下限值（效度的最小值）與此區間的大小。假如此區間不大而且不包含 0，就更能肯定（有 97.5% 的信心）此母群相關係數的估計值係來自於單一母群體；研究者可以配合 Hunter & Schmidt（2004 & 2015）的 75% 的 I^2 法則做判斷。Hunter & Schmidt（2004 & 2015）較喜歡使用可信區間代替顯著性考驗，以控制錯誤率及讓實務者易於評估其應用性。以下為便利讀者應用，提供一個虛擬實例，介紹基本校正整合分析的計算過程。

實例解說

以下各節實例解說之模擬資料，係修訂自 Michael Brannick（2015）。

教學網頁：（http://faculty.cas.usf.edu/mbrannick/meta/Lectures/index.html），該網頁中亦提供一 EXCEL 的計算器（參見 #10：Psychometric Meta-analysis），執行心理計量的整合分析。因其各表內之數值與筆者設計的程式所跑出來的結果略有出入，經查驗係割捨誤差所致，因而全部加以更新。

基本校正整合分析，常涉及以下三大統計量之計算。

（一）未加權 $\bar{r}$

表 3-1　基本校正整合分析虛擬實例：未加權

研究	N_i	r_i
1	200	.20
2	100	.20
3	150	.40
4	80	.40
Mean	132.5	.30

表 3-1 知，未加權 r 平均值 $\bar{r}$ = .30(1.2/4)。研究者可以善加利用 EXCEL 的統計與數學函數（例如：sum 函數），進行以下各節的統計量計算，當可省時省力；或使用筆者的 Excel 增益集則更加便捷。

（二）加權 $\bar{r}$

表 3-2　基本校正整合分析虛擬實例：加權

r_i	N_i	r_iN_i
.20	200	40
.20	100	20
.40	150	60
.40	80	32
sum	530	152

根據表 3-2 的數據，利用公式 3-1，計算加權 $\bar{r}$：

$$\bar{r} = \frac{\sum N_i r_i}{\sum N_i} = \frac{152}{530} = .2868$$

注意未加權平均數為 .30，加權平均數為 .2868 有些出入（N 大小不一所致）。

(三) 校正抽樣誤差

表 3-3　基本校正整合分析虛擬實例：校正抽樣誤差

r_i	N_i	$N_i(r_i - \bar{r})^2$
.20	200	1.507
.20	100	.753
.40	150	1.922
.40	80	1.025
Sum	530	5.208

由上述資料分析結果知：

$$\bar{r} = .2868$$
$$k = 4$$

將這些數據代入公式 3-2，可求得 r 的研究效果間變異量：

$$s_r^2 = \frac{\sum_{i=1}^{k}\left[N_i(r_i - \bar{r})^2\right]}{\sum_{i=1}^{k}N_i} = \frac{5.208}{530} = .009826$$

接著，利用公式 3-3，就可計算出 r 之 .95 的信賴區間：

$$95\%\text{CI} = \bar{r} \pm 1.96\sqrt{\frac{s_r^2}{k}} = .2868 \pm 1.96\sqrt{\frac{.009826}{4}} = [.190, .384]$$

其次，再利用公式 3-4，計算出抽樣誤差變異量：

$$\overline{N} = \frac{530}{4} = 132.5$$

$$\hat{\sigma}_e^2 = \frac{(1 - \bar{r}^2)^2}{\overline{N} - 1} = \frac{(1 - .2868^2)^2}{132.5 - 1} = .006405$$

再利用公式 3-5，計算排除抽樣誤差之後的變異量：

$$\hat{\sigma}_\rho^2 = s_r^2 - \hat{\sigma}_e^2 = .009826 - .006405 = .003421$$

將 .003421 代入公式 3-6，求得基本校正整合分析 $\bar{r}$ 的 .95 可信區間：

$$95\%CRI = \bar{r} \pm 1.96\sigma_\rho = .2868 \pm 1.96\sqrt{.003421} = [.172, .401]$$

此為 Hunter 與 Schmidt（1999, 2004, & 2015）所建議使用的 CRI，以估計平均效果值的可信區間，他們強調的是可信區間而非平均效果值，而且經常利用其下限值當作最低效度的指標；以本例為例，研究者可以預期估計效果值超過 .172 的機率有 .95。研究者如欲計算人為偏差所佔 %（I^2），其估計結果為：

$$I^2 \times 100\% = \frac{Var(e)}{Var(r)} = \frac{Var(r) - Var(\rho)}{Var(r)} \times 100\% = \frac{.009826 - .003421}{.009826} \times 100\% = \frac{.006405}{.009826} \times 100\% = 65.18\%$$

因人為偏差所佔 %（抽樣誤差變異量與效果值之實得變異量的比值）未大於 75%（Hunter & Schmidt 解釋異質性時，所建議的「75% 法則」），顯示除了抽樣誤差之外尚有其他人為偏差（如測量誤差、全距限制）或異質性存在。

二、心理計量整合分析

除了抽樣誤差之外，研究者如尚能校正測量誤差與全距減縮（含直接與間接全距減縮）等等人為偏差，就是道地的心理計量整合分析（psychometric meta-analysis）。目前測量工具信、效度的校正方法，都植基於 Lord & Novick（1968）、Schmidt & Hunter（1977）的心理計量公式：

$$r_{xy} = \rho \times \sqrt{r_{yy}} \times \sqrt{r_{xx}} \times \frac{u}{\sqrt{(1 + (u^2 - 1) \times \rho^2 \times r_{yy} \times r_{xx})}} + e \qquad \text{公式 3-7}$$

公式 3-7 中，ρ 代表真分數相關係數（true score correlation），r_{xx} & r_{yy} 代表預測變項與效標的信度，u 代表 x 變項的受限標準差與未受限標準差的比值，e 代表抽樣誤差。預測變項與效標的信度估計值，Fife, Mendoza, & Terry（2012）建議最好使用重測信度指標，而非內部一致性信度指標；但在間接全距減縮時，KR-20(α) 亦可以使用。

Callender & Osburn（1980）、Raju & Burke（1983）的效度推論性（validity generalization）研究，即根據公式 3-8 而來：

$$r_{xy} = \rho \times a \times b \times c + e \qquad \text{公式 3-8}$$

公式 3-8 中 a，b，c，分別相對應於公式 3-7 中右側的第二、第三與第四項。由此方程式的內涵可推知，相關係數的觀察值會受到預測變項與效標的信度、全距減縮與樣本大小的影響。

　　以下將依信度削弱的校正理論、單純直接資料全距減縮理論與間接資料全距減縮理論之順序，逐一說明之。

（一）信度削弱的校正理論

　　在無全距減縮的現象下，人為的偏差（如測量誤差）對於相關係數的影響是線性，此項校正比較單純，只需要預測變項與效標的信度資訊，就可進行效果值的信度修正（disattenuation for reliability），校正方法參見公式 3-9 ～ 3-11。

1. 預測變項與效標均校正

$$r_C = \frac{r_{xy}}{\sqrt{r_{xx} r_{yy}}} \qquad \text{公式 3-9}$$

2. 預測變項的校正

$$r_C = \frac{r_{xy}}{\sqrt{r_{xx}}} \qquad \text{公式 3-10}$$

3. 效標的校正

$$r_C = \frac{r_{xy}}{\sqrt{r_{yy}}} \qquad \text{公式 3-11}$$

　　由公式 3-9 ～公式 3-11 可知，分母係信度削弱因子，如有數個人為的偏差存在時，他們聯合效果係各個削弱因數的連乘積（參見公式 3-9 的分母）。因為測量誤差愈大，其校正會愈大，因此在信度過低時常會導致校正過頭，而有虛胖現象研究者須謹慎為之。

　　研究者在進行信度削弱的校正時，有時會遇到有些研究並未報告工具的信度，此時研究者須進行信度遺漏值的估計，筆者建議依據 Rodriguez & Maeda

（2006）的建議，先進行各研究中 Cronbach α 的效果值轉換，計算公式為：$ES_\alpha = \sqrt[3]{1-\alpha}$；接著，計算轉換後 α 效果值的平均數，最後需將此轉換過的平均信度，再還原成原始的 Cronbach α 量尺作為信度的填補估計值，其轉換公式為：$\alpha = 1 - ES_\alpha^3$。

實例解說

假設已知 $r_{xy} = .30, r_{xx} = r_{yy} = .80$，研究者如希望預測變項與效標均校正：利用公式 3-7 可得：

$$r_C = \frac{r_{xy}}{\sqrt{r_{xx}r_{yy}}} = \frac{.30}{\sqrt{.80^2}} = .375$$

如希望針對預測變項的校正：利用公式 3-8 可得：

$$r_C = \frac{r_{xy}}{\sqrt{r_{xx}}} = \frac{.3}{\sqrt{.8}} = .33541$$

經過校正過之效果值似乎均變大了，此與預期相符！

至於全距減縮（range restriction），可分為三類：直接全距減縮（direct range restriction）、間接全距減縮（indirect range restriction）與多變項（多個預測變項或同時處理直接、間接全距減縮）全距減縮（multivariate range restriction）。由於多變項全距減縮的相關資訊取得不易，在此從略，有興趣者請參閱 Ree, Carretta, Earles, & Albert (1994) 的論文。全距減縮是一種抽樣偏差的特殊例子，因現實上之限制，資料的蒐集無法普及所有母群，以致於通常導致估計值偏低。

(二) 單純直接資料全距減縮理論

圖 3-1　直接全距減縮實例

159

例如：利用 GRE 分數篩選學生進入大學唸書，預測變項 GRE 即是選擇變項（the selection variable），此種選擇過程直接降低了預測變項的變異量，如圖 3-1。此項直接全距減縮資料校正（Thorndike Case II），需要使用到觀察分數的未受限標準差（unrestricted standard deviation），以便計算全距減縮程度的指標 U_x。當研究者對於 X & Y 雙變數的相關深感興趣而變項之一（如 X）又出現全距減縮時，就有可能產生直接全距減縮（direct range restriction）的現象。另由圖 3-2 知 T（預測變項 X 的真分數）會直接影響 P & X（P 為效標 Y 的真分數），由 P 再影響 Y，而 T & X 的相關係數等於 X 變項信度的平方根。

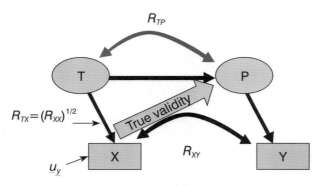

圖 3-2　直接全距減縮示意圖

通常由於抽樣無法涵蓋所有母群變異的範疇，導致 X & Y 間的相關觀察值（R_{XY}）偏低。例如，雖然 GRE 分數與研究生畢業的 GPA 具有高度相關，但實際的觀察值卻因只有 GRE 得高分的學生能進入研究所唸書（全距受限），因而導致 X & Y 間的相關估計值出現偏低現象。

X 變項產生全距減縮時的統計校正，可利用公式 3-12 校正之（Ghiselli, 1964）：

$$r_C = \frac{U_X}{\sqrt{(U_X^2 - 1)r_{xy}^2 + 1}} \times r_{xy}$$ 公式 3-12

式中 $$U_X = \frac{SD_{未受限}}{SD_{受限}}$$ 公式 3-13

　　從公式 3-12 的分母成分觀之，全距減縮的程度與雙變項的相關大小皆會影響信度校正的多寡；當 $U_X = 1$ 時，$r_C = r_{xy}$，可見校正的程度視 U_X 的大小而定。

　　Hunter, Schmidt, & Le（2006）主張對於直接全距減縮的資料校正，需要遵循以下之三步驟的順序，進行校正。

　　1. 先校正 Y 的測量誤差，以取得 X & P 在受限母群體（restricted population）的相關指標（參見公式 3-14），

$$r_{XPi} = \frac{r_{xy}}{\sqrt{r_{yyi}}}$$ 公式 3-14

　　2. 使用公式 3-15 校正 X 的全距減縮效果，以取得 X & P 在未受限母群體（unrestricted population）的相關指標，

$$r_{XPa} = \frac{U_X r_{XPi}}{\sqrt{(U_X^2 - 1)r_{XPi}^2 + 1}}$$ 公式 3-15

　　此指標可作為 X 量表的應用性效度（operational validity of measure X），意即圖 3-2 中之真實效度（true validity），在此「True」的意義代表無測量誤差的效度估計值。研究者得視研究問題而定，偏差的校正過程可能就在此結束。

　　3. 使用公式 3-16 校正 X 的測量誤差，以取得 T & P 在未受限母群體（unrestricted population）的相關指標。

$$r_{TPa} = \frac{r_{XPa}}{\sqrt{r_{xxa}}}$$ 公式 3-16

　　公式 3-16 中，受限信度 r_{xxa} 的計算，請參見公式 3-29-1。經上述之人為偏差校正後，再進行整合分析，其相關步驟與公式逐一敘述如下：

　　1. 針對每一研究，計算複合削弱因子（compound attenuation factor），採用公式 3-17。

$$A = \frac{r_o}{r_C}$$ 公式 3-17

　　當 r_o 及 r_C 出現 0 時，ESS 會以 .001 取代之，以解決分母不可為 0 的原則。

　　2. 計算未經校正 r 的抽樣誤差變異量，參見公式 3-18。

$$V1 = Var(e_{oi}) = [1 - \bar{r}_o^2]^2 / (N_i - 1) \qquad \text{公式 3-18}$$

注意這是各研究的抽樣誤差變異數，並以平均效果值的離差估計之。

3. 計算未削弱 r（disattenuated r）的抽樣變異量（因為 A 為常數，故校正時除以 A^2），使用公式 3-19。

$$V2 = ve' = Var(e_o) / A^2 \qquad \text{公式 3-19}$$

假如具有全距減縮的現象，請繼續進行以下兩個步驟：

4. 計算全距減縮的校正因子，參見公式 3-20。

$$a_{rr} = 1 / [(U_X^2 - 1)r_o^2 + 1] \qquad \text{公式 3-20}$$

5. 利用公式 3-21，進一步調整未削弱 r 的抽樣變異量。

$$V3 = ve = a_{rr}^2 ve' \qquad \text{公式 3-21}$$

研究者有了校正後的各研究效果值與相關變異量，就可進行以下效果值的整合分析了。

6. 計算各研究的加權量

公式 3-22 計算各研究的加權量：

$$w_i = N_i A_i^2 \qquad \text{公式 3-22}$$

注意 A 係複合削弱因子，定義於公式 3-17。

7. 利用公式 3-23，計算 r 之加權平均數。

$$\bar{r}_C = \frac{\sum w_i r_{C_i}}{\sum w_i} = \hat{\bar{\rho}} \qquad \text{公式 3-23}$$

8. 利用公式 3-24，計算校正 r 之加權變異數。

$$Var(r_C) = \frac{\sum w_i [r_{C_i} - \bar{r}_C]^2}{\sum w_i} \qquad \text{公式 3-24}$$

9. 其次，利用公式 3-25 計算平均校正 r 之抽樣誤差：

$$Ave(ve) = \frac{\sum w_i ve_i}{\sum w_i} \qquad 公式\ 3\text{-}25$$

當不進行全距減縮時，Ave(ve) = Ave(V2)，否則使用 Ave(ve) = Ave(V3)。

10. 最後，利用公式 3-26 計算排除抽樣誤差之後，ρ 的研究間變異量。

$$Var(\rho) = \hat{\sigma}_\rho^2 = Var(r_C) - Ave(ve) \qquad 公式\ 3\text{-}26$$

由以上的分析步驟可知，Hunter & Schmidt（2004、2015）的心理計量整合分析具有以下幾個特色：

(1) 整合分析時使用原始相關係數 r 值，而非使用 Fisher Zr，

(2) 使用樣本大小當作加權量而不使用變異數之倒數，

(3) 使用不同方法估計效果值變異量 τ^2，

(4) 使用不同方式考驗與報告異質性，

(5) 採取隨機效果模式，以估計各種母群參數在研究間的變異量。

實例解說　相關係數效果值的校正

假設 r_{xy} = .33, $SD_{受限}$ = 12, $SD_{未受限}$ = 20，代入公式 3-12 & 3-13，就可獲得校正後的效果值。

$$U_X = \frac{SD_{未受限}}{SD_{受限}} = \frac{20}{12} = 1.67$$

$$r_C = \frac{U_X r_{xy}}{\sqrt{(U_X^2 - 1)r_{xy}^2 + 1}} = \frac{1.67(.33)}{\sqrt{(1.67^2 - 1)(.33^2) + 1}} = .50$$

因為未受限 SD 常不易取得，Card（2012）建議採用 u_x（= $1/U_x$）估計圖，估計之（參見圖 3-3）：

163

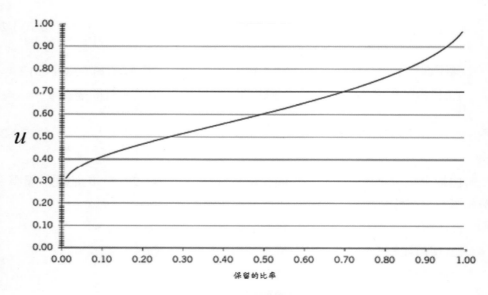

圖 3-3　全距限制係受試者保留比率的函數

註：取自圖 6-1，Card（2012）

圖 3-3 中，X 軸代表該研究中受試者所佔的比率，Y 軸係代表受限標準差與未受限標準差的比值。由該圖顯示出：一個研究的選擇性愈小（亦即保留的比率愈高），其全距受限程度愈小（u 值逼近於 1）；反之，一個研究的選擇性愈多，其全距受限程度愈大（u 值逼近於 0）。

(三) 間接資料全距減縮理論

當兩個變項的相關係數會受到與他們相關的第三個變項的影響時，就會出現間接全距減縮（indirect range restriction，又稱為 Thorndike Case III、Hunter & Schmidt Case IV）。此第三變項多少會降低待研究雙變項分數的全距（the range of scores）。例如：假如只有高 GRE 的受試者比較容易進入大學唸書，而致使 IQ & GPA 間的關係受到間接削弱現象，就可能會出現間接全距減縮現象，參見圖 3-4 實例。大部分的研究雖都會受到間接資料全距減縮的影響，但相關之校正資訊（如信度與標準差）卻常無法取得，這是整合分析者要校正全距減縮對於效果值影響的主要難題。間接全距減縮與直接全距減縮最大的不同是，選擇變項與預測變項並不相同。

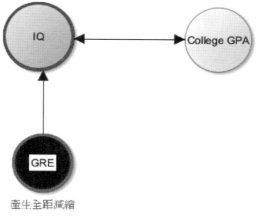

圖 3-4　間接全距減縮實例

　　研究生是透過 GRE 挑選出來，其 IQ 與大學 GPA 之關係當然會間接受到 GRE 之全距限制，選擇變項 GRE 與預測變項 IQ 並不相同。

　　同理，假如高收入或低收入的受試者比較不願意填答（父母收入選擇變項），就可能會出現間接全距減縮現象，參見圖 3-5 之另一實例。

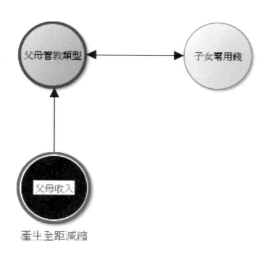

圖 3-5　間接全距減縮實例

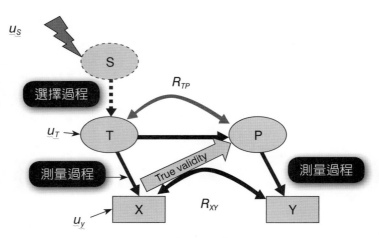

圖 3-6　間接全距減縮影響力之方向結構示意圖

修訂自 Le & Ho（2012）的 PPT

再由圖 3-6 知 T（預測變項 X 的眞分數）受到 S 直接全距減縮的影響最大，由 T 再影響 X 與 P，而使得 X 的標準差變小；假如 S 就是 X，此模式即爲直接全距減縮的模式。因爲選擇過程中與測量誤差無關，S 與 X 間並無直接效果存在。同樣地情形，S 與 P（效標 Y 的眞分數）間也無直接效果存在，因爲選擇過程通常不會干擾效標的任何特徵；而且此假設使得研究者不需有任何有關 S 的資訊，也可估計間接全距減縮對於 X 與 Y 間相關之影響效果（Le & Schmidt, 2006）。X 與 P 間的相關就是 True Validity（又稱爲 operational validity），代表除了 X 的測量誤差未作校正外，預測變項與效標間相關的平均值；R_{TP} 爲構念層次間之平均相關；R_{XY} 爲測量層次間之相關。此 Thorndike Case III 校正法的計算公式，如公式 3-27 所示。

$$R_{XY} = \frac{r_{XY} + r_{XZ}r_{YZ}(U_Z^2 - 1)}{\sqrt{1 + (U_Z^2 - 1)r_{XZ}^2}\sqrt{1 + (U_Z^2 - 1)r_{YZ}^2}}$$　　　公式 3-27

公式 3-27 中，$U_Z = 1/u_Z$；u_Z 係選擇變項的全距減縮比（標準差的比值）。

由於 Thorndike Case III 校正法，涉及許多研究者不易取得的資訊（如三個變項的標準差與兩兩變項間的相關係數），通常研究者無法加以運用。不同於 Thorndike Case III 的做法，Hunter, Schmidt, & Le（2006）間接資料全距減縮的校正，主張須先排除測量誤差，再校正全距減縮，其 Case IV 步驟簡述如下。

1. 從 u_x 計算 u_T，參見公式 3-28：

$$u_T = \left[\frac{u_X^2 - (1 - r_{xxa})}{1 - (1 - r_{xxa})} \right]^{1/2} = \left[\frac{u_X^2 - (1 - r_{xxa})}{r_{xxa}} \right]^{1/2} \qquad \text{公式 3-28}$$

公式 3-28 中，r_{xxa} 可由 r_{xxi} 計算出來：u_T 係眞分數受限標準差與未受限標準差的比值（$\frac{SD_i}{SD_a}$），類似於 u_X（係觀察分數受限標準差與未受限標準差的比值）。r_{xxi} 係受限樣本（如現職工作者）之信度，r_{xxa} 係未受限樣本（如工作申請者）之信度，如公式 3-29-1 所示。

$$r_{xxa} = 1 - u_X^2(1 - r_{xxi}) \qquad \text{公式 3-29-1}$$

r_{xxa} 與 r_{xxi} 可以互換，參見公式 3-29-2。

$$r_{xxi} = 1 - U_X^2(1 - r_{xxa}) \qquad \text{公式 3-29-2}$$

式中 U_X^2 爲 $1 / \mu_X^2$，有時會因過度校正而產生不合理值。

2. 利用公式 3-30 校正雙變項測量誤差：

$$r_{TPi} = \frac{r}{\sqrt{r_{xxi} r_{yyi}}} \qquad \text{公式 3-30}$$

3. 使用 Thorndike Case II 校正全距減縮，參見公式 3-31：

$$r_{TPa} = \frac{U_T r_{TPi}}{\sqrt{(U_T^2 - 1) r_{TPi}^2 + 1}} \qquad \text{公式 3-31}$$

公式 3-31 中，$U_T = 1 / u_T$。

但是進行間接全距減縮校正時，研究者就需要使用到 u_T & r_{xxi}。值得注意的是：有時 U_T 並無法求得，例如當 $U_X = .5$，$R_{xxa} = .6$ 時，U_T 值爲負！

假如研究者又想估計圖 3-6 中 X & P 間沒有偏差的母群相關（True validity，X 不作削弱校正），此效度可利用公式 3-32 求得：

$$r_{XPa} = r_{TPa} \sqrt{r_{xxa}} \qquad \text{公式 3-32}$$

此指標可作為 X 量表的應用性效度（operational validity），事實上公式 3-32 旨在重新引進測量誤差，應用性效度常用於人事甄選時；視研究問題而定，此測量誤差的再引入有時可能並不需要。

當每一研究的相關係數均加以校正之後，就可以開始進行整合分析了，其步驟與相關公式說明如下：

4. 登錄資料（如 N, r, 人為偏差數據 r_{xx}, etc.），並計算每一研究的相關係數校正值。

假如僅含一種人為偏差，未削弱的公式甚為簡單，參見公式 3-33：

$$r_C = \frac{r_o}{a} \qquad \text{公式 3-33}$$

式中 a 係未削弱因素，r_o 係實際觀察值，r_C 係校正觀察值。

假如存在著全距減縮，事情會變的較複雜。假如是直接全距減縮時，研究者須先調整 r_{yy}，接著調整全距減縮，然後調整 r_{xx}，但需使用未受限群體的 r_{xxa} 進行調整。

在間接全距減縮時，研究者在全距減縮校正前，須先運用 U_t（而非 U_x）進行信度弱化的調整，但需使用受限群體的 r_{xxi} 與 r_{yyi} 進行調整。

5. 針對每一研究，利用公式 3-34 計算複合削弱因子（compound attenuation factor），為觀察效果值與校正效果值的比值：

$$A = \frac{r_o}{r_C} \qquad \text{公式 3-34}$$

6. 接著，利用公式 3-35，計算各研究之未經校正 r 的抽樣變異量：

$$V1 = Var(e_{oi}) = [1 - \bar{r}_o^2]^2 / (N_i - 1) \qquad \text{公式 3-35}$$

注意這是各研究的抽樣誤差變異數，並以平均效果值之離差估計之。

7. 其次，利用公式 3-36，計算各研究之未削弱 r（disattenuated r）的抽樣變異量：

$$V2 = ve' = Var(e_o) / A^2 \qquad \text{公式 3-36}$$

假如具有全距減縮的現象，請繼續進行以下兩個步驟：

(1) 利用公式 3-37，計算全距減縮的校正因子：

$$a_{rr} = 1 / [(U_X^2 - 1)r_o^2 + 1]$$ 公式 3-37

(2) 利用公式 3-38，再度調整未削弱 r 的抽樣變異量：

$$V3 = ve = a_{rr}^2 ve'$$ 公式 3-38

公式 3-38 所計算出來的各研究之抽樣變異量，比公式 3-36 所計算出來的各研究之抽樣變異量更精確（P.127, Hunter & Schmidt, 2004）。各研究之未削弱 r 抽樣變異量的計算，亦可採用 Raju & Brand（2003）的計算方法，該公式在各種校正情境下均一體適用，請參見公式 3-44。

8. 接著，利用公式 3-39 計算各研究之加權量：

$$w_i = N_i A_i^2$$ 公式 3-39

注意 A 係計算複合削弱因子。

9. 利用公式 3-40，計算加權平均數：

$$\bar{r}_C = \frac{\sum w_i r_{C_i}}{\sum w_i} = \hat{\rho}$$ 公式 3-40

10. 利用公式 3-41，計算加權變異數：

$$Var(r_C) = \frac{\sum w_i [r_{C_i} - \bar{r}_C]^2}{\sum w_i}$$ 公式 3-41

11. 利用公式 3-42，計算平均校正 r 之抽樣誤差：

$$Ave(V3) = \frac{\sum w_i V3_i}{\sum w_i}$$ 公式 3-42

12. 利用公式 3-43，計算研究間 ρ 變異量（人為偏差效果值排除之後）：

$$Var(\rho) = \hat{\sigma}_\rho^2 = Var(r_C) - Ave(V3)$$ 公式 3-43

(四) 實例解說

在前節中，我們已經進行了 Bare-bones 整合分析（只校正抽樣誤差）。表 3-4 中額外提供 X & Y 的信度資訊，以下將以這些相關資訊，分別針對效標信度校正、直接全距減縮與間接全距減縮之校正，逐一進行實例示範說明。

表 3-4　心理計量整合分析虛擬實例

研究	N_i	r	r_{xxi}	r_{yyi}
1	200	0.2	0.9	0.8
2	100	0.2	0.8	0.82
3	150	0.4	0.85	0.88
4	80	0.4	0.85	0.9
Mean	132.5	0.3	0.85	0.85

1. 僅校正效標信度 r_{yy}

利用信度效正的基本運算公式步驟與細節，請回顧公式 3-9 ～公式 3-11；如欲知更詳細內容，請參閱 Hunter & Schmidt（2004）專書的第三章。以校正效標信度為例，其計算步驟，逐一說明如下：

步驟 1：計算複合削弱因子

複合削弱因子為觀察效果值與校正效果值的比值（利用公式 3-17）：$A = \dfrac{r_o}{r_c}$，其複合削弱因子 $A = \dfrac{.2}{.223607} = .894$。

以研究 1 為例：$r = .20, r_{xx} = .90, r_{yy} = .80, U_x = 1.5$，其未削弱 r_{yy} 等於 $r_c = \dfrac{.2}{\sqrt{.8}} = .223607$（利用公式 3-11）。

步驟 2：計算各研究 r 之未校正抽樣變異量

表 3-5　心理計量整合分析虛擬實例：加權平均效果值

研究	r	A	r_C	N	V1	V2
1	0.2	0.894	0.224	200	0.0042	0.0053
2	0.2	0.906	0.221	100	0.0095	0.0104
3	0.4	0.938	0.426	150	0.0057	0.0064
4	0.4	0.949	0.422	80	0.0107	0.0118

以表 3-5 之資料為例，利用公式 3-1 可以算出四個研究的加權平均效果值：

$$\bar{r}_o = .2868$$

各研究 r 之未校正抽樣變異量（V1），以研究 1 為例，請利用公式 3-18 計算之：

$$V_1 = Var(e_o) = [1 - .2868^2]^2 / (N_i - 1) = \frac{.842257}{199} = .0042$$

各研究 r 之校正後抽樣變異量（V2），以研究 1 為例，請利用公式 3-19 計算之：

$$V_2 = Var(e_o) / A^2 = \frac{.00423}{.894^2} = .0053$$

步驟 3：計算各研究的未削弱加權平均效果值

表 3-6　心理計量整合分析虛擬實例：校正後加權平均效果值

研究	r_C	A	Ni	w_i	$w_i r_C$
1	.224	.894	200	160	35.78
2	.221	.906	100	82	18.11
3	.426	.938	150	132	56.28
4	.422	.949	80	72	30.36
Sum				446	140.53

以表 3-6 之資料為例，利用公式 3-22 可以算出四個研究的加權量：

$$w_i = N_i A_i^2$$

以研究 1 為例：$160 \times .8942 = 159.847 \cong 160$

其次，利用公式 3-23 可以算出四個研究的未削弱加權平均效果值：

$$\bar{r}_C = \frac{\sum w_i r_{C_i}}{\sum w_i} = \hat{\bar{\rho}} = 140.53 / 446 = .315$$

步驟 4：計算校正 r 之加權變異數 & 抽樣誤差

表 3-7　心理計量整合分析虛擬實例：校正 r 之加權變異數

研究	r_C	wi	$w_i[r_{C_i} - \bar{r}_C]^2$	V2	W_iV_2
1	.224	160	1.339	.0053	.8465
2	.221	82	.728	.0104	.8508
3	.426	132	1.635	.0064	.8479
4	.422	72	.817	.0118	.8529
Sum		446	4.52		3.3981

利用公式 3-2，計算 r 之加權變異數：

$$Var(r_o) = \frac{\sum N_i [r_i - \bar{r}]^2}{\sum N_i} = 5.208 / 530 = .009826$$

接著，利用公式 3-24，計算校正 r 之加權變異數：

$$Var(r_c) = \frac{\sum N_i [r_{c_i} - \bar{r}_c]^2}{\sum N_{c_i}} = 3.3981 / 446 = .01013$$

其次，利用公式 3-25，計算校正 r 之抽樣誤差（不進行全距減縮校正）：

$$Ave(V2) = \frac{\sum w_i V_{2i}}{\sum w_i} = 3.3981 / 446 = .00762$$

步驟 5：計算研究間效果值殘留的變異量 & 信賴區間

最後，利用公式 3-26，計算研究間效果值殘留的變異量（人為偏差效果值排除之後），即反應異質性的嚴重程度。

$$Var(\rho) = Var(r_c) - Ave(V2) = .01013 - .00762 = .0025$$
$$SD_\rho = \sqrt{Var(\rho)} = .05$$

因此其 .95 的信賴區間為：.315 ± 1.96(.05)：.217 ～ .413（效標信度校正後）。

將上述之研究分析結果摘要於表 3-8，由表可推知：通常，信度校正後的信賴區間會比較寬，而相關之平均效果值也會變大。另外，$Var(\rho)$ 的變異量（= .0025）並不大，顯示不需進行調節變項分析。

研究者如欲計算人為偏差所佔 %（I^2），可利用公式 3-46，計算 I^2：

$$I^2 \times 100\% = \frac{Var(r) - Var(\rho)}{Var(r)} \times 100\% = \frac{.009826 - .0025}{.009826} \times 100\% = 1 - \frac{.0025}{.009826} = 74.399\%$$

上式中 .009826 係研究間之未校正 r 的變異量；因人為偏差所佔 % 未大於 75%（根據 Hunter & Schmidt（1999 & 2004）解釋異質性時所建議的「75% 法則」），顯示殘留的變異量（> 25%），可能尚有未知或無法校正的人為偏差所致，再度顯示出異質性的程度尚嚴重，或需進行次群體分析或整合迴歸分析加以處理。

表 3-8　心理計量整合分析摘要表：校正效標信度

	Bare-Bones	r_{yy} corrected
Mean	.2868	.315
Var（r_c）	.0098	.0101
Var（ρ）	.00342	.0025
SD_ρ	.0585	.05
.95CR 下限	.17	.217
.95CR 上限	.40	.413

以上的手算統計分析結果，可經由筆者所研發的 ESS 軟體輕易獲得。ESS 的詳細建檔格式與操作步驟，請參見本書第八章，在此僅作重點提示。

首先，依 ESS 的建檔格式備齊圖 3-7 之原始資料檔案。

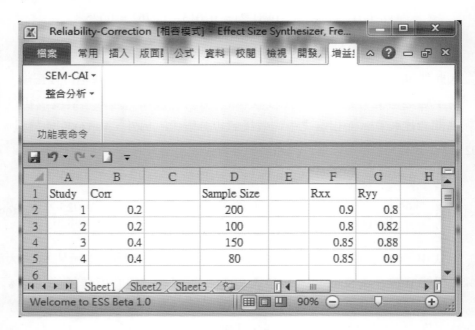

圖 3-7　測量誤差校正的原始資料

接著，研究者要從圖 3-8 心理計量整合分析選單中，點選「Reliability Correction」選目，即可開始進行信度校正之心理計量整合分析。

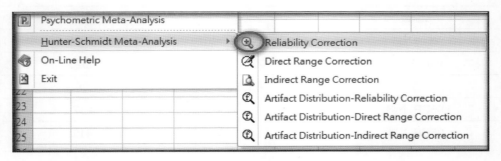

圖 3-8　心理計量整合分析的 ESS 表單：信度校正

接著，輸入研究篇數，如圖 3-9 所示。

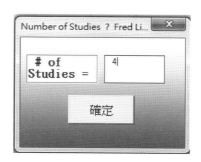

圖 3-9　研究篇數的輸入視窗

其次，研究者如需針對預測變項與效標之信度均加以校正，請在圖 3-10 視窗底部，填入代號 3；如果只需校正效標變項的測量誤差，請填入代號 1；如果只需校正預測變項的測量誤差，請填入代號 2。

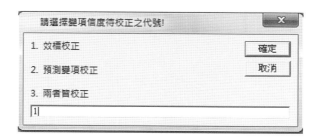

圖 3-10　待校正變項的選擇視窗

本例將針對效標變項之信度均加以校正，需在圖 3-10 的視窗空白處，填入代號 1。按下圖 3-10 中的確定紐之後，就會出現進行後續 Trim & Fill 分析的設定視窗，參見圖 3-11。

圖 3-11 進行後續的 Trim & Fill 分析的設定視窗

在圖 3-11 中，如果按下是（Y），研究者即可在統計分析之後，繼續利用 EXCEL 表單的數據欄位資料，繼續進行後續的 Trim & Fill 分析（出版偏差分析）；如果按下否（N），研究者即可在統計分析之後，繼續利用 EXCEL 表單的數據欄位資料（2 & 3 欄位數據不會更動），重複進行剛才的整合分析。之後，就會出現圖 3-12 的心理計量整合分析的 ESS 摘要表，本表單內的內容亦會呈現在圖 3-13 的 EXCEL 報表中。

Psychometric-Meta Analysis Summary, Fred Li, 2014

	Observed r		Bare-Bone Estimate		Corrected r*
Mean r	.28679		.28679		.31509
SD(Mean)	.04956		.05849		.05015
Var(r)	.00983	Var Explained by Sampling Error	.00641	Var Explained by Artifacts	.00731
.95CI/CV	.18965~.38393		.17216~.40142		.21679~.41339
K=	4			I^2=	74.39912%
Note	***Corrected Only for the unreliable dependent variable!				Print-Me

圖 3-12 心理計量整合分析結果的 ESS 摘要表單

本 ESS 摘要表單的設計，旨在便利使用者的列印輸出；欲列印表單內容時，請按下「Print-Me」。其次，點擊圖 3-12 的右上角 ❎ ，就會出現圖 3-13 心理計量整合分析的 EXCEL 報表（EXCEL 2010 的介面）。

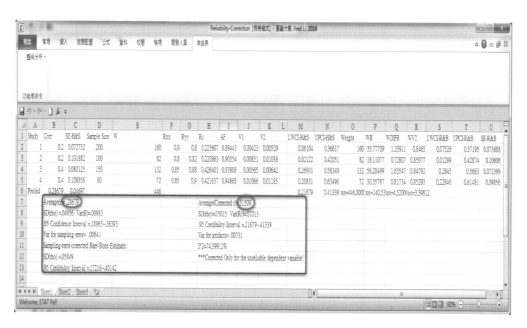

圖 3-13　心理計量整合分析 EXCEL 報表：校正效標信度

圖 3-13 係筆者所設計的整合分析軟體 EXCEL 的報表，由其內容可知：傳統的相關係數加權平均效果值為 0.2868，其標準差（俗稱標準誤），SD（rho），為 0.0496（$= \sqrt{\frac{.0098}{4}}$），而其 .95 的 CI 約為：0.1897 ～ 0.3839。至於基本校正整合分析（只排除抽樣誤差）的標準差為 0.05849，其可信區間（credibility interval）為：0.1722 ～ 0.4014；如果進一步排除依變項的信度削弱現象，心理計量的整合分析結果為 0.3151，其排除人為偏差後之標準差（俗稱標準誤）為 0.0502（此值亦反應研究間異質性的嚴重程度），而其 .95 的可信區間約為：0.2168 ～ 0.4134。圖 3-13 中除了供 Hinter & Schmidt（2004）的信賴區間之外，也提供 Raju & Brand（2003）的信賴區間（SE 計算公式，參見公式 3-44），參見 S & T 欄位。因人為偏差所佔 %（74.3991%）未大於 75%（根據 Hunter & Schmidt（1990 & 2004）解釋異質性時所建議的「75% rule」），顯示除了抽樣誤差、測量誤差之外，尚有殘餘變異量須處理，因而需進行調節變項分析以追查未考慮到的變異源。換言之，此平均效果值無法推論到不同情境與受試者。

2. 直接全距減縮之校正

依照 Hunter, Schmidt, & Le（2006）所建議：直接全距減縮之校正順序，先作效標效度之校正；接著，進行全距減縮之校正，最後再進行預測效度之校正。茲將具體的操作步驟（參見公式 3-14～公式 3-16）說明如下：

步驟 1：校正效標 Y 之測量誤差、校正全距減縮之效果值、校正 X 之測量誤差

以下直接全距減縮的實例示範，將以表 3-9 之虛擬資料為例：

表 3-9　心理計量整合分析虛擬實例：直接全距減縮

研究	r_o	r_{xxi}	r_{yyi}	Ux（= $1/u_x$）	r_{xxa}	rc_1	rc_2	r_c
1	.20	.90	.80	1.5	.96	.22	.33	.34
2	.20	.80	.82	1.5	.91	.22	.32	.34
3	.40	.85	.88	1.0	.85	.43	.43	.47
4	.40	.85	.90	1.2	.90	.42	.49	.52

表 3-9 中，特別提供了全距減縮程度的指標 U_x。依照 Hunter, Schmidt, & Le（2006）之建議，研究者首先需利用公式 3-14 計算 r_{xpi}，校正效標之測量誤差（$r_{c1} = r_{xpi}$）：

$$r_{C1} = \frac{r_o}{\sqrt{r_{yyi}}}$$

以研究 1 為例：

$$r_{C1} = \frac{.2}{\sqrt{.8}} = .223$$

接著，利用公式 3-15 計算 r_{xpa}，校正全距減縮之效果值（$r_{c2} = r_{xpa}$）：

$$r_{C2} = \frac{U_X r_{C1}}{\sqrt{(U_X^2 - 1)r_{C1}^2 + 1}}$$

以研究 1 為例：

$$r_{C2} = \frac{1.5 \times .223}{\sqrt{(1.5^2 - 1).223^2 + 1}} = .332$$

其次，利用公式 3-16，再校正 X 之測量誤差：

$$r_C = \frac{r_{C2}}{\sqrt{r_{xxa}}}$$

式中 r_{xxa}，係根據公式 3-29-1 計算而得：$r_{xxa} = 1 - u_X^2(1 - r_{xxi})$
以研究 1 為例：

$$r_C = \frac{.332}{\sqrt{.96}} = .339 \cong .34$$

步驟 2：計算複合削弱因子、各研究之加權量 & 平均效果值

表 3-10　心理計量整合分析虛擬實例：加權量計算

研究	r_o	r_c	A_i	N_i	W_i	$w_i r_c$
1	0.200	0.340	0.588	200.000	69.204	23.529
2	0.200	0.340	0.588	100.000	34.602	11.765
3	0.400	0.470	0.851	150.000	108.646	51.064
4	0.400	0.520	0.769	80.000	47.337	24.615
Sum					259.790	110.973

利用公式 3-17，計算各研究之削弱因子 A 係數：以研究 1 為例

$$A = \frac{r_0}{r_c} = \frac{.2}{.34} = .588$$

利用公式 3-22，計算各研究之加權量：

$$w_i = N_i A_i^2$$

其次，利用公式 3-23，計算平均效果值：

$$\bar{r}_C = \frac{\sum w_i r_{C_i}}{\sum w_i} = \hat{\bar{\rho}} = \frac{110.973}{259.79} = .424$$

步驟 3：計算研究間變異量

表 3-11　心理計量整合分析虛擬實例：計算研究間變異量

研究	r_c	w_i	$w_i(r_c - \bar{r}_c)^2$
1	.33	69.20	0.524
2	.34	34.602	0.262
3	.46	108.646	0.201
4	.51	47.337	0.409
Sum		259.790	1.396

接著，利用公式 3-24，計算研究間之校正 r 效果值的加權變異量：

$$Var(r_C) = \frac{1.396}{259.79} = .0054$$

步驟 4：計算校正後之抽樣變異量

表 3-12　心理計量整合分析虛擬實例：計算校正後之抽樣變異量

研究	Ni	r_c	A	w_i	V_1	V_2	a_{rr}	V_3	W_iV_3
1	200	.33	0.588	69.204	.0042	.012	.95	.011	.77
2	100	.34	0.588	34.602	.0085	.025	.95	.023	.80
3	150	.46	0.851	108.646	.0057	.008	1	.008	.85
4	80	.51	0.769	47.337	.0107	.018	.93	.015	.74
Sum				259.790					3.16

利用公式 3-18，計算未校正 r 之抽樣變異量：

$$V_1 = Var(e_o) = [1 - .2868^2]^2 / (N_i - 1) = .0042$$

利用公式 3-19，計算校正 r 之抽樣變異量：

$$V_2 = Var(e_o) / A^2 = .012$$

利用公式 3-20，計算全距減縮的校正因子：以研究 1 為例

$$a_{rr} = \frac{1}{(U_X^2 - 1)r_o^2 + 1} = \frac{1}{(1.5^2 - 1) \times .2^2 + 1} = .95$$

利用公式 3-21，校正各研究之反削弱 r 的抽樣變異量（排除全距減縮）：以研究 1 為例

$$V_3 = a_{rr}^2 V_2 = .95^2 \times .012 \cong .011$$

利用公式 3-25，計算平均校正 r 之抽樣誤差：以表 3-12 為例

$$Ave(V3) = \frac{\sum w_i V3_i}{\sum w_i} = \frac{3.16}{259.79} = .0122$$

步驟 5：計算排除抽樣誤差變異量之後研究間 ρ 變異量

表 3-13　心理計量整合分析虛擬實例整合分析摘要表

	Bare-Bones	r_{yy} corrected	Full direct correction
Mean	.2868	.315	.42
Var(r_c)	.0098	.0101	.0054
Var(ρ)	.00342	.025	-.007
SD$_\rho$	.0585	.05	0
.95CR 下限	.17	.21	.42
.95CR 上限	.40	.41	.42

利用公式 3-26，計算排除人為偏差之後研究間 ρ 變異量：

$$Var(\rho) = Var(r_C) - Ave(V3) = .0054 - .0122 = -.007$$
$$SD_\rho = \sqrt{Var(\rho)} = 0$$

變異量為負值（-.007），可能係因過度校正之結果，因係不合理之負值需設定為 0（理由參見 p.89，Hunter & Schmidt，2004），意謂著研究結果間無變異量（每一研究之母群效果值均為 .42，導致 CR 的上下限值相同），意即這四個研

究結果具同質性，研究者不需進行調節變項分析。因此，本研究的異質性指標 I^2
（人為偏差所佔 %，參見公式 3-46），其估計結果為：

$$I^2 \times 100\% = \frac{Var(r) - Var(\rho)}{Var(r)} \times 100\% = \frac{.009826 - 0}{.009826} \times 100\% = 100\%$$

上式中，.009826 係研究間之未校正 r 的變異量；而人為偏差的 % 為 100%，
顯示無殘留的變異量，印証了經過所有可能的人為偏差校正之後，研究間沒有異
質性的結論。

以上的手算統計分析結果，可經由筆者所研發的 ESS 軟體輕易獲得。首先，
依 ESS 的建檔格式備齊圖 3-14 之原始資料檔案；注意 $U_X = \frac{1}{u_X}$ 之格式設定。

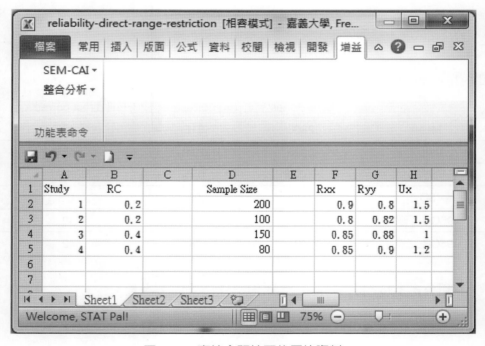

圖 3-14　直接全距校正的原始資料

接著，研究者要從圖 3-15 心理計量整合分析選單中，點選「Direct Range
Correction」選目，即可開始進行直接全距校正之心理計量整合分析。

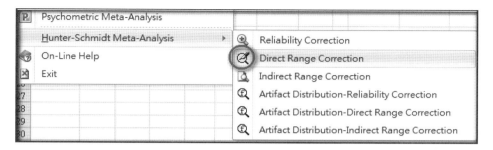

圖 3-15　心理計量整合分析的 ESS 表單：直接全距校正

接著，輸入研究篇數，如圖 3-16 所示。

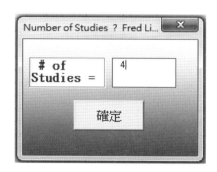

圖 3-16　研究篇數的輸入視窗

圖 3-17　預測變項是否需要校正的選擇視窗

　　接著，如果選擇預測變項要校正，即表示預測變項的信度、效標的信度與全距皆要校正；如果選擇預測變項不要校正，即表示研究者想要計算真實效度（True Valildity，參見公式 3-16）。本例希望全部要校正，因此需在圖 3-17 的視窗中選擇「是（Y）」。

圖 3-18　不合理估計值的警訊

圖 3-18 係統計分析過程中，出現不合理估計值的警訊視窗。

圖 3-19　進行後續的 Trim & Fill 分析的設定視窗

　　在圖 3-19 中，如果按下是（Y），研究者即可在統計分析之後，繼續利用 EXCEL 表單的數據欄位資料，繼續進行後續的 Trim & Fill 分析（出版偏差分析）；如果按下否（N），研究者即可在統計分析之後，繼續利用 EXCEL 表單的數據欄位資料（2 & 3 欄位數據不會更動），重複進行剛才的整合分析。之後，就會出現圖 3-20 的心理計量整合分析結果的 ESS 摘要表，本表單內的內容亦會呈現在圖 3-21 的 EXCEL 報表中。

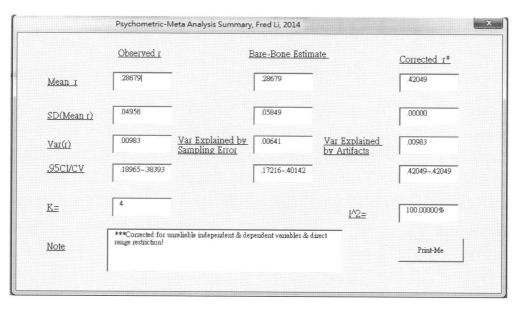

圖 3-20　心理計量整合分析結果的 ESS 摘要表單

　　本 ESS 摘要表單的設計，旨在便利使用者的列印輸出；欲列印表單內容時，請按下「Print-Me」。其次，點擊圖 3-20 的右上角 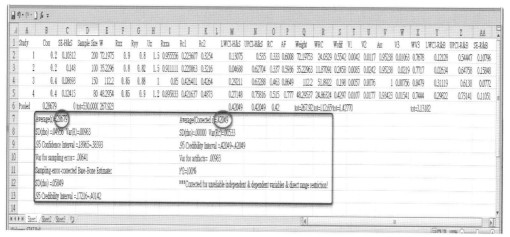，就會出現圖 3-21 心理計量整合分析的 EXCEL 報表。

圖 3-21　心理計量整合分析 ESS 報表：校正預測變項信度、效標信度與直接全距減縮

　　圖 3-21 係筆者所設計的整合分析軟體 EXCEL 的報表，由其內容可知：傳統的相關係數加權平均效果值為 .28679，其標準差（俗稱標準誤），SD（rho），為 0.04956（ $= \sqrt{\frac{.00983}{4}}$ ），而其 .95 的 CI 約為：0.18965 ～ 0.38393。至於基本校正整合分析（只排除抽樣誤差）的標準差為 0.05849，其可信區間（Credibility interval）為：0.17216 ～ 0.40142。至於校正預測變項信度、效標信度、與直接全距減縮之後的相關係數平均效果值為 .42049，其排除人為偏差後之標準差為 0.00533（此值可反應研究間異質性的嚴重程度），而其 .95 的可信區間約為：.42049 ～ .42049（誤差為 0 所致）。圖 3-21 中 M & N 欄位的 .95 CI，係根據公式 3-21 的標準誤（ $\sqrt{\sigma_{ei}^2}$ ）計算而來。圖 3-21 中除了供 Hinter & Schmidt（2004）的信賴區間之外，也提供 Raju & Brand（2003）的信賴區間，參見 Y & Z 欄位。因人為偏差占了 100%（可能係校正過度所致）大於 75%（根據 Hunter & Schmidt（2004）解釋異質性時所建議的「75% 法則」），顯示除了抽樣誤差、測量誤差、直接全距限制之外，並無存在其他的異質性。換言之，此平均效果值似乎可以推論到不同情境與受試者。

3. 間接全距減縮之校正

　　依照 Hunter, Schmidt, & Le（2006）所建議之間接全距減縮校正順序，先作預測效度與效標效度之校正、接著再進行間接全距減縮之校正（參見公式 3-28 ～ 公式 3-31）。茲將具體的操作步驟，依序說明如下：

　　步驟 1：計算加權平均數

　　以表 3-14 的四個研究資料為例：

表 3-14　心理計量整合分析虛擬實例

研究	N_i	r	r_{xxi}	r_{yyi}	Ux
1	200	.20	.90	.80	1.5
2	100	.20	.80	.82	1.5
3	150	.40	.85	.88	1.0
4	80	.40	.85	.90	1.2
Mean	132.5	.30	.85	.85	1.3

首先，利用公式 3-1，計算加權平均數為：

$$\bar{r}_o = .2868$$

步驟 2：計算受限標準差與未受限標準差的比值

表 3-15　心理計量整合分析虛擬實例：UT 的計算

研究	ro	r_{xxi}	r_{yyi}	Ux	u_x	r_{xxa}	UT = 1/u_t
1	.20	.90	.80	1.5	.67	.96	1.53
2	.20	.80	.82	1.5	.67	.91	1.59
3	.40	.85	.88	1.0	1	.85	1.00
4	.40	.85	.90	1.2	.83	.90	1.24

利用公式 3-27，計算受限標準差與未受限標準差的比值：以研究 1 為例

$$u_t = \left[\frac{u_X^2 - (1 - r_{xxa})}{r_{xxa}}\right]^{1/2} = \sqrt{\frac{.67^2 - (1 - .96)}{.96}} = .6526$$

上式中，$r_{xxa} = 1 - u_X^2(1 - r_{xxi}) = 1 - .67^2(1 - \rho_o) = .96$，參見公式 3-29-1，

$$U_T = 1 / u_t = 1 / .6526 = 1.53$$

步驟 3：校正間接全距減縮 & 計算複合削弱因子

表 3-16　心理計量整合分析虛擬實例：間接全距減縮之校正

研究	r_o	r_{xxi}	r_{yyi}	U_T	r_{c1}	r_c	A_i
1	.20	.90	.80	1.53	0.236	0.348	0.575
2	.20	.80	.82	1.59	0.247	0.376	0.533
3	.40	.85	.88	1	0.462	0.462	0.865
4	.40	.85	.90	1.24	0.457	0.538	0.744

表 3-16 中的 r_{c1} 代表圖 3-6 中的 r_{TPi}，r_c 代表圖 3-6 中的 r_{TPa}。首先利用公式 3-30，校正雙變項之測量誤差：以研究 1 為例

$$r_{c1} = r_o / \sqrt{r_{xxi} r_{yyi}} = \frac{.2}{\sqrt{.9 \times .8}} = .236$$

其次，利用公式 3-31，進行全距減縮之校正：以研究 1 為例

$$r_c = \frac{U_T r_{c1}}{\sqrt{(U_T^2 - 1) r_{c1}^2 + 1}} = \frac{1.53 \times .236}{\sqrt{(1.53^2 - 1) \times .236^2 + 1}} = \frac{.3606}{1.0367} = .3478$$

利用公式 3-34，計算複合削弱因子：以研究 1 為例

$$A = r_o / r_c = .2 / .348 = .5747$$

步驟 4：計算效果值的加權平均數 & 計算研究間變異數

表 3-17　心理計量整合分析虛擬實例：加權量計算

研究	N_i	r_c	A_i	w_i	$w_i r_c$	$w_i(r_c - \bar{r}_c)^2$
1	200	0.348	0.575	66.097	23.002	0.512
2	100	0.376	0.533	28.366	10.666	0.102
3	150	0.462	0.865	112.200	51.836	0.076
4	80	0.538	0.744	44.278	23.821	0.461
Sum				250.941	109.325	1.150

利用公式 3-39，計算各研究之加權量：

$$w_i = N_i A_i^2$$

以研究 1 為例，$w_1 = 200 \times .575^2 = 66.097$

利用公式 3-40，計算效果值的加權平均數：

$$\bar{r}_C = \frac{109.325}{250.941} = .436$$

利用公式 3-41，計算研究間變異數：

$$Var(r_C) = \frac{1.150}{250.941} = .0046$$

步驟 5：計算未削弱的 r 抽樣變異量、校正 r 的平均抽樣變異量、計算全距減
縮校正因子、調整未削弱的 r 抽樣變異量

表 3-18　心理計量整合分析虛擬實例：間接全距減縮校正因子

研究	N_i	r_c	A_i	w_i	V_1	V_2	U_T	a_{rr}	V_3	W_iV_3
1	200	0.348	0.5749	66.0970	0.0042	0.0128	1.5300	0.950	0.0116	0.7640
2	100	0.376	0.5326	28.3660	0.0085	0.0300	0.2357	0.940	0.0265	0.7517
3	150	0.462	0.8649	112.200	0.0057	0.0076	0.2469	1.000	0.0076	0.8479
4	80	0.538	0.7440	44.2780	0.0107	0.0193	0.4625	0.920	0.0163	0.7219
Sum				250.941						3.0855

利用公式 3-35，計算未校正的 r 抽樣變異量：以研究 1 為例

$$V_1 = Var(e_o) = [1-.2868^2]^2 / (N_i - 1) = \frac{(1-.2868^2)^2}{200-1} = .004$$

利用公式 3-36，計算未削弱的 r 抽樣變異量：以研究 1 為例

$$V_2 = \frac{V_1}{A^2} = \frac{.0042}{.5749^2} = .0128$$

利用公式 3-37，計算全距減縮校正因子：以研究 1 為例

$$a_{rr} = 1/[(U_T^2 - 1)r_o^2 + 1] = \frac{1}{(1.53^2 - 1) \times .2^2 + 1} = \frac{1}{1.0536} = .949$$

利用公式 3-38，調整未削弱的 r 抽樣變異量（排除全距減縮）：以研究 1 為例

$$V_3 = a_{rr}^2 V_2 = .95^2 \times .0128 = .0116$$

利用公式 3-42，校正 r 的平均抽樣變異量：

$$Ave(V3) = \frac{3.0855}{250.941} = .0123$$

步驟 6：計算各研究間殘留的變異量

表 3-19　心理計量整合分析虛擬實例分析摘要表

	Bare-Bones	r_{yy} corrected	Full indirect correction
Mean	.2868	.315	.437
Var(r_c)	.0098	.0101	.0046
Var(ρ)	.00342	.025	-.008
SD$_\rho$	.0585	.05	0
.95CR 下限	.17	.21	.44
.95CR 上限	.40	.41	.44

利用公式 3-43，計算各研究間殘留的變異量（人為偏差效果值排除之後）：

$$Var(\rho) = Var(r_c) - Ave(V3) = .0046 - .0123 = -.008$$
$$SD_\rho = \sqrt{Var(\rho)} = 0$$

變異量為負值（-.008），可能係因過度校正之結果（這是心理計量整合分析的缺點），因係不合理之負值需設定為 0（採取固定效果模式），意謂著研究結果間無變異量，意即這四個研究結果具同質性，不需進行調節變項（或稱次群體）之分析。因此，本研究的異質性指標 I^2（人為偏差所佔%），利用公式 3-46，其估計結果為：

$$I^2 \times 100\% = \frac{Var(r) - Var(\rho)}{Var(r)} \times 100\% = \frac{.009826 - 0}{.009826} \times 100\% = 100\%$$

以上的手算統計分析結果，可經由筆者所研發的 ESS 軟體輕易獲得。首先，依 ESS 的建檔格式備齊圖 3-22 之原始資料檔案。

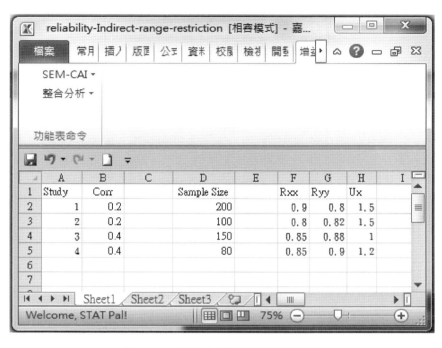

圖 3-22　間接全距校正的原始資料

接著，研究者要從圖 3-23 心理計量整合分析選單中，點選「Indirect Range Correction」選目，即可開始進行間接全距校正之心理計量整合分析。

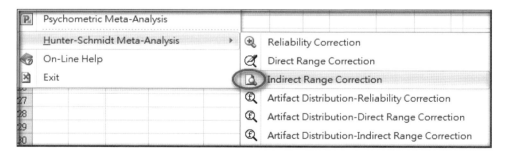

圖 3-23　心理計量整合分析的 ESS 表單：間接全距校正

接著，輸入研究篇數，如圖 3-24 所示。

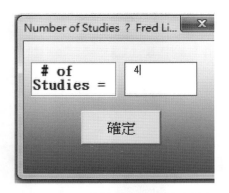

圖 3-24　研究篇數的輸入視窗

圖 3-25　預測變項是否需要校正的選擇視窗

　　其次，如果選擇預測變項要校正，即表示預測變項的信度、效標的信度與全距皆要校正；如果選擇預測變項不要校正，即表示研究者想要計算真實效度（True Valildity，參見公式 3-32）。本例希望全部要校正，因此需在圖 3-25 中選擇「是（Y）」。

圖 3-26　不合理估計值的警訊

圖 3-26 係統計分析過程中，出現不合理估計值的警訊視窗。

圖 3-27　進行後續的 Trim & Fill 分析的設定視窗

接著，在圖 3-27 中，如果按下是（Y），研究者即可在統計分析之後，繼續利用 EXCEL 表單的數據欄位資料，繼續進行後續的 Trim & Fill 分析（出版偏差分析）；如果按下否（N），研究者在統計分析之後，即可繼續利用 EXCEL 表單的數據欄位資料（2 & 3 欄位數據不會更動），重複進行剛才的整合分析。之後，就會出現圖 3-28 的心理計量整合分析結果的 ESS 摘要表，本表單內的內容亦會呈現在圖 3-29 的 EXCEL 報表中。

Psychometric-Meta Analysis Summary, Fred Li, 2014

	Observed r		Bare-Bone Estimate		Corrected r*
Mean r	.28679		.28679		.43701
SD(Mean r)	.04956		.05849		.00000
Var(r)	.00983	Var Explained by Sampling Error	.00641	Var Explained by Artifacts	.00983
.95CI/CV	.18965~.38393		.17216~.40142		.43701~.43701
K=	4			I^2=	100.00000%
Note	***Corrected for unreliable independent variables & dependent variables & direct range restriction!				Print-Me

圖 3-28　心理計量整合分析結果的 ESS 摘要表單

本 ESS 摘要表單的設計，旨在便利使用者的列印輸出；欲列印表單內容時，請按下「Print-Me」。其次，點擊圖 3-28 的右上角 ，就會出現圖 3-29 心理計量整合分析的 EXCEL 報表。

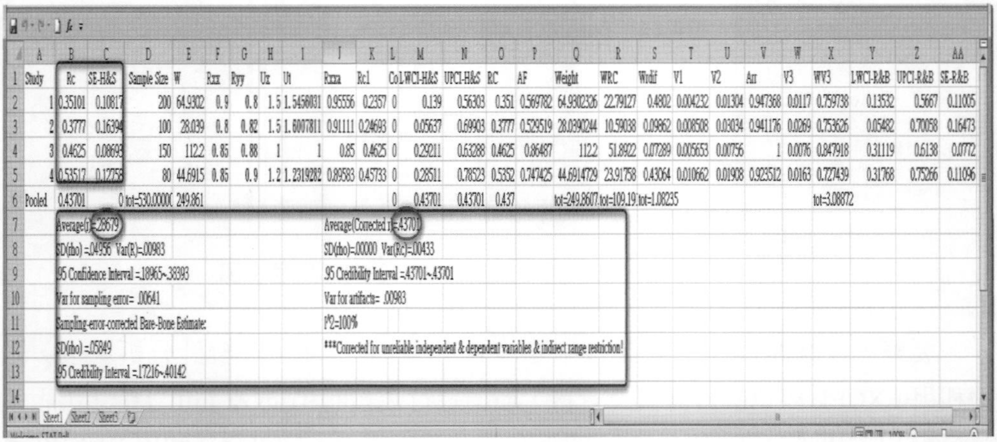

	Study	Rc	SE-H&S	Sample Size	W	Rxx	Ryy	Ux	Ut	Rxxa	Rc1	Co	LWCI-H&S	UPCI-H&S
2	1	0.35101	0.10817	200	64.9302	0.9	0.8	1.5	1.5456031	0.95556	0.2357	0	0.139	0.56303
3	2	0.3777	0.16394	100	28.039	0.8	0.82	1.5	1.6007811	0.91111	0.24693	0	0.05637	0.69903
4	3	0.4625	0.08693	150	112.2	0.85	0.88	1	1	0.85	0.4625	0	0.29211	0.63288
5	4	0.53517	0.12758	80	44.6915	0.85	0.9	1.2	1.2319282	0.89583	0.45733	0	0.28511	0.78523
6	Pooled	0.43701	0	tot=530.0000(	249.861							0	0.43701	0.43701
7		Average(r)=.28679								Average(Corrected r)=.43701				
8		SD(rho) =.04956 Var(R)=.00983								SD(rho)=.00000 Var(Rc)=.00433				
9		.95 Confidence Interval =.18965~.38393								.95 Credibility Interval =.43701~.43701				
10		Var for sampling error= .00641								Var for artifacts= .00983				
11		Sampling-error-corrected Bare-Bone Estimate:								ρ^2=100%				
12		SD(rho) =.05849								***Corrected for unreliable independent & dependent variables & indirect range restriction!				
13		.95 Credibility Interval =.17216~.40142												
14														

	RC	AF	Weight	WRC	Wrdif	V1	V2	Arr	V3	WV3	LWCI-R&B	UPCI-R&B	SE-R&B
2	0.351	0.569782	64.9302326	22.79127	0.4802	0.004232	0.01304	0.947368	0.0117	0.759738	0.13532	0.5667	0.11005
3	0.3777	0.529519	28.0390244	10.59038	0.09862	0.008508	0.03034	0.941176	0.0269	0.753626	0.05482	0.70058	0.16473
4	0.4625	0.86487	112.2	51.8922	0.07289	0.005653	0.00756	1	0.0076	0.847918	0.31119	0.6138	0.0772
5	0.5352	0.747425	44.6914729	23.91758	0.43064	0.010662	0.01908	0.923512	0.0163	0.727439	0.31768	0.75266	0.11096
6	0.437		tot=249.8607	tot=109.19	tot=1.08235					tot=3.08872			

圖 3-29　心理計量整合分析 ESS 報表：校正間接全距減縮

註：B & C 欄位數據，可供 Trim & Fill 分析。

圖 3-29 中 ESS 統計分析結果與前述筆算之結果（只取小數三位）如稍有差異（如效果值：.3480 vs .3510 for study 1），係因割捨誤差所致。圖 3-29 中分析結果係 ESS 的電腦統計分析結果，應比前述手算結果更精確。由 ESS 的報表內容知未校正的相關係數平均效果值爲 .28679；校正預測變項信度、效標信度、與間接全距減縮之後的相關係數平均效果值爲 .43701。

另外，在 ESS 的心理計量整合分析的報表裡，各研究之未削弱 r 抽樣變異量的計算，亦可採用 Raju Burke, Normand & Langlois（1991）、Raju & Brand（2003）的計算公式，該公式在各種校正情境下均一體適用，故 ESS 在報表中除了 Hunter & Schmidt（2004）的信賴區間之外（$RC \pm 1.96 \times \sqrt{V3}$，V3 參見公式 3-38），亦會提供 Raju & Brand（2003）二氏的信賴區間。前述公式 3-38 係公式 3-44 的特例（當 $k = 1$，而 $r_{xxi}, r_{yyi} = 1$ 時），當只進行信度校正時，k 設定爲 1 即可，當不需校正預測變項的信度時，r_{xxi} 設定爲 1 即可。茲將該公式之定義，說明如下：

$$\sigma_{ei}^2 = \frac{k_i^2 \times r_{xxi} \times r_{yy_i} \times (r_{yy_i} - r_i^2) \times (r_{xxi} - r_{xy_i}^2)}{(N-1) \times W_i^3}$$ 公式 3-44

$$W_i = r_{xxi} \times r_{yyi} - r_{xyi}^2 + k_i^2 \times r_{xyi}^2$$ 公式 3-45

式中 $k_i = 1 / u_{xi}$（直接全距減縮），$k_i = 1 / u_{Ti}$（間接全距減縮）。

圖 3-29 中 M & N 欄位的 .95 CI，係根據公式 3-44 的標準誤（$\sqrt{\sigma_{ei}^2}$）計算而來，有時由於抽樣誤差，導致過度校正而使得 CI 超過相關係數的極限值 ±1，ESS 會自動修正為 ±1，以符合理範圍之內。因人為偏差佔 100% 大於 75%（根據 Hunter & Schmidt（2004）解釋異質性時所建議的「75% rule」），顯示除了抽樣誤差、測量誤差、間接全距限制之外，並無存在其他的異質性。換言之，此平均效果值似乎可以推論到不同情境或受試者。

195

三、異質性的評估與調節變項的分析

異質性分析是心理計量整合分析的基本要求，常見的分析方法有兩種：I^2 法與 χ^2 法。當研究者發現研究間效果值具嚴重的異質性時，就須運用次群體分析法或整合迴歸分析法，進行調節變項的分析。

（一）I^2 法

心理計量整合分析中的 I^2（參見公式 3-46），強調的是人為偏差所佔的百分比，而傳統的整合分析中的 I^2，強調的是未解釋到的百分比。心理計量整合分析者（如 Schmidt & Hunter, 2015），通常並不利用卡方考驗進行同質性顯著性考驗；他們採用了經驗法則（the rule of thumb），認為假如百分比超過 75% 的觀察變異量係來自於人為偏差（包含抽樣誤差），研究者就可以合理推斷所有的變異量係來自於人為偏差，因為剩餘的一些人為偏差（如編碼錯誤）是無法加以校正的（Borenstein, Hedges, & Rothstein, 2009）；這些小於 25% 的變異量可以不理會，因而不需進行調節變項分析，以追查變異來源。

$$I^2 = \frac{Var(r) - Var(\rho)}{Var(r)} = \frac{人為偏差變異量}{觀察效果值總變異量} \times 100\% = \frac{抽樣誤差 + 測量誤差 + 全距減縮}{觀察效果值總變異量} \times 100\% = 1 - \frac{Var(\rho)}{Var(r)} \times 100\%$$

公式 3-46

　　由此觀之，心理計量整合分析中，I^2 爲同質性指標，其異質性指標應爲 $1-I^2$。當此殘留變異量百分比大於 25%，即顯示研究間的變異量具有顯著的異質性，值得繼續追查可能的調節變項。

　　綜上所述，心理計量整合分析最大的特色，在於利用心理計量學校正人爲偏差，而其研究報告通常需報告以下幾個統計量：(1) 母群平均效果值的估計值（校正 r 與未校正 r）、(2) 前述平均效果值之母群標準差的估計值（校正 SDr 與未校正 SDr）、(3) 可信區間（credibility interval）與 (4) 人爲偏差所佔百分比：I^2（% variance due to artifacts）；相關報告實例，請檢視圖 3-30 之實例。

Table 2
Uncorrected Big Five intercorrelations, corrected Big Five intercorrelations (ρ), credibility intervals, and percentages of explained variance in the meta-analysis in Study 1 ($N = 144,117$).

	r	SD(r)	ρ	SD(ρ)	80% credibility interval	% variance due to artifacts
O–C	.14	.15	.20	.21	(−.06, .46)	13
O–E	.31	.12	.43	.09	(.30, .57)	58
O–A	.14	.12	.21	.15	(.01, .41)	21
O–N	−.12	.12	−.17	.15	(−.36, .02)	19
C–E	.21	.15	.29	.16	(.06, .52)	21
C–A	.31	.14	.43	.12	(.26, .61)	43
C–N	−.32	.18	−.43	.16	(−.69, −16)	24
E–A	.18	.15	.26	.19	(.01, .50)	17
E–N	−26	.11	−.36	.08	(−.48, −.23)	53
A–N	−26	.14	−.36	.09	(−.55, −.17)	35

Note: O = Openness, C = Conscientiousness, E = Extraversion, A = Agreeableness, N = Neuroticism.

圖 3-30　心理計量整合分析研究結果報告實例

註：引自 Linden, Nijenhuis, and Bakker（2010）表 2。

(二) χ^2 法

　　卡方統計量亦可以用來評估效果值的同質性問題，其計算方法如公式 3-47。

$$\chi^2 = \sum_{i=1}^{k} \frac{(n_i - 1)(r_i - \bar{r})^2}{(1 - \bar{r}^2)^2} \text{，} df = k - 1 \qquad 公式 3-47$$

　　Schmidt and Hunter（2015）根據過去模擬研究的結果，發現前述 75% 的法則（the 75% rule）的統計考驗力優於 χ^2 法（Q 統計量）。因此，他們認爲當無立論基礎、實徵證據或假說，可推知可能的調節變項時，使用前述 75% 的法則進行異質性分析，是較佳的選擇。

（三）次群體分析法 & 整合迴歸分析法

假如研究者事先懷疑某些共變項可能是異質性的原因，就可繼續進行次群體分析（共變項係間斷變項時）& 整合迴歸（meta-regression）分析（共變項係連續變項時）。

進行次群體分析，研究者必須事先根據理論、實徵證據或假說，推衍出最有可能的調節變項，再逐一分開進行多次的次群體整合分析。此法的基本假設：調節變項間須獨立無關（無交互作用現象），否則會扭曲真相；欲解決此一問題，須利用整合迴歸分析法（利用虛擬變項之交乘積，建立交互作用項）。整合迴歸分析法也可透過多層次整合分析（HLM meta-analysis）為之，尤其當多重效果值間具有相關性時。進行多層次整合分析，通常第一層放置 r 或 d 值，第二層放置調節變項。

不過，整合迴歸分析法亦有不少缺點：例如，R^2 的虛胖、過低的統計考驗力、易受極端值的干擾、無法獲得標準化的迴歸係數等等問題（Schmidt & Hunter, 2015）。

四、缺失資料的處理：人為偏差分配法

人為偏差的校正，如果每一研究均含有校正人為偏差的所有資訊，研究者最好利用個別研究的校正資訊，去調整各研究效果值，前述的人為偏差校正即是假定每一研究均含有校正人為偏差的所有資訊。因此，此「個別校正法」係先針對每一觀察值校正人為偏差，再計算平均數與變異量。可惜，許多研究有時並未提供校正統計偏差的資訊，而研究者又不想把他們完全拋棄時（以免喪失更多有用資訊），研究者此時可以考慮使用「人為偏差分配」（artifact distribution）法，解決資訊不全的困境。人為偏差分配法在執行 Bare bones 整合分析之後，先計算平均數（$\bar{\rho}_{xy}$）與變異量（$SD_{\rho xy}^2$），再利用人為偏差分配進行人為偏差的校正，順序與個別校正法完全相反。本法，會先將所有現有的人為偏差資訊累積成抽樣分配（如平均數與變異量），再利用此統計偏差分配去校正平均效果值的抽樣分配。欲知此進階議題更多的細節與實例，請讀者參閱 Hunter & Schmidt（2015）

的心理計量整合分析專書第四章『Meta-analysis of correlations using artifact distribution』，本節將只做概念上之簡介與 ESS 報表的實例解說。

以相關係數效果值為例，運用人為偏差分配進行整合分析，主要涉及以下三大具體步驟：

第一、利用可用研究結果，編輯相關分配的四種資訊：相關係數觀察值的分配、自變項信度的分配、依變項信度的分配與全距減縮的分配，估計出這四種統計量的平均數與變異數，

第二、進行相關係數分配的抽樣誤差校正，

第三、進行相關係數分配的其他人為誤差校正（如測量誤差與全距減縮）。

以下將依信度校正、直接全距減縮校正與間接全距減縮校正等人為偏差的類別，逐一就相關之理論與實例與應用實例說明之。

(一) 信度校正理論與實例

1. 理論基礎

當研究者只希望校正自變項的測量誤差與依變項的測量誤差時，此種人為測量偏差的削弱校正，涉及八大步驟（Hunter & Schmidt, 2004）；其中，公式 3-48～公式 3-52 之運算涉及步驟一～步驟二。

步驟一：校正自變項的測量誤差

$$a = \sqrt{r_{xx}}$$ 公式 3-48

步驟二：校正依變項的測量誤差

$$b = \sqrt{r_{yy}}$$ 公式 3-49

各研究的 a & b 都計算好以後，計算 r, a & b 的平均數與標準差（$\bar{r}$、$\bar{a}$、$\bar{b}$、sd_r、sd_a & sd_b）。

步驟三：

$$\overline{A} = \bar{a}\,\bar{b}$$

根據上述之相關資訊，利用 3-50 公式，校正相關係數之平均效果值。

步驟四：

$$\rho = \frac{\bar{r}}{A}$$ 公式 3-50

步驟五：變異係數（CV = SD/Mean）平方和的計算

$$V = \frac{sd_a^{\,2}}{\bar{a}^{2}} + \frac{sd_b^{\,2}}{\bar{b}^{2}}$$ 公式 3-51

步驟六：人為偏差變異量的計算

$$S_{artifact}^{2} = \bar{\rho}^{2} \times \bar{A}^{2} \times V$$ 公式 3-52

步驟七：母群相關係數變異量的計算

$$Var(\rho) = \frac{S_{residual}^{2}}{\bar{A}^{2}} = \frac{\sigma_{\rho_{xy}}^{2} - S_{artifact}^{2}}{\bar{A}^{2}}$$ 公式 3-53

式中 $\sigma_{\rho_{xy}}^{2}$ 為未校正相關係數的變異量，等於 $\sigma_r^{2} - \sigma_e^{2}$（參見公式 3-4、公式 3-5）。

步驟八：母群相關係數標準差的計算。

2. ESS 實例解說

圖 3-31 內的資料，係有關組織承諾與工作滿意度關係研究。筆者將先利用此筆資料，示範信度校正的手算過程與結果。接著，運用筆者之 ESS 軟體，示範如何操作與解釋報表。

實例解說

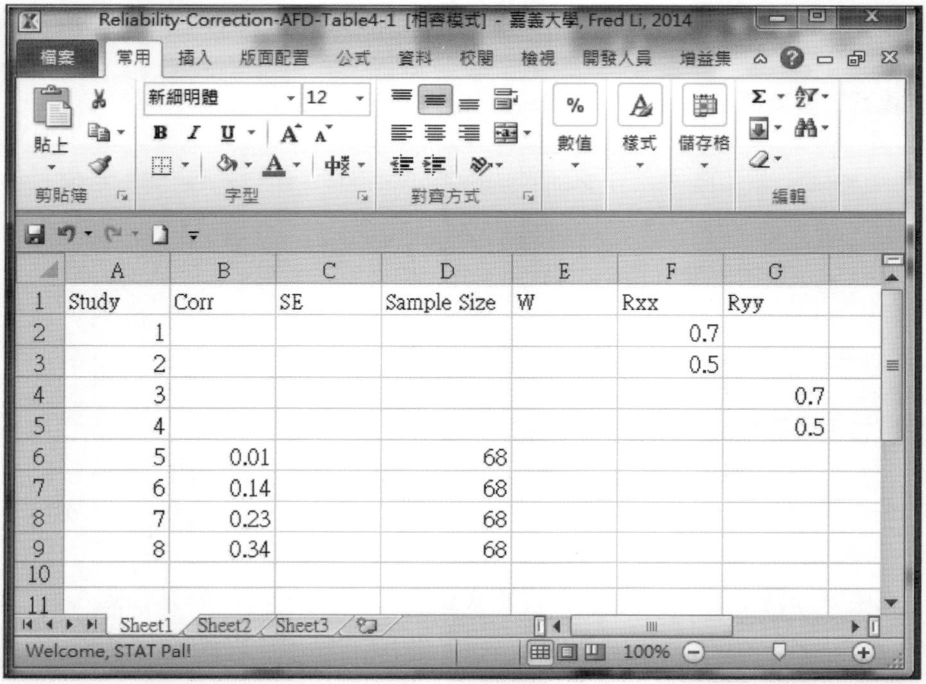

	A	B	C	D	E	F	G
1	Study	Corr	SE	Sample Size	W	Rxx	Ryy
2	1					0.7	
3	2					0.5	
4	3						0.7
5	4						0.5
6	5	0.01		68			
7	6	0.14		68			
8	7	0.23		68			
9	8	0.34		68			
10							
11							

圖 3-31　信度效正實例資料：組織承諾與工作滿意度關係研究（EXCEL 2010 介面）

由圖 3-31 的 8 筆資料知：部分研究缺乏相關係數與樣本大小，部分研究缺乏信度資料。因此，必須使用「人爲偏差分配」方法，解決資訊不全的困境。

研究者須根據圖 3-31 中現有可用之資訊，利用公式 3-48 ～公式 3-52，估計相關之統計量（r、a、b）的平均數與變異數（參見圖 3-36 中第 10 ～ 11 行的 ESS 分析結果），手算的過程資料與結果，依前述八大步驟，條述如下。

$$\bar{\rho}_{xy} \Rightarrow \bar{r} = .18$$

$$\sigma_r^2 \Rightarrow .014650$$

$$\sigma_r = .121$$

$$\bar{a} = \frac{\sqrt{.7}+\sqrt{.5}}{2} = .772,\ sd_a = .065$$

$$\bar{b} = \frac{\sqrt{.7}+\sqrt{.5}}{2} = .772,\ sd_b = .065$$

$$\overline{A} = .772 \times .772 = .596 \text{（平均複合削弱因子）}$$

$$\sigma_e^2 = \frac{(1 - .18^2)^2}{(68 - 1)} = .013974 \text{（參見公式 3-4）}$$

利用前述之 8 筆資料的相關係數與變異數，利用公式 3-5 進行相關係數分配的抽樣誤差校正（Bare-bones 整合分析）。

$\sigma_{\rho xy}^2 = \sigma_r^2 - \sigma_e^2 = .014650 - .13974 = .000676$，開根號後，可得：

$$\sigma_{\rho xy} = .026$$

由此抽樣誤差的分析可知，研究間相關係數的變異不大：其 .95 的可信區間為 $.13 \leq \rho \leq .23 (.18 \pm 1.96 * .026)$。

最後，進行相關係數分配的其他人為誤差校正；利用公式 3-52，先計算平均複合人為削弱因子：$\overline{ab}$。接著計算未削弱平均相關係數，以去除測量誤差的效應。

$$\rho = \frac{.18}{.596} = .302$$

其次，計算變異係數（CV = SD/Mean）的平方和（the sum of the squared coefficients of variation）：

$$V = \frac{.065^2}{.772^2} + \frac{.065^2}{.772^2} = .01418$$

而來自人為偏差的變異量為：

$$S_{artifact}^2 = \overline{\rho}^2 \times \overline{A}^2 \times V = (.302^2)(.596^2)(.01418) = .000459$$

因此，未校正母群相關係數的殘餘變異量（residual variance in the uncorrected population correlations）為：

$$S_{residual}^2 = \sigma_{\rho xy}^2 - S_{artifact}^2 = .000676 - .000459 = .000217$$

如遇殘餘變異量小於 0，則設定為 0。

最後，即可估算出母群相關係數的變異量：

$$Var(\rho) = \frac{S^2_{residual}}{\overline{A}^2} = \frac{.000217}{.596^2} = .000611$$

因此，母群的平均效果估計值為 $\overline{\rho} = .302$，標準差為 $SD_\rho = \sqrt{.000611} = .0247$，假如相關係數效果值成常態分配，其 .95 的可信區間為 $.25 \leq \rho \geq .35$（$.302 \pm 1.96*.0247$）。

$$I^2 = \frac{人為偏差變異量}{觀察效果值總變異量} \times 100\% = \frac{.014650 - .000601}{.014650} \times 100\% = 95.774\%$$

因為 I^2（95.774%）超過 75% 的觀察變異量，係來自於人為偏差（包含抽樣誤差），而且尚有一些其他的人為偏差（如全距限制與編碼錯誤）是無法加以校正的（Borenstein, Hedges, & Rothstein, 2009）；那些小於 5% 的殘餘變異量可以不理會，因而不需進一步追查未考慮到的變異源。

以上繁複的信度校正之統計分析結果，可經由筆者所研發的 ESS 軟體輕易獲得。操作時研究者只要從圖 3-32 心理計量整合分析選單中，點選「Artifact Distribution-Reliability Correction」選目，即可開始進行含缺失資料的心理計量整合分析。使用 EXCEL 2010 的介面，相關 ESS 的操作步驟簡述如下：

首先，資料建檔如圖 3-31 所示；接著，輸入研究篇數 8，如圖 3-33 所示。

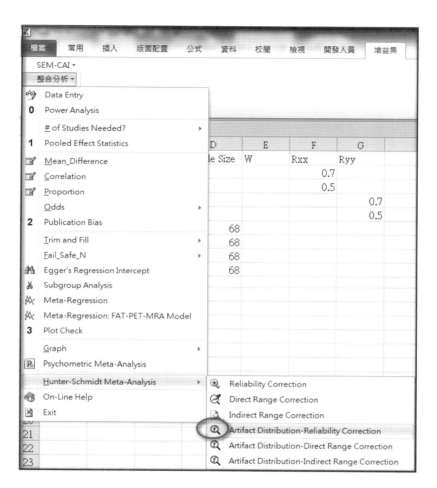

圖 3-32　ESS 心理計量整合分析的選單（EXCEL 2010 介面）

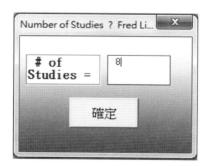

圖 3-33　研究篇數的輸入視窗

其次，研究者如需針對預測變項與效標之信度均加以校正，請在圖 3-34 的視窗空白處，填入代號 3；如果只需校正效標變項的測量誤差，請填入代號 1；如果只需校正預測變項的測量誤差，請填入代號 2。

圖 3-34　信度校正代號填寫

本例將針對預測變項與效標變項之信度均加以校正，需在圖 3-34 的視窗空白處，填入代號 3。按下圖 3-34 中的確定鈕之後，就會出現圖 3-35 的 ESS 摘要表單。

	Observed r	Bare-Bone Estimate	Corrected r*
Mean r	.18000	.18000	.30211
SD(Mean r)	.04279	.02600	.02488
Var(r)	.01465	Var Explained by Sampling Error .01397	Var Explained by Artifacts .01403
.95CI/CV	.09613~.26387	.12904~.23096	.25335~.35088
K=	8		I^2= 95.774%
Note	***Corrected Only for the unreliable dependent variable via Artifact Distribution!		Print-Me

圖 3-35　心理計量整合分析的 ESS 摘要表單：校正預測變項與效標信度

　　由圖 3-35 的 ESS 的摘要報表知：未校正的相關係數平均效果值為 .180；而校正效標信度、預測變項信度之後的相關係數平均效果值為 .30211；圖 3-35 中間欄位呈現只校正抽樣誤差的 Bare-bone 估計值之 SD（rho）= .026，而其 .95 的可信區間為 .12904 ～ .23096；圖 3-35 右側欄位呈現雙變項測量誤差校正後的估計值之 SD（rho）= .02488，而其 .95 的可信區間為 .25335 ～ .35088。本 ESS 摘要表單的設計，旨在便利使用者的列印輸出；欲列印表單內容時，請按下「Print-Me」。

　　接著，點擊圖 3-35 的右上角 ███ ╳ ，就會出現圖 3-36 心理計量整合分析的 EXCEL 報表。

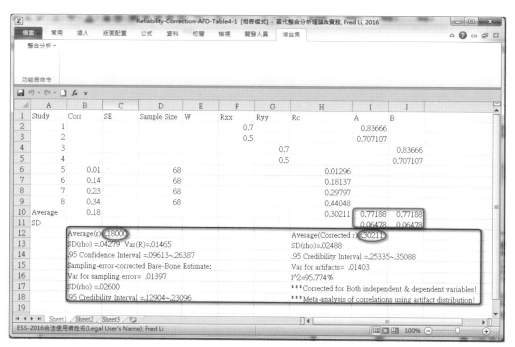

圖 3-36　心理計量整合分析的 ESS 報表：Artifact distribution approach (EXCEL 2010)

　　圖 3-36 係 ESS 在 EXCEL 表單中的輸出報表內容，由該表內容亦可知：未校正的相關係數平均效果值為 .180；校正效標信度、預測變項信度之後的相關係數平均效果值為 .302。圖 3-36 左側底部呈現只校正抽樣誤差的 Bare-bone 估計值之 SD(rho) = .026，而 .95 的可信區間為 .129 ～ .231；圖 3-36 右側底部

呈現雙變項測量誤差校正後的估計值之 SD(rho) = .02488，而 .95 的可信區間為 .25335 ～ .35088，信賴區間不大且不包含 0 且 I² 的百分比（95.7742%）大於 75%（根據 Hunter & Schmidt（2004、2015）解釋異質性時所建議的「75% rule」）；顯示除了抽樣誤差、測量誤差之外，其他存在的異質性並不嚴重。換言之，此平均效果值可以推論到不同情境或不同受試者。

另外，由於部分資訊的缺乏，ESS 無法計算各研究的 .95 CI。因此，在 ESS 報表中，將不會提供各研究效果值的 SE & 校正後的信賴區間；連帶地，亦造成無法進行後續的 Trim and Fill 分析。

(二) 直接全距減縮校正理論與實例

1. 理論基礎

當研究者具有以下三大人為偏差的相關資訊：自變項的測量誤差、依變項的測量誤差、與自變項直接全距減縮，其三種人為偏差的削弱校正，須利用公式 3-54 ～公式 3-58，進行運算：

$$a = \sqrt{r_{xxa}} \qquad\qquad 公式\ 3\text{-}54$$

式中 r_{xxa} 的計算，請參見公式 3-29-1。

$$b = \sqrt{r_{yya}} \qquad\qquad 公式\ 3\text{-}55$$

式中 r_{yya} 理論上，可由公式 3-56 求得：

$$r_{yya(申請者)} = 1 - (\frac{SD_{y(在職者)}}{SD_{y(申請者)}})^2 \times (1 - r_{yyi(在職者)}) \qquad\qquad 公式\ 3\text{-}56$$

不過，通常無法取得申請者在效標變項表現上的測量標準差（SD_y），必須間接透過公式 3-57 求得：

$$r_{yya(申請者)} = 1 - \frac{(1 - r_{yyi(在職者)})}{1 - r_{xy_i}^2 (1 - \frac{S_{Xa(申請者)}^2}{S_{Xi(在職者)}^2})} \qquad\qquad 公式\ 3\text{-}57$$

至於直接全距減縮之計算，如公式 3-58 所示。

$$c = \sqrt{(1-u_x^2) \times \bar{r}_{xy}^2 + u_x^2}$$ 公式 3-58

上列公式中 r_{xxa} and r_{yya} 為未受限群體的信度，而 $\bar{r}$ 係相關係數觀察值的平均數，u_x 的計算請參見公式 3-13。至於平均相關效果值的未削弱計算公式，請參見公式 3-59。

$$\bar{\rho} = \frac{\bar{r}}{abc}$$ 公式 3-59

其餘的計算過程與細節與前一節信度校正雷同，請參考該節的八大步驟內容，進行直接全距減縮的校正。

2. ESS 實例解說

實例解說

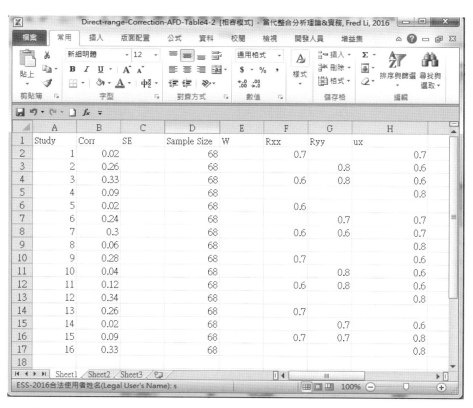

圖 3-37　ESS 心理計量整合分析的原始資料檔案：16 筆假設性研究結果

圖 3-37 係 16 筆假設性研究結果，內含原始資料與三種人爲偏差的削弱因子資訊；注意有些研究在某些變項上帶有缺失值。這 16 筆資料係編修自 Hunter & Schmidt（2004）表 4.2（第三版更動爲表 4.3）。筆者爲了使變異量不爲 0，將其原始資料檔案內容作了些微修正（該表未提供 R_{xx} & R_{yy}），因此與該表 4.2 中的資料不完全相同。讀者如欲獲得相同的統計分析結果，請直接採用該表的原始資料進行統計分析。首先，研究者可利用圖 3-37 中現有可用之資訊，估算出四種相關統計量（r、a、b、c）的平均數與變異數，參見圖 3-42。

$$\bar{\rho}_{xy} \rightarrow \bar{r} = .175$$
$$\sigma_r^2 \rightarrow .01510$$
$$\sigma_r \rightarrow .123$$
$$\bar{a} = .919, \sigma_a = .017$$
$$\bar{b} = .866, \sigma_b = .039$$
$$\bar{c} = .705, \sigma_c = .084$$

其次，利用所得的相關係數與變異數，進行相關係數分配的抽樣誤差校正（Bare-bones 整合分析）：

$$\bar{\rho}_{xy} = \bar{r} = .175$$
$$\sigma_e^2 = \frac{(1 - .175^2)^2}{68 - 1} = .014025 \text{（抽樣誤差變異量）}$$
$$\sigma_{\rho xy}^2 = \sigma_r^2 - \sigma_e^2 = .0151 - .014025 = .001075$$

最後，進行相關係數分配的其他人爲誤差校正。首先，爲了去除測量誤差與全距減縮的效應，剛剛計算出來的統計量需要透過平均複合削弱（mean compound attenuation）因子 $\bar{A}$ 加以修正。

$$\bar{A} = (.919)(.866)(.705) = .5608$$

利用此 $\bar{A}$ 校正 $\bar{r}$（參見公式 3-59）：

$$\bar{\rho} = .175/.5611 = .312$$

接著，研究者須計算變異係數（標準差 / 平均數）平方和（CV^2）：

$$V = [.017/.75]^2 + [.039/.75]^2 + [.084/.525]^2 = .0167$$

來自人為偏差的變異量為：

$$s_{artifact}^2 = \overline{\rho}^2 \times \overline{A}^2 \times V = (.312^2)(.5608^2)(.0167) = .0005115$$

因此，未校正母群相關係數的殘餘變異量為：

$$s_{residual}^2 = \sigma_{\rho xy}^2 - s_{artifact}^2 = .001075 - .0005115 = .000563$$

至此，我們即可估算出母群相關係數的變異量：

$$Var(\rho) = \frac{S_{residual}^2}{\overline{A}^2} = \frac{.000563}{.5608^2} = .00179$$

$$SD_\rho = \sqrt{var(\rho)} = \sqrt{.00179} = .042$$

因此，母群估計的平均效果值為 $\overline{\rho} = .312$，標準差為 $SD_\rho = .042$，假如相關係數效果值成常態分配，其 .95 的可信區間為 $.229 \leq \rho \geq .395$（$.312 \pm 1.96*.042$）。

$$I^2 = \frac{人為偏差變異量}{觀察效果值總變異量} \times 100\% = \frac{.0151 - .00179}{.0151} \times 100\% = 88.136\%$$

因為 I^2（$= 88.136\%$）超過 75% 的觀察變異量係來自於人為偏差（包含抽樣誤差），而且尚有一些其他的人為偏差（如全距限制與編碼錯誤）是無法加以校正的（Borenstein, Hedges, & Rothstein, 2009）。因而，那些小於 12% 的殘餘變異量可以不理會，因而不需進一步進行調節變項分析以追查未考慮到的變異源。

以上繁複的直接全距減縮校正之統計分析結果，可經由筆者所研發的 ESS 軟體輕易獲得。使用 EXCEL 2010 的介面，相關 ESS 的操作步驟簡述如下：首先，資料建檔如圖 3-37 所示；接著，要從圖 3-38 心理計量整合分析選單中，點選「Artifact Distribution-Direct Range Correction」選目，之後於圖 3-39 的視窗內輸入研究篇數 16。

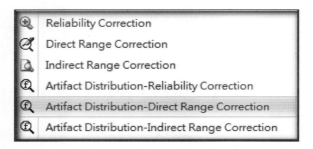

圖 3-38 心理計量整合分析的 ESS 選單：直接全距減縮校正

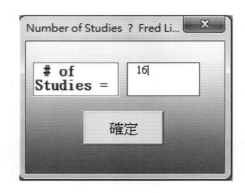

圖 3-39 研究篇數的輸入視窗

接著，研究者如需針對預測變項與效標之信度均加以校正，請在圖 3-40 底部的視窗空白處，填入代號 3；如果只需校正效標變項的測量誤差，請填入代號 1；如果只需預測變項的測量誤差，請填入代號 2。本例，預測變項與效標之信度均希望加以校正，因此輸入代號 3。按下圖 3-40 中的確定鈕之後，就會出現圖 3-41 的 ESS 摘要表單。

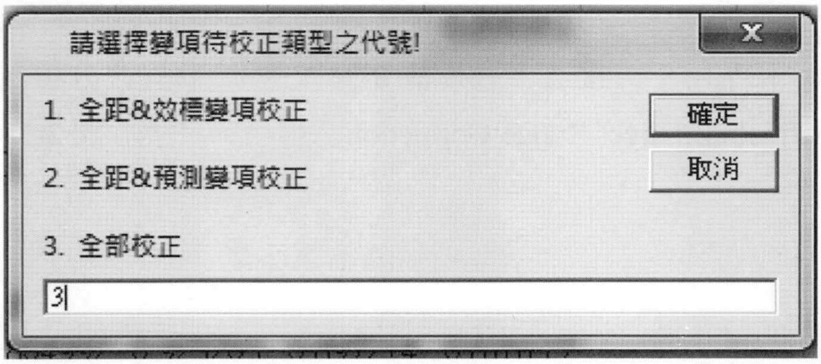

圖 3-40 信度 & 全距校正代號填寫

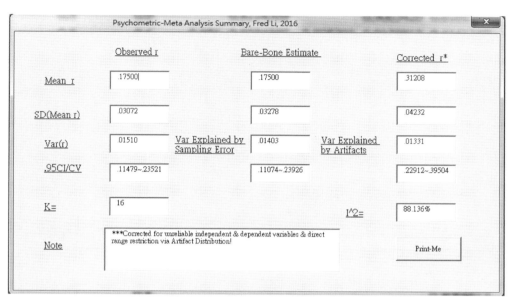

圖 3-41　心理計量整合分析的 ESS 摘要表單：校正預測變項、效標信度與直接全距

　　根據圖 3-41 的 ESS 的摘要報表知：未校正的相關係數平均效果值為 .175；而校正效標信度、預測變項信度與直接全距減縮之後，其相關係數平均效果值為 .31208；圖 3-41 中間欄位呈現只校正抽樣誤差的 Bare-bone 估計值之 SD(rho) = .03278，而其 .95 的可信區間為 .11074 ～ .23926；圖 3-41 右側欄位呈現雙變項測量誤差校正後的估計值之 SD(rho) = .04232，而其 .95 的可信區間為 .22912 ～ .39504。本 ESS 摘要表單的設計，旨在便利使用者的列印輸出；欲列印表單內容時，請按下「Print-Me」。接著，點擊圖 3-41 的右上角 ，就會出現圖 3-42 心理計量整合分析的 EXCEL 報表。

	A	B	C	D	E	F	G	H	I	J	K	L	M	N	O
1	Study	Corr	SE	Sample Size	W	Rxx	Ryy	ux	Rxxa	Ryya	A	B	C		Rc
2	1	0.02		68		0.7		0.7	0.853		0.92358		0.711069		0.02671
3	2	0.26		68			0.8	0.6		0.821457		0.906343	0.616117		0.34721
4	3	0.33		68		0.6	0.8	0.6	0.856	0.83244	0.925203	0.912381	0.616117		0.44068
5	4	0.09		68				0.8					0.806861		0.12019
6	5	0.02		68		0.6									0.02671
7	6	0.24		68			0.7	0.7		0.716968		0.84674	0.711069		0.3205
8	7	0.3		68		0.6	0.6	0.7	0.804	0.63426	0.89666	0.796404	0.711069		0.40062
9	8	0.06		68				0.8					0.806861		0.08012
10	9	0.28		68		0.7		0.6	0.892		0.944458		0.616117		0.37391
11	10	0.04		68			0.8	0.6		0.800567		0.894744	0.616117		0.05342
12	11	0.12		68		0.6	0.8	0.6	0.856	0.804992	0.925203	0.897214	0.616117		0.16025
13	12	0.34		68				0.8					0.806861		0.45404
14	13	0.26		68		0.7									0.34721
15	14	0.02		68			0.7	0.6		0.700213		0.836787	0.616117		0.02671
16	15	0.09		68		0.7	0.7	0.8	0.808	0.701361	0.898888	0.837473	0.806861		0.12019
17	16	0.33		68				0.8					0.806861		0.44068
18	Average	0.175									0.919	0.86601	0.70459		0.31208
19	SD	0.03072									0.01658	0.03947	0.08426		
20		Average(r)=.17500						Average(Corrected r)=.31208							
21		SD(rho) =.03072 Var(R)=.01510						SD(rho)=.04232							
22		.95 Confidence Interval =.11479~.23521						.95 Credibility Interval =.22912~.39504							
23		Sampling-error-corrected Bare-Bone Estimate:						Var for artifacts= .01331							
24		Var for sampling error= .01403						I^2=88.136%							
25		SD(rho) =.03278						***Corrected for unreliable independent & dependent variables & direct range restriction!							
26		.95 Credibility Interval =.11074~.23926						***Meta-analysis of correlations using artifact distribution!							

圖 3-42　心理計量整合分析直接全距減縮校正的 ESS 報表：Artifact Distribution approach

註：r_{xxa} and r_{yya} 為未受限群體在預測變項與效標變項上測量的信度，亦即申請工作者之測量信度。r_{xxa} and r_{yya} 之未受限群體在預測變項與效標變項上測量的信度，可利用圖 3-37 中的原始資料與公式 3-29-1 與公式 3-56 計算而得；而圖 3-42 的 K、L、M 欄 a，b，& c 的值係由 r_{XXa}，r_{YYa}，& u_x 等欄位計算而來。

由圖 3-42 的 EXCEL 的報表內容知：未校正的相關係數平均效果值爲 .1750；校正效標信度、預測變項信度、直接全距減縮之後，其相關係數平均效果值爲 .31208。圖 3-42 左側底部呈現只校正抽樣誤差的 Bare-bone 估計值：SD(rho) = .03278，而 .95 的可信區間爲 .11074 ～ .23926；圖 3-42 右側底部呈現雙變項測量誤差與全距減縮校正後的估計值：SD(rho) = .04232，而 .95 的可信區間爲 .22912 ～ .39504。因人爲偏差所佔 %（88.136%）大於 75%（根據 Hunter & Schmidt（2004、2015）解釋異質性時所建議的「75% rule」），顯示除了抽樣誤差、測量誤差與直接全距減縮之外，其他存在的異質性並不嚴重。換言之，此平均效果值可以推論到不同情境或不同受試者。

（三）間接全距減縮校正理論與實例

1. 理論基礎

　　由於在間接全距減縮之下，因為校正參數間具不獨立性，傳統參數的連乘積校正法（multiplicative method）不適用，需改用交互作用法（interactive procedure）或多變項 Taylor 系列法（Taylor's series approach；Raju & Burke，1983；Hunter、Schmidt & Le，2006）。因為交互作用法在計算變異量時相當繁瑣與不易用文字說明，而且 Taylor 系列法與交互作用法的效能相當（Le，2003），ESS 增益集乃採 Taylor 系列法進行程式設計，其基本演算邏輯簡介如下。

　　(1) 真實平均效果值（The true mean effect size）的計算，依序如公式 3-60 ～公式 3-62

$$\rho_{XPi} = \frac{r_{xyi}}{\sqrt{r_{YYi}}} \qquad \text{公式 3-60}$$

$$\rho_{TPi} = \frac{\rho_{XPi}}{\sqrt{r_{XXi}}} \qquad \text{公式 3-61}$$

$$\rho_{TPa} = \frac{U_T \rho_{TPi}}{\sqrt{(U_T^2 - 1)\rho_{TPi}^2 + 1}} \qquad \text{公式 3-62}$$

　　(2) 真實效果值標準差的計算，採 Taylor 氏系列漸進法，需經公式 3-63 ～公式 3-65

$$r_{XYi} = c + b_1 q_{xa} + b_2 q_{Yi} + b_3 u_T + b_4 \rho_{TPa} + e \;(\text{使用離差分數}) \qquad \text{公式 3-63}$$

　　公式 3-63 中的 c，即為 $\bar{\rho}_{XYi}$，b1 ～ b4 估計值可由一階偏微分取得，q_{xa} 為預測信度的校正因子，q_{Yi} 為效標信度的校正因子，u_T 為全距減縮的校正因子。而實得相關係數的變異量，可以分解如公式 3-64 所示：

$$\text{var}_{r_{XYi}} = b_1^2 \text{var}_{q_{xa}} + b_2^2 \text{var}_{q_{Yi}} + b_3^2 \text{var}_{u_T} + b_4^2 \text{var}_{\rho_{TPa}} + \text{var}_e \qquad \text{公式 3-64}$$

　　公式 3-64 移項後，可以求得母群相關係數的變異量：

$$\text{var}_{\rho_{TPa}} = (\text{var}_{r_{XYi}} - \text{var}_e - b_1^2 \text{var}_{q_{xa}} - b_2^2 \text{var}_{q_{Yi}} - b_3^2 \text{var}_{u_T}) / b_4^2 \qquad \text{公式 3-65}$$

以上繁複的間接全距減縮校正之計算過程，可經由 ESS 增益集快速取得。

2. ESS 實例解說

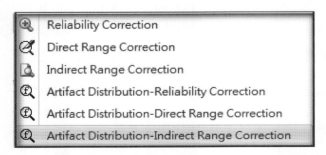

	A	B	C	D	E	F	G	H
1	Study	Corr	SE	Sample Size	W	Rxx	Ryy	ux
2	1	0.14		60		0.85	0.6	
3	2	0.25		75			0.7	0.8
4	3	0.45		85		0.83		0.88
5	4	0.32		110			0.82	
6	5	0.41		50		0.79		
7	6	0.6		90				0.9
8	7	0.62		100				
9	8	0.35		65		0.9	0.59	1
10	9	0.35		80		0.85	0.65	0.5
11	10	0.19		65		0.76	0.64	0.9

圖 3-43　ESS 心理計量整合分析的原始資料檔案：10 筆假設性研究結果

　　使用 ESS 計算間接全距減縮校正，原始資料之準備請參照圖 3-43 的 A-H 欄位內容。注意 R_{xx} 欄位資料不能缺，因為預測變項的信度為必備資訊。接著，請點選圖 3-44 的「Artifact Distribution-Indirect range Correction」，以進行含有缺失資料的心理計量整合分析。

- Reliability Correction
- Direct Range Correction
- Indirect Range Correction
- Artifact Distribution-Reliability Correction
- Artifact Distribution-Direct Range Correction
- Artifact Distribution-Indirect Range Correction

圖 3-44　心理計量整合分析的 ESS 選單：間接全距減縮校正

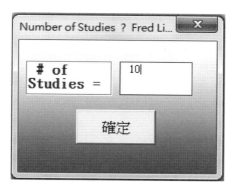

圖 3-45　研究篇數的輸入視窗

　　接著，研究者如需針對預測變項與效標之信度均加以校正，請在圖 3-46 的
視窗空白處，填入代號 3；如果只需校正效標變項的測量誤差，請填入代號 1；
如果只需校正預測變項的測量誤差，請填入代號 2。按下圖 3-46 中的確定鈕之
後，就會出現圖 3-47 的 ESS 摘要表單。

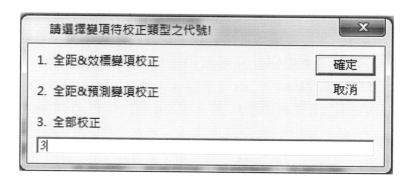

圖 3-46　信度 & 全距校正代號填寫

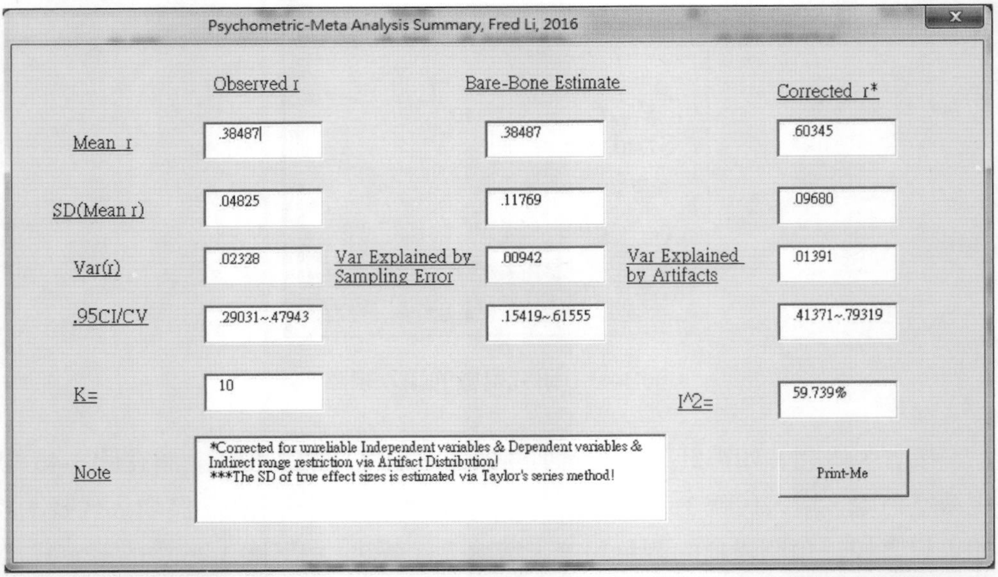

圖 3-47　心理計量整合分析的 ESS 摘要表單：校正預測變項、效標信度與間接全距

　　由圖 3-47 的 ESS 的摘要報表知：未校正的相關係數平均效果值為 .38487；而校正效標信度、預測變項信度與間接全距減縮之後的相關係數平均效果值為 .60345；圖 3-47 中間欄位呈現只校正抽樣誤差的 Bare-bone 估計值：SD(rho) = .11769，而其 .95 的可信區間為 .15419 ～ .61555；圖 3-47 右側欄位呈現雙變項測量誤差校正後的估計值：SD(rho) = .09680，而其 .95 的可信區間為 .41371 ～ .79319。本 ESS 摘要表單的設計，旨在便利使用者的列印輸出。欲列印表單內容時，請按下「Print-Me」。接著，點擊圖 3-47 的右上角 ❎，就會出現圖 3-48 心理計量整合分析的 EXCEL 報表。

Study	Corr	SE	Sample Size	W	Rxx	Ryy	ux	Rxxa	Ryya	A	B	C	uT	TPa	D
1	0.14		60		0.85	0.6				0.9219544	0.7745967				
2	0.25		75			0.7	0.8			1		0.83666	0.3848718		
3	0.45		85		0.83		0.88	0.868352		0.9110434		0.8824291	0.8603473		0.9318541
4	0.32		110			0.82					0.9055385				
5	0.41		50		0.79					0.8888194					
6	0.6		90			0.9					0.3848718				
7	0.62		100												
8	0.35		65		0.9	0.59	1	0.59	0.9486833	0.7681146	1	1	0.48031	0.9486833	
9	0.35		80		0.85	0.65	0.5	0.9625	0.9227273	0.9219544	0.8062258	0.5798296	0.4698715	0.75059	0.9810708
10	0.19		65		0.76	0.64	0.9	0.8056	0.7249057	0.8717798	0.8	0.8939163	0.8741573	0.30814	0.8975522
Average	0.38487							0.88411		0.91071	0.81519	0.68765	0.80109	0.60345	0.93979
SD	0.04825							0.01281		0.0248	0.04619	0.24934	0.19882		0.03013

Average(r)=.38487

SD(rho)=.04825 Var(R)=.02328

.95 Confidence Interval =.29031~.47943

Sampling-error-corrected Bare-Bone Estimate:

Var for sampling error= .00942

SD(rho)=.11769

.95 Credibility Interval =.15419~.61555

Average(Corrected r)=.60345

SD(rho)=.09680

.95 Credibility Interval =.41371~.79319

Var for artifacts= .01391

I^2=59.739%

***Corrected for unreliable independent & dependent variables & Indirect range restriction!

***Meta-analysis of correlations using artifact distribution!

***The SD of true effect sizes is estimated via Taylor's series method!

圖 3-48　心理計量整合分析間接全距減縮校正的 ESS 報表：Artifact Distribution approach

由圖 3-48 的 EXCEL 的報表內容知：未校正的相關係數平均效果值為 .38487；校正效標信度、預測變項信度、間接全距減縮之後的相關係數平均效果值為 .60345。由圖 3-48 底部分析結果知：母群估計的平均效果值為 $\bar{\rho}$ = .60345，標準差為 SD_ρ = .0968，假如相關係數效果值成常態分配，其 .95 的可信區間為 .41371 ≤ r ≤ .79319（.60345±1.96×.0968）。

$$I^2 = \frac{人為偏差變異量}{觀察效果值總變異量} \times 100\% = \frac{.023276 - .009371}{.023276} \times 100\% = 59.739\%$$

因為 I^2（= 59.739%）未超過 75% 的觀察變異量係來自於已處理的人為偏差（包含抽樣誤差），可能尚有其他的人為偏差尚未發現（Borenstein, Hedges, & Rothstein, 2009）。不過，雖然人為偏差所佔 %（59.739%）小於 75%，但其信賴區間並不包含 0，是否除了抽樣誤差、測量誤差與間接全距減縮之外，尚存在其他的異質性原因，仍需後續的研究。

五、實驗處理效果的心理計量整合分析

由於 d 值的效果值常出現在實驗處理研究上，其整合分析過程中如欲校正多樣人為偏差（如抽樣誤差、依變項的測量誤差與處理強度的變異），所涉及的計

算公式比起 r 值來得複雜。因此，Hunter & Schmidt（2004）建議先將 d 值轉換成 r 值，接著使用 r 值的人為偏差校正公式，最後再將相關係數效果值轉換成實驗處理效果值。為節省篇幅，筆者將不針對 d 值的人為偏差校正方法多作著墨，如欲知更多細節請參閱 Hunter & Schmidt（2004）所寫之心理計量整合分析專書中的第七、八章。為利於研究者進行 d 值的心理計量整合分析，以下僅就 Hunter & Schmidt（2004）所提的效果值轉換四步驟稍作說明，這四個步驟涉及了公式 3-66～公式 3-72 的運算。

1. 將平均數差異 d 值轉換成相關性 r 值

$$\gamma = \frac{d}{\sqrt{4+d^2}} \qquad\qquad 公式\ 3\text{-}66$$

公式 3-66 係最大概似法公式，適用於 $n_1 = n_2$。當 $n_1 \neq n_2$ 時，請使用公式 3-67。

$$\gamma = \frac{d}{\sqrt{\dfrac{(n_1+n_2)^2}{n_1 \times n_2}+d^2}} \qquad\qquad 公式\ 3\text{-}67$$

假如，效果值不大時（如 -0.4 < d < +0.4 或 -0.2 < r < +0.2），研究者可以 d = 2r 簡便估計之；當 $n_1 \neq n_2$ 時，請以 $\dfrac{1}{\sqrt{pq}}$ 取代倍數 2，p, q 係兩組人數所佔的比率（q = 1 − p）。

2. 校正 r 值之人為偏差（如 a,b,c），以計算母群 ρ 值

$$\rho = \frac{\gamma}{A} \qquad\qquad 公式\ 3\text{-}68$$

公式 3-68 中，$\qquad\qquad A = abc \qquad\qquad 公式\ 3\text{-}69$

3. 將相關性的 ρ 平均值轉換成實驗處理的 δ 平均值

$$\bar{\delta} = \frac{2\bar{\rho}}{\sqrt{1-\bar{\rho}^2}} = \bar{d}_c \qquad\qquad 公式\ 3\text{-}70$$

4. 將相關係數的標準差，轉換成平均數差異效果值的標準差

$$SD_\delta = aSD_\rho \qquad\qquad 公式\ 3\text{-}71$$

公式 3-71 中，

$$a = \frac{2}{\sqrt[1.5]{(1-\overline{\rho}^2)}} = \frac{2}{(1-\overline{\rho}^2)\sqrt{1-\overline{\rho}^2}} \qquad 公式 3-72$$

實例解說

例如利用 r 值進行整合分析，其最後的結果為 $\overline{\rho}$ = .60，SD_ρ = .15，研究者即可利用公式 3-70 ～公式 3-72，進行 d 效果值的轉換：

$$\overline{\delta} = \frac{2\overline{\rho}}{\sqrt{1-\overline{\rho}^2}} = \frac{2 \times 0.6}{\sqrt{1-0.6^2}} = 1.5$$

$$a = \frac{2}{\sqrt[1.5]{(1-\overline{\rho}^2)}} = \frac{2}{(1-\overline{\rho}^2)\sqrt{1-\overline{\rho}^2}} = \frac{2}{\sqrt[1.5]{1-.36}} = 3.91$$

$$SD_\delta = aSD_\rho = 3.91 \times .15 = .586$$

除了筆者的 ESS 增益集可以執行心理計量的整合分析之外，Michael Brannick（2015）教學網頁：（http://faculty.cas.usf.edu/mbrannick/meta/Lectures/index.html）中，亦提供一 EXCEL 的計算器（參見 #10：Psychometric Meta-analysis），亦可進行行心理計量的整合分析，參見本章附錄一。

六、組合分數或差異分數的變異量

進行整合分析時，有時會發現在同一個研究內，研究者使用多元測量工具檢測同一構念，除了使用多變項整合分析、多層次整合分析（Meta-HLM）之外，整合分析者亦可使用平均效果值，進行整合分析。此時，研究者也必須計算組合分數或差異分數的變異量，以便進行整合分析。設有兩個變項（Y_1 & Y_2）的變異數分別為 V_1 & V_2，其組合分數（效果值和）的變異量如公式 3-73 所示。

$$var(Y_1 + Y_2) = V_1 + V_2 + 2r\sqrt{V_1}\sqrt{V_2} \qquad 公式 3-73$$

而其差異分數（效果值差異值）的變異量為：

$$\text{var}(Y_1 - Y_2) = V_1 + V_2 - 2r\sqrt{V_1}\sqrt{V_2} \qquad \text{公式 3-74}$$

根據公式 3-73，可推知兩個相關變項的平均數之變異數為：

$$\text{var}(\frac{1}{2}(Y_1 + Y_2)) = (\frac{1}{2})^2 Var(Y_1 + Y_2) = \frac{1}{4}(V_1 + V_2 + 2r\sqrt{V_1}\sqrt{V_2}) \qquad \text{公式 3-75}$$

公式 3-75 可以延伸至 3 個以上的相關變項，其公式為：

$$\text{var}(\frac{1}{m}(\sum_{i=1}^{m} Y_i) = (\frac{1}{m})^2 Var(\sum_{i=1}^{m} Y_i) = (\frac{1}{m})^2(\sum_{i=1}^{m} V_i + \sum_{i \neq j}(r_{ij}\sqrt{V_1}\sqrt{V_2}) \qquad \text{公式 3-76}$$

進行整合分析時，有時會發現在同一個研究內，研究者使用多元測量工具檢測同一構念，整合分析者如使用平均相關會低估效度估計值（Mount & Barrick, 1995），因而假如研究報告中出現多元測量工具間的相關係數時，最好使用組合分數相關係數（composite score correlation）作為效度估計值。

七、組合分數相關係數的計算

組合分數相關係數的計算，請參閱該書公式 3.5 & 10.6（Hunter & Schmdit, 2004），為便利研究者之運用，茲將其公式重述如 3-77：

組合分數相關係數的計算（以組合變項 X 為例）：

$$r_{xy} = \frac{\bar{r}_{xy}}{\sqrt{\bar{C}_{x_i x_j}}} \qquad \text{公式 3-77}$$

式中，

$$\bar{C}_{x_i x_j} = \frac{1 + (n-1)\bar{r}_{x_i x_j}}{n} \qquad \text{公式 3-78}$$

式中 $\bar{C}_{xx}$ 為多元測量工具間的平均共變量，底標 xx 代表預測變項，如為效標其底標為 yy，$\bar{r}x_i x_j$ 為各預測變項間 $x_i x_j$ 之平均相關。

實例解說

Table 1. *Continued*

Study	Sex	N	Love-Scales	α-E	α-C	Satis-Sc	α-S	r(E)	r(C)	Sample information
Tzeng (1993)	U	533	Love		0.83	RRF	0.84		0.51	US (12%). 37% married (UG)
			Liking		0.90	RRF	0.84		0.58	
			LAS	0.70	0.53	RRF	0.84	0.66	0.07	
			PLS	0.92		RRF	0.84	0.53		
			STLS	0.83	0.89	RRF	0.84	0.66	0.80	
			Love		0.83	DAS	0.31		0.23	
			Liking		0.90	DAS	0.31		0.42	
			LAS	0.70	0.53	DAS	0.31	0.37	0.05	
			PLS	0.92		DAS	0.31	0.28		
			STLS	0.83	0.89	DAS	0.31	0.38	0.45	
Weigel & Ballard-Reisch (1999)	M	141	Lund		0.82	Kansas	0.97		0.35	US (16%). Married
	F	141	Lund		0.82	Kansas	0.97		0.62	
Yancey & Berglass (1991)	M	42	Lasswell	N/R	N/R	Original	N/R	−0.09	0.24	US. UG
	F	98	Lasswell	N/R	N/R	Original	N/R	0.03	0.01	
Yancey & Eastman (1995)	M	85	Lasswell	N/R	N/R	Original	N/R	0.11	0.01	US. Some married
	F	130	Lasswell	N/R	N/R	Original	N/R	0.08	0.06	

多重測量工具

Study, Author's name and year of publication. Sex, Participants' sex (F, Female; M, Male; U, Unspecified). *N*, Sample size. Love-Scales, Love scales (PLS, Hatfield & Sprecher [1986]; LAS, Hendrick & Hendrick [1986]; Lasswell, SAMPLE [Lasswell & Lasswell, 1976]; Liking, Rubin's [1970] Liking Scale; Love, Rubin's Love Scale; Lund, Lund [1985]; Original, Author's original; STLS, Sternberg [1997]). α-E, Cronbach's alpha for E-Love scale (e.g., ".63+" signifies "greater than .63"). α-C, Cronbach's alpha for C-Love scale. Satis-Sc, Satisfaction scale (Austin, Hatfield et al. [1979]; RRF, Relationship Rating form, Davis [1985]; RAS, Relationship Assessment Scale, Hendrick [1988]; Kansas, Schumm et al. [1986]; Rusbult, Rusbult [1983]; Simpson, Simpson [1987]; DAS, Dyadic Adjustment Scale, Spanier [1976]; Sternberg, Sternberg [1997]). α-S, Cronbach's alpha for satisfaction scale. *r*(E), Correlation between E-Love and satisfaction. *r*(C), Correlation between C-Love and satisfaction. Sample Information, Each sample's cultural background and marital status; US (x %), Ethnic minorities constitute x % of the sample collected in US. UG, Undergraduate students. N/R, Not reported in the study.

圖 3-49　研究中情愛與婚姻關係滿意度之相關係數

註：摘自 Masuda, 2003 表 1 之部分數據

以圖 3-49 中 Tzeng（1993）的研究為例，情愛量表有三種：LAS，PLS，STLS，該研究採用了多元測量工具檢測情愛的構念，效標為婚姻關係滿意度：RRF；相關係數效果值包含 E-Love、C-Love 與婚姻關係滿意度間之相關：r(E) & r(C)。首先，假定三種情愛量表分數間之平均相關為 .80，則 $\overline{C}_{x_i x_j} = \frac{1+(3-1).80}{3} = .87$，接著即可求出組合分數相關係數（以 r(E) 為例）：

$$r_{Xy} = \frac{(.66+.53+.66)/3}{\sqrt{.87}} = .66$$

此 .66 即為後續整合分析時，該研究情愛與婚姻關係滿意度之效果值的指標。公式 3-77 也可以公式 3-79 取代之（參閱公式 3.11，Hunter & Schmidt, 2004）。

$$r_{Xy} = \frac{\sum r_{x_i y}}{\sqrt{n + n(n-1)\overline{r}_{x_i x_j}}} \qquad \text{公式 3-79}$$

仍以圖 3-49 中 Tzeng（1993）的研究爲例，其組合分數相關係數爲：

$$r_{xy} = \frac{(.66 + .53 + .66)}{\sqrt{3 + 3(3-1).80}} = \frac{1.85}{\sqrt{7.8}} = .66$$

如果組合分數係效標 Y，其組合相關係數的計算方法與組合變項爲 X 時相同，

亦即
$$r_{xY} = \frac{\overline{r}_{xy}}{\sqrt{\overline{C}_{y_i y_j}}}$$
公式 3-80

同理，公式 3-79 則改變爲公式 3-81。

$$r_{xY} = \frac{\sum r_{x_i y}}{\sqrt{n + n(n-1)\overline{r}_{y_i y_j}}}$$
公式 3-81

當研究者使用組合分數相關係數時，不管您是進行個別相關係數的校正或人爲偏差分配的校正，研究者都應先利用 Spearman-Brown 公式計算該建構（包含預測變項或效標）之組合信度（參閱公式 3.14，Hunter & Schmidt, 2004），再進行後續的效果值整合分析，參見公式 3-82。

$$r_{cx} = \frac{n\overline{r}_{x_i x_j}}{1 + (n-1)\overline{r}_{x_i x_j}}$$
公式 3-82

式中，$\overline{r}_{x_i x_j}$ 爲各預測變項間 $x_i x_j$ 之平均相關。

實例解說

假定三種情愛量表分數間之平均相關爲 .80，則 $r_{cx} = \frac{3 \times .80}{1 + (3-1) \times .80} = .92$ 此 .92 即爲後續整合分析時，該研究情愛量表的信度指標。

習題

一、表 3-20 係虛擬的牙醫性向測驗的預測效度整合分析（r 值係職前樣本工作表現與現職工作表現的相關）的原始資料。請利用筆者 ESS 增益集或附錄一的 EXCEL 表單中的計算程式，計算抽樣誤差校正後之平均 r 值（Bare bones 整合分析）與其 .95 可信區間（credibility interval）。

表 3-20　心理計量整合分析虛構資料：原始資料

研究	N_i	r_i	效標信度
University 1	130	0.2400	0.7500
University 1	90	0.1100	0.7500
Private 1	30	0.0500	0.6000
Private 2	25	0.1700	0.6000
Volunteer 1	50	0.3800	0.9000
Volunteer 2	65	0.5000	0.9000
Total	390		

註：本資料修訂自 Borenstein, Hedges, Higgins, & Rothstein（2009），以下各表同此源。

*提示：未校正加權平均效果值：

$$\bar{r}_c = \frac{98.35}{390} = .25218$$

利用此未校正加權平均效果值，建構出表 3-21。

表 3-21　心理計量整合分析虛構資料：未校正

研究	N_i	r_i	$N_i r_i$	$\bar{r}$	V_{ri}	$N_i(r_i - \bar{r})^2$	$N_i V_{ri}$
University 1	130	0.2400	31.2000	0.25218	0.0068	0.0193	0.884
University 1	90	0.1100	9.9000	0.25218	0.0099	1.8193	0.887
Private 1	30	0.0500	1.5000	0.25218	0.0302	1.2263	0.907
Private 2	25	0.1700	4.2500	0.25218	0.0366	0.1688	0.913
Volunteer 1	50	0.3800	19.0000	0.25218	0.0179	0.8169	0.895

研究	N_i	r_i	$N_i r_i$	$\bar{r}$	V_{ri}	$N_i(r_i - \bar{r})^2$	$N_i V_{ri}$
Volunteer 2	65	0.5000	32.5000	0.25218	0.0137	3.9920	0.891
total	390		98.350			8.0426	5.376

註：本資料修訂自 Borenstein, Hedges, Higgins, & Rothstein（2009）

＊提示：利用公式 3-2，計算研究間加權變異數：

$$Var(r) = \frac{8.0427}{390} = .02062$$

＊提示：利用公式 3-5，估計校正抽樣誤差後之研究間變異量：

$$Var(\rho) = .02062 - \frac{(1 - .25218^2)^2}{65 - 1}$$ 或利用下式求得：

$$Var(\rho) = .02062 - \frac{5.376}{390} = .0068$$

二、根據表 3-22，利用筆者 ESS 增益集，計算校正效標信度削弱效果值，並利用 I^2 評估異質性，再根據結果下結論。

表 3-22　心理計量整合分析虛構資料：校正效標信度削弱效果值

研究	N_i	A_i	r_{ci}	$w_i r_{ci}$	V_{ei}	W_i	$W_i(r_{ci} - \bar{r}_c)^2$	$W_i V_{ei}$
University 1	130	0.866	0.277	27.020	0.009	97.500	0.031	0.884
University 2	90	0.866	0.127	8.574	0.013	67.500	1.902	0.887
Private 1	30	0.775	0.065	1.162	0.050	18.000	0.955	0.907
Private 2	25	0.775	0.219	3.292	0.061	15.000	0.085	0.913
Volunteer 1	50	0.949	0.401	18.025	0.020	45.000	0.503	0.895
Volunteer 2	65	0.949	0.527	30.832	0.015	58.500	3.153	0.891
Total	390			88.905		301.50	6.629	5.376

取自 Borenstein, Hedges, Higgins, & Rothstein（2009）。

＊提示：利用公式 3-40，校正加權平均效果值

$$\bar{r}_c = \frac{88.905}{301.50} = .295$$

＊提示：利用公式 3-41，計算出研究間加權變異數：

$$Var(rc) = \frac{6.629}{301.50} = .0220$$

* 提示：再利用公式 3-43，計算出人為偏差經過校正後之研究間變異量：

$$Var(\rho) = .0220 - \frac{5.376}{301.50} = .0042$$

$$I^2 = \frac{.02062 - .0042}{.02062} \times 100\% = 79.85\%$$

參考答案：

意即 79.85% 的效果值總變異量，可以由抽樣誤差與測量誤差等人為偏差加以解釋，其餘的變異量係由無法校正或未知的人為偏差所致。

結論：

人為偏差導致平均效果值下降，但研究間的變異量會增大的現象。不過殘餘的人為偏差變異量仍在 25% 以下，依照 Hunter & Schmidt（1990 & 2004）的「75% rule」，本整合研究結果具同質性具可推論性，不必進一步探求可能存在的調節變項。

三、Kuncel, Hezlett, and Ones（2001）針對 GRE 的預測效度的整合分析資料，他們利用表 3-23 之資訊進行心理計量整合分析，其結果如表 3-24 所示。請估計 GRE 學科之應用性效度（operational validity）與計算 GRE 學科的母群相關係數 ρ 及其 .90 的可信區間。

表 3-23　人為偏差分配參數摘要表

預測變項或效標	mean (u_x)	mean ($\sqrt{r_{xx}}$)	信度個數
預測變項 GRE			
語文	.77	.96	9
數量	.73	.95	9
分析	.74	.95	4
學科	.82	.97	31
大學 GPA		.91	3
效標			
研究所 GPA		.91	3
教授評比		.73	1

※ 請依照 Hunter, Schmidt, & Le（2006）之建議，直接全距減縮之校正順序為：效標效度之校正（r_{XPi}）、全距減縮限制之校正（r_{XPa}）與預測效度之校正（r_{TPA}）。

* 提示：使用公式 3-14 ～ 3-16 與公式 3-29-1：

* 提示：全距減縮受限比值：$U_x = 1/u_x$

$$r_{XPi} = \frac{r_{xy}}{\sqrt{r_{yyi}}} = \frac{.31}{.91} = ?$$

* 提示：

$$r_{XPa} = \frac{U_X r_{XPi}}{\sqrt{(U_X^2 - 1)r_{XPi}^2 + 1}} = \frac{\frac{1}{.82} \times ?}{\sqrt{[(\frac{1}{.82})^2 - 1] \times ?^2 + 1}} = *$$

* 提示：

$$r_{TPa} = \frac{r_{XPa}}{\sqrt{r_{xxa}^2}} = \frac{*}{\sqrt{1 - .82^2(1 - .97^2)}} = ??$$

參考解答：Ans：$\rho = .41$, .90 CI $= .30 \leq \rho \leq .52$。

表 3-24　GRE & UGPA 相關性之整合分析結果

Predictor	N	k	r_{obs}	SD_{obs}	SD_{res}	ρ	SD_ρ	90% credibility interval		
					GGPA ← 效標					
Verbal	14156	103	23	.14	.10	.34	.15	.09	to	.59
Quantitative	14425	103	21	.11	.06	.32	.08	.19	to	.45
Analytical	1928	20	24	.12	.04	.36	.06	.26	to	.46
Subject	2413	22	.31	.12	.05		.07		to	
UGPA[a]	9748	58	28	.13	.10	.30	.11	.12	to	.48

附錄一　心理計量整合分析計算器（Brannick, 2015）操作介面

下載網址：（http://faculty.cas.usf.edu/mbrannick/meta/Lectures/index.html）

Chapter

04

間接比較與網絡整合分析

本章大綱

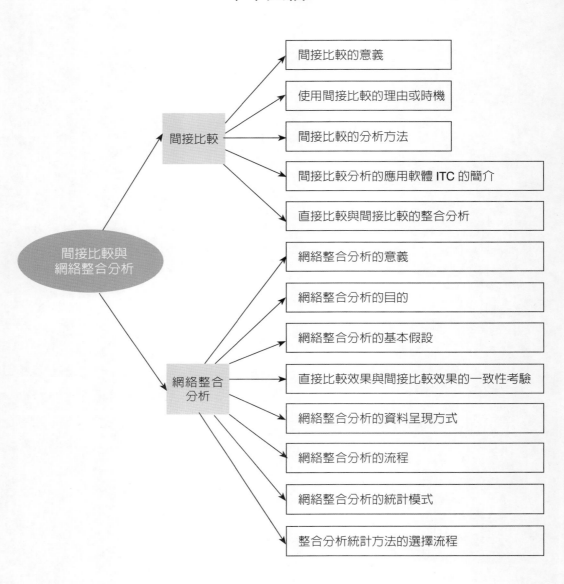

一、間接比較的意義

以圖 4-1 的兄弟身高為例，假如以弟弟為參照組，如果已知二哥的身高大於弟弟的身高 10 公分，大哥的身高大於弟弟的身高 20 公分，那麼我們就可間接推知大哥的身高大於二哥的身高 10 公分。此種間接推論的過程，也常出現在多種醫療處置效能的推論上。

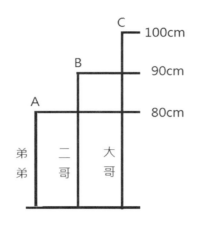

圖 4-1　兄弟間的身高示意圖

在醫療效果分析上，間接比較（indirect comparisons）起因於直接證據不存在，係根據相關直接比較（direct comparisons）的證據，透過一個相同或相似的共同參照組（common reference）（例如：安慰劑或標準處理法），間接推估而

來。例如：以「間接比較」（B → C）效果值為例 ，它係透過 B → A &

C → A 的兩個直接效果值間接求得：$d_{BC}^{Indirect} = d_{BA} - d_{CA}$，意即當 BC 的直接比較不存在時，就可透過共同參照點 A（common comparator A），估算出間接比較的效果值。這個共同參照點通常就是所謂的控制組或對照組，在醫療研究上經常就是安慰劑組（placebo control）。此種具有控制組的實驗設計，因較能排除可能影響研究結果的干擾因素，其內在效度比單純比較（naïve comparisons，忽略控制組）為佳，在研究文獻上稱為調整的間接比較（adjusted indirect comparisons）。其實，間接比較根本未進行任何調整，較貼切的稱呼應為定錨的間接比較

（anchored indirect comparisons）。

二、使用間接比較的理由或時機

間接比較的使用時機與使用理由具有密切關係，爲何實徵研究者需要透過直接比較，進行間接比較？歸納起來不外乎以下幾個理由：

1. 在許多臨床的實驗上，都是處理方法與安慰劑（placebo）間的比較，而缺乏處理方法間的直接比較，間接比較是唯一選擇。
2. 有些臨床的實驗，由於倫理的理由無法進行直接比較的實驗。
3. 有些罕有疾病的臨床實驗，由於可行性的理由無法進行直接比較的實驗。
4. 透過間接比較，找出最佳的處理方法。

到底直接證據與間接證據是否應分開論述或合併論述，意見分歧尚未有定論。Coleman, Phung, Cappelleri, Baker, Kluger, White, & Sobieraj（2012）透過文獻的整合分析，發現大部分的文獻都主張應以直接證據爲優先，並以它作爲結論的基礎；少數文獻認爲直接證據與間接證據應分開考慮與報告；也有少數文獻認爲直接證據與間接證據應整合，因爲直接證據與間接證據的結合，可以增加無法從直接比較取得的資訊，強化直接比較間的評估，以產生更精緻與精確的直接處理效果與擴大母群的推論。因此，直接證據的重要性似乎比間接比較更受學者們的重視。

三、間接比較的分析方法

假設兩組直接比較：B vs A 與 C vs A 已存在，茲依資料類型，說明間接比較的計算方法，如公式 4-1，公式 4-2 所示：

(一) 平均差異值間之間接比較

$$d_{\text{B-C}}^{\text{Indirect}} = d_{B-A} - d_{C-A}(= d_{A-C} - d_{A-B}) \qquad \text{公式 4-1}$$

(二) 比率值間之間接比較

$$OR_{\text{B-C}}^{\text{Indirect}} = \frac{OR_{B-A}}{OR_{C-A}}(= \frac{OR_{A-C}}{OR_{A-B}}) \qquad \text{公式 4-2}$$

公式 4-2 取自然對數，其衍生公式如 4-3 所示：

$$\ln(OR_{\text{B-C}}^{\text{Indirect}}) = \ln(\frac{OR_{B-A}}{OR_{C-A}}) = \ln(OR_{B-A}) - \ln(OR_{C-A}) \qquad \text{公式 4-3}$$

邵文逸（2009）指出，進行計算各研究間之間接比較時，要注意各分組比較正負號方向。以上例而言：共通對照組為 A，在兩組比較中都作為對照組，應置於減號之後，否則會產生錯誤的結果。為了閱讀的方便，研究者亦可將共通對照組 A 放在兩個比較處理的中間，其計算方法更動如公式 4-4：

$$d_{\text{B-C}}^{\text{Indirect}} = d_{B-A} + d_{A-C} \qquad \text{公式 4-4}$$

此公式可以讀成「B 對 C 的相對效果」等於「B 對 A 的相對效果」加上「A 對 C 的相對效果」。邵文逸（2009）文中也指出：當比較透過多個共通對照組時，使用加法的設計模式閱讀起來較方便。例如：A 與 B 透過 X、Y、Z 三種不同的治療進行間接比較，可以公式 4-5 表示之。

$$d_{\text{A-B}}^{\text{Indirect}} = d_{A-X} + d_{X-Y} + d_{Y-Z} + d_{Z-B} \qquad \text{公式 4-5}$$

式中 d_{A-X}、d_{X-Y}、d_{Y-Z}、d_{Z-B} 為各組治療，兩兩直接比較的效果值。

由此觀之，間接比較的分析方法有減法與加法模式兩種，端視共通對照組放在各比對中的位置而定。有此關鍵認識，將來閱讀不同作者的相關文獻時，就不會有閱讀上的困惑。

四、間接比較分析的應用軟體 ITC 的簡介

為便利讀者的實際應用，筆者在此簡介一免費的應用軟體：ITC（indirect treatment comparisons）軟體，它係由 Wells, Sultan, Chen, Khan & Coyle（2009）等人依據 Bucher, et al.（1997）的理論所研發，專供間接比較分析用；其下載網站：http://www.cadth.ca。ITC 僅適用於雙臂的實驗設計，不適用於三臂以上的實驗設計。

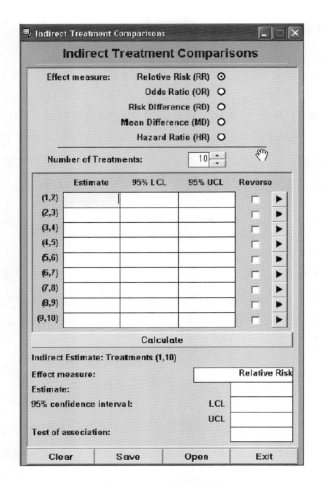

圖 4-2　ITC 操作介面

Wells, Sultan, Chen, Khan, and Coyle (2009). Indirect evidence: indirect treatment comparisons in meta-analysis. Ottawa：Canadian Agency for Drugs and Technologies in Health.

　　由圖 4-2 的 ITC 操作介面頂端「Effect measure」可知，ITC 可以處理類別變數（如 Relative Risk、Odds Ratio、Risk Difference 等）與連續變數（Mean Difference）等之資料。執行 ITC 的四個基本步驟，簡述如下：

1. 選擇直接比較的效果值類別。
2. 設定實驗處理的數目。
3. 輸入直接比較的效果估計值與相關的 .95 信賴區間，

研究者必須事先利用 CMA 等軟體，計算出直接比較的效果估計值與其 .95 信賴區間。

4.　執行間接比較效果值的計算。

以下，將以一個實例，逐步進行 ITC 的操作解說：

例如：Lim（2003）等人曾針對接受過冠狀動脈繞道手術後，進行低劑量
（low dose）與中劑量（medium dose）阿司匹林治療，對於預防病患血管再阻塞
的間接比較分析。表 4-1 的原始數據，係用來計算間接比較的直接比較資料。

表 4-1　接受過冠狀動脈繞道手術後，阿司匹林治療之治療效果

Trial and regimen	No of distal anastomosis	No of occlusions	Occlusion rate
Medium dose			
Gavaghan：			
Aspirin 324 mg	362	19	0.05
Placebo	328	36	0.11
RR(.95CI)	0.48(0.28 ～ 0.82)		
Goldman：			
Aspirin 325 mg	340	45	0.13
Placebo	345	78	0.23
RR(.95CI)	0.59(0.42 ～ 0.82)		
Low Dose			
Lozenz：			
Aspirin 100 mg	57	11	0.19
Placebo	81	28	0.35
RR(.95CI)	0.56(0.30 ～ 1.03)		
Sanz：			
Aspirin 150 mg	745	106	0.14
Placebo	750	135	0.18
RR(.95CI)	0.79(0.63 ～ 1.00)		
Hockings：			
Aspirin 100 mg	128	6	0.05
Placebo	145	13	0.09
RR(.95CI)	0.52(0.20 ～ 1.34)		

如果表 4-1 的資料係原始數據，研究者須利用整合分析軟體，例如 CMA 計
算出直接比較的效果估計值與其 .95 信賴區間；再將表 4-1 中的 RR 效果值與其
0.95 信賴區間值，輸入 CMA 的表單進行分群的併組效果值計算，其結果如表 4-2
所示。

表 4-2　次群體分析 CMA 摘要表

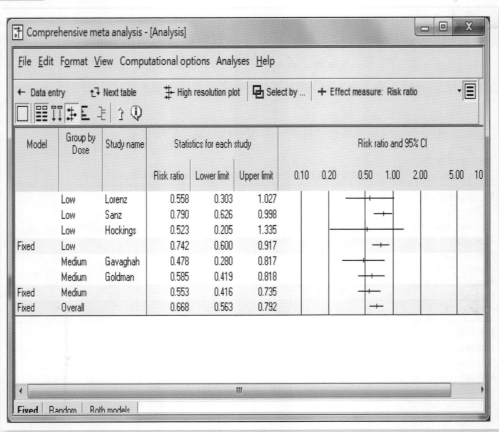

接著，使用滑鼠左鍵雙擊 ITC2 圖像，啟動 ITC 軟體，而出現圖 4-3 之 ITC 的操作介面，並選擇直接比較效果值的類別，本例為「Relative Risk」。因為各研究均含有 3 個實驗處理（placebo、low Aspirin dose & medium aspirin dose 等 3 種實驗處理）；因此，在圖 4-3 中須設定實驗處理的數目（number of treatments）為「3」。其次，在圖 4-3 內的長方形小視窗內輸入兩個直接比較的效果值（.553 & .742）與其 .95 的信賴區間。接著，按下「Calculate」，間接效果值的相關統計量，就會出現於圖 4-3 的右下角空白視窗中。

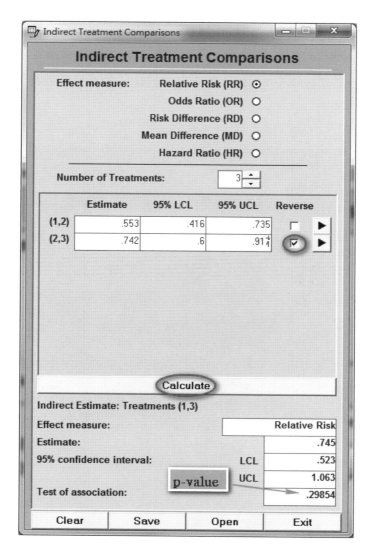

圖 4-3　直接效果值的輸入與 ITC 計算間接效果值

237

　　根據圖 4-3 的計算結果可知，間接比較的相對風險值為 .745，其 .95 的信賴區間為 .523 ～ 1.063。相對於低劑量治療，中劑量阿司匹林治療可以降低再阻塞率約為 25.5%(1 − .745)，但沒達到 .05 之顯著水準（p = .29854）。ITC 中此種關聯性統計考驗，係透過卡方考驗（參見Bucher, Guyatt, Griffith, & Walker, 1997）。

　　注意，爲了執行間接比較效果值的統計顯著性考驗，使用者必須再勾選圖 4-3 中長方形小視窗右側的 ▶ 後，再點選圖 4-4 中之「Derived」及設定相關之 研究數（number of studies），以便輸入各直接比較效果值的原始數據，參見圖 4-4 與圖 4-5。

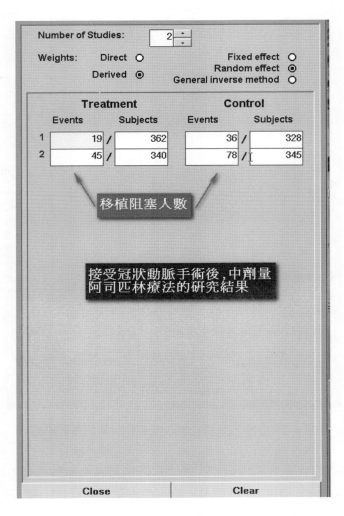

圖 4-4　ITC 之原始數據的輸入視窗：中劑量

　　由於表 4-1 中劑量的研究含有 2 個研究，因此在圖 4-4 中，Number of Studies 設定爲 2。至於權重係根據資料去推衍，因此點選 Derived。有關分析模式，本例點選隨機效果模式（Random effect）。

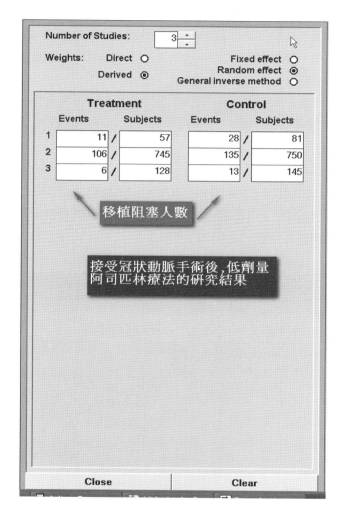

圖 4-5　ITC 之原始數據的輸入視窗：低劑量

　　由於表 4-1 低劑量的研究含有 3 個研究，因此在圖 4-5 中，Number of Studies 設定為 3。至於權重係根據資料去推衍，因此點選 Derived。有關分析模式，本例 點選隨機效果模式。值得注意的是，根據本例之直接效果值的數據型態，使用者 必須點選「Reverse」下的小方框，參見圖 4-3，將第二個直接效果值內的原始數 據之順序對調過來。如果本例編碼 1 = Treatment A，2 = Placebo B，3 = Treatment

C, 那麼（1,2）是（A,B），而本例的另一數據型態為（C,B），研究者須將其順序倒轉回來：（B,C），才能符合（A,B）、（B,C）計算間接比較之順序要求：共同參照組放在中間。具體言之，因為共通對照組：placebo 的序號為 2，在兩組比較中都作為對照組，應置於分母的部分（參見公式 4-6），因此必須將比對之方向性反轉過來，否則會產生錯誤的結果。

$$\ln(OR_{1/3}^{\text{Indirect}}) = \ln(\frac{OR_{1/2}}{OR_{3/2}}) = \ln(OR_{1/2}) - \ln(OR_{3/2}) \qquad \text{公式 4-6}$$

研究者如果直接針對相對風險間接比較結果（.745），進行統計上的 z 顯著性考驗，其 p 值為 .1038（z = −.2944/.1809 = −1.6269），也沒達到 .05 之顯著水準，參見圖 4-7。相對於 z 考驗結果，顯然的卡方考驗的統計考驗力似乎偏低。此 z 考驗可以透過整合分析 CMA 軟體進行之。

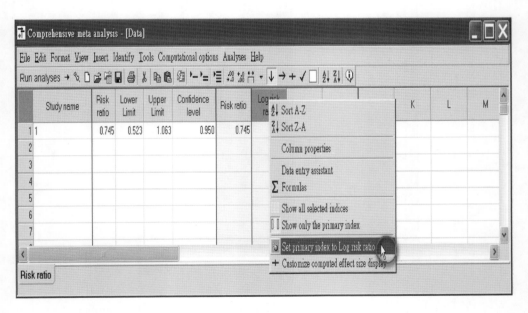

圖 4-6　CMA 相對風險的資料輸入

如欲進行相對風險的 z 考驗（考驗效果值是否為 0），研究者必須先將相對風險取其自然對數（因為 Ln(1) = 0），意即研究者須先用滑鼠左鍵點選 CMA 資料編輯器視窗內之黃色區塊，再按下滑鼠右鍵之後，用滑鼠左鍵點選圖 4-6 內之

「Set primary index to Log risk ratio」。接著，點選 CMA「Analyses」下之「Run Analyses」，即可獲得圖 4-7 的 CMA 相對風險的 z 考驗結果（p = 0.1038）。

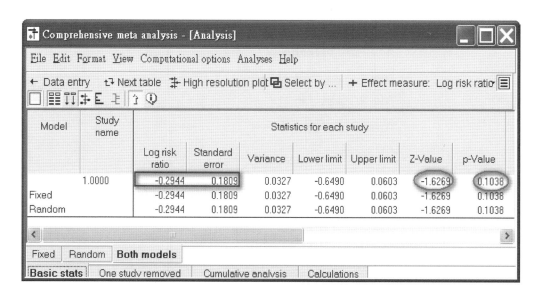

圖 4-7　CMA 相對風險的 z 考驗結果

五、直接比較與間接比較的整合分析

　　首先，針對間接比較之整合分析稍作介紹，接著再進行直接比較與間接比較的整合分析說明。

(一) 間接比較之整合

　　在進行計算間接效果（A → B）之前，必須先進行對比試驗的整合分析（例如：以 B → placebo 為例，涉及圖 4-8 中 Trial 1、Trial 2、Trial 3 直接效果的整合）。

1. 直接比較的整合

　　在實務上，不管實驗處理 A 或 B，可能均存在著一個以上的對比試驗，如圖 4-8 所示。因此，直接比較的整合是首要任務。

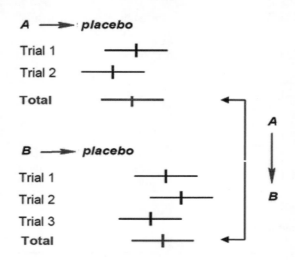

圖 4-8　間接比較前的直接效果的整合

2. 間接比較的整合

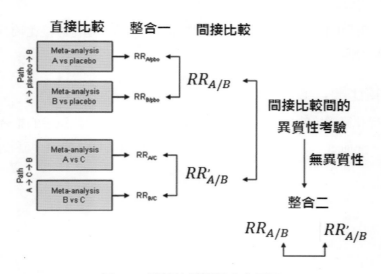

圖 4-9　間接比較間整合之圖示

修　訂　自 http://www.has-sante.fr/portail/upload/docs/application/pdf/2011-02/summary_report__indirect_comparisons_methods_and_validity_january_2011_2.pdf , Haute Autorité de Santé（2009）

依據圖 4-9 間接比較間之整合圖示，可知整合分析的工作，進行了兩次，第一次進行 A → placebo → B 徑路或 A → C → B 徑路內的直接效果的整合；接著，假如兩個間接比較間未具有異質性，再進行間接效果的整合。實際 CMA 之操作步驟在直接比較與間接比較間的整合分析上，操作步驟相同。

（二）直接比較與間接比較間的整合

顧名思義，此種整合分析需先進行直接比較的整合分析，再進行間接比較間的整合分析（Adjusted indirect comparison），參見圖 4-10。

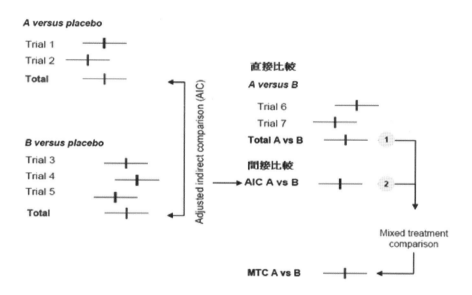

圖 4-10　直接比較與間接比較間整合之圖示

修訂自 www.has-sante.fr by Haute Autorité de Santé (2009)

假設 A，B，C 爲一封閉式的網路。當進行圖 4-10 之直接比較與間接比較間之整合（混合處理效果）時，研究者必須評估兩類比較間是否符合一致性假設（consistency assumption）。以下將以實例，說明直接比較與間接比較間之整合分析步驟。

實例解說

仍以前述 Lim（2003）等人的研究為例，假如低劑量與中劑量阿司匹林治療的直接比較存在的話，研究者亦可進行其直接比較與間接比較的整合分析。假設直接比較之 RR（Risk ratio）為 .68（.95CI：.397 ~ 1.163），加上間接比較的相對風險值為 .745（.95 的 CI：.523 ~ 1.063），利用整合分析軟體 CMA，即可輕易進行其直接比較與間接比較的整合分析。注意，此處 RR 的信賴區間係經由自然對數之數據轉換而來，因此出現左右不對稱之現象。茲將 CMA 的操作步驟簡述如下：

首先，將直接比較 & 間接比較之相對風險的資料輸入 CMA 資料編輯器中，如圖 4-11 所示。

	Study name	Risk ratio	Lower Limit	Upper Limit	Confidence level	Risk ratio	Log risk ratio	Std Err	I	J
1	Direct Comparison	0.680	0.397	1.163	0.950	0.680	-0.386	0.274		
2	Indirect Comparison	0.745	0.523	1.063	0.950	0.745	-0.294	0.181		
3										
4										
5										

圖 4-11　CMA 相對風險的資料輸入：直接比較 & 間接比較

執行 CMA 統計分析之後，就可獲得圖 4-12 之 CMA 直接比較 & 間接比較相對風險的整合分析結果：.725（固定效果）、.725（隨機效果）。

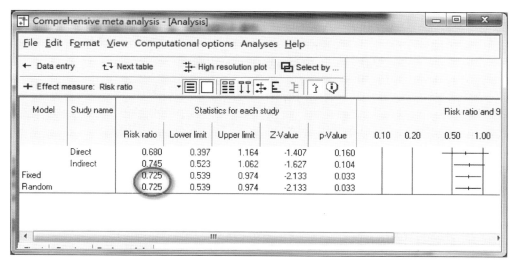

圖 4-12　CMA 直接比較 & 間接比較的相對風險整合結果

　　當然，假如低劑量治療與中劑量阿司匹林治療的直接比較存在的話（參見圖 4-13），研究者亦可進行其直接比較與間接比較的差異分析，此即一致性假設的統計考驗（test of inconsistency between ID and DC results）。此一致性假設的統計考驗，需使用到三個直接比較 (1,3)、(1,2)、(2,3) 的標準誤的計算，如公式 4-7 所示。

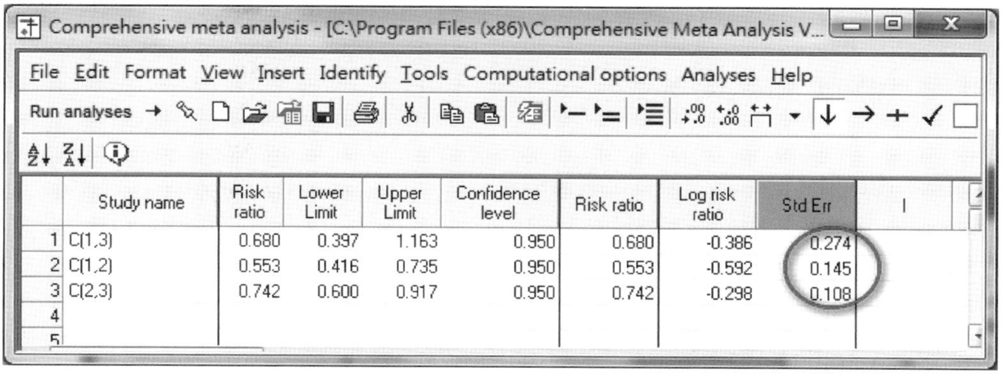

圖 4-13　透過 CMA 求得三個直接比較的標準誤

　　利用圖 4-13 中之三個直接比較的標準誤，帶入公式 4-8 即可進行直接比較與間接比較的差異考驗（Bucher , Guyatt, Griffith, Walter, 1997; Salanti, 2012）。

$$\text{Var}_{13}^{Ind} = \sqrt{Var_{12} + Var_{23}}$$ 公式 4-7

$$\text{Var}_{13}^{Ind} = \sqrt{.145^2 + .108^2} = \sqrt{.1809}$$

$$Z = \frac{|d_{13} - d_{13}^{Ind}|}{\sqrt{Var_{13} + Var_{13}^{Ind}}} = \frac{|d_{13} - d_{13}^{Ind}|}{\sqrt{Var_{13} + Var_{12} + Var_{23}}}$$ 公式 4-8

Z 值～ N(0, 1)，通常我們只關注分子部分的絕對差異量（不一致性因子），其差異的方向性並不重要。由公式 4-8 的分母可以反映出：Z 考驗的標準誤涉及三個直接比較的變異誤的和。

$$Z = \frac{|.680 - .745|}{\sqrt{.274^2 + .1809^2}} = \frac{|.680 - .745|}{\sqrt{.274^2 + .145^2 + .108^2}} = \frac{.065}{\sqrt{.108}} = .198$$

由此 Z 考驗結果（.198 < 1.96, α = .05）可知，直接比較與間接比較間之差異並未達 .05 之顯著差異的水準，意謂著前述的直接比較效果與間接比較效果的整合分析結果是有效的。

另外，進行調整間接比較的計算時，為保留各研究內的可比較性，需維持各研究原先的控制組設計，不可先整合各研究的實驗組結果，再整合控制組的結果，最後再進行比較分析。此種分析方式會導致歷史上有名的 Simpson's paradox 事件，而導致錯誤的結果，請參閱表 4-3 的實例分析結果。由此實例，顯然的各研究未合併前之研究一與研究二之比較結果（治療組表現較佳）與合併後之比較結果完全相反（治療組表現較差）。

表 4-3　Simpson's paradox 事件之實徵例子

		病人數	治療後中風人數	中風比例（Y）	比較效果（d）
研究一	治療組	120	24	20.0%	−3.0%（治療組較好）
	對照組	200	46	23.0%	
研究二	治療組	50	26	52.0%	−3.0%（治療組較好）
	對照組	20	11	55.0%	
合併	治療組	170 (120 + 50)	50 (24 + 26)	29.4%	3.5%（治療組較差？）

	病人數	治療後中風人數	中風比例（Y）	比較效果（d）
對照組	220 (200+20)	57 (11+46)	25.9%	受干擾的分析結果

註：取自邵文逸（2009）之表一實例

六、網絡整合分析的意義

　　由於前節所述之 ITC 係假設各比對間獨立無關，因此僅適用於雙臂試驗（2-arm trials），不適用於多臂試驗（multi-arm trials）；如於分析 3 臂試驗以上的實驗處理，就必須使用網絡整合分析（network meta-analysis）。網絡整合分析是傳統整合分析的延伸，傳統整合分析只估計一個參數，網絡整合分析則需估計 k-1 個參數（k 為實驗處理個數），以同時進行在 k 個處理間的多重比較（multiple pair-wise comparisons），最早的介紹者應推 Lumley（2002）在醫學統計（Statistics in Medicine）期刊上的發表論文。因為此種比較常結合直接比較與間接比較的結果，也稱為混合治療處理比較（mixed treatment comparisons, MTC）。

　　事實上，傳統的配對式整合分析（pair-wise meta-analysis）與間接比較，都是網絡整合分析的特例（Dias, Welton, Sutton, Ades, 2011）。由圖 4-14 觀之，傳統的整合分析是配對式的整合分析，它係直接比較的整合分析。而圖 4-14 中，B & C 之間接比較，係星形網絡，則須透過一個共同參照點（A，常為 placebo），間接求得；梯形網絡中各實驗處理則以系列方式呈現；封閉式網絡（a closed loop）中，每一比較（如 B-C），均包含直接比較（如 $B-C_{dir}$）與間接比較（如來自 A-B & A-C 的比較 $B-C_{Ind}$），可見封閉式網絡亦是一種 MTC 比較；複雜式網絡則是封閉式網絡的延伸（含有封閉式網絡與星形網絡），具有更長的網絡。如果將研究 C 從圖 4-14 中的複雜式網絡中移除，此非封閉式複雜式網絡就是一個梯形的網絡（Jansen et al., 2011）。

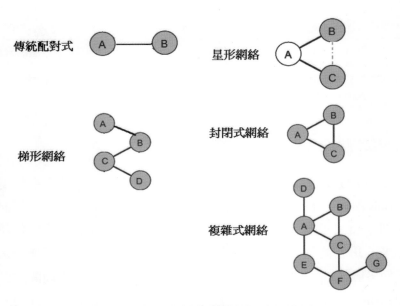

圖 4-14　整合分析的主要比較網絡類型

修訂自 Jansen, Fleurence, Devine, et al. (2011)

　　總之，一般間接比較有不同「比法」，可以利用不同藥物各自與安慰劑比較（star network），也可以互相比較（single closed network），當然也可以最複雜的比較（complex network）。間接比較可以彌補直接比較的不足，因為同一種疾病常有多種療法，而欲直接進行這些療法間之比較可能不切實際。因此，網絡整合分析除了可以同時進行多元比較，又可整合直接與間接比較的結果，近年來受到許多醫療實務者的青睞，以提高配對式整合分析結果的正確性。

七、網絡整合分析的目的

　　因為傳統綜合分析，只進行直接效果的配對比較，可能只能看到部分證據，不能回答哪一個實驗或治療最好；相對於傳統的配對式整合分析，網絡整合分析則有以下的目的與優勢。

　　1. 整合直接比較與間接比較的證據，以改善效果估計值的精確性與穩定性，

　　2. 當存在數種處理方法時，可從各對相對效能中，找出最佳的實驗處理方法（實驗處理的排序），

　　3. 同時考慮所有直接比較與間接比較的證據，

　　4. 可以分析或考驗直接比較與間接比較間的差異性（test of inconsistency）。

八、網絡整合分析的基本假設

　　網絡整合分析的結果是否具有可比較性（內容效度）與推論性或普遍性（外在效度），端視網絡整合分析是否符合以下三個基本假設（Song et al., 2009）：

1. 同質性假設（homogeneity assumption）

　　亦須符合傳統整合分析的同質性假設（這是研究間差異性的問題）：在網絡整合分析中，處理方法相同的比較研究（例如：A 對 C 群內的研究），其性質必須非常相似（Studies in the network MA which compare the same treatments must be sufficiently similar）；例如，所有的研究均在檢驗相同的問題，這是內容效度的問題。

2. 相似性假設（similarity assumption）

　　除了實驗處理之外，受試者的特質、研究情境、追蹤長度、結果測量方法等等干擾因子，各對直接比較在臨床上及方法上應相似（例如：當透過 B 間接比較 A 對 C 時，相關的 A 對 B 與 B 對 C 兩組比較所包含的研究，各方面的條件必須非常相似）。統計上，相似性假設可以透過處理效果與調節變項（effect modifiers）之交互作用分析，進行考驗。因此，這是外在效度的問題。

3. 一致性假設（consistency assumption）

　　一致性假設旨在探究直接比較效果與間接比較效果的差異性或探究間接比較效果間的迴圈差異性（loop inconsistency），這些差異可能起因於受試者不同，處理方法不同或處理情境不同。前述同質性假設與相似性假設如果違反，將可能產生直接與間接證據的矛盾，而導致出現間接證據效度的疑慮。如果同時有直接與間接證據，這些證據結果是否具有一致（direct and indirect comparisons, when done separately, must be roughly in agreement），將是有意義整合分析結果的先決條件。另外，在不同研究設計上（例如雙臂與三臂）的比較效果值，也可能產生設計不一致性（design inconsistency）的困擾。換言之，他們之間的差異性大小，亦是整合分析的內容效度指標。一般來說，研究間的異質性愈高，愈有可能造成直接與間接證據間的矛盾或衝突。因此，避免研究間的異質性應是避免直接與間接證據間矛盾的基本要件。

　　因此，當研究者發現一致性假設嚴重違反時，應停止網絡整合分析，如果發

249

現一致性假設違反不太嚴重時，對於研究結果的解釋也應更加保守。

九、直接比較效果與間接比較效果的一致性考驗

一致性的基本假設乃是整合分析的最基本要求，其定義與實例在此特別介紹之。

(一) 一致性定義

根據公式 4-4 的定義，間接比較效果係兩個直接比較效果的和（$d_{BC}^{Indirect} = d_{BA} + d_{CA}$），請參看圖 4-15 的示意圖；其 BC 的間接效果等於 0.6 + 0.5 = 1.1。

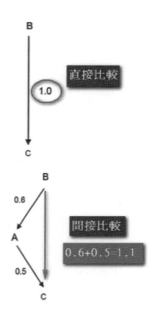

圖 4-15　直接比較效果與間接比較效果的一致性定義

(二) 間接比較間具一致性的實例

圖 4-16 包含兩個 AB 之間接比較，一個透過 ACB 徑路，另一個透過 ADB 徑路。

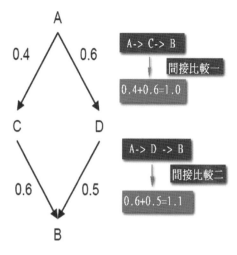

圖 4-16　間接比較效果間未具差異性

由圖 4-16 可知，A & B 間的兩個間接比較值（1.0、1.1），不管 ACB 徑路或 ADB 徑路，均相當接近。因此，間接比較一與間接比較二間具有一致性，研究者可以安心進行這兩種間接比較的整合分析。

(三) 間接比較間無一致性的實例

圖 4-17 亦包含兩個 AB 之間接比較，但這兩個間接比較估計值，具有很大之差異。

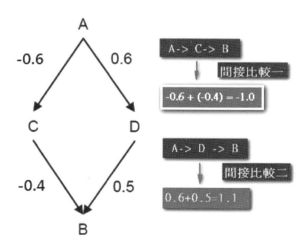

圖 4-17　間接比較效果間具顯著差異

　　由圖 4-17 可知，A & B 間的間接比較估計值，會因使用的徑路的不同，例如：經 ACB 徑路的間接比較一之估計值為 -1.0，而經 ADB 徑路間接比較二之估計值為 1.1，兩者具有極大的差異，而違反了整合分析的一致性基本假設。因此，本例間接比較間不具有一致性，研究者不可進行這兩種間接比較的整合分析。

十、網絡整合分析的資料呈現方式

　　網絡整合分析，是間接比較的延伸，最適合於 2 種以上實驗或醫療處理方法間的效果值分析。他通常可以透過臂層次（arm-level）資料結構與對比層次（contrast-level）資料結構，進行資料的建檔，以便相關統計分析軟體之執行。透過臂層次資料結構的網絡整合分析，焦點在於特定 arm 的效果值分析（如勝算、平均數）；透過對比層次資料結構的網絡整合分析，焦點在於特定 contrast 的效果值分析（如勝算比、平均數差異）。茲將兩種資料結構的呈現方式摘要於表 4-4，以供研究者進行 WinBUGS、netmeta R 或 metaSEM R 程式設計時的參考。

表 4-4　多元實驗處理的常用資料結構

研究	臂本位		對比本位	
	臂數	資料（二分／連續）	對比數	資料（估計值、變異數或共變數）
i = 1	T1 = 2	$r_{1,1}, n_{1,1} / m_{1,1}, S_{1,1}, n_{1,1}$	1	$y_{1,1}, v_{1,1}$
(A vs B)		$r_{1,2}, n_{1,2} / m_{1,2}, S_{1,2}, n_{1,2}$		
i = 2	T2 = 2	$r_{2,1}, n_{2,1} / m_{2,1}, S_{2,1}, n_{2,1}$	1	$y_{2,1}, v_{2,1}$
(A vs C)		$r_{2,2}, n_{2,2} / m_{2,2}, S_{2,2}, n_{2,2}$		
i = 3	T3 = 2	$r_{3,1}, n_{3,1} / m_{3,1}, S_{3,1}, n_{3,1}$	1	$y_{3,1}, v_{3,1}$
(B vs C)		$r_{3,2}, n_{3,2} / m_{3,2}, S_{3,2}, n_{3,2}$		
i = 4	T4 = 3	$r_{4,1}, n_{4,1} / m_{4,1}, S_{4,1}, n_{4,1}$	2	$y_{4,1}, v_{4,1}$
(A vs B vs C)		$r_{4,2}, n_{4,2} / m_{4,2}, S_{4,2}, n_{4,2}$		$y_{4,2}, v_{4,2}$
		$r_{4,3}, n_{4,3} / m_{4,3}, S_{4,3}, n_{4,3}$		$cov(y_{4,1}, y_{4,2})$

Note：修訂自 Salanti, Higgins, Ades, & Ioannidis, 2008

就二分類別變項而言，臂本位（arm-based）的資料結構焦點在每一個 arm 中的事件出現的頻率或比率（例如：事件發生數與總人數），而對比本位（contrast-based）資料結構焦點在每對 contrast 的相對處理效果值（例如：勝算比與變異數）。就連續性變項而言，臂本位的資料結構焦點在每一個 arm 中的平均數，而對比本位資料結構焦點在每對 contrast 的相對處理效果值（例如：平均數之差異與變異數或共變數）。這兩種資料結構的呈現方式與整合分析軟體的正確程式設計具有密切關係，應用者在寫程式時必須確定要使用何種的資料結構，以便程式設計過程當中，正確呈現待分析的資料。例如：WinBUGS 通常要求以臂本位的資料結構呈現，而 R 語言中的 netMeta & meta-SEM 則要求以對比本位資料結構呈現。一般來說，Bayesian 學派的軟體通常採臂本位的資料結構建檔，Frequentist 學派的軟體通常則採對比本位的資料結構建檔。以下圖 4-18 與圖 4-19 內容，係兩種資料結構的具體資料建檔實例：

（一）臂本位的資料結構：以 two treatments and 2-arm trials 為例

r[,1]	n[,1]	r[,2]	n[,2]	t[,1]	t[,2]	na[]
3	39	3	38	1	2	2
14	116	7	114	1	2	2
11	93	5	69	1	2	2
127	1520	102	1533	1	2	2
27	365	28	355	1	2	2
6	52	4	59	1	2	2
152	939	98	945	1	2	2
48	471	60	632	1	2	2
37	282	25	278	1	2	2
188	1921	138	1916	1	2	2
52	583	64	873	1	2	2
47	266	45	263	1	2	2
16	293	9	291	1	2	2
45	883	57	858	1	2	2

圖 4-18　原始數據的資料呈現格式

圖 4-18 中的變項 Na[] 代表 arms 的個數、r[,1]、n[,1] 代表第一個實驗處理的分子與分母（二分類別變項）、r[,2] and n[,2] 代表第二個實驗處理的分子與分母

（二分類別變項）、t[,1] and t[,2] 下之數字代表實驗處理的代碼。分子與分母中的數據，均係各實驗處理的原始數據。

（二）對比本位的資料結構：以 five treatments and 3-arm trials 為例

t[,1]	t[,2]	t[,3]	y[,1]	y[,2]	y[,3]	se[,1]	se[,2]	se[,3]	na[]
1	3	NA	-1.22	-1.53	NA	0.504	0.439	NA	2
1	2	NA	-0.7	-2.4	NA	0.282	0.258	NA	2
1	2	4	-0.3	-2.6	-1.2	0.505	0.510	0.478	3
3	4	NA	-0.24	-0.59	NA	0.265	0.354	NA	2
3	4	NA	-0.73	-0.18	NA	0.335	0.442	NA	2
4	5	NA	-2.2	-2.5	NA	0.197	0.190	NA	2
4	5	NA	-1.8	-2.1	NA	0.200	0.250	NA	2

圖 4-19　已計算好的效果值數據的資料呈現格式

對比本位的資料結構，係傳統整合分析所採用的資料結構。圖 4-19 中的變項 Na[] 代表 arms 的個數、y[,1]、y[,2]、y[,3] 代表 3 個實驗處理的連續變項、se[,1]、se[,2]、se[,3] 代表 3 個實驗連續變項的相關標準誤。該研究中最大的 arm 數為 3，因此需要 3 個列向量來代表每一個 arm 的處理數據。換言之，對比本位的資料，事實上係根據臂本位的資料計算而來，係已經過處理的統計摘要。

十一、網絡整合分析的流程

網絡整合分析的流程，基本上可分為三階段：

（一）蒐集資料與摘錄資料

網絡整合分析仍適用傳統整合分析的資料蒐集方法，但需進一步陳述試驗處理在直接效果與間接效果連結上的證據網絡關係。為了能評估研究間之同質性、相似性與一致性，研究者需蒐集充分的研究細節（如受試者特徵、結果變項、研究設計）。

（二）統計分析

網絡整合分析的主要統計方法有二：頻率學派（frequentist approach）與貝

氏學派（Bayesian approach）。此兩種統計方法的最大差異處在於模式參數的解釋，頻率統計學派視參數為未知的固定參數，而貝氏統計學派則視參數為隨機變數。請參見圖 4-21 整合分析統計方法的選擇流程，以決定採取哪一學派進行資料分析。其具體分析細節與實例，請參考本書第五、六、七章說明。如果異質性與一致性的基本假設違反的話，需進行次群體分析或整合迴歸分析或停止整合分析。

（三）研究報告

　　研究報告的內涵與寫作要求，各專業領域（如心理、醫學、流行病學與醫療照護）均訂有專屬的寫作準則，例如：MARS（Meta-Analysis Reporting Standards）、CONSORT（Consolidated Standards of Reporting Trials）、QUORUM（Quality of Reporting of Meta-analyses），MOOSE（Meta-analysis Of Observational Studies in Epidemiology）& PRISMA（Preferred Reporting Items for Systematic Reviews and Meta-Analyses）等，均可作為撰寫整合分析報告的參考。研究者可就自己的研究性質是隨機化實驗性質研究、觀察性研究，或自己的專業領域之需求，選用適當的寫作準則。就網絡整合分析而言，以下幾個面向是不可或缺的報告內涵。

　　1. 研究問題或待答問題，
　　2. 研究之收納與排除標準，
　　3. 圖示直接比較與間接比較之網絡，
　　4. 內在效度之評估（包括證據收納標準的適當性、收納研究的品質、出版偏差、異質性與一致性），
　　5. 外在效度之評估（母群、情境的推論性），
　　6. 分析軟體與程式碼。

十二、網絡整合分析的統計模式

　　網絡整合分析的主要統計方法有二：頻率學派與貝氏學派。

（一）頻率學派

　　傳統整合分析統計方法，視資料為隨機樣本，由資料導出的參數（如樣本平

均數）被視爲未知且爲唯一固定值，常運用最大概似估計法，進行參數、信賴區間估計與推論，可以計算：假定虛無假設爲眞時，隨機樣本可以獲得相同或更極端資料的機率；因此其信賴區間（confidence interval）只能解釋爲：在重複抽樣下，有 x% 的樣本會包含母群參數。其中最常見的是 Bucher, Guyatt, & Wakter（1997）統計方法，此法僅試用於雙臂的實驗研究。以 Odds 爲例，其公式定義於 4-9：

$$\text{Log(OR)}_{AB} = \text{Log(OR)}_{AC} - \text{Log(OR)}_{BC}$$
$$= \text{Log(OR)}_{AC} + \text{Log(OR)}_{CB} \qquad \text{公式 4-9}$$

其次，Lumley（2002）爲了解決間接比較的問題，使用以下混合線性模式（linear mixed model，也是一種隨機效果模式）進行網絡整合分析，它的模式包含四種成分：

$$Y_{ijk} = (\mu_i + \eta_{ik}) - (\mu_j + \eta_{jk}) + \xi_{ij} + \varepsilon_{ijk} \qquad \text{公式 4-10}$$

公式 4-10 中，μ_i 代表處理 i 的的眞正效果值（true effect），μ_j 代表處理 j 的的眞正效果值；隨機效果 η_{ik}、η_{jk}（$\sim N(0, \tau^2)$），代表實驗 k 上之效果值與相對應整合效果值間的差異量，η_{ik}、η_{jk} 的變異量爲 τ^2，此 τ^2 爲測量異質性的指標（the heterogeneity of treatment effect）；模式中另一個隨機效果 ξ_{ij}（$\sim N(0, \omega^2)$），代表處理效果 i 相對於 j 的改變量（爲了能夠有效整合不同比較效果值，處理 i 不管跟哪一效果值進行比較，其效果值必須是相等；換言之，ξ_{ij} 須爲 0）。因此，ω^2 係測量網絡不一致性（the inconsistency of this pair of treatments with the rest of the evidence）的指標；ε_{ijk}（$\sim N(0, \sigma_{ijk}^2)$），代表隨機抽樣誤差。綜上所述，$Y_{ijk}$ 主要是反映處理 i & j 在實驗 k 上之差異估計值。

不過，Lumley（2002）的方法有以下幾個應用上之限制：

1. 整合網絡中至少要有一個封閉迴路（存在直接與間接的證據），使用 Lumley 的方法時，網絡中必須存在一個封閉迴路，以計算不一致性估計值（estimate of incoherence），間接估計值的信賴區間就是根據此值計算而來。

2. 無法考慮效果估計值間的相關性，

3. 不適用於梯形或星形之比較網絡，

4. 無法處理細格為 0。

由於上述之限制，過去研究文獻上較少使用本法，而改用貝氏的網絡整合分析。不過，STATA 的外掛套件 mvmeta 已針對上述缺陷做了一些修正，mvmeta 的運用目前亦日見普遍。R package 中的副程式：netmeta 也係 Frequentist Methods 的統計套裝程式。這些應用軟體所植基的理論模式，都已納入網絡不一致性的參數，其中以 Higgins et al.（2012）的設計與處理效果交互作用的理論模式（design-by-treatment interaction model）最受矚目。將不一致性的參數設定為固定效果模式有一個優點：可以利用多變項整合迴歸分析，進行參數之估計（Jackson et al., 2014）。因而，White（2011）將多變項隨機效果整合迴歸分析納入 Stata mvmeta 的程式中，即是一個應用實例。根據此設計與處理效果交互作用的理論，其觀察值的理論模式（Higgins et al., 2012; White et al., 2012）如公式 4-11 所示：

$$y_{di}^{AJ} = \delta^{AJ} + \beta_{di}^{AJ} + \omega_d^{AJ} + \varepsilon_{di}^{AJ}, \quad J = B, C, ... \qquad \text{公式 4-11}$$

式中 y_{di}^{AJ} 的下標 di，表示在第 d（1 to D）個研究設計中的第 i（1 to n_d）個試驗，上標 AJ 表示以 A 為對照組的處理 J；因此，y_{di}^{AJ} 表示對照組為 A 的處理 J 的觀察值。y_{di}^{AJ} 可為平均數差異值、標準化平均數差異值、對數勝算比等效果值指標；δ^{AJ} 為 J & A 間的摘要效果值（視為固定參數），β_{di}^{AJ} 為 di 設計內之研究間異質性的指標，ω_d^{AJ} 為設計間的非一致性指標，ε_{di}^{AJ} 為研究內之誤差項。

公式 4-11 可以公式 4-12 的向量公式呈現之：

$$y_{di} = \delta + \beta_{di} + \omega_d + \varepsilon_{di} \qquad \text{公式 4-12}$$

公式 4-12 中各參數所代表的意義說明如下：

$$y_{di} = (y_{di}^{AB}, y_{di}^{AC}, ...)', \, \delta = (\delta^{AB}, \delta^{AC}, ...)', \, \beta_{di} = (\beta_{di}^{AB}, \beta_{di}^{AC}, ...)'$$

$$\omega_{di} = (\omega_d^{AB}, \omega_d^{AC}, ...)', \, \varepsilon_{di} = (\varepsilon_{di}^{AB}, \varepsilon_{di}^{AC}, ...)'$$

至於 Stata Mvmeta 的網絡整合分析的操作方法與應用實例，請參閱本書第六章。

(二) 貝氏學派

貝氏學派統計法視觀察資料爲固定值（抽取樣本之觀察值），參數爲未知隨機值，可以計算虛無假設成立的機率；因此其可信區間（credibility interval）可以簡單的解釋爲有 x% 的機率，該母群參數會落在此區間。貝氏估計法結合了蒐集資料的最大概似值（likelihood）與先驗機率（prior），以獲得估計參數的事後機率分配（posterior probability distribution of the parameter），其隨機效果模式，根據貝氏法則（Bayes' rule），條件機率 p 界定如公式 4-13（Koricheva, Gurevitch, & Mengersen, 2013）：

$$P(\mu, \tau^2 \mid T_i, S_i^2) \propto \prod_{i=1}^{N} P(T_i \mid \mu, \tau^2, \theta_i, S_i^2) P(\mu, \tau^2, \theta_i) \qquad 公式 4\text{-}13$$

公式 4-13 中，$P(T_i \mid \mu, \tau^2, \theta_i, S_i^2)$ 係最大概似值，$P(\mu, \tau^2, \theta_i)$ 係參數的先驗機率分配，T 係研究效果值，常假定呈常態分配（$\sim N(\theta_i, S_i^2)$），隨機變項 θ 亦假定呈常態分配（$\sim N(\mu, \tau^2)$）；S_i^2 表研究內的變異量，τ^2 表研究間的變異量。根據此公式，研究者只需針對 μ, τ^2，進行先驗機率分配的設定（因爲根據 μ, τ^2 的資訊，就可推知 θ）。有關先驗機率分配的資訊，可能取自於先前研究、專家意見、整合分析等。不同的先驗信念雖有相同的資料最大概似值，亦可能導致不同的結論。此外，當有新的資料可以利用時，今日的事後機率就會變成明日的先驗機率，這是一個持續進化的過程。

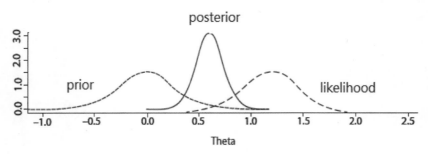

圖 4-20　事後機率分配的形成

由圖 4-20 中 prior 與 likelihood 可知，它們提供了等量的資訊（他們的機率密度擁有相同的離散性），因此事後機率的平均數等於 prior 與 likelihood 的加權平均值。由於事後機率分配的精確性（等於變異數的倒數，亦即加權量）等於 prior 與 likelihood 機率分配精確性的和，因而事後機率分配的離散性變小了（Koricheva, Gurevitch, & Mengersen, 2013）。

不過，當先驗資訊缺乏時，研究者可以選擇「noninformative prior」（vague prior）時，因先驗機率是均等分佈，事後機率分配的結果乃完全受到觀察資料的數據所控制；如果觀察資料所提供的資訊很有限，那麼事後機率分配將與先驗機率分配相去不遠。此種可信區間，考慮及估計異質性的不確定性，而傳統的隨機效果模式則並未考慮進去。文獻上，最常見的貝氏統計模式，係來自 Lu & Ades（2004）的理論模式，該理論模式可適用於星型、階梯型與至少有一封閉迴路的資料型態，而且適用於多重試驗處理（multi-arm trials）上。假設在一個多重處理比較（MTC）分析，其結果變項為 log odds，且有四個實驗處理：A、B、C、D，因而含有 6 個直接比較：d_{AB}, d_{AC}, d_{AD}, d_{BC}, d_{BD}, d_{CD}，研究者可任選一個實驗處理作為參照組（the reference treatment）。據此，以類別變項為例，Lu & Ades（2004）的隨機效果之統計模式，界定如公式 4-14 所示。該程式中包含 3 個要件：機率分配（likelihood）、連結函數模式（model）與先驗機率（prior）。

likelihood:

$r_{jk} \sim$ binomial (p_{jk}, n_{jk})

model:

$$\text{logit}(p_{jk}) = \begin{cases} \mu_{jb} & b = A,\ B,\ C, \quad k = b \\ \mu_{jb} + \delta_{jbk} & k = B,\ C,\ D, \quad k > b \end{cases}$$

$\delta_{jbk} \sim N(d_{bk}, \sigma^2) = N(d_{Ak} - d_{Ab}, \sigma^2)$

$d_{AA} = 0$

priors:

$d_{Ak} \sim$ normal $(0, 10^4)$ $k = B, C, D$

$\sigma \sim$ uniform $[0.5]$ 公式 4-14

公式 4-14 中，p_{jk} 係研究 j 上的實驗處理 b 之發生機率，

r_{jk} 係研究 j 上的實驗處理 k 的觀察事件數，呈二項式分配（$\sim$ binomial），

μ_{jb} 係研究 j 上參照組 b 之自然對數勝算比，

δ_{jbk} 係相對於參照組 b 時，實驗處理 k 獨有的自然對數勝算比。

$d_{bk} = d_{Ak} - d_{Ab}$，呼應了間接比較的規則：直接效果 d_{bk} 等於間接比較（d_{Ak} −

d_{Ab}）之效果，這是實驗處理 k 相對於實驗處理 b 的自然對數勝算比。

　　貝氏模式統計涉及四個步驟：模式（含 Link 函數）的選擇、先驗機率分配的設定、事後機率的計算與模式、資料的適配度考驗。其中事後機率的計算，通常透過 MCMC 模擬抽樣，其過程繁複，需靠統計軟體幫您代勞，其餘的 3 個核心工作，請讀者參閱本書第五章之介紹。雖然貝氏理論之複雜度較高（尤其相關理論模式之設定、檢核與 prior 之界定），軟體之操作與程式撰寫上也較困難，不過因為貝氏的網絡整合分析，適用於各種網絡型態（不管是開放式或封閉式網絡、雙臂或多臂），貝氏的網絡整合分析最受研究者青睞（Coleman, Phung, Cappelleri, Baker, Kluger, White, & Sobieraj, 2012）。而處理貝氏統計的 WinBUGS（Bayesian inference Using Gibbs Sampling）軟體，除了可以進行效果值的排序且使用上較具彈性之外，因係免費軟體最受研究者喜愛。WinBUGS 當然也可以處理直接比較的效果值分析，但這不是本書探討的範圍。至於 WinBUGS 的網絡整合分析（或稱為混合處理比較，MTC）的基本操作步驟，請參閱本書第五章，在此不多作著墨。

(三) 常用機率分配與其 Flat Prior 的設定

　　為便於研究者撰寫 WinBugs 程式，乃將常用機率分配與 Flat Prior 的常用設定方法，彙編摘要於下：

1. The Normal distribution

　　適用對象：最常用於連續變項上 likelihood & priors 的界定，其值介於 - ∞ to
　　　　　　　+ ∞。

　　表徵：Normal (μ, σ^2), mean $= \mu$, variance $= \sigma^2$, precision = 1/variance.

　　WinBUGS 語法：dnorm (mean, precision)。

　　Flat prior：設定小的精確值（大的變異量），e.g. precision = 0.0001,
　　dnorm (0,0.0001) 或使用 dnorm (0,1.0E-4)。

　　Flat prior 又稱為 Vague prior、Reference prior、Non-informative prior。

2. The Binomial distribution

　　適用對象：估計 n 個樣本中出現事件（二分類別資料）的機率。

　　表徵：Binomial (p, n)，p 係事件出現的機率，n 係實際觀察或試驗之樣本數。

WinBUGS 語法：dbin (p,n)。

Flat prior：不使用 Binomial distribution 當作 prior，請改用 dbeta (1,1) 或 dunif (0,1)。

3. The Multinomial distribution

適用對象：估計幾個競爭事件的出現機率。

表徵：Multinomial $(p_1, ..., p_k)$。p_i 係出現結果 i 的機率，且 $p_1, ..., p_k$ 的加總機率值為 1。

WinBUGS 語法：dmulti (p[],n), 式中 p[] 係 $(p_1, ..., p_k)$ 向量。

Flat prior：不使用 Multinomial distribution 當作 prior，請改用 ddirch (1, 1, ...,1)。

4. The Uniform distribution

適用對象：僅擁有特定間距（a, b）的參數之起始值。時常用於標準差與比率參數 [on interval (0,1)]。

表徵：Uniform (a, b) or Unif (a, b), mean = (a+b)/2, variance = $(b-a)^2/12$.

WinBUGS 語法：dunif (a,b).

Flat prior：設定大的全距 e.g. dunif (-100,100) 或正值參數則使用 dunif (0,100)。

5. The Exponential distribution

適用對象：正向連續變項的機率分配，處理連續發生事件之間隔時間的機率。時常用於 Beta 參數的 prior。

表徵：Exponential (λ) or Exp (λ), mean = $1/\lambda$, variance = $1/\lambda^2$.

WinBUGS 語法：dexp (lambda).

Flat prior：設定小的 lambda 值, e.g. dexp (0.01)。

6. The Gamma distribution

適用對象：正向連續變項的機率分配，處理連續發生事件之間隔時間的機率。時常用於 Normal precision 參數與 Beta 參數之 prior。

表徵：Gamma (α, β), mean = α/β, variance = α/β^2, shape parameter α, scale parameter β。當 $\alpha = 1$ 時，等於 Exponential distribution。

WinBUGS 語法：dgamma (alpha, beta)。

Flat prior：設定小的 alpha 與 beta, e.g. dgamma (0.01, 0.01)。

7. The Beta distribution

適用對象：機率的 prior (between 0 and 1)。

表徵：Beta (α, β), mean = $\alpha/(\alpha + \beta)$。在此二分類別的機率參數中，α 係成功之先驗數（prior number of successes），β 係失敗之先驗數（prior number of failures）。這是 Dirichlet distribution 的特例。

WinBUGS 語法：dbeta (alpha, beta)。

Flat prior：設定 alpha 與 beta 等於 1, dbeta (1, 1) 或 dunif (0, 1)。

8. The Dirichlet distribution

適用對象：多類別機率的 prior (between 0 and 1)。這是 Beta distribution 的延伸，同時處理數個機率參數（其機率和為 1）。

表徵：Dirichlet (α_1, ..., α_k)。α_i 係類別 i 結果的先驗數（prior number of outcomes of type i）。

WinBUGS 語法：ddirch (alpha[])，式中 alpha 為（α_1, ... , α_k）之向量。

Flat prior：將 alpha 設定為 1 的向量；WinBUGS 的語法：alpha<-c (1, 1, ..., 1)。

十三、整合分析統計方法的選擇流程

整合分析統計方法的選擇端視資料性質（如有無間接證據）、資料結構（如有無封閉網絡）與相關資訊的充分性（如有無先驗資訊）而定，圖 4-21 即是依此原則而設計。

依圖 4-21 的整合分析統計方法的選擇流程，可以發現：整合分析統計方法的選擇，首先需知道有無足夠的直接證據可以進行資料的合併。當僅有直接證據時，唯一的問題是研究到底要不要合併，不合併就必須停止整合分析；合併的話，到底要使用頻率學派或貝氏學派的資料分析法。研究者如有其他重要資訊（例如：過去文獻、臨床經驗、專家意見）可以用來設定「informative priors」，貝氏學派的資料分析法是較佳的途徑。當具有間接證據時，研究者就必須要評估是否包含間接證據，以進行整合分析；包含的話，到底要使用何種資料分析法。是否包含間接證據的關鍵，在於直接證據與間接證據是否產生衝突。圖 4-21 右側底部的「傳統網絡整合分析」係採用 Lumley（2002）的混合線性模式（linear mixed model）。該法為了計算不一致指標「measure of incoherence」，要求網絡

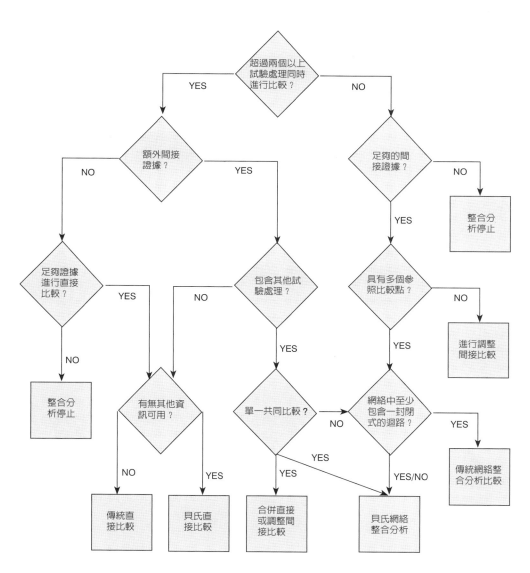

圖 4-21　整合分析統計方法的選擇流程
註：修訂自 Coleman, Phung, Cappelleri, Baker, Kluger, White, & Sobieraj, 2012

必須包含一封閉迴路（a closed loop）。最後要問的是直接證據與間接證據的
整合時，存在著單一的共同比較或多個共同比較（a single or mutiple common
comparators）；如果只有單一的共同比較，可使用 Bucher et al. (1997) 分析法；如
為多個共同比較，宜用貝氏網絡整合分析或傳統網絡整合分析。

習題

一、貝氏條件機率之定義，參見圖 4-22。請舉一實例說明之。

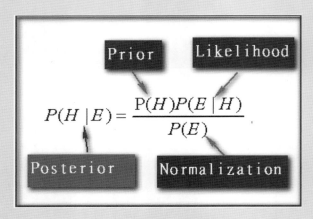

圖 4-22　貝氏條件機率之定義

$$P(E) = \sum_i P(H_i)P(E \mid H_i) \rightarrow \text{normalization constant} \rightarrow 0 \sim 1$$

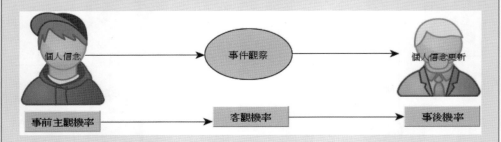

※ 實例提示：

得心臟病的機率（p(H)）→心臟病者抽煙的機率（p(E | H)）→抽煙者得心臟病的機率（p(H | E)），因而貝氏條件機率乃結合了既存知識（主觀判斷），將之納入統計模式界定（客觀科學數據）中，以獲得更適切且直接的結論；顯然地貝氏統計拋棄了傳統 Neyman & Pearson 或 Fisher 的假設考驗統計模式。

二、請分辨下列兩個敘述，何者為貝氏統計說法？何者為頻率統計說法？

1. 實驗處理 A & 實驗處理 B 間沒有顯著差異

2. 實驗處理 A 優於實驗處理 B 的機率為 .75

三、圖 4-23 係使用 Aspirin，Clopidogrel 與 Placebo 等藥物對於中風或心肌
梗塞療效的原始數據。請利用整合分析軟體如 CMA 或 ESS 進行 Aspirin
與 Placebo 直接效果的整合分析，接著再利用 ITC 軟體進行 Clopidogrel
與 Placebo 間接效果的計算。

	ITC醫醫數據 - 記事本			
檔案(F) 編輯(E) 格式(O) 檢視(V) 說明(H)				

```
Study              Placebo(Events/n)*  Aspirin(Events/n)  Clopidogrel(Events/n)

1                                       1021/17519         939/17636
2                  1693/9914            1331/9877
3                  1348/9385            992/9388
4                  1301/5870            1076/5837
5                  195/1649             160/1646
```

註1:*Events 代表中風或心肌梗塞的人數，n代表病患數
註2:假定Aspirin為common comparator

圖 4-23　　直接效果的數據：取自 ITC 手冊 Table 10，p.72

註：資料引自 Wells, Sultan, ChenL, Khan,and Coyle（2009）

參考答案：

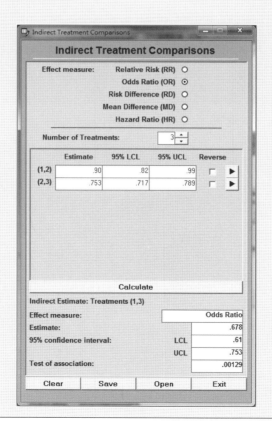

WinBUGS 簡介與貝氏
網絡整合分析

本章大綱

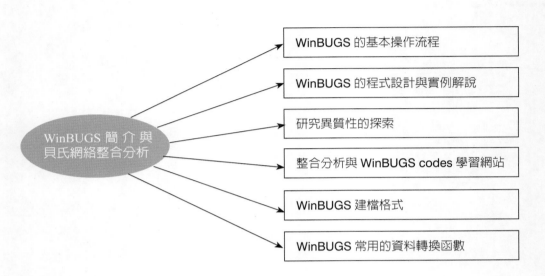

WinBUGS 簡介與
貝氏網絡整合分析

- WinBUGS 的基本操作流程
- WinBUGS 的程式設計與實例解說
- 研究異質性的探索
- 整合分析與 WinBUGS codes 學習網站
- WinBUGS 建檔格式
- WinBUGS 常用的資料轉換函數

　　本章旨在介紹貝氏網絡整合分析（Bayesian network meta-analysis），並以免費的 WinBUGS 軟體作爲範例資料的分析工具。雖然撰寫 WinBUGS 程式需要一些統計專業知能，但大部分相關的範例與程式語法都可在網路上（例如：http://www.bristol.ac.uk/social-community-medicine/projects/mpes/code/、http://cmim.cochrane.org/network-meta-analysis-toolkit）或專業期刊中（例如：Medical Decision Making 雜誌，可利用以下網頁查閱 http://www.ncbi.nlm.nih.gov/pmc/articles/PMC3704205/）找到，研究者只要稍加改寫即可。在本章中的 WinBUGS 實例應用介紹，筆者將不厭其煩地針對 WinBUGS 程式撰寫的關鍵點，進行詳細的註解與說明。因此，利用 WinBUGS 來進行貝氏網絡整合分析，閱讀與操作本書的相關實例之後，深信並無想像中的困難。

一、WinBUGS 的基本操作流程

　　WinBUGS 除了語法的編輯器之外，也提供圖形編輯器（Doodle Bugs editor），Woodward（2011）亦提供一個 Excel 增益集 BugsXLA（免費下載網址 http://Serieshttp://www.philwoodward.co.uk/bugsxla/download.html），供使用者運用圖形介面操作 WinBUGS。不管是使用語法編輯器或圖形編輯器，應用者對於

理論模式的統計知識均是關鍵，因爲圖形的編輯或操作亦端賴於理論模式的正確認知，否則無法產出正確的結果或進行正確的解釋。因爲圖形編輯器有其無能爲力的地方，筆者認爲雖然需多費心一些，終究使用語法編輯器才是王道。

WinBUGS 的程式撰寫之前，需先在 File 表單下，點選 New 選目：

，以開啓程式編輯視窗，如圖 5-1 所示。接著，就可在程式編輯視窗內，進行程式撰寫了。

(一) 程式撰寫

每一個 WinBUGS 程式均需包含三個部分：模式碼本身、資料輸入 & 未知參數之起始值。以下係一個完整檔案的 WinBUGS 程式語法的模板，整個程式碼需在 model{} 內爲之，其中以 # 起首的指令係註解，執行程式時 WinBUGS 會忽視它。

1. 模式碼本身

```
#This is a comment
{ #begin model
…# 界定觀察資料分配
…# 界定統計模式參數分配
…# 設定參數 prior
…# 界定參數函數
} #end model
```

例如，在圖 5-1、或圖 5-2 的程式中，r[i, k] 即是觀察資料分配的界定、logit（p[i,k]）即是統計模式參數分配的界定、mu[i]、delta[i, k]、sd 即是參數 prior 的設定、tau<pow（sd,-2）即是參數函數的界定。

2. 資料輸入

資料輸入格式可以爲 (1) 表單格式（list format），適用於研究變項數較少時或 (2) 長方形格式（rectangular format），細節請參閱本章第五節之實例說明。

3. 未知參數起始值

參數起始值可以由研究者自行設定或由 WinBUGS 自行產製。WinBUGS 的程式撰寫時，會使用到三種變項（或稱為 nodes），常數項、隨機變項與邏輯變項。常數項用以宣告常數（如 ns = 22）、隨機變項（如圖 5-1 中的 mu & sd）需分派相關之機率分配，而邏輯變項（如圖 5-1 中的 dev[i, k]）係經加、減、乘、除等運算之結果。以上這些變項必須置於方程式的左側，且僅能出現一次。另外，每一個參數在 WinBUGS 中只允許界定一次，因此不能重複定義參數。

（二）檢查模式

程式撰寫之後，首要任務乃在讓 WinBUGS 檢查程式語法與邏輯是否正確。首先，點選「Model」選單之下的「Specification」，用滑鼠標註「model」之後（如圖 5-1 所示），按下「check model」按鈕，如果正確無誤，WinBUGS 就會在視窗底部出現「model is syntactically correct」（參見圖 5-2）。如果出現其他警訊如「expected right parenthesis」，WinBUGS 就不允許讓使用者繼續操作下一個步驟：讀入資料「load data」。

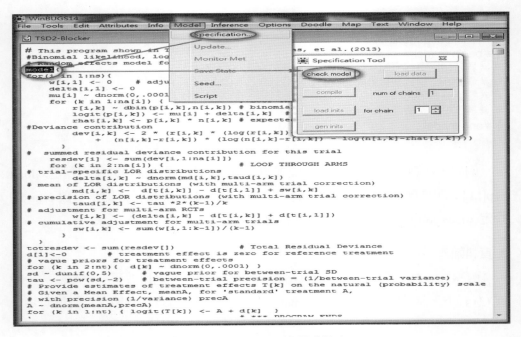

圖 5-1　WinBUGS 的程式檢查

根據圖 5-2 之 WinBUGS 程式檢查結果，該模式內的程式語法已正確無誤
（model is syntactically correct），研究者即可以開始讀入資料了。

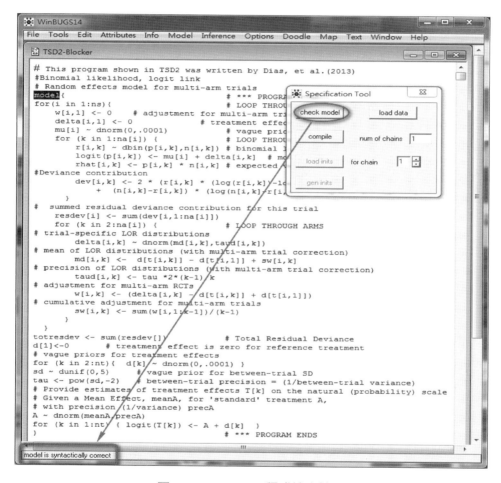

圖 5-2　WinBUGS 程式檢查結果

(三) 讀入資料

程式撰寫無誤之後，就可開始「讀入資料」，如果資料讀入方式為集合型
態，需以 c（代表 collectives，資料集）起首，由資料表單（如圖 5-3 所示）可
知，本次分析將讀入四個變項（ns,nt,meanA, & precA）及一個矩陣資料。首先，
請用滑鼠標註「list」之後，按下「load data」按鈕，如果正確無誤，WinBUGS

就會在視窗底部出現「data loaded」，如果無其他資料須讀進，研究者可以開始程式編譯（compile）了。不過，如果程式中含有兩筆資料以上（如：一為 list，一為 matrix）；WinBUGS 必須讀進資料兩次（load data twice，一為 list，一為 matrix），本例即須讀進資料兩次，否則會有以下之警訊："variable x is not defined in model or in the data set"。

同樣地，如果出現其他警訊如「expected key word structure」，WinBUGS 就不允許讓使用者繼續操作下一個步驟「compile」。如果研究者需要迅速檢查模式之收斂性，可以在「Specification Tool」視窗內之 Markov 鏈數「num of chains」增加為 2 或 3（意即模擬 2 ～ 3 套的樣本）。Coleman, Phung, Cappelleri, Baker, Kluger, White, Sobieraj（2012）與 Dias, et al.（2011 & 2013b）則建議至少使用 3 套的 MCMC（Markov Chain Monte Carlo）樣本起始鏈。

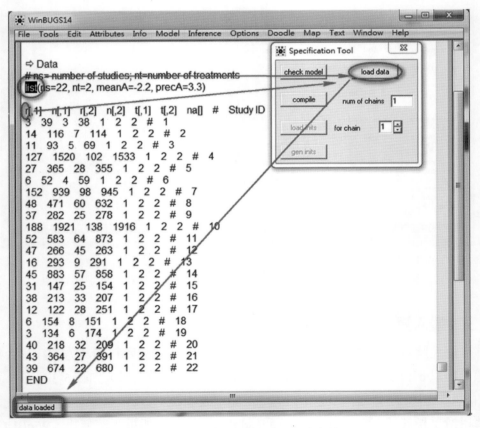

圖 5-3　WinBUGS 讀入資料方法與結果

(四) 程式編譯

當資料成功讀入後，就可開始「程式編譯」。首先，請先設定「number of chains」之後，用滑鼠按下「compile」按鈕，如果正確無誤，WinBUGS 就會在視窗底部出現「model compiled」（如圖 5-4 所示），研究者可以開始進行起始值的讀入「load inits」或由 WinBUGS 自動產製「gen inits」工作了（如果研究者未界定所有參數之起始值）。同樣地，如果出現其他警訊如「array index is greater than array upper bound r」，WinBUGS 就不允許使用者繼續操作下一個步驟「load inits」。當研究者無法繼續操作下一個步驟，就需更正程式設計，但必須再從頭（model 起始處）再執行一遍。

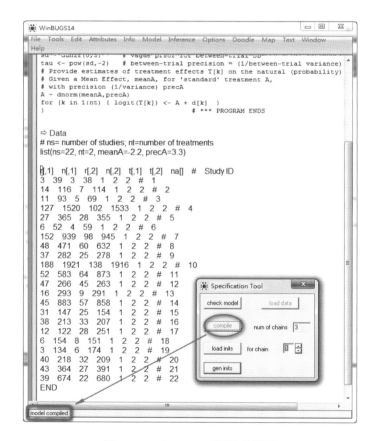

圖 5-4　WinBUGS 之程式編譯

(五) 讀入起始值

因為沒有現成資料，所有隨機變項（stochastic nodes）都要有起始值（initial values）。雖然每一隨機變項的起始值可以為任一值，但不適當的起始值會造成收斂困難或更久才能收斂，尤其使用 vague priors 時。起始值的選擇最好能反映該參數的最佳資訊。如無該參數的可能資訊，才以 non-informative prior 設定之。起始值的選擇會影響 MCMC 鏈的收斂速度，如果起始值遠離事後機率分布的覆蓋範圍，時常導致需要更多的迴圈，MCMC 鏈才能收斂。研究者如果希望執行多個 Markov 鏈分析以評估聚斂性，就必須提供多套不同的起始值。當程式編譯後，就可開始「讀入起始值」。首先，請用滑鼠標註「list」之後，按下「load inits」按鈕，如果正確無誤，WinBUGS 就會在視窗底部出現「model initialized」，研究者可以開始進行樣本資料的產製工作了（generating samples）。

本例，在圖 5-5 底部出現警訊如「chain contains uninitialized variables」，WinBUGS 就不允許讓使用者，繼續操作下去，此時研究者可以利用 WinBUGS 「gen inits」進行自動設定起始值。如果出現錯誤警訊時，游標會出現於犯錯的起始值向量上。除了上載起始值之外，當然，研究者亦可讓 WinBUGS 自行產製起始值（gen inits）。只要是合理的起始值（如動差的估計值），起始值並不會影響事後機率分配的推論，但會影響收斂的速度。通常，將平均數設定為 0，變異量設定為 1，就已足夠運作。另外，以下幾個起始值設定要點，研究者必須遵守：(1) 不須估計的參數，不可以設定起始值，應以 "NA" 註記之，(2) 模式中出現待估計隨機變數，才須賦予起始值，且變異數的估計值須為正值，(3) 起始值的設定應在 prior 的範圍內為之，(4) 資料中含有缺失值時，在起始值的向量中應賦予合理的起始值。

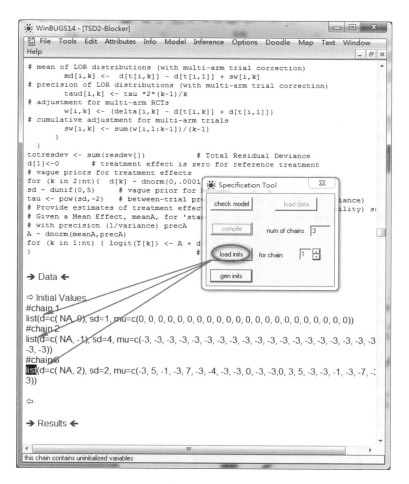

圖 5-5　WinBUGS 讀入起始值之方法與結果

(六) 產製或更新樣本資料

　　本階段工作在針對未知統計量進行模擬資料的產製，請拉下 WinBUGS 的「Model」的表單（參見圖 5-6），點選「Update」，就會出現圖 5-7 之 WinBUGS 的「Update Tool」視窗。這個資料更新工具視窗與樣本數值監控工具「Sample Monitor Tool」視窗（參見圖 5-9），是使用者經常來回開啓的操作視窗。

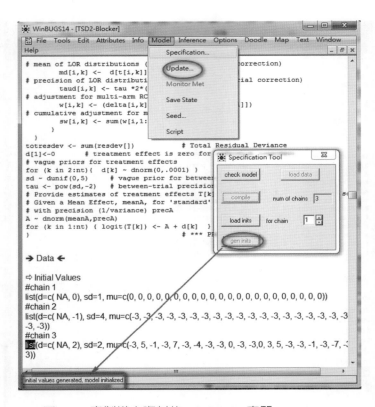

圖 5-6　產製樣本資料的 WinBUGS 表單：Update⋯

圖 5-7　WinBUGS 的資料更新工具視窗

　　Update Tool 視窗內之「update」鍵，係開始進行模擬或模式更新的按鈕。按下此按鈕之前，使用者需先在 updates 空格內填入模擬數（如 10000），在 refresh 空格內填入統計量更新頻率（如 100 個迴圈就更新），在 thin 空格內填入瘦身數（本例為 1，表抽出之樣本全部儲存；如為 5，表每抽出 5 樣本點僅儲存 1/5，其餘永久拋棄不用），iteration 之空格係啟動 update 之後，經瘦身後已儲存的樣本總數。當研究者發現，MCMC 鏈的混合（mixing）速度很慢時，就沒有必要保留所有鏈中的所有數值，此時即可更動瘦身數，以免佔據太大的存檔空間。Update Tool 視窗內之「thin」&「over relax」均係用來降低前後樣本間之自動相關程度；尤其當發現自動相關偏高時，可試著點選「over relax」試試看。至於「adapting」選項，如被勾選時表示參數正處於微調階段（an adaptive phase），此階段的資訊在摘要統計上會被拋棄不用。

(七) 儲存估計值與摘要結果

在 MCMC 方法的運用上，研究者通常希望抽樣器跑一些時間，確定穩定之後才開始儲存數據。數據更新（updating）只進行抽樣並不會儲存數據，要儲存數據需使用以下兩種工具視窗：使用 Sample Monitor Tool（圖 5-9），或使用 Summary Monitor Tool（圖 5-11），這兩個常用工具視窗，位於圖 5-8「Inference」表單之下。

1. 樣本數值監控工具視窗

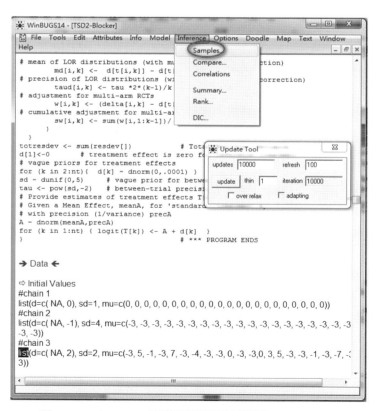

圖 5-8　WinBUGS 的推論表單下之選目：Samples…

研究者點開圖 5-8 中「Inference」下之「Samples...」選目，就會出現圖 5-9 之 WinBUGS 的儲存樣本數值監控視窗。

圖 5-9　WinBUGS 的儲存樣本數值監控工具視窗

在「Sample Monitor Tool」視窗中，在 node 的右側空白處需填入待觀察或分析之摘要統計量或適配度統計量的名稱（如：d、p、delta、deviance、totresdev 或 *，* 代表要輸出先前所輸入的統計量），在 beg 的右側空白處需填入待拋棄之 MCMC 樣本數（burn-in），經過此數之後模式就應收斂（convergence），在 thin 的右側空白處需填入暫時性列入統計分析之 MCMC 樣本比率數（本例為 1，表儲存之樣本全部列入分析；如為 5，表 5 個樣本點僅使用 1/5 列入統計分析，其餘暫時拋棄不用，但不會從記憶體中刪除）。當參數的自變相關居高不下時，研究者可試著加大瘦身間距，例如：在 thin 的右側空白處，增大 MCMC 樣本比率數。

當樣本數值監控視窗內的待分析統計量設定完之後，研究者須再回到圖 5-7 之 Update Tool 視窗，利用「update」按鈕，進行資料更新。接著，再回到圖 5-9 之「Sample Monitor Tool」視窗，進行監控各種相關之統計量數。

2. 摘要監控工具視窗
圖 5-11 內側的摘要監控工具「Summary Monitor Tool」視窗功能與樣本監控工具「Sample Monitor Tool」視窗的功能類似。本視窗旨在儲存參數的平均數與標準差，以及各參數之百分位數（如 2.5%、50%、97.5%）。

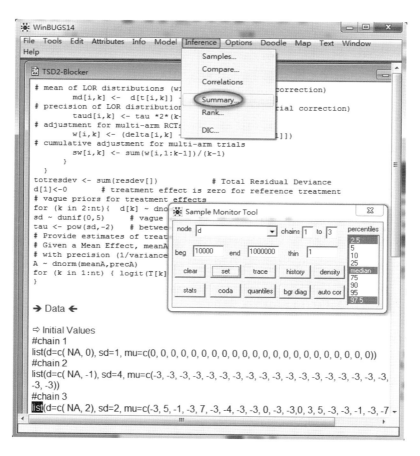

圖 5-10　WinBUGS 的推論表單下之選目：Summary⋯

　　研究者點開圖 5-10 中「Inference」下之「Summary...」選目，就會出現圖 5-11 之 WinBUGS 的摘要監控工具視窗，此摘要監控視窗之報表輸出比較不佔記憶體，比較適合於變項數較多，程式又需跑很久時。

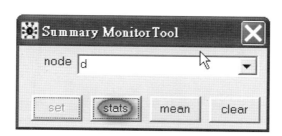

圖 5-11　WinBUGS 的摘要監控工具視窗

　　研究者須在圖 5-11 中，輸入待監控的參數名稱（如 d、tau、sd、totresdev）之後，按下「Set」鍵以確定登錄。統計「stats」按鈕旨在顯示參數的平均數與標準差，以及參數之百分位數（如 2.5%、50%、97.5%）。

(八) 檢查收斂性

　　WinBUGS 使用 Gibbs 抽樣方法（遞迴估計演算法），從武斷的起始值開始抽樣，最終收斂到目標值。因此，研究者有必要檢查參數的收斂性（convergence），了解何時模擬出現了穩定性，亦即何時各參數的 MCMC 抽樣分配，會呈現固定無變化的現象（the stationary distribution）。在 MCMC 的抽樣架構下，欲評估參數的收斂性是一項困難的工作，MCMC 的運算邏輯著眼於分配的收斂而非點估計值的聚斂。此項 MCMC 的特質導致無法使用單一的指標，可以充分評估其收斂性。因此，通常研究者必須根據不同的診斷指標，來檢視不同收斂條件下之收斂性。WinBUGS 提供了三種收斂檢驗方法（利用視覺檢視法與統計量），研究者必須綜合研判之。使用視覺法檢視某一參數是否已收斂，可查看其 MCMC 鏈的混合（mixing）狀態，當軌跡圖（trace plot）的 MCMC 鏈可在參數分配的空間內自由移動，而沒有固定於某些點或區域上，即顯示該參數可能已達收斂狀態。以下提供常用的視覺及統計方法，以檢驗模式參數之收斂性。

1. 診斷統計量：自變相關

　　自變相關是參數值是否收斂的基本要件，研究者須先加以檢驗。自變相關（馬克夫鏈前後抽樣數據間之相關），可由圖 5-12 中之 WinBUGS 統計輸出指令：「auto cor」獲得。

圖 5-12　WinBUGS 自變相關指令：「auto cor」

由圖 5-13 可知，該 tau 參數的自變相關在迴圈間距 Lag 40 之後，自變相關仍未接近於 0，表示 MCMC 抽樣因混合（mixing）速度遲緩而尚未脫離起始點，其抽樣分配仍未達收斂狀態。如欲觀看實際自變相關值，請在雙擊自變相關圖之後，再按下「Ctrl」鍵並用滑鼠左鍵單擊該圖。

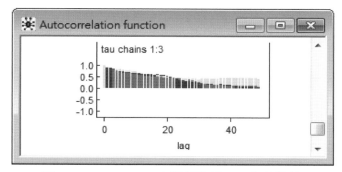

圖 5-13　WinBUGS 自變相關圖：不收斂狀態

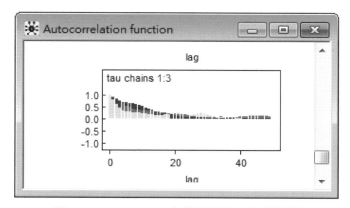

圖 5-14　WinBUGS 自變相關圖：收斂狀態

由圖 5-14 可知，經增大模擬迴圈數之後，該參數 tau 的自變相關約在迴圈間距 Lag 25 之後，自變相關已接近於 0，表示 MCMC 抽樣已脫離起始點，其抽樣分配已在收斂當中。圖中不同顏色之圖示，代表不同鏈之自變相關圖。

2. 樣本軌跡圖、時間系列圖、密度圖

圖 5-15 中的「trace」按鈕，係 WinBUGS 的參數軌跡圖的指令，用來輸出樣本動態軌跡圖（dynamic trace），可全程監看 MCMC 在參數空間的移動狀態；可用來評估 MCMC 抽樣分配是否已收斂。動態軌跡圖是研究者最常用的視覺檢查

法，Y 軸是參數的模擬值，X 軸係迴圈數（the iteration number），參見圖 5-16，此視窗可以在「Update」資料的過程中，監控 MCMC 的聚斂動態過程。研究者如欲察看 MCMC 的聚斂動態過程，需先打開圖 5-15 之「trace」監控視窗，再利用圖 5-7 之「Update Tool」更新資料時，加以監控。

圖 5-15　WinBUGS 軌跡圖指令

當未收斂前該參數值之抽樣分布，會有激烈之上下震動或隨意漂流的現象，例如，圖 5-16 中參數值（sd）之抽樣分布，並未循著分配的眾數（mode）附近上下移動，且三個 MCMC 鏈似乎也未相互重疊（具有固定的平均數與變異數），顯示該參數未達收斂狀態；而且如果抽樣分布僅固著於參數空間上的某一些領域（bad mixing 現象），也表示該參數未達收斂狀態；但本法無法證實收斂是否已發生，研究者須配合其他證據，如利用 Gelman-Rubbin 收斂軌跡圖一起評估。理想上，三個軌跡圖應合而為一，且合而為一點的迴圈數即是應拋棄的最低樣本數（burn-in）；因為在此之前的產製數據是不可靠的，應該加以拋棄後，才能正確估計事後的參數估計值。

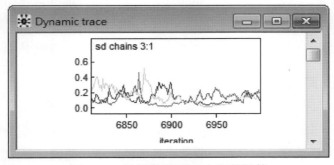

圖 5-16　動態軌跡圖：未收斂狀態

圖 5-17 中的「history」按鈕，係 WinBUGS 的參數歷史軌跡圖指令（time series），用來輸出樣本時間系列圖（事實上係更完整的樣本軌跡圖），也可用來評估 MCMC 抽樣分配是否未收斂。

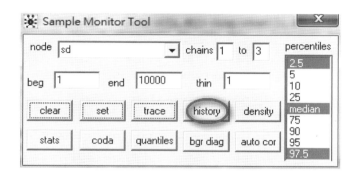

圖 5-17　WinBUGS 歷史軌跡圖指令

當未收斂前該參數值之 MCMC 抽樣分布，會有激烈之上下震動或隨意漂流的現象，圖 5-18 的歷史軌跡圖就出現此種現象。

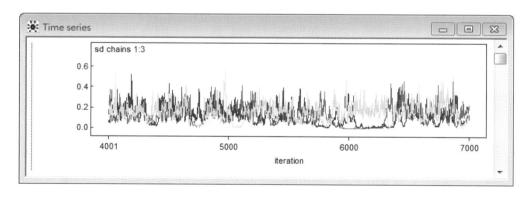

圖 5-18　MCMC Time Series：未收斂狀態

如果該參數值之 MCMC 抽樣分布已收斂，其抽樣分布就沒有激烈之上下震動或隨意漂流的現象，形成一緊密的水平帶狀，見圖 5-19 的歷史軌跡圖。

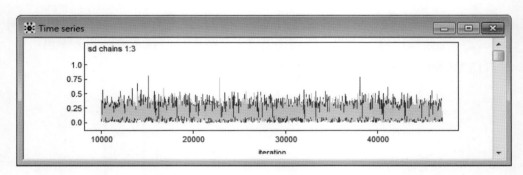

圖 5-19　MCMC Time Series：收斂狀態

此外，圖 5-20 中的「density」按鈕，係 WinBUGS 的參數核心密度圖指令（kernel density），用來輸出樣本密度圖，亦可用來評估 MCMC 抽樣分配是否已收斂。當該參數係連續變項時，該圖係一圓滑的參數核心密度圖（如圖 5-22），如果該參數係類別變項時，該圖係一長條圖。

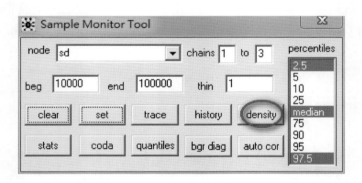

圖 5-20　WinBUGS 之 Kernel density 指令

又由圖 5-21 內之 Kernel density 圖呈現不平滑的曲線，可知 tau 參數仍未達收斂狀態；更嚴重時會出現多峰分配的曲線圖。

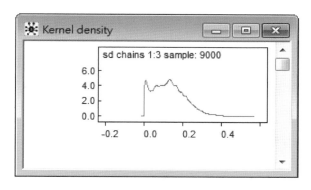

圖 5-21　　Kernel density：未收斂狀態

　　但由圖 5-22 內之 Kernel density 圖可看出，該圖呈現單峰平滑的近似常態分配曲線，可知 sd 參數已達收斂狀態。

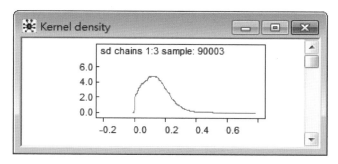

圖 5-22　　Kernel density：收斂狀態

3. Gelman-Rubbin 收斂指標或收斂軌跡圖

　　圖 5-23 中的「bgr diag」，係 WinBUGS 的參數 Gelman-Rubin 收斂統計指標或收斂軌跡圖的輸出按鈕，其輸出結果可用來評估 MCMC 抽樣分配是否已收斂，參見圖 5-24 & 圖 5-26。

圖 5-23　Gelman-Rubin 收斂統計指標

　　圖 5-24 係 Gelman-Rubbin 收斂軌跡圖，因該參數之綠線（代表 the pooled runs）與藍線（代表 the individual runs）尚未呈穩定狀態，收斂狀態不理想。此法以視覺來評估有點主觀，研究者常以其他診斷指標，如 Gelman-Rubin 收斂統計指標（係 Brooks & Gelman,1988 的修正指標）一併考慮之。

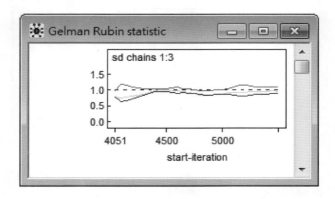

圖 5-24　Gelman-Rubbin 收斂軌跡圖：未收斂狀態

　　如觀之圖 5-25 的 tau 參數 Gelman-Rubbin 收斂軌跡圖，發現圖中該參數之綠線（代表來自於併組資料之 .80 可信區間的平均寬度值）與藍線（代表來自於三個不同鏈之 .80 可信區間的寬度值）已呈穩定聚合收斂狀態，且紅線（代表 BGR 比值 = 鏈間變異量 / 鏈內變異量）逼近於 1；亦即這兩條藍綠線的比值，收斂時其比值應為 1。換言之，觀看紅線是否逼近於 1，即可推知該參數是否收斂。

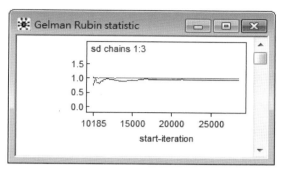

圖 5-25 Gelman-Rubbin 收斂軌跡圖：收斂狀態

　　其次，利用滑鼠左鍵，雙擊 sd 參數的收斂軌跡圖之後，按下「Ctrl」鍵並用滑鼠左鍵點選該圖，便可獲得 BGR 比率指標，如圖 5-26。圖 5-26 為 WinBUGS 之 BGR 指標，因均逼近於 1，顯示該參數 sd 值已達收斂狀態。BGR 指標，係馬克夫鏈間與鏈內變異量的比值（= pooled/within），該值在 1.1 內屬可接受（Gelman and Hill, 2007），惟一般都採取更低的截斷值，譬如：1.002。如果 BGR 指標未達理想值，則研究者需繼續產製更多的 MCMC 樣本，以降低估計值的不確定性。

Values of Gelman Rubin statistic

iteration range	Unnormalized of pooled chains	mean within chain	Normalized as plotted of pooled chains	mean within chain	BGR ratio
			——80% interval——		
4051—4100	0.1798	0.1836	0.77	0.7863	0.9793
4101—4200	0.1778	0.1515	0.7616	0.6488	1.174
4151—4300	0.1807	0.1568	0.7741	0.6716	1.153
4201—4400	0.1876	0.169	0.8034	0.724	1.11
4251—4500	0.1966	0.1828	0.8422	0.7828	1.076
4301—4600	0.2034	0.1949	0.8712	0.8349	1.043
4351—4700	0.2155	0.2067	0.9229	0.8855	1.042
4401—4800	0.2293	0.2229	0.9822	0.9545	1.029
4451—4900	0.2335	0.2241	1.0	0.9596	1.042
4501—5000	0.2334	0.2249	0.9996	0.9633	1.038
4551—5100	0.226	0.2143	0.968	0.9179	1.055
4601—5200	0.2276	0.2092	0.9748	0.8958	1.088
4651—5300	0.2243	0.2131	0.9607	0.9126	1.053
4701—5400	0.2181	0.2118	0.9342	0.907	1.03
4751—5500	0.2077	0.2077	0.8894	0.8896	0.9998
4801—5600	0.1989	0.2053	0.8519	0.8794	0.9687
4851—5700	0.1932	0.1974	0.8273	0.8456	0.9783
4901—5800	0.1976	0.199	0.8464	0.8524	0.9931
4951—5900	0.2	0.1994	0.8565	0.8541	1.003
5001—6000	0.2058	0.2022	0.8812	0.8659	1.018
5051—6100	0.2149	0.2056	0.9203	0.8804	1.045
5101—6200	0.2179	0.1971	0.9332	0.844	1.106
5151—6300	0.2183	0.1897	0.9351	0.8124	1.151
5201—6400	0.2177	0.1882	0.9324	0.806	1.157
5251—6500	0.2238	0.1988	0.9584	0.8513	1.126
5301—6600	0.2236	0.2031	0.9575	0.8699	1.101
5351—6700	0.2221	0.2007	0.9513	0.8594	1.107
5401—6800	0.2251	0.2033	0.9643	0.8708	1.107
5451—6900	0.2299	0.2079	0.9848	0.8905	1.106
5501—7000	0.2257	0.2067	0.9666	0.8854	1.092

圖 5-26 WinBUGS 之 BGR 指標

※ 註：收斂（convergence）並不表示研究者已獲得了一個好的模式，收斂只是模式評估的開始，而不是模式評估的結束。

(九) 收斂後需跑模擬迴圈若干次

當您滿意了收斂性，您仍需進一步跑模擬迴圈若干次，以獲得作爲事後推論的樣本。您儲存的樣本愈多，您所獲得的事後估計值愈精確。事後估計值的精確性，可用「Monte Carlo error」加以評估。經驗法則告知我們：每一參數的「Monte Carlo error」小於 .05 個樣本標準差（sd）時，後續的模擬抽樣就可終止。根據圖 5-27 之節點統計量知，各參數的 MC error 均已小於該參數 .05 個樣本標準差。例如：就 sd 參數而言，0.002075 < 0.0040855（0.08171/20）。

node	mean	sd	MC error	2.5%	median	97.5%	start	sample
T[1]	0.1106	0.05466	2.274E-4	0.03651	0.09981	0.245	10000	60003
T[2]	0.08904	0.04589	2.114E-4	0.02835	0.07955	0.2031	10000	60003
d[2]	-0.2497	0.06582	0.001121	-0.3762	-0.2505	-0.1174	10000	60003
sd	0.1353	0.08171	0.002075	0.008521	0.128	0.315	10000	60003
tau	24420.0	578500.0	16480.0	10.08	61.03	13770.0	10000	60003
totresdev	41.89	8.114	0.08925	27.24	41.46	59.03	10000	60003

圖 5-27　WinBUGS 之節點統計量

(十) 模式適配度的考驗

研究者可以利用殘差（residual deviance）的計算，考驗整體模式的適配度（goodness of fit）。假如殘差值接近於資料點（分析中實驗臂的個數），即表示該模式可以充分解釋該筆實徵資料。表 5-1 中的殘差，係反映從適配模式計算出來的預測值（model prediction）與從原始資料取得的觀察值（likelihood）間的差異量。研究者可以根據表 5-1 中的殘差計算公式，撰寫 WinBUGS 程式，計算出各機率分配的殘差之總合；當此值愈逼近於資料點的個數時，其模式與資料的適配度愈佳。

表 5-1　模式適配度考驗：常用的機率分配與殘差計算公式

Likelihood	Model Prediction	Residual Deviance
$r_{ik} \sim$ Binomial (p_{ik}, n_{ik})	$\hat{r}_{ik} = n_{ik}p_{ik}$	$\sum_i \sum_k 2\left(r_{ik} \log\left(\dfrac{r_{ik}}{\hat{r}_{ik}}\right) + (n_{ik} - r_{ik})\log\left(\dfrac{n_{ik} - r_{ik}}{n_{ik} - \hat{r}_{ik}}\right) \right)$
$r_{ik} \sim$ Poisson (λ_{ik}, E_{ik})	$\hat{r}_{ik} = \lambda_{ik}E_{ik}$	$\sum_i \sum_k 2\left((\hat{r}_{ik} - r_{ik}) + r_{ik} \log\left(\dfrac{r_{ik}}{\hat{r}_{ik}}\right) \right)$
$y_{ik} \sim N(\bar{y}_{ik}, se_{ik}^2)$ se_{ik} 假設已知	$\bar{y}_{ik}$	$\sum_i \sum_k \left(\dfrac{(y_{ik} - \bar{y}_{ik})^2}{se_{ik}^2} \right)$
$r_{i,k,l,j} \sim$ Multinomial $(p_{i,k,1:J}, n_{ik})$	$\hat{r}_{ikj} = n_{ik}p_{ikj}$	$\sum_i \sum_k 2\left(\sum_j r_{ikj} \log\left(\dfrac{r_{ikj}}{\hat{r}_{ikj}}\right) \right)$

　　圖 5-28 中顯示在隨機效果模式下，總殘差和「totresdev」：41.89/41.46（平均數／中位數），即是根據表 5-1 中二項式分配（Binomial）的殘差公式，撰寫 WinBUGS 相關程式計算而來。

node	mean	sd	MC error	2.5%	median	97.5%	start	sample
T[1]	0.1106	0.05466	2.274E-4	0.03651	0.09981	0.245	10000	60003
T[2]	0.08904	0.04589	2.114E-4	0.02835	0.07955	0.2031	10000	60003
d[2]	-0.2497	0.06582	0.001121	-0.3762	-0.2505	-0.1174	10000	60003
sd	0.1353	0.08171	0.002075	0.008521	0.128	0.315	10000	60003
tau	24420.0	578500.0	16480.0	10.08	61.03	13770.0	10000	60003
totresdev	41.89	8.114	0.08925	27.24	41.46	59.03	10000	60003

圖 5-28　隨機效果模式

　　當 totresdev 之平均數或中位數，愈趨近於資料點的個數（total number of trial arms）時，其模式與資料的適配度就愈佳。本例資料點的個數為 44（vs 41.89），稍微偏離資料點的個數，但其適配度尚佳。

　　研究者亦可利用圖 5-29 的程式，跑出固定效果模式的分析結果，如圖 5-30 所示。

```
# Binomial likelihood, logit link
# Fixed effects model
model{                              # *** PROGRAM STARTS
for(i in 1:ns){                     # LOOP THROUGH STUDIES
    mu[i] ~ dnorm(0,.0001)          # vague priors for all trial baselines
    for (k in 1:na[i])  {           # LOOP THROUGH ARMS
        r[i,k] ~ dbin(p[i,k],n[i,k])    # binomial likelihood
# model for linear predictor
        logit(p[i,k]) <- mu[i] + d[t[i,k]] - d[t[i,1]]
# expected value of the numerators
        rhat[i,k] <- p[i,k] * n[i,k]
#Deviance contribution
        dev[i,k] <- 2 * (r[i,k] * (log(r[i,k])-log(rhat[i,k]))
            +  (n[i,k]-r[i,k]) * (log(n[i,k]-r[i,k]) - log(n[i,k]-rhat[i,k])))
    }
# summed residual deviance contribution for this trial
    resdev[i] <- sum(dev[i,1:na[i]])
    }
totresdev <- sum(resdev[])          # Total Residual Deviance
d[1]<-0     # treatment effect is zero for reference treatment
# vague priors for treatment effects
for (k in 2:nt){ d[k] ~ dnorm(0,.0001) }
# Provide estimates of treatment effects T[k] on the natural (probability) scale
# Given a Mean Effect, meanA, for 'standard' treatment A,
# with precision (1/variance) precA
A ~ dnorm(meanA,precA)
for (k in 1:nt) { logit(T[k]) <- A + d[k]  }
}                                   # *** PROGRAM ENDS
```

圖 5-29　固定效果模式的程式設計內容，請參閱 Dias, et al., 2013b 之附錄

node	mean	sd	MC error	2.5%	median	97.5%	start	sample
T[1]	0.1104	0.05464	2.466E-4	0.03629	0.0997	0.247	10001	49998
T[2]	0.0879	0.0453	2.049E-4	0.02798	0.07863	0.2028	10001	49998
d[2]	-0.2613	0.04993	2.337E-4	-0.3595	-0.2614	-0.1635	10001	49998
totresdev	46.79	6.83	0.02893	35.32	46.15	61.87	10001	49998

圖 5-30　固定效果模式

　　觀之圖 5-30 中固定效果模式的分析結果，其 totresdev 之中位數為 46.15，稍微偏離資料點的個數（44），但固定效果模式與隨機效果模式的適配度不相上下。由此觀之，似乎採取較單純的固定效果模式即可。

(十一) 模式複雜度之評估或模式間的比較

　　本節將以另一應用實例，說明模式複雜度之評估與模式適配度間之比較，此種比較需藉助於 DIC（deviance information criterion）指標，該指標為模式精簡指

標。研究者可點選圖 5-31 中 WBUGS 之 DIC 選目，就可跳出 DIC 工具交談視窗
（DIC Tool，參見圖 5-32）。

圖 5-31　WBUGS 之 DIC 選目

圖 5-32　WinBUGS 之 DIC 工具交談視窗

　　當模式聚斂之後，才可按下圖 5-32 之「Set」鍵；並再利用圖 5-33 的
WinBUGS 更新工具交談視窗（Update Tool），取得聚斂之後的抽樣分配。接
著，再使用圖 5-34 的 DIC 統計量的輸出按鈕（DIC），取得 DIC 之相關統計量。

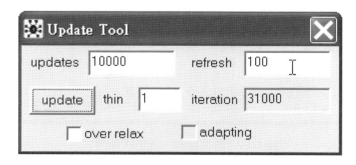

圖 5-33　WinBUGS 之更新工具交談視窗

圖 5-34　DIC 統計量的輸出按鈕

　　圖 5-35 係含共變數之隨機效果模式的 DIC 相關統計量：Dbar、Dhat、pD & DIC。其中 Dbar 為 169.625；pD 係參數的有效數（＝Dbar-Dhat），反應模式的複雜度，此值愈大該模式愈適配，但卻愈不精簡；DIC 係 Dbar & pD（或 Dhat & 2pD）之總合，同時反映了模式之適配度（goodness of fit）與複雜度（complexity）。另外，一般來說，DIC 差異值如大於 10 以上，意謂著兩個模式間具有明確的差異性；DIC 小於 5 或小於 10 時，可以忽視之。

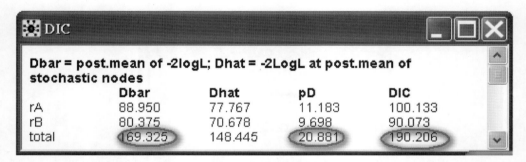

圖 5-35　含共變數：隨機效果模式

	Dbar	Dhat	pD	DIC
rA	88.950	77.767	11.183	100.133
rB	80.375	70.678	9.698	90.073
total	169.325	148.445	20.881	190.206

	Dbar	Dhat	pD	DIC
rA	203.721	197.131	6.590	210.310
rB	215.760	208.396	7.364	223.124
total	419.481	405.526	13.954	433.435

圖 5-36　含共變數：固定效果模式

　　DIC 指標企圖在模式之複雜度與模式適配度間，取得一平衡點；因此，它係一折衷量數。DIC 指標也常用來評估固定效果模式與隨機效果模式間之相對適配性。根據圖 5-35 隨機效果模式的 DIC 值與圖 5-36 固定效果模式的 DIC 值之比較，可知隨機效果模式為較佳之理論模式（DIC 較小，190.206 < 433.435，且兩者之差異大於 5）。

(十二)WinBUGS 基本操作步驟流程圖

　　綜上所述，WinBUGS 使用者主要係在兩個主選單 "Model" & "Inference" 間來回運作，為便利 WinBUGS 初學者的操作，特將以上 WinBUGS 的實際操作流程與步驟，摘要如圖 5-37 所示。跑完摘要表中的流程之後，就可利用 Sample Monitor Tool 的相關按鈕，進行模式 MCMC 鏈的收斂性檢查與統計摘要表的輸出。

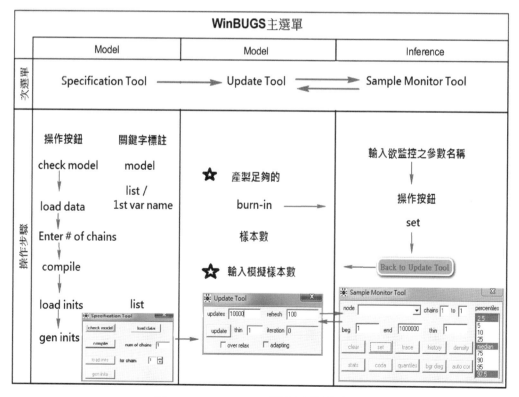

圖 5-37　WinBUGS 操作流程示意圖

根據圖 5-37 的流程示意圖，概述 WinBUGS 基本操作步驟如下，以利使用者之快速查考：

第一、模式建立、資料與起始值的輸入

1. 在 WinBUGS 中打開新的檔案，貼上 model, data, initial values 等三個部分程式與資料。

2. 存檔（.odc 格式）。

3. 打開 Model → Specification 交談框。

4. 使用滑鼠左鍵雙擊（或標註）"model"（程式部分），接著在交談框中點擊 "check model"。

5. 在左下角確認 "model is syntactically correct"。

6. 使用滑鼠左鍵雙擊（或標註）"list"（資料部分），接著在交談框中點擊 "load data"。在左下角確認 "data loaded"。

7. 輸入 # of chains 之後，點擊 "compile" 並確認 "model compiled"。

8. 使用滑鼠左鍵雙擊（或標註）"list"（起始值部分），接著在交談框中點擊 "load inits"，並在左下角確認 "model is initialized"。

9. 如果尚有參數未分派起始值，可在交談框中點擊 "gen inits"。

第二、執行 Sampler 工具鈕

1. 打開 "Sample Monitor Tool" 視窗：Menu → Inference → Sample。

2. 在 "node" 視窗中，鍵入所欲查閱或追蹤的參數，並點擊 "set"，如 mu、dev。

3. 打開 "Update Tool" 視窗：Menu → Model → Update。

4. 在 Update Tool 視窗中，鍵入所欲更新之樣本數，如 20000。

5. 點擊 "Update"，以產製待拋棄之 burn-in 樣本。

第三、執行 Posterior Inference 的相關工具鈕，以產製事後機率分配

1. 在 "Sample Monitor Tool" 視窗中，在 "node" 下拉視窗中選擇 "mu"。

2. 在 "beg" 視窗中設定欲拋棄未聚斂前的樣本數 "burn-in"，如 2000。

3. 在 "thin" 視窗中設定欲保留的 "jth" 系列樣本，如設定 10，WinBUGS 就僅會從 $2000^{th} \sim 10000^{th}$ 中，保留每隔第 10 樣本點作為事後推論用（posterior inference）。

第四、利用 "Sample Monitor Tool" 或 "Summary Monitor Tool" 檢驗收斂性與

查閱分析結果。

二、WinBUGS 的程式設計與實例解說

　　貝氏網絡整合分析的 WinBUGS 程式設計，研究者須熟悉以下三大核心工作的意義與運作：依照資料的性質選用適當的機率分配（likelihood）與連結函數（link function），並進行先驗機率 prior 的設定。介紹完這三大核心工作之後，並輔以二分變項與連續變項的實例示範。

(一) Likelihood 的決定

　　※WinBUGS code 實例示範一：二項式分配

```
for (k in 1:na[i]){              # 試驗臂迴圈
  r[i,k] ~ dbin(p[i,k],n[i,k]) } # binomial likelihood
```

　　※WinBUGS code 實例示範二：常態分配

```
for( i in 1 : N ) {                   # 試驗臂迴圈
    Y[i] ~ dnorm(mu[i],tau) # normal likelihood
    mu[i] <- alpha[i] + beta[i] * (x[i] - xbar) }
```

表 5-2　常用機率分配的 link 函數及其反函數

Link	Link Function, $\theta = g(\gamma)$	Inverse Link Function, $\gamma = g^{-1}(\theta)$	Likekihood
Identity	γ	θ	Normal
Logit	$\ln(\gamma/(1-\gamma))$	$\dfrac{\exp(\theta)}{1+\exp(\theta)}$	Binomial
			Multinomial
Log	$\ln(\gamma)$	$\exp(\theta)$	Poisson
Complementary log-log	$\ln\{-\ln(1-\gamma)\}$	$1-\exp\{-\exp(\theta)\}$	Binomial
			Multinomial
Reciprocal link	$1/\gamma$	$1/\theta$	Gamma
Probit	$\Phi^{-1}(\gamma)$	$\Phi(\theta)$	Binomial
			Multinomial

研究者須依照資料的屬性，選擇適當的連結函數（link function）與機率分配（likelihood）。表 5-2 中的連結函數，係用以連結結果變項的期望值（r）與線性預測變項（linear predictor, θ）之依賴關係。換言之，連結函數係用來線性轉換依變項，讓它可以線性地被自變項加以預測（線性轉換可讓計算更容易）。例如：logit (p[i]) < −beta0 + beta1*X[i]，爲一 Logit link 的實例，此連結函數會將 P_i 機率值（介於 0 ～ 1 之間），轉換成介於 ± ∞的連續性量尺。另外，identity 連結函數爲原單位連結，不作任何轉換；適用於常態分配。以下將依二分類別變項與連續變項兩類實例，逐一敘述之。

(二) 模式設定與其適配度考驗

1. 二分變項 WinBUGS codes 實例示範

注意表 5-1（模式適配度考驗）& 表 5-2（連結函數）中相關公式的定義，如何具體融入程式設計中（參見以下方框內之程式內容）。這些方框內之程式內容，涉及資料的機率分配、連結函數與模式殘差之計算。因爲原始數據爲二分類別變項，其資料的產製過程會遵從二項式分配的機率分配；因而，本例使用 binomial likelihood 的機率分配。當然此機率分配最常使用的連結函數，非 logit 連結函數莫屬。至於模式殘差之計算，請參閱表 5-1 右側欄位（residual deviance）的相關公式。由此觀之，表 5-1 & 表 5-2 中相關公式的定義，將是 WinBUGS 程式設計者會經常查閱的重要資訊。

```
#Binomial likelihood,logit link
#Random effects model for multi-arm trials
model{                    #*** PROGRAM STARTS
for(i in 1:ns){           #LOOP THROUGH STUDIES
  w[i,1]<-0    #adjustment for multi-arm trials is zero for control arm
  delta[i,1]<-0           #treatment effect is zero for control arm
  mu[i]~dnorm(0,.0001)    #vague priors for all trial baselines
  for (k in 1:na[i]){     #LOOP THROUGH ARMS
    r[i,k]~dbin(p[i,k],n[i,k])#binomial likelihood
    logit(p[i,k])<- mu[i] + delta[i,k]#model for linear predictor
    rhat[i,k]<- p[i,k]*n[i,k]  # expected value of the numerators
#Deviance contribution
    dev[i,k]<-2*(r[i,k]*(log(r[i,k])-log(rhat[i,k]))
       + (n[i,k]-r[i,k])*(log(n[i,k]-r[i,k])-log(n[i,k]-rhat[i,k])))      }
#summed residual deviance contribution for this trial
  resdev[i]<-sum(dev[i,1:na[i]])
```

Binomial likelihood & 殘餘離差之計算，相關公式請參見表 5-1。

式中 mu 代表控制組或基線組的處理效果（對數勝算比），delta 代表實驗處理組的處理效果（對數勝算比）。

2. 連續變項 WinBUGS code 實例

```
#Normal likelihood,identity link
#Random effects model for multi-arm trials
model{                         #***PROGRAM STARTS
for(i in 1:ns){                #LOOP THROUGH STUDIES
  w[i,1]<-0    # adjustment for multi-arm trials is zero for control arm
  delta[i,1]<-0               #treatment effect is zero for control arm
  mu[i]~dnorm(0,.0001)        #vague priors for all trial baselines
  for (k in 1:na[i]){     LOOP THROUGH ARMS
    var[i,k]<-pow(se[i,k],2)       #calculate variance
    prec[i,k]<-1/var[i,k]   #set precisions
    y[i,k]~dnorm(theta[i,k],prec[i,k])# normal likelihood
    theta[i,k]<-mu[i] + delta[i,k]#model for linear predictor
#Deviance contribution
    dev[i,k]<-(y[i,k]-theta[i,k])*(y[i,k]-theta[i,k])*prec[i,k]
  }
#summed residual deviance contribution for this trial
  resdev[i]<-sum(dev[i,1:na[i]])
```

Normal likelihood & 殘餘離差之計算，相關公式請參見表 5-1。

從二分類別結果變項延伸到連續變項的實例示範，可知不管是二分類別結果變項或連續變項，其基本的理論模式（linear predictor）完全相同，主要的差異在使用的 likelihood 不同（如 binomial likelihood、normal likelihood）、deviance function 不同（計算 residual deviance 的公式不同）與 linking function 不同（如 identity、log 或 logit）。以上這些異同點之認知，可使 WinBUGS 的程式設計變得容易學習與掌握。

(三) Priors 的設定

先驗機率 Priors 的設定（含 μ & τ^2）雖是武斷的但須合理（如根據先前研究或專家意見），且需考慮結果變項所使用的量尺，對於二分類別變項的 precision 參數，uniform (0,2) 的 prior 似乎已足夠；對於連續變項（例如 IQ）的 precision 參數，uniform (0,100) 的 prior 可能較適當。如果沒有足夠的先驗資訊可用，研

究者可以採用 "non-informative prior"，此種事後機率分配的結果將與最大概似法的結果相同（含平均數與變異量）。當新的資料出現時，今日的事後機率分配可能是明日的先驗機率分配。因此，結合概似值與先驗資訊的過程乃是不停演進的（Koricheva, Gurevitch, & Mengersen, 2013）。

　　另外，雖然研究者並不需針對模式中每一個隨機參數提供起始值（initial values），WinBUGS 可以從參數的 vague prior 分配中抽出起始值。WinBUGS 建議使用者最好設定自己的合理起始值，以避免不當的異常起始值（wildly inappropriate values），而導致不良的收斂（poor convergence）結果，或產生錯誤的警訊「Traps」。

　　以下係 Prior 設定的實例示範：

```
for (c in 1:(nt-1)) {              # priors for all mean treatment effects
    for (k in (c+1):nt) { d[c,k] ~ dnorm(0,.0001) }
# Inconsistency model including priors for both basic parameters and functional
parameters
}
  sd ~ dunif(0,5)               # vague prior for between-trial standard deviation
  var <- pow(sd,2)              # between-trial variance
  tau <- 1/var                  # between-trial precision
}
```

　　式中 dnorm() 常用來設定連續變項的 prior，dunif() 常用以設定標準差的 Prior。

　　以下各節的 WinBUGS 程式實例示範，皆取自（或修訂自）以下網站：http://nicedsu.org.uk/Evidence-Synthesis-TSD-series (2391675).htm。讀者可逕自該網站直接下載運用。為協助初學獨立撰寫程式與報表解釋，筆者特針對程式中涉及的理論、語法與報表，進行文字說明。以下仍依二分類別變項與連續變項之實例，逐一敘述之。

(四) WinBUGS 程式設計完整實例解說：二分類別結果變項

　　實例解說以 smoking cessation 研究為例（Hasselblad, 1998），該研究三種戒菸方法（self-help, individual counseling, and group counseling）與 no contact 的相對效能。

表 5-3　四種戒菸輔導策略之戒菸比率

Smoking Cessation Rates (r_{ik}/n_{ik}) (Hasselblad, 1998)

Baseline	Study number	No contact (A)	Self-help (B)	Individual counseling (C)	Group counseling (D)
G(A)	1	9/140		23/140	10/138
G(B)	2		11/78	12/85	29/170
G(A)	3	79/702	77/694		
	4	18/671	21/535		
	5	8/116	19/149		
	6	75/731		363/714	
	7	2/106		9/205	
	8	58/549		237/1,561	
	9	0/33		9/48	
	10	3/100		31/98	
	11	1/31		26/95	
	12	6/39		17/77	
	13	95/1,107		143/1,031	
	14	15/107		36/504	
	15	78/584		73/675	
	16	69/1,177		54/888	
	17	64/642		107/761	
	18	5/62		8/90	
	19	20/234		34/237	
	20	0/20			9/20
G(B)	21		20/49	16/43	
	22		7/66		32/127
G(C)	23			12/76	20/74
	24			9/55	3/26

　　茲將 4 種戒菸輔導策略之網絡圖示於圖 5-38，以利讀者理解資料結構與每一配對間之總研究數（小方框內之數字），此一網絡係一封閉型之網路。以下

WinBUGS 的程式撰寫、操作過程與分析結果，將依一致性隨機模式與非一致性隨機模式的類別，逐一完整地加以介紹。

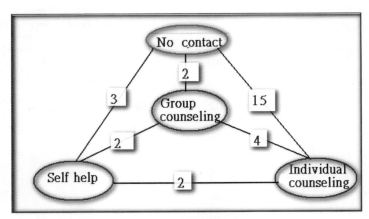

圖 5-38　四種戒菸輔導策略之網絡

1. 一致性隨機模式之程式設計

```
# Binomial likelihood, logit link, consistency model
# 適用於多臂試驗的隨機效果模式
model{                          # *** 程式開始
for(i in 1:ns){ # 研究間迴圈      # 請參見註 1
  w[i,1] <- 0 # adjustment for multi-arm trials is zero: 控制組
  delta[i,1] <- 0         # 處理效果為 0：控制組
  mu[i] ~ dnorm(0,.0001) # vague priors for all trial baselines，請參見註 7

for (k in 1:na[i]) {        # 試驗臂迴圈
  r[i,k] ~ dbin(p[i,k],n[i,k]) # binomial likelihood
  logit(p[i,k]) <- mu[i] + delta[i,k] # model for linear predictor
  rhat[i,k] <- p[i,k] * n[i,k] #  二項式期望值之計算 (E[r]=np)
  dev[i,k] <- 2 * (r[i,k] * (log(r[i,k])-log(rhat[i,k])) # 殘差之計算，請參見註 6

+ (n[i,k]-r[i,k]) * (log(n[i,k]-r[i,k]) - log(n[i,k]-rhat[i,k])))
}
resdev[i] <- sum(dev[i,1:na[i]])        # 殘餘離差加總
for (k in 2:na[i]) {                    # 試驗臂迴圈
 delta[i,k] ~ dnorm(md[i,k],taud[i,k]) # trial-specific LOR，# 請參見註 8

  md[i,k] <- d[t[i,k]] - d[t[i,1]] + sw[i,k] # mean of LOR distributions (with multi-arm trial
correction)
```

```
taud[i,k] <- tau *2*(k-1)/k # precision of LOR distributions (with multi-arm trial
correction of between-arm correlations), 參見註 5
w[i,k] <- (delta[i,k] - d[t[i,k]] + d[t[i,1]]) # adjustment for multi-arm RCTs, 參見註 5
sw[i,k] <- sum(w[i,1:k-1])/(k-1) # cumulative adjustment for multi-arm trials, 參見註 5
}
}
totresdev <- sum(resdev[])        # 殘餘離差總和
d[1] <- 0        # 處理效果為 0 for reference treatment
for (k in 2:nt){ d[k] ~ dnorm(0,.0001) } # vague priors for treatment effects
sd ~ dunif(0,5)            # vague prior for between-trial
tau <- pow(sd,-2) # between-trial precision = (1/between-trial variance)
#Ranking of treatments#
A~dnorm(-2.6,precA)
precA<-pow(0.38,-2)
  # Probability of being the best treatment
for(k in 1:nt){
  #assume events are good! , 參見註 2
    rk[k]<-nt+1-rank(d[],k)  # 請參見註 3
    best[k]<-equals(rk[k],1) # 請參見註 4
# Probability of being the j-th best treatment
  for(j in 1:nt) {
                    effectiveness[k,j]<- equals(rk[k],j)
          }
        }
        }
  }
```

301

註 1：迴圈內之指令 1：ns，代表 1, 1 + 1, ..., ns。

註 2：For events are bad，應該改用 rk[k]<-rank（d[],k）。

註 3：rank（d[],k）代表：先計算第 k 個 d[] 成員的估計值大於其他成員估計值；
　　　再計算第 k 個 d[] 成員的等第。

註 4：equals（rk[k],1）：代表 rk[k] = 1，best[] = 1；否則為 0。

註 5：公式 5-1 係 between-arm correlations between parameters 的校正公式（Dias,
　　　et al., 2011 & 2013b）：

$$\delta_{i,1k}\begin{bmatrix}\delta_{i,12}\\ \vdots\\ \delta_{i,1(k-1)}\end{bmatrix} \sim N\left((d_{1,t_{ik}} - d_{1,t_{i1}}) + \frac{1}{k-1}\sum_{j=1}^{k-1}[\delta_{i,1j} - (d_{1,t_{ij}} - d_{1,t_{i1}})], \frac{k\sigma^2}{2(k-1)}\right) \qquad 公式\ 5\text{-}1$$

　　　參見上面程式中含有陰影的標註程式段，即依此公式而撰寫，以校正參數
間之相關性。值得注意的是，WinBUGS 使用 precision（ = 1/variance）界

定常態分配的參數：dnorm（mean, precison），而非變異數，撰寫程式需特別留意。

註 6：Deviance 之計算，係根據表 5-1 常用的機率分配與殘差計算公式而撰寫。

註 7：vague priors for treatment effects 只針對基本參數（basic parameters），進行 vague prior 之設定，其餘功能參數（functional parameters）並不進行設定（由其他基本參數依據一致性假設推衍出來）。

註 8：程式中 delta[i,k] ～ dnorm（md[i,k],taud[i,k]）係隨機效果模式（可以收納研究間之異質性）與固定效果模式最大差異之處，delta 值係視為從常態分配的隨機樣本；因此，使用固定效果模式時，與此相關的指令程式，如：taud[i,k] <- tau *2*(k-1) / k 、sd ～ dunif(0,5)、tau <- pow(sd,-2) 均需加以刪除。

　　以下為一致性隨機模式之資料格式與檔案，本資料檔係臂本位（arm-based）的資料結構。

```
#Date (Smoking cessation example)
#nt=no.treatments,ns=no.studies
list(nt=4,ns=24)
r[,1]  n[,1]  r[,2]  n[,2]  r[,3]  n[,3]  t[,1]  t[,2]  t[,3]  na[]
9      140    23     140    10     138    1      3      4      3      #trial 1 ACD
11     78     12     85     29     170    2      3      4      3      #trial 2 BCD
75     731    363    714    NA     1      1      3      NA     2      #3
2      106    9      205    NA     1      1      3      NA     2      #4
58     549    237    1561   NA     1      1      3      NA     2      #5
0      33     9      48     NA     1      1      3      NA     2      #6
3      100    31     98     NA     1      1      3      NA     2      #7
1      31     26     95     NA     1      1      3      NA     2      #8
6      39     17     77     NA     1      1      3      NA     2      #9
79     702    77     694    NA     1      1      2      NA     2      #10
18     671    21     535    NA     1      1      2      NA     2      #11
64     642    107    761    NA     1      1      3      NA     2      #12
5      62     8      90     NA     1      1      3      NA     2      #13
20     234    34     237    NA     1      1      3      NA     2      #14
0      20     9      20     NA     1      1      4      NA     2      #15
```

8	116	19	149	NA	1	1	2	NA	2	#16
95	1107	143	1031	NA	1	1	3	NA	2	#17
15	107	36	504	NA	1	1	3	NA	2	#18
78	584	73	675	NA	1	1	3	NA	2	#19
69	1177	54	888	NA	1	1	3	NA	2	#20
20	49	16	43	NA	1	2	3	NA	2	#21
7	66	32	127	NA	1	2	4	NA	2	#22
12	76	20	74	NA	1	3	4	NA	2	#23
9	55	3	26	NA	1	3	4	NA	2	#24
END										

註 1：倒數第 7 筆資料，已依 Hasselblad（1998）之原始資料加以校正（187 更正為 107）。

註 2：[,1] 代表在雙向度的陣列 r 的第一欄位的所有數據，如為向量（vector）則以 r[] 表示該向量的所有數據。

註 3：t[,1] ～ t[,3] 下之數據，代表某一研究中所涉及的實驗處理。

註 4：na[] 代表 number of arms。

註 5：n[,3] 下之缺失值設定為 1，亦可以 NA 取代之。

註 6：本例含有兩筆資料，一為 list，一為 matrix；因此，WinBUGS 必須讀進資料兩次（load data twice），否則會有以下之警訊："Variable x is not defined in model or in the data set"。

註 7：END 指令之後，請空一行。

以下係一致性隨機模式之三個 MCMC 鏈之起始值：

```
#Initial values
# chain 1
list(sd=1,mu= c(0,0,0,0,0, 0,0,0,0,0, 0,0,0,0,0, 0,0,0,0,0, 0,0,0,0),
    d= c(NA,0,0,0)
)
# chain 2
list(sd=1.5, mu= c(0,2,0,-1,0, 0,1,0,-1,0, 0,0,0,10,0, 0,10,0,0,0, 0,-2,0,0),
    d = c(NA,-2,0,5)
)
```

```
# chain 3
list(sd=3,mu=c(0,0,0,0,0, 0,0,0,0,0, 0,0,0,0,0, 0,0,0,0,0, 0,0,0,0),
 d = c(NA,-3,-3,-3),
 )
# initial values for delta can be generated by Winbugs
```

註 1：起始值中不須估計的參數（例如：d[1] = 0），須以 "NA" 註記之。

註 2：使用多個 initial lists 目的在評估收斂性（Gelman, et al, 2013），當收斂時，最後的估計值應與起始值無關。

註 3：資料中含有缺失值時，在起始值的向量中應賦予合理的起始值。

　　起始值得設定，Gelman and Rubin（1992）建議使用多個 MCMC 起始鏈，以便檢驗模式的收斂性、混合性與時間趨勢。本研究乃使用三個不同起始值的 MCMC 鏈，主要目的在評估拋棄期的長短（the length of the burn-in period），當這三個 MCMC 鏈都收斂於相似值時，即表該參數的估計值已收斂。

　　撰寫這些起始值時，程式設計者需小心分辨每一個參數是常數、或是向量、或是矩陣，如果誤寫向量為矩陣，WinBUGS 會出現 "Expected collection operator c" 的警訊。例如，一致性隨機模式中 d 參數之起始值為向量，但非一致性隨機模式中 d 參數之起始值為矩陣，兩者的程式設計有很大不同。

　　另外，如果出現 "this chain contains uninitialized variables" 之警訊，表示程式中尚有參數未分派給起始值，研究者可以利用 WinBUGS 的 "gen inits" 按鈕，讓 WinBUGS 自動產製起值。

　　本例之 MCMC 迴圈數設定為：

```
# of iterations: 100000
# of burn-ins: 20000
```

　　首先，利用更新視窗：　　　　　　　　　　　　　，設定拋棄樣本數為 2000；並利用圖 5-39 之樣本監控工具視窗，監控 MCMC 收斂情形。

2. 一致性隨機模式之分析過程與結果

圖 5-39　WinBUGS 樣本監控工具視窗

　　當研究者設定完樣本監控工具視窗之後，點選 "trace" 打開該視窗，再回到 WinBUGS 的 "Update Tool" 視窗，更新資料之後，即可監控 MCMC 產製的動態過程與三個 MCMC 鏈的聚斂狀態（參見圖 5-40），動態軌跡圖即因此功能而得名。WinBUGS 使用者可以利用「Sample Monitor Tool」下半部之統計量輸出按鈕（如 trace、history、density、stats、bar diag & auto cor），輸出以下本節中之相關圖表，供研究者評估模式之收斂性、適配性與查看相關統計量之摘要表。

(1) 動態軌跡圖：利用 trace 按鈕

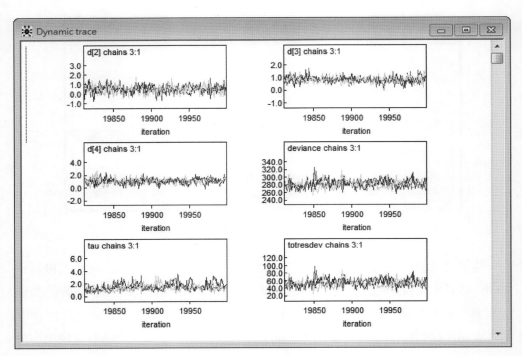

圖 5-40　動態軌跡圖

　　由圖 5-40 參數值之動態軌跡知，在迴圈數 20000 之後，各參數應會循著抽樣分配的眾數（mode）附近移動，沒有激烈之上下震動或隨意漂流的現象，顯示各參數值之 MCMC 抽樣分配已收斂（亦即三個 MCMC 鏈都收斂於相似值時）。因此，拋棄這批 burn-in 之後，即可再更新資料以計算事後機率之相關統計摘要

量數。圖 5-41 係再利用 WinBUGS 之 "Update Tool"：　　　　　　　，更新 100000 筆資料之後的歷史軌跡圖。

(2) 歷史軌跡圖：利用 history 按鈕

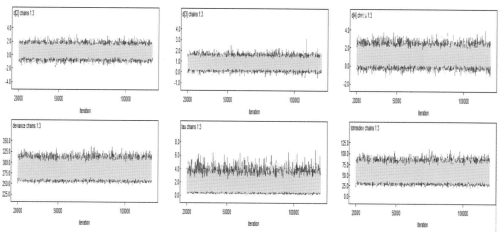

圖 5-41　歷史軌跡圖

　　觀之圖 5-41 的歷史軌跡圖，因為 MCMC 抽樣分布沒有激烈之上下震動或隨意漂流的現象，顯示各參數值之抽樣分布已收斂。

(3) 核心密度圖：利用 density 按鈕

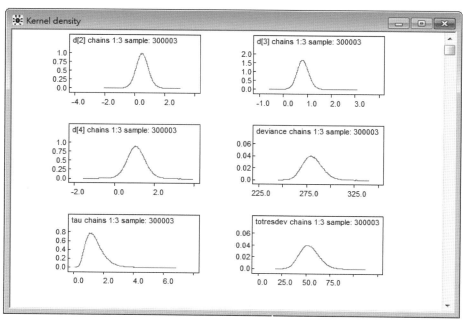

圖 5-42　核心密度圖

再由圖 5-42 內之核心密度（kernel density）圖，呈現單峰平滑的常態分配曲線，可知各參數已達收斂狀態。

(4) 自動相關圖：利用 auto cor 按鈕

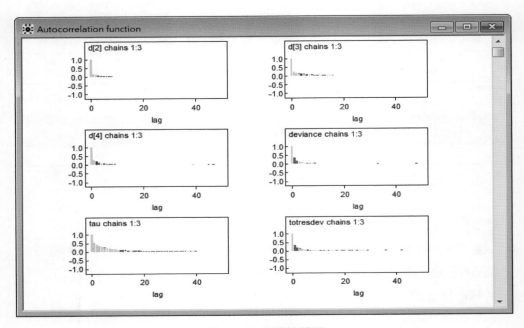

圖 5-43　自動相關圖

其次，由圖 5-43 可知，各參數的自變相關約在迴圈間距 Lag 10 之後，自變相關均已接近於 0，表示 MCMC 抽樣已脫離起始點，其抽樣分配已達收斂。

(5) G-R 收斂軌跡圖：利用 bar diag 按鈕

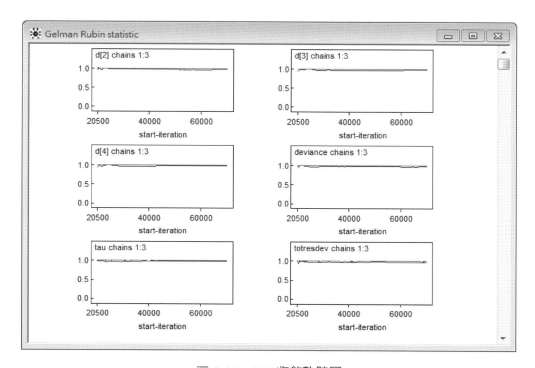

圖 5-44　G-R 收斂軌跡圖

　　再由圖 5-44 的 Gelman-Rubbin 收斂軌跡圖觀之，因各參數之綠線與藍線呈穩定狀態，紅線逼近於 1，收斂狀態已達理想。

　　以 d[2] 為例，利用滑鼠左鍵雙擊該參數的收斂軌跡圖之後，按下「Ctrl」鍵並用滑鼠左鍵點選該圖，便可獲得 d[2] 之 BGR 比率指標，如表 5-4 所示。BGR 比率指標（Brooks and Gelman, 1998）是一般研究報告中，最常使用的聚斂評鑑指標之一。觀看表中 BGR 值是否逼近於 1，即可推知該參數是否收斂。

表 5-4　BGR 摘要表：d[2]

☀ Values of Gelman Rubin statistic					
21000—21999	1.081	1.081	0.9894	0.9892	1.0
21500—22999	1.049	1.055	0.9602	0.9652	0.9948
22000—23999	1.045	1.049	0.9563	0.9603	0.9958
22500—24999	1.06	1.064	0.9705	0.974	0.9964
23000—25999	1.088	1.091	0.9954	0.9981	0.9973
23500—26999	1.086	1.087	0.9942	0.9947	0.9995
24000—27999	1.092	1.093	0.9997	1.0	0.9997
24500—28999	1.08	1.08	0.9881	0.988	1.0
25000—29999	1.079	1.076	0.9873	0.9851	1.002
25500—30999	1.078	1.08	0.9869	0.9886	0.9983
26000—31999	1.074	1.076	0.9829	0.9852	0.9977
26500—32999	1.07	1.071	0.9793	0.9806	0.9987
27000—33999	1.071	1.072	0.9799	0.981	0.9989
27500—34999	1.075	1.075	0.9838	0.9836	1.0
28000—35999	1.073	1.073	0.9824	0.9825	1.0
28500—36999	1.075	1.075	0.984	0.9841	0.9999
29000—37999	1.076	1.075	0.9845	0.9838	1.001
29500—38999	1.077	1.077	0.9855	0.9861	0.9993
30000—39999	1.078	1.078	0.9866	0.9864	1.0
30500—40999	1.074	1.074	0.9827	0.9826	1.0
31000—41999	1.074	1.074	0.9831	0.983	1.0
31500—42999	1.076	1.074	0.9843	0.9831	1.001
32000—43999	1.074	1.074	0.9828	0.9826	1.0
32500—44999	1.072	1.072	0.9812	0.9812	1.0
33000—45999	1.071	1.071	0.98	0.9804	0.9995
33500—46999	1.068	1.069	0.9779	0.9781	0.9998
34000—47999	1.065	1.066	0.9748	0.9757	0.9991
34500—48999	1.065	1.065	0.9743	0.9746	0.9998
35000—49999	1.064	1.065	0.9741	0.9746	0.9995
35500—50999	1.066	1.067	0.9758	0.9762	0.9997
36000—51999	1.066	1.066	0.9754	0.9758	0.9996
36500—52999	1.066	1.066	0.9753	0.9755	0.9998
37000—53999	1.067	1.066	0.9765	0.9759	1.001
37500—54999	1.068	1.066	0.9776	0.9759	1.002
38000—55999	1.067	1.066	0.977	0.9755	1.002
38500—56999	1.067	1.066	0.9765	0.9754	1.001
39000—57999	1.066	1.066	0.9759	0.9753	1.001
39500—58999	1.065	1.064	0.9744	0.9737	1.001
40000—59999	1.065	1.063	0.9744	0.9728	1.002
40500—60999	1.066	1.064	0.9752	0.9737	1.002
41000—61999	1.065	1.063	0.9745	0.9732	1.001
41500—62999	1.065	1.063	0.9743	0.9731	1.001
42000—63999	1.063	1.061	0.9726	0.9715	1.001
42500—64999	1.062	1.06	0.9716	0.9703	1.001
43000—65999	1.062	1.061	0.9721	0.9706	1.002
43500—66999	1.06	1.06	0.9705	0.9697	1.001
44000—67999	1.061	1.06	0.9708	0.9698	1.001
44500—68999	1.062	1.061	0.9721	0.9712	1.001
45000—69999	1.063	1.061	0.9726	0.9711	1.002
45500—70999	1.063	1.062	0.9733	0.9722	1.001
46000—71999	1.063	1.062	0.973	0.9722	1.001
46500—72999	1.063	1.062	0.9729	0.9722	1.001
47000—73999	1.063	1.062	0.9728	0.9721	1.001
47500—74999	1.064	1.064	0.9741	0.9737	1.0
48000—75999	1.064	1.064	0.9736	0.9734	1.0
48500—76999	1.062	1.062	0.9723	0.9724	0.9999
49000—77999	1.062	1.062	0.9723	0.9721	1.0
49500—78999	1.062	1.061	0.9717	0.9714	1.0
50000—79999	1.062	1.061	0.9719	0.9714	1.001
50500—80999	1.061	1.061	0.9713	0.9707	1.001
51000—81999	1.061	1.06	0.9707	0.9702	1.001
51500—82999	1.06	1.059	0.9698	0.9691	1.001
52000—83999	1.06	1.059	0.9702	0.9694	1.001

綜合前述之數據，顯示在 20000 迴圈之後，d[2] 參數之估計值應已達收斂狀態。最後，研究者即可安心查看監控節點統計摘要了，請參閱表 5-5。

(6) 監控節點統計摘要表：利用 stats 按鈕

表 5-5　監控節點統計摘要表：貝氏點估計值、事後標準差、可信區間

node	mean	sd	MC error	2.5%	median	97.5%	start	sample
d[2]	0.4859	0.4259	0.001175	-0.3395	0.4788	1.345	20000	300003
d[3]	0.8182	0.2526	8.716E-4	0.3405	0.8097	1.342	20000	300003
d[4]	1.099	0.4646	0.001497	0.2138	1.087	2.052	20000	300003
deviance	281.3	10.16	0.03498	263.2	280.7	303.0	20000	300003
tau	1.414	0.6075	0.003087	0.5457	1.31	2.883	20000	300003
totresdev	53.78	10.16	0.03498	35.68	53.15	75.46	20000	300003

表 5-5 係利用 WinBUGS「Sample Monitor Tool」內之按鈕（stats）所輸出的節點統計摘要表，包含事後平均數（posterior mean）與事後中位數（posterior median）、貝氏點估計值、事後標準差、可信區間；其中事後標準差（posterior standard deviation, sd），相當於傳統統計量：標準誤，2.5% & 97.5% 係 .95 可信區間（credibility interval），表該參數落在此區間的機率爲 .95。

爲利於解釋，將自然對數量尺轉換成勝算比量尺，d[1] = 0 → exp(d[1]) = 1（參照組），d[2] = .4859 → exp(d[2]) = 1.63，d[3] = .8182 → exp(d[3]) = 2.27，d[4] = 1.099 → exp(d[4]) = 3.00。因勝算比量尺爲比率量尺，團體諮商的戒菸效能爲未接受輔導者的 3 倍，而個別諮商的戒菸效能爲未接受輔導者的 2.27 倍；至於自我協助的相對戒菸效能，因其 CI（-.3395 ～ 1.345）包含 0，顯示自我協助戒菸效能未達 .05 顯著水準。當然，在解釋何種方法是最適切的方法，除了戒菸效能與相關觀察資料之佐證之外，尚須考慮到各種方法的安全性與便利性。

從 totresdev = 53.78 來看，因此殘差值與資料點總數 50 相當接近，足見理論模式與資料相適配。另外，各參數的 MC error 也多小於 .005，足見參數的穩定性。至於研究間的變異數解釋，很難統一標準。一般來說，0.25 以下屬小異質性，0.25 ～ 1.00 之間表中度異質性，1.00 以上表高度異質性。就中位數來看，var = 1/1.31 = .763（研究間變異數，是否取倒數端視程式設計而定）。因此，本

研究間的標準差為：$\sqrt{.763} = .874$，應屬中度異質性，研究者似乎可以試著找尋變異源。

表 5-6 之 DIC 統計摘要表，係利用 WinBUGS 的 DIC 工具（在 Inference 表

單之下），的輸出結果，輸出資訊可用以評估模式或比較模式之複雜度與適配性。DIC 統計摘要需要有足夠的資料產製（利用 Update 產製）之後，才能有正確的輸出結果，否則出現 [Trap] 的警訊。

表 5-6 DIC 統計摘要表

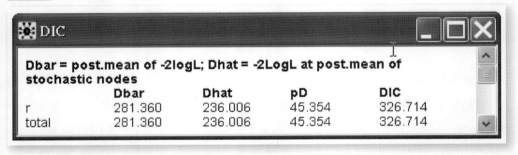

表 5-6 係 Deviance information criterion 之統計量：Dbar、Dhat、pD & DIC。其中 pD 係參數的有效數（= Dbar-Dhat），反應模式的複雜度，此值愈大該模式愈適配，但卻愈不精簡；DIC 係 Dbar & pD（或 Dhat & 2pD）之總合，同時反映了模式之適配度與複雜度。

3. 非一致性隨機模式之程式設計

一致性隨機模式與非一致性隨機模式之差異，可由圖 5-45 的對比分辨之（Dias et al., 2013 b & c）。由圖 5-45 可知，效果值無關模式（unrelated mean effect model）需獨立計算所有處理效果值 (d)，因此是一種不一致性的分析模式（inconsistency model），前節一致性的分析模式則不須計算所有處理效果值。

評估直接效果與間接效果之不一致性	
一致性模式	不一致性模式
$\delta \sim N(d,\sigma^2)$ $d_{AB}, d_{AC} \sim N(0,100^2)$ $d_{BC}=d_{AB}-d_{AC}$	$\delta \sim N(d,\sigma^2)$ $d_{AB}, d_{AC}, d_{BC} \sim N(0,100^2)$ **unrelated mean effects**

圖 5-45　一致性模式與非一致性模式之比較

以下之程式片段及示意圖表（圖 5-46）即在反映所有之獨立處理效果值 (d)，均需分派一個 prior 給它，相關起始值的設定或不設定（NA），也是根據此圖細格中的設定而來。

```
for (c in 1:(nt-1))  {
  for (k in (c+1):nt){ d[c,k] ~ dnorm(0,.0001)
}
}
```

c	1	2	3	4
1	NA	d[1,2]	d[1,3]	d[1,4]
2	NA	NA	d[2,3]	d[2,4]
3	NA	NA	NA	d[3,4]

圖 5-46　基本參數與功能參數圖示

　　程式中註 2：priors for all mean treatment effects，係針對基本參數與功能參數，均進行 vague prior 之設定，本例共有 6 對：d[1,2]、d[1,3]、d[1,4]、d[2,3]、d[2,4]、d[3,4]；其餘的元素都不分派，須以 NA 表示（.Data = c(NA,0,0,0, NA, NA,0,0, NA,NA,NA,0)）。源此，MCMC 鏈的起始值須以矩陣型態呈現（.Dim = c(3,4)），參見以下程式的後半部設計。

```
# Binomial likelihood, logit link, inconsistency model
# Random effects model
model{                          # *** 程式開始
for(i in 1:ns){                 # 研究間迴圈
  delta[i,1]<-0                 # 處理效果設定為 0: 控制組
  mu[i] ~ dnorm(0,.0001)        # vague priors for trial baselines
for (k in 1:na[i]){             # 試驗臂迴圈
  r[i,k] ~ dbin(p[i,k],n[i,k])  # binomial likelihood
  logit(p[i,k]) <- mu[i] + delta[i,k]   # model for linear predictor
  rhat[i,k] <- p[i,k] * n[i,k]       # 二項式分配期望值之計算
  dev[i,k] <- 2 * (r[i,k] * (log(r[i,k])-log(rhat[i,k]))  # 殘餘離差之計算
  + (n[i,k]-r[i,k]) * (log(n[i,k]-r[i,k]) - log(n[i,k]-rhat[i,k])))
}
  resdev[i] <- sum(dev[i,1:na[i]])        # 殘餘離差加總
for (k in 2:na[i]) {                      # 試驗臂迴圈
  delta[i,k] ~ dnorm(d[t[i,1],t[i,k]] ,tau)     # trial-specific LOR distributions
}
}
  totresdev <- sum(resdev[])    # 殘餘離差總和
for (c in 1:(nt-1)) {           # priors for all mean treatment effects, 參見註 2
  for (k in (c+1):nt) { d[c,k] ~ dnorm(0,.0001) }
}
  sd ~ dunif(0,5)          # vague prior for between-trial standard deviation
  var <- pow(sd,2)       # between-trial variance
  tau <- 1/var           # between-trial precision
}
# 非一致性隨機模式之資料檔案同一致性隨機模式，在此從略，以下係非一致
# 性隨機模式之三個 MCMC 鏈之起始值：
#Initial values
# chain 1
list(
   sd=1,
   mu=c(0,0,0,0,0, 0,0,0,0,0, 0,0,0,0,0, 0,0,0,0,0, 0,0,0,0),
   d = structure(
          .Data = c(NA,0,0,0, NA, NA,0,0, NA,NA,NA,0),
          .Dim = c(3,4))
   )
# chain 2
list(
```

```
  sd=1.5,
  mu=c(0,2,0,-1,0, 0,1,0,-1,0, 0,0,0,10,0, 0,10,0,0,0, 0,-2,0,0),
  d = structure(
        .Data = c(NA,-2,0,5, NA, NA,0,2, NA,NA,NA,5),
        .Dim = c(3,4))
)
# chain 3
list(sd=3,
  mu=c(0,0,0,0,0, 0,0,0,0,0, 0,0,0,0,0, 0,0,0,0,0, 0,0,0,0),
  d = structure(           # 請參見註 3
        .Data = c(NA,-3,-3,-3, NA, NA,-3,-3, NA,NA,NA,-3),
        .Dim = c(3,4))  # 請參見註 1
)
# initial values for delta can be generated by WinBUGS
```

註 1：.Dim = c(3,4) 表 3x4 階的資料矩陣。

註 2：程式中 priors for all mean treatment effects，係針對基本參數與功能參數，
均進行 vague prior 之設定，本例共有 6 對，這是不一致模式的基本特色：
每一對比較之參數均須獨立估計之。

註 3：d 參數之起始值為矩陣，WinBUGS 會期待 structure 關鍵字的出現。

註 4：如果出現 "this chain contains uninitialized variables" 之警訊，表示程式中尚
有參數未分派給起始值，研究者可以利用 WinBUGS 的 "gen inits" 按鈕，
讓 WinBUGS 自動產製起始值。

本例之 MCMC 迴圈數設定為：

```
# of iterations:100000
# of burn-ins:30000
```

首先，研究者須先設定拋棄樣本數，如更新工具視窗所示：

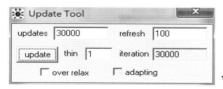

，更新過程中，研究者可以利用圖 5-47 的
動態軌跡圖，檢視 MCMC 鏈是否收斂。

4. 非一致性隨機模式之分析結果

　　WinBUGS 的操作步驟同前節所述，在此不再贅述，僅將分析結果摘要說明於後。

　(1) 動態軌跡圖：利用 trace 按鈕

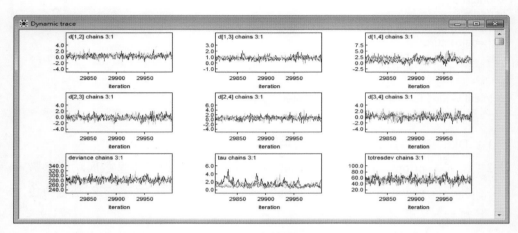

圖 5-47　動態軌跡圖

　　由圖 5-47 參數值之動態軌跡知，各參數大都循著 MCMC 抽樣分配的眾數（mode）附近移動，沒有激烈之上下震動或隨意漂流的現象，顯示各參數值之抽樣分配已收斂（亦即三個 MCMC 鏈都收斂於相似值時）。接著，研究者即可

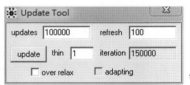

再利用更新工具視窗：　　　　　　　　　　　　　　，進行資料之更新。模擬資料更新之後，即可運用樣本監控視窗：

　　，進行以下歷史軌跡圖、核心密度圖、自動相關圖、G-R 收斂軌跡圖、與監控參數之統計摘要表的檢閱。

(2) 歷史軌跡圖：利用 history 按鈕

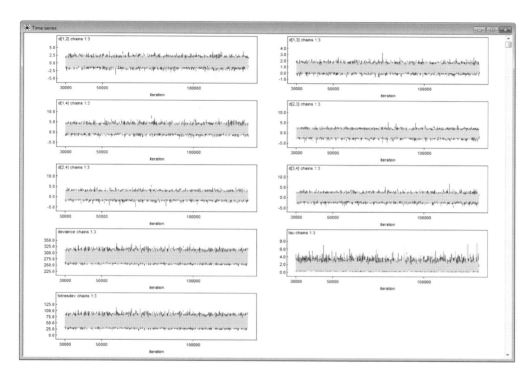

圖 5-48　歷史軌跡圖

　　觀之圖 5-48 的歷史軌跡圖，各參數之 MCMC 抽樣分布均出現緊密水平帶狀，顯示各參數值之抽樣分布已收斂。

(3) 核心密度圖：利用 density 按鈕

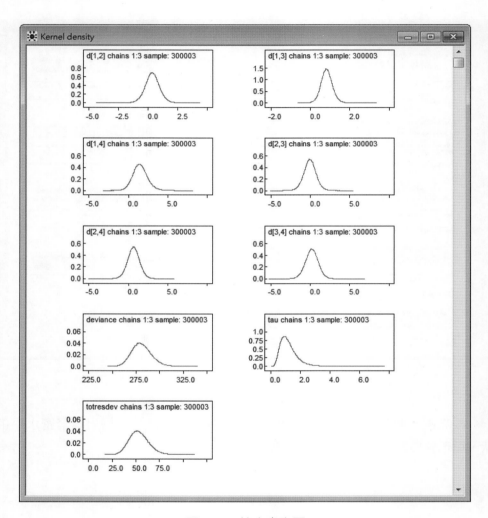

圖 5-49　核心密度圖

因圖 5-49 內之核心密度圖呈現單峰的平滑曲線，可知各參數已達收斂狀態。

(4) 自動相關圖：利用 auto cor 按鈕

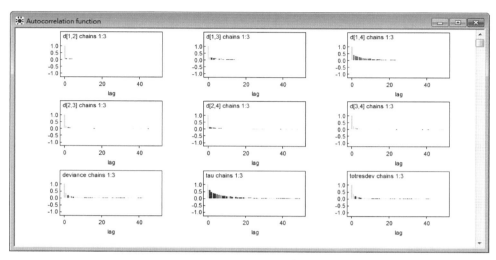

圖 5-50　自動相關圖

　　由圖 5-50 可知，各參數的自變相關約在迴圈間距 Lag 20 之後，自變相關均已接近於 0，表示 MCMC 抽樣已脫離起始點，其抽樣分配已達收斂。

(5) G-R 收斂軌跡圖：利用 bar diag 按鈕

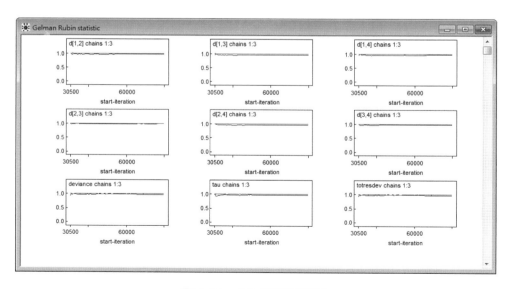

圖 5-51　G-R 收斂軌跡圖

    圖 5-51 係 Gelman-Rubbin 收斂軌跡圖，因各參數之綠線與藍線呈穩定狀態，紅線逼近於 1，顯示收斂狀態已達理想。

    以 d[1,2] 為例，利用滑鼠左鍵雙擊該參數的收斂軌跡圖之後，按下「Ctrl」鍵並用滑鼠左鍵點選該圖，便可獲得 d[1,2] 之 BGR 比率指標，如表 5-7。觀看本表之 BGR 值是否逼近於 1，即可推知該參數是否收斂。

表 5-7　BGR 統計摘要表

Values of Gelman Rubin statistic				
iteration range	Unnormalized of pooled chains	mean within chain	Normalized as plotted of pooled chains	mean within chain	BGR ratio
30500--30999	1.572	1.565	1.0	0.9955	1.005
31000--31999	1.5	1.498	0.954	0.9528	1.001
31500--32999	1.526	1.512	0.9703	0.9619	1.009
32000--33999	1.553	1.554	0.9881	0.9881	1.0
32500--34999	1.55	1.553	0.9858	0.9875	0.9983
33000--35999	1.554	1.554	0.9883	0.9883	0.9999
33500--36999	1.555	1.549	0.9888	0.9852	1.004
34000--37999	1.525	1.523	0.9698	0.9687	1.001
34500--38999	1.527	1.524	0.9713	0.9696	1.002
35000--39999	1.531	1.528	0.9739	0.972	1.002
35500--40999	1.522	1.523	0.9683	0.9689	0.9994
36000--41999	1.528	1.532	0.9717	0.9743	0.9974
36500--42999	1.518	1.518	0.9653	0.9655	0.9998
37000--43999	1.519	1.519	0.9661	0.9665	0.9996
37500--44999	1.52	1.522	0.9668	0.9683	0.9985
38000--45999	1.526	1.528	0.9709	0.9721	0.9987
38500--46999	1.531	1.532	0.9738	0.9743	0.9995
39000--47999	1.527	1.529	0.9712	0.9727	0.9984
39500--48999	1.524	1.528	0.9692	0.972	0.9971
40000--49999	1.523	1.526	0.9686	0.9705	0.998
40500--50999	1.52	1.522	0.9667	0.9679	0.9987
41000--51999	1.522	1.522	0.9678	0.9681	0.9997
41500--52999	1.52	1.52	0.9667	0.967	0.9997
42000--53999	1.521	1.521	0.9673	0.9673	0.9999
42500--54999	1.521	1.521	0.9672	0.9673	0.9999
43000--55999	1.525	1.525	0.9699	0.9699	0.9999
43500--56999	1.525	1.525	0.9699	0.9698	1.0
44000--57999	1.524	1.525	0.9694	0.9699	0.9995
44500--58999	1.526	1.526	0.9706	0.9706	1.0
45000--59999	1.525	1.525	0.97	0.9702	0.9998
45500--60999	1.521	1.52	0.9672	0.9671	1.0
46000--61999	1.522	1.521	0.968	0.9675	1.0
46500--62999	1.521	1.521	0.9673	0.9674	0.9998
47000--63999	1.518	1.518	0.9657	0.9657	1.0
47500--64999	1.517	1.516	0.9649	0.9642	1.001
48000--65999	1.52	1.518	0.9667	0.9657	1.001
48500--66999	1.519	1.518	0.9664	0.9652	1.001
49000--67999	1.519	1.517	0.9659	0.9646	1.001
49500--68999	1.518	1.517	0.9656	0.9646	1.001
50000 69000	1.519	1.52	0.9664	0.9666	0.9998

根據前述之數據，在 20000 迴圈之後，該參數之估計值已達收斂狀態。

(6) 監控節點統計摘要表：利用 stats 按鈕

表 5-8　監控節點統計摘要表

node	mean	sd	MC error	2.5%	median	97.5%	start	sample
d[1,2]	0.3434	0.6167	0.001355	-0.8808	0.3408	1.573	30000	300003
d[1,3]	0.8284	0.2912	9.882E-4	0.2701	0.8207	1.428	30000	300003
d[1,4]	1.48	0.9291	0.004367	-0.2483	1.439	3.44	30000	300003
d[2,3]	-0.05737	0.7843	0.001947	-1.622	-0.05594	1.491	30000	300003
d[2,4]	0.6548	0.7782	0.002245	-0.8827	0.6516	2.205	30000	300003
d[3,4]	0.1898	0.8234	0.00211	-1.463	0.196	1.81	30000	300003
deviance	280.7	10.16	0.03479	262.6	280.1	302.3	30000	300003
tau	1.191	0.5491	0.003115	0.4206	1.092	2.527	30000	300003
totresdev	53.18	10.16	0.03479	35.1	52.52	74.79	30000	300003

表 5-8 係監控節點（參數）統計摘要表。為利於解釋，將對數量尺轉換成勝算比量尺，d[1,2] = .3434 → exp(d[1,2]) = 1.41，d[1,3] = .8284 → exp(d[1,3]) = 2.29，d[1,4] = 1.48 → exp(d[1,4]) = 4.36。因勝算比量尺為比率量尺，團體諮商的戒菸效能約為未接受輔導者的 4.4 倍，而個別諮商的戒菸效能為未接受輔導者的 2.29 倍；至於自我協助的相對戒菸效能，因其 CI（-.8808 ～ 1.573）包含 0，顯示自我協助戒菸效能未達 .05 顯著水準。

從 totresdev = 53.18 來看，因與資料點總數 50 相當接近，足見理論模式與資料相適配。就中位數來看，var = 1/1.092 = .916（研究間變異數）。因此，研究間的標準差為：$\sqrt{.8916} = .957$，應具中度異質性。

表 5-9　DIC 統計摘要表

DIC

Dbar = post.mean of -2logL; Dhat = -2LogL at post.mean of stochastic nodes

	Dbar	Dhat	pD	DIC
r	280.632	234.257	46.375	327.007
total	280.632	234.257	46.375	327.007

「DIC」係適配度（goodness of fit）& 複雜度（complexity）的綜合指標；因而「DIC」統計量在一致性（consistency）理論模式與非一致性（inconsistency）理論模式上之差異量，可以提供一致性估計值的整體性檢驗（an omnibus test of consistency，參見 Dias, Welton, Sutton, & Ades, 2013b）。從表 5-5、表 5-6、表 5-8 & 表 5-9 中，就異質性、精簡性指標來看，一致性理論模式與非一致性理論模式，在 totresdev & DIC 上的值（53.78 vs 53.18；326.714 vs 327.007）均甚爲接近。因此，此戒菸輔導的網路分析並無不一致的矛盾現象。如進一步查看各參數的 .95 CI（credible interval）也相互重疊很多，足見使用較精簡的一致性理論模式即可。

(五) WinBUGS 程式設計之完整實例解說：連續變項

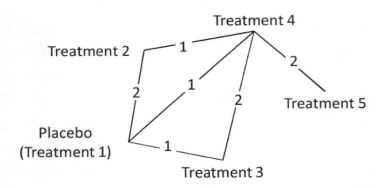

圖 5-52　Parkinson 疾病藥物治療的網絡（取自 Dias, et al., 2013b）

本研究是一個開放式的迴圈徑路網絡，旨在探究各種治療 Parkinson 症的相對療效，網絡中 Placebo vs Treatment 5、Treatment 2 vs Treatment 3、Treatment 2 vs Treatment 5、Treatment 3 vs Treatment 5 等的直接比較並不存在（參見圖 5-52），但可以透過間接比較估計之。

```
# Normal likelihood, identity link(Parkinson's example)
# 適用於多臂試驗的隨機效果模式
model{        # *** 程式開始
for(i in 1:ns){ # 研究間迴圈
  w[i,1] <- 0  # adjustment for multi-arm trials is zero: 控制組
  delta[i,1] <- 0 # 處理效果為 0 : 控制組
```

```
   mu[i] ~ dnorm(0,.0001) # vague priors for all trial baselines
for (k in 1:na[i]) { # 試驗臂迴圈
  var[i,k] <- pow(se[i,k],2) # 計算變異量
  prec[i,k] <- 1/var[i,k] # set precisions
  y[i,k] ~ dnorm(theta[i,k],prec[i,k]) # normal likelihood
  theta[i,k] <- mu[i] + delta[i,k] # model for linear predictor
  dev[i,k] <- (y[i,k]-theta[i,k])*(y[i,k]-theta[i,k])*prec[i,k] # 殘餘離差之計算
}
resdev[i] <- sum(dev[i,1:na[i]]) # 殘餘離差加總
for (k in 2:na[i]) { # 試驗臂迴圈
  delta[i,k] ~ dnorm(md[i,k],taud[i,k]) # trial-specific LOR distributions
  md[i,k] <- d[t[i,k]] - d[t[i,1]] + sw[i,k] # mean of treat effects distributions (with multi-
arm   trial correction)
  taud[i,k] <- tau *2*(k-1)/k # precision of treat effects distributions (with multi-arm trial
correction)
  w[i,k] <- (delta[i,k] - d[t[i,k]] + d[t[i,1]]) # adjustment for multi-arm RCTs
  sw[i,k] <- sum(w[i,1:k-1])/(k-1) # cumulative adjustment for multi-arm trials
}
}
totresdev <- sum(resdev[]) # 殘餘離差總和
#consistency model priors for basic parameters only
d[1]<-0 # 處理效果為 0 for reference treatment
for (k in 2:nt){ d[k] ~ dnorm(0,.0001) } # vague priors for treatment effects

# Inconsistency model including priors for both basic parameters and functional
parameters
# for (c in 1:(nt-1)) {       # priors for all mean treatment effects
# for (k in (c+1):nt) { d[c,k] ~ dnorm(0,.0001) }
}
  sd ~ dunif(0,4) # vague prior for between-trial SD.
  tau <- pow(sd,-2) # between-trial precision = (1/between-trial variance)
#All pairwise comparisons
for (c in 1:(nt-1)) {
  for (k in (c+1):nt)
    {dif[c,k]<-(d[c]-d[k])}
}
A ~ dnorm(-.73,21)
for (k in 1:nt) { T[k] <- A + d[k] }
  #Probability of being the best treatment for k
for(k in 1:nt){
  rk[k]<-nt +1-rank(T[],k)
  best[k]<-equals(rk[k],1)}
}
```

323

本節資料係對比本位（contrast-based）的資料結構，以下 WinBUGS 的對比本位的資料結構中，y[,1] ～ y[,3] 係降低藥物治療失效的平均時間（mean off-

time reduction）& se[,1] ～ se[,3] 係其標準差，最後一欄位係該研究的試驗臂數
（number of arms, na[]）。所有研究的試驗數和為 15，即為總分析資料點。

```
#Data (Parkinson's example)
list(ns=7,nt=5)
    t[,1]   t[,2]   t[,3]   y[,1]   y[,2]   y[,3]   se[,1]   se[,2]   se[,3]   na[]
     1       3      NA     -1.22   -1.53    NA     0.504    0.439    NA       2
     1       2      NA     -0.7    -2.4     NA     0.282    0.258    NA       2
     1       2       4     -0.3    -2.6    -1.2    0.505    0.510    0.478    3
     3       4      NA     -0.24   -0.59    NA     0.265    0.354    NA       2
     3       4      NA     -0.73   -0.18    NA     0.335    0.442    NA       2
     4       5      NA     -2.2    -2.5     NA     0.197    0.190    NA       2
     4       5      NA     -1.8    -2.1     NA     0.200    0.250    NA       2
    END

#Initial Values
#Initial values for delta can be generated by winBUGS
#chain1
list(d=c(NA,0,0,0,0),sd=1,mu=c(0,0,0,0,0,0,0))
#chain2
list(d=c(NA,-1,-3,-1,1),sd=4,mu=c(-3,-3,-3,-3,-3,-3,-3))
#chain3
list(d=c(NA,2,2,2,2),sd=2,mu=c(-3,5,-1,-3,4,-3,-4))
```

以上 WinBUGS 程式，修訂自以下網站：http://nicedsu.org.uk/Evidence-Synthesis-TSD-series（2391675）.htm

本實例之 MCMC 迴圈數設定為：

```
# of iterations: 100000
# of burn-ins:50000
```

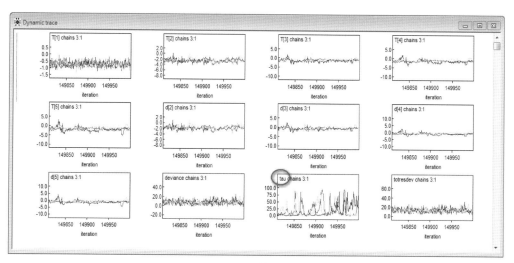

圖 5-53　動態軌跡圖

　　由圖 5-53 參數值之動態軌跡知，除了 tau 之變異較大外，其餘各參數大都循著抽樣分配的眾數（mode）附近移動，沒有隨意漂流的現象，顯示各參數值之 MCMC 抽樣分配已收斂（亦即三個 MCMC 鏈都收斂於相似值）。

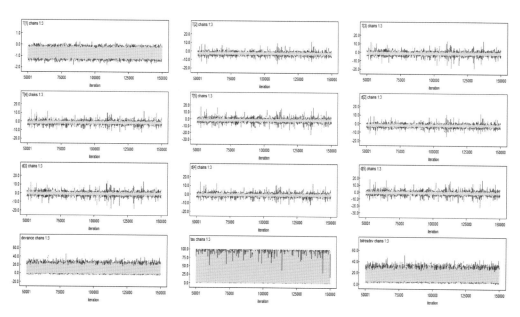

圖 5-54　歷史軌跡圖

　　因為圖 5-54 歷史軌跡圖之抽樣分布沒有激烈之上下震動或隨意漂流的現象，
顯示各參數值之 MCMC 抽樣分布已收斂。

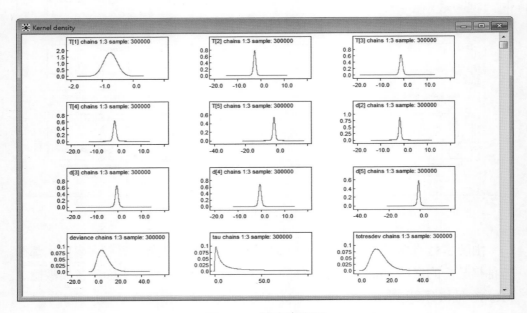

圖 5-55　核心密度圖

　　因圖 5-55 內之核心密度圖呈現平滑的單峰曲線，可知各參數已達收斂狀態；
但 Tau 的參數，其估計值似乎不太穩定，尤其是平均估計值，很容易受到極端值
的影響。

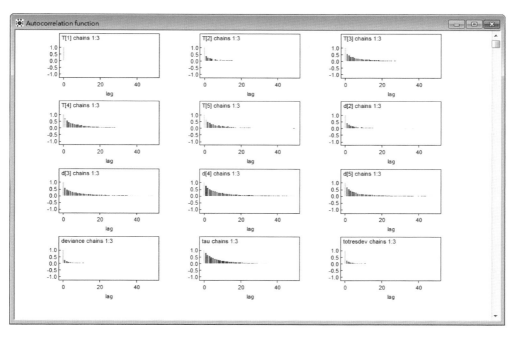

圖 5-56　自動相關圖

再由圖 5-56 可知，各參數的自變相關約在迴圈間距 Lag 40 之後，自變相關均已接近於 0，表示 MCMC 抽樣已脫離起始點，其抽樣分配已達收斂。

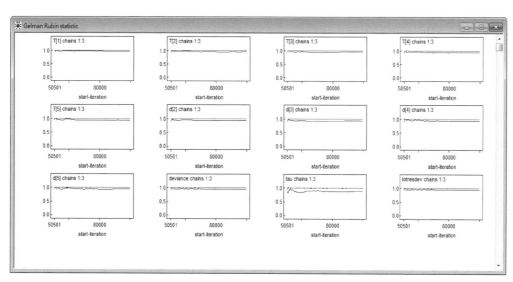

圖 5-57　G-R 收斂軌跡圖

　　圖 5-57 係 Gelman-Rubbin 收斂軌跡圖，在早期只有 tau 參數之綠線與藍線未呈穩定狀態，紅線未逼近於 1，後期收斂狀態已達理想。

　　以 tau 為例，利用滑鼠左鍵雙擊該參數的收斂軌跡圖之後，按下「Ctrl」鍵並用滑鼠左鍵點選該圖，便可獲得 tau 之 BGR 比率指標，如表 5-10。另外，BGR 比率指標時，如果出現 "undefined real results" 之 trap 警訊，研究者可重新界定 prior 於較合理數值範圍內或重新 update 資料。

表 5-10　BGR 摘要表

Values of Gelman Rubin statistic

| | --------80% interval-------- | | | | |
iteration range	Unnormalized of pooled chains	mean within chain	Normalized as plotted of pooled chains	mean within chain	BGR ratio
50501—51000	45.37	48.17	0.832	0.8834	0.9418
51001—52000	46.12	45.1	0.8458	0.8271	1.023
51501—53000	51.05	50.49	0.9362	0.926	1.011
52001—54000	49.79	49.54	0.9132	0.9086	1.005
52501—55000	54.53	53.98	1.0	0.99	1.01
53001—56000	51.19	50.74	0.9388	0.9306	1.009
53501—57000	51.13	50.6	0.9377	0.9279	1.011
54001—58000	51.09	51.02	0.9369	0.9357	1.001
54501—59000	49.26	49.39	0.9034	0.9059	0.9972
55001—60000	46.51	46.76	0.853	0.8575	0.9948
55501—61000	47.22	47.22	0.866	0.866	1.0
56001—62000	47.98	48.04	0.88	0.881	0.9988
56501—63000	47.13	46.99	0.8644	0.8617	1.003
57001—64000	46.6	46.59	0.8546	0.8545	1.0
57501—65000	45.99	45.9	0.8435	0.8419	1.002
58001—66000	46.33	46.36	0.8496	0.8503	0.9992
58501—67000	45.71	45.37	0.8383	0.8321	1.007
59001—68000	45.85	45.82	0.8409	0.8403	1.001
59501—69000	46.72	46.58	0.8568	0.8542	1.003
60001—70000	46.53	46.37	0.8533	0.8503	1.003
60501—71000	46.28	46.15	0.8488	0.8464	1.003
61001—72000	46.81	46.71	0.8585	0.8566	1.002
61501—73000	47.03	47.13	0.8626	0.8643	0.998
62001—74000	47.64	47.59	0.8737	0.8728	1.001
62501—75000	47.67	47.68	0.8742	0.8744	0.9997
63001—76000	47.83	47.85	0.8771	0.8776	0.9995
63501—77000	48.48	48.43	0.8891	0.8882	1.001
64001—78000	48.56	48.6	0.8905	0.8913	0.9992

　　根據表 5-10 之數據，發現第一個迴圈的 bgr(.9418) 比值離理想值 1 不遠，顯示在 50000 ～ 51000 迴圈之後，tau 參數之估計值已達收斂狀態。

表 5-11　控制節點統計摘要表

node	mean	sd	MC error	2.5%	median	97.5%	start	sample
T[1]	-0.7301	0.2176	4.029E-4	-1.156	-0.7304	-0.3035	50001	300000
T[2]	-2.588	0.6428	0.002448	-3.814	-2.58	-1.41	50001	300000
T[3]	-1.235	0.7637	0.004049	-2.669	-1.234	0.1843	50001	300000
T[4]	-1.264	0.7507	0.004628	-2.676	-1.263	0.141	50001	300000
T[5]	-1.564	0.9288	0.005235	-3.281	-1.563	0.1465	50001	300000
d[2]	-1.857	0.6044	0.002415	-3.015	-1.848	-0.7599	50001	300000
d[3]	-0.5051	0.7321	0.004034	-1.876	-0.5028	0.8457	50001	300000
d[4]	-0.5338	0.7185	0.004607	-1.884	-0.5309	0.8014	50001	300000
d[5]	-0.8342	0.9027	0.005217	-2.503	-0.8311	0.8246	50001	300000
deviance	7.7	4.987	0.0149	-0.1219	7.064	19.22	50001	300000
tau	16.97	21.52	0.1388	0.3271	7.692	82.1	50001	300000
totresdev	13.69	4.987	0.0149	5.873	13.06	25.22	50001	300000

　　從表 5-11 的 totresdev = 13.69 來看，因與資料點總數 15 相當接近，足見理論模式與資料相適配。原始作者的程式，其 Tau 的 mean posterior 為 510900.00，出現不尋常值；欲解決此困境，研究者乃將程式中 sd ～ dunif(0,5) 的 prior 修正為 sd ～ dunif(0.1,10)，或者直接採用 median posterior 估計值。在對稱性分配中，mean posterior 與 median posterior 的估計值，應非常接近（本例之 tau 分配係一負偏態，因此最好取中位數估計值）。就中位數來看，var = 1/7.692 = .130（研究間變異數）。因此，研究間的標準差為：$\sqrt{.130} = .361$，具有中度異質性。

　　表 5-11 中 d[2] ～ d[5]，係相對性處理效果（relative treatment effects），如果需要絕對性處理效果（absolute treatment effects），需藉助於額外的研究資訊。由於 WinBUGS 程式中，設定 A 的 prior 為 dnorm(-.73,21)。因此，T[1] 的 mean posterior 為 -.7306，其 sd 為 $\sqrt{\dfrac{1}{21}} = .218$：這是 Placebo 的絕對性處理效果。以此作基準，將之加上 d[2]，其和為 T[2] = -2.588；以此類推可以獲得 T[3] ～ T[5]，請讀者自行驗證。由表 5-12 的最佳療效機率摘要表，可知，treatment 1 療效最佳，其次為 treatment 3。欲獲得此最佳療效機率摘要表，研究者須在 sample monitor tool 視窗內的 node 內輸入 "best"（參見程式末 best[k] 指令），產製模擬資料之後，即可按 "stats" 獲得。

表 5-12　最佳療效機率摘要表

node	mean	sd	MC error	2.5%	median	97.5%
best[1]	0.7018	0.4575	0.002767	0.0	1.0	1.0
best[2]	0.002197	0.04682	1.185E-4	0.0	0.0	0.0
best[3]	0.1417	0.3487	0.001584	0.0	0.0	1.0
best[4]	0.09655	0.2953	0.001357	0.0	0.0	1.0
best[5]	0.05782	0.2334	8.067E-4	0.0	0.0	1.0

三、研究異質性的探索

異質性會影響研究結果的內在效度（因果關係強度）與外在效度（結論之推論效度）。就如傳統的整合分析一樣，當研究間具有嚴重的異質性（如實驗間之變異量與處理效果值大小相當時）或不一致性時，除了使用隨機效果模式之外，研究者可以利用整合迴歸分析或次群體分析，探求可能的異質性或不一致性變異源；或暫時使用隨機效果模式。

(一) 無調節變項（隨機效果模式）：僅適用於雙臂實驗

WinBUGS 程式設計，示範如下：

```
# 接種 BCG 疫苗對於肺結核的療效之研究：雙臂實驗
Model
{
for( i in 1 :Nstud)
{
 rA[i] ~ dbin(pA[i], nA[i])
 rB[i] ~ dbin(pB[i], nB[i])
 logit(pA[i]) <- mu[i]
 logit(pB[i]) <- mu[i]      delta[i]
 mu[i] ~ dnorm(0.0,1.0E-5)
 delta[i] ~ dnorm(d, prec)        # 參見註 2
 rhatA[i] <- pA[i] * nA[i] # expected value of the numerators
 devA[i] <- 2 * (rA[i] * (log(rA[i])-log(rhatA[i])) #Deviance contribution
 + (nA[i]-rA[i]) * (log(nA[i]-rA[i]) - log(nA[i]-rhatA[i])))
 resdevA[i] <- sum(devA[i]) # summed residual deviance contribution for A trial
 rhatB[i] <- pB[i] * nB[i] # expected value of the numerators
 devB[i] <- 2 * (rB[i] * (log(rB[i])-log(rhatB[i])) #Deviance contribution
 + (nB[i]-rB[i]) * (log(nB[i]-rB[i]) - log(nB[i]-rhatB[i])))
```

```
    resdevB[i] <- sum(devB[i]) # summed residual deviance contribution for B trial
}
totresdev <- sum(resdevA[]) + sum(resdevB[]) # Total Residual Deviance
d ~ dnorm(0.0,1.0E-6)
tau~dunif(0,10)
tau.sq<-tau*tau
prec<-1/(tau.sq)
OR<-exp(d)
}
```

註 1：程式中，控制組與實驗組的設定及理論期望值相關程式定義如下：

```
logit(pA[i])<- mu[i]            ← # 控制組
logit(pB[i])<- mu[i] + delta[i]   ← # 實驗組
mu[i]~dnorm(0.0,1.0E-5)
delta[i]~dnorm(d,prec)
rhatA[i]<- pA[i]*nA[i]#    二項式期望值
```

註 2：程式末 tau.sq 並未取倒數，帶入 delta 的 dnorm prior 分配參數中（改以 prec），故其後分析結果的 tau.sq 變異數，並不需要再取倒數。

```
Data
list(Nstud = 13)
```

rB[]	nB[]	rA[]	nA[]
4	123	11	139
6	306	29	303
3	231	11	220
62	13598	248	12867
33	5069	47	5808
180	1541	372	1451
8	2545	10	629
505	88391	499	88391
29	7499	45	7277
17	1716	65	1665
186	50634	141	27338
5	2498	3	2341
27	16913	29	17854

```
END
```

以上本筆資料僅適用於雙臂實驗，係接種 BCG 疫苗對於肺結核的療效之研究資料。另外，在讀入資料時，需讀入 list 資料與 rB[] 等資料矩陣，否則會出現找不到變項之錯誤資訊。

```
Initial Values
#Initial values for delta can be generated by winBUGS
#chain1
list(d = 0,tau = 1,delta = c(0,0,0,0,0,0,0,0,0,0,0,0,0,),
mu = c(0,0,0,0,0,0,0,0,0,0,0,0,0,))
#chain2
list(d = 2,tau = 0.5,delta = c(1,1,1,1,1,1,1,1,1,1,1,1,1,),
mu = c(-3,5,-1,-3,7,-3,-4,-3,-3,0,5,0,-5))
```

MCMC 迴圈數設定：

```
# of iterations: 60000
# of burn-ins: 20000
```

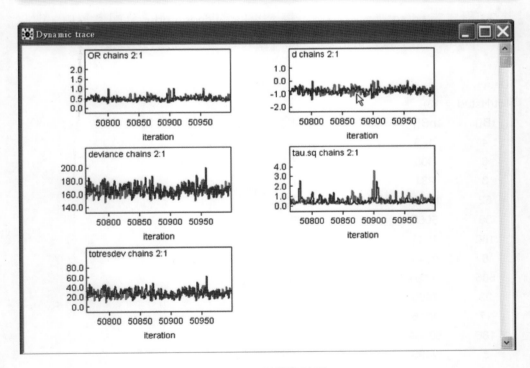

圖 5-58　　動態軌跡圖

　　由圖 5-58 參數值之動態軌跡知，各參數大都循著抽樣分配的眾數（mode）附近移動，沒有激烈之上下震動或隨意漂流的現象，顯示各參數值之 MCMC 抽樣分配已收斂。

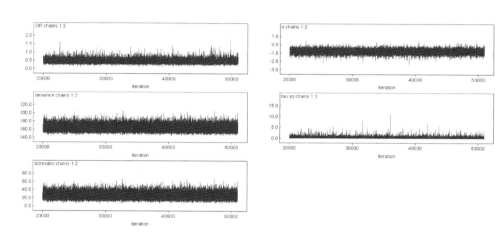

圖 5-59　歷史軌跡圖

　　觀之圖 5-59 的歷史軌跡圖，該抽樣分布沒有激烈之上下震動或隨意漂流的現象，顯示各參數值之 MCMC 抽樣分布已收斂。

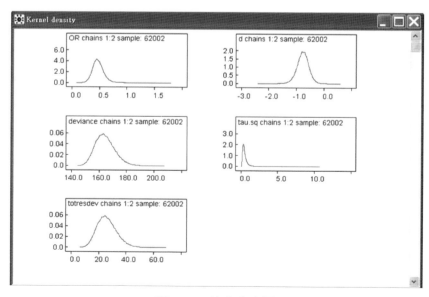

圖 5-60　核心密度圖

　　因圖 5-60 之核心密度圖均已呈現平滑的單峰曲線，可知各參數之 MCMC 抽樣分布已達收斂狀態。

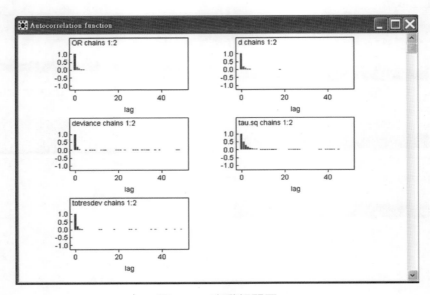

圖 5-61　　自動相關圖

　　再由圖 5-61 可知，各參數的自變相關約在迴圈間距 Lag 10 之後，自變相關均已接近於 0，表示 MCMC 抽樣已脫離起始點，其 MCMC 抽樣分配已達收斂。

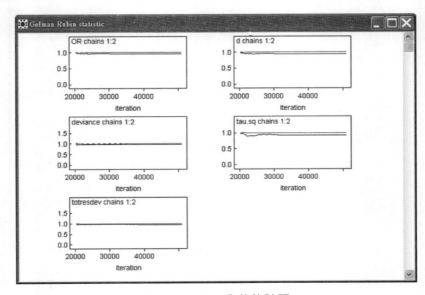

圖 5-62　　G-R 收斂軌跡圖

　　圖 5-62 係 Gelman-Rubbin 收斂軌跡圖，因各參數之綠線與藍線呈穩定狀態，紅線逼近於 1，顯示收斂狀態已達理想。

　　以 OR 為例，利用滑鼠左鍵雙擊參數的收斂軌跡圖之後，按下「Ctrl」鍵並用滑鼠左鍵點選該圖，便可獲得 OR 之 BGR 比率指標，如表 5-13。觀看本表之 BGR 值是否逼近於 1，即可推知該參數是否收斂。

表 5-13　BGR 摘要表

End iteration of bin	Unnormalized of pooled chains	mean within chain	Normalized as plotted of pooled chains	mean within chain	BGR ratio
20310	0.2622	0.2618	1.0	0.9984	1.002
20620	0.2561	0.2593	0.9768	0.989	0.9876
20930	0.2554	0.2565	0.9741	0.9782	0.9959
21240	0.2572	0.2582	0.981	0.985	0.996
21550	0.2534	0.2545	0.9663	0.9709	0.9953
21860	0.2534	0.2525	0.9663	0.9632	1.003
22170	0.2534	0.254	0.9666	0.9688	0.9977
22480	0.2543	0.254	0.97	0.9687	1.001
22790	0.2532	0.2523	0.9656	0.9624	1.003
23100	0.2537	0.254	0.9676	0.9689	0.9987
23410	0.2546	0.255	0.9709	0.9726	0.9982
23720	0.2516	0.2529	0.9596	0.9645	0.9949
24030	0.2501	0.2505	0.9541	0.9555	0.9986
24340	0.2515	0.2519	0.9591	0.961	0.9981
24650	0.2512	0.2518	0.9581	0.9604	0.9977
24960	0.2529	0.2533	0.9646	0.9663	0.9982
25270	0.253	0.2534	0.9649	0.9664	0.9985
25580	0.2526	0.253	0.9633	0.965	0.9982
25890	0.2536	0.2535	0.9673	0.9668	1.001
26200	0.2533	0.2533	0.966	0.9662	0.9997
26510	0.2548	0.2548	0.9718	0.9717	1.0
26820	0.2543	0.2543	0.97	0.9699	1.0
27130	0.2539	0.2538	0.9683	0.9679	1.0
27440	0.2544	0.2545	0.9701	0.9709	0.9993
27750	0.2543	0.2542	0.9699	0.9697	1.0
28060	0.2536	0.2537	0.9672	0.9678	0.9993
28370	0.2548	0.2549	0.972	0.9721	0.9999
28680	0.2541	0.2544	0.9691	0.9705	0.9986
28990	0.254	0.2543	0.9688	0.9701	0.9986
29300	0.2539	0.2543	0.9684	0.9699	0.9985
29610	0.2539	0.2542	0.9684	0.9695	0.9989
29920	0.2535	0.2538	0.9668	0.968	0.9988
30230	0.2527	0.2526	0.9639	0.9633	1.001
30540	0.2525	0.2525	0.9632	0.963	1.0
30850	0.2523	0.2526	0.9623	0.9635	0.9988
31160	0.2523	0.2526	0.9625	0.9636	0.9988
31470	0.2524	0.2527	0.9628	0.9639	0.9988
31780	0.2523	0.2525	0.9622	0.9631	0.999

　　根據前述表 5-13 之 BGR 摘要表之數據，在 20000 迴圈之後 BGR 值均逼近於 1，顯示 OR 參數之估計值已達收斂狀態。

表 5-14　監控節點統計摘要表

node	mean	sd	MC error	2.5%	median	97.5%	start	sample
OR	0.4764	0.106	5.299E-4	0.2971	0.4667	0.7126	20000	62002
d	-0.7654	0.2192	0.001117	-1.214	-0.7621	-0.3389	20000	62002
deviance	164.4	7.157	0.0327	152.3	163.8	180.1	20000	62002
tau.sq	0.5068	0.3474	0.002494	0.1515	0.4199	1.36	20000	62002
totresdev	26.08	7.157	0.0327	13.94	25.43	41.74	20000	62002

　　因勝算比量尺為比率量尺，接種 BCG 疫苗的效能（無肺結核病），為未接種者的 .4764 倍（參見表 5-14 中之 OR 平均值），且其 CI（.2971 ～ .7126）不包含 0，顯示接種 BCG 疫苗有助於防止肺結核病。

　　雖然本理論模式與資料之適配度不錯，但研究間的變異量（tau.sq = .4199）屬中度異質性，顯示研究者可以進一步分析研究間的異質性。

(二) 含調節變項（未中心化）：僅適用於雙臂實驗

　　含調節變項之隨機效果迴歸模式的統計模式，定義如公式 5-2：

$$Y_i \sim \text{Normal}\,(\delta_i + \beta x_i,\ V_i)$$
$$\delta_i \sim \text{Normal}\,(d, \tau^2) \quad i = 1, ..., k \qquad\qquad 公式\ 5\text{-}2$$

　　公式 5-2 適用於連續性量尺，使用 Normal likelihood。式中 δ 為第 i 個研究的處理效果，d 為 pooled 效果值，β 為 x 共變數對於結果變項的預測效果值（迴歸係數）。使用時，研究者須對 β、d & τ^2 設定其起始機率分配（prior distributions）。

　　公式 5-3 則適用於 Odds Ratio 量尺（二分類別變項），使用 binomial likelihood；公式中 r_{Ai} 與 r_{Bi} 分別代表控制組與實驗處理組所出現事件的人數或次數；n_{Ai} 與 n_{Bi} 分別代表控制組與實驗處理組第 i 個研究的總人數或總次數；p_{Ai} 與 p_{Bi} 分別代表控制組與實驗處理組所出現事件的機率。

$$r_{Ai} \sim \text{Binomial}\,(p_{Ai}, n_{Ai}) \quad r_{Bi} \sim \text{Binomial}\,(p_{Bi}, n_{Bi})$$

$$\text{Logit}\,(p_{Ai}) = \mu_i \quad \text{Logit}\,(p_{Bi}) = \mu_i + \delta_i + \beta_{x_i}$$

$$\delta_i \sim \text{Normal}\,(d, \tau^2) \quad i = 1, ..., k \qquad \text{公式 5-3}$$

由前述表 5-14 之研究間變異量（.4199）屬中度異質性，研究者推測接種 BCG 疫苗之療效可能與接種的地點有關。研究者懷疑離赤道愈遠的接種者，其療效愈佳；離赤道愈近的接種者，其療效愈差。推測其原因可能係 BCG 儲存在愈熱及愈潮濕的地方，BCG 疫苗的品質會退化。因此，以下資料分析，將以與赤道的距離作為調節變項（或稱為預測變項），進行研究效果值的異質性分析。

```
# Binomial likelihood, logit link, centered continuous covariate for 2-arm trials
Model{
for( i in 1 :Nstud)
{
 rA[i] ~ dbin(pA[i], nA[i])
 rB[i] ~ dbin(pB[i], nB[i])
 logit(pA[i]) <- mu[i]                    # 控制組
 logit(pB[i]) <- mu[i] +   delta[i] + beta*(lat[i]) # 參見公式 5-3
 mu[i] ~ dnorm(0.0,1.0E-5)
 delta[i] ~ dnorm(d, prec)              # 參見註 1
 rhatA[i] <- pA[i] * nA[i]           # expected value of the numerators
 devA[i] <- 2 * (rA[i] * (log(rA[i])-log(rhatA[i]))  # 殘餘離差之計算
 + (nA[i]-rA[i]) * (log(nA[i]-rA[i]) - log(nA[i]-rhatA[i])))
 resdevA[i] <- sum(devA[i])          # 殘餘離差加總 for A trial

 rhatB[i] <- pB[i] * nB[i]              # expected value of the numerators
 devB[i] <- 2 * (rB[i] * (log(rB[i])-log(rhatB[i]))  #Deviance contribution
 + (nB[i]-rB[i]) * (log(nB[i]-rB[i]) - log(nB[i]-rhatB[i])))
 resdevB[i] <- sum(devB[i])          # 殘餘離差加總 for B trial
}
totresdev <- sum(resdevA[])+ sum(resdevB[])  # 殘餘離差總和
d ~ dnorm(0.0,1.0E-6)
tau~dunif(0,10)
tau.sq<-tau*tau
prec<-1/(tau.sq)
OR<-exp(d)
beta ~ dnorm(0.0,1.0E-6)
d.uncent <- d-beta*mean(lat[]) # 恢復原始量尺
}
```

註 1：程式末 tau.sq 並未取倒數，帶入 delta 的 dnorm prior 分配參數中（改以 prec），故其後分析結果的 tau.sq 變異數，並不需要再取倒數。

```
Data
list(Nstud = 13)
    rB[]    nB[]    rA[]    nA[]
     4      123      11      139
     6      306      29      303
     3      231      11      220
    62     13598     248    12867
    33      5069      47     5808
   180      1541     372     1451
     8      2545      10      629
   505     88391     499    88391
    29      7499      45     7277
    17      1716      65     1665
   186     50634     141    27338
     5      2498       3     2341
    27     16913      29    17854
END

Initial Values
# Initial values for delta can be generated by WinBUGS.
#chain 1
list(d=0, tau=1, delta=c(0,0,0,0,0, 0,0,0,0,0, 0,0,0), mu=c(0,0,0,0,0, 0,0,0,0,0, 0,0,0 ),
beta=0)
#chain 2
list(d=2, tau=0.5, delta=c(1,1,1,1,1, 1,1,1,1,1, 1,1,1), mu=c(-3,-3,-3,3,-3, -3,3,-3,-3,-3,-3,-
3,3), beta=-2)
```

本實例之 MCMC 迴圈數設定為：

```
# of iterations: 60000
# of burn-ins:20000
```

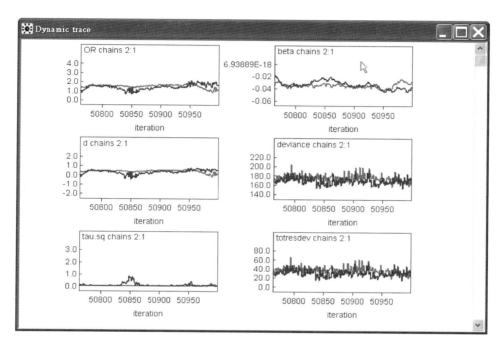

圖 5-63　動態軌跡圖

　　由圖 5-63 參數值之動態軌跡知，各參數大都未循著抽樣分配的眾數
（mode）附近移動，有些激烈之上下震動或隨意漂流的現象，顯示各參數值之
MCMC 抽樣的收斂狀態不理想，可能係因預測變項未中心化所致。

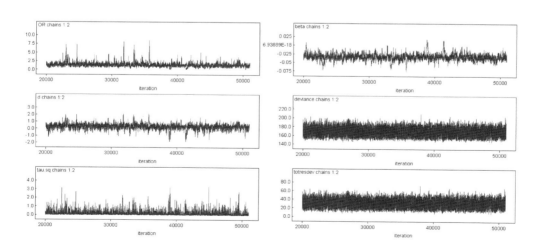

圖 5-64　歷史軌跡圖

又由圖 5-64 之歷史軌跡圖知，圖中部分參數出現蜿蜒未重疊的歷史軌跡（程式含有 2 chains），尤其是 d(or OR) & beta 的參數的估計值；反映出 "the poor mixing of the MCMC chains"（MCMC 在參數空間的移動情形）的未收斂現象，此現象通常同時出現自變相關過高。

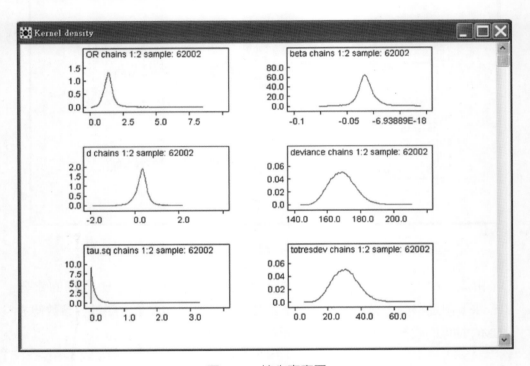

圖 5-65　核心密度圖

但觀圖 5-65 之核心密度圖，呈現平滑的單峰曲線，各參數似乎已達收斂狀態。

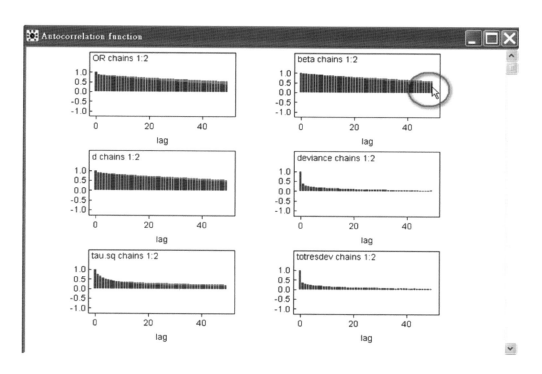

圖 5-66 自動相關圖

由圖 5-66 可知,許多參數(OR, beta, d, & tau.sq)的自變相關在迴圈間距 Lag 40 之後,自變相關均尚未接近於 0,表示 MCMC 抽樣在參數空間的移動尚未脫離起始點,其抽樣分配尚未收斂。圖中顯示 d(or OR)& beta 的自動相關很高,反應該參數的估計值尚未聚斂。推其原因可能是預測變項未中心化,而導致斜率與截距具有高相關,進而出現「poor mixing of the MCMC chains」,而導致收斂緩慢的情形。

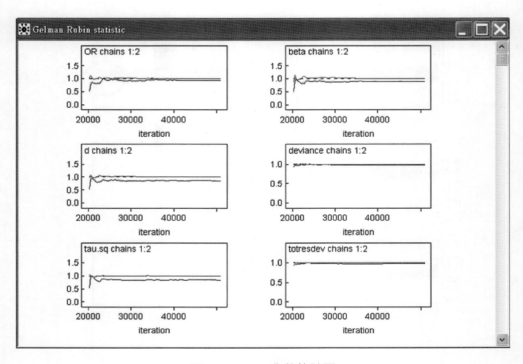

圖 5-67　G-R 收斂軌跡圖

　　圖 5-67 係 Gelman-Rubbin 收斂軌跡圖，因各參數之綠線與藍線約在 20000
迴圈之後均呈穩定聚合狀態，紅線逼近於 1，收斂狀態已達理想。

　　以 beta 為例，利用滑鼠左鍵雙擊參數的收斂軌跡圖之後，按下「Ctrl」鍵並
用滑鼠左鍵點選該圖，便可獲得 beta 之 BGR 比率指標，如表 5-15。觀看本表之
BGR 值是否逼近於 1，即可推知該參數是否收斂。

表 5-15　　BGR 摘要表

```
Values of Gelman Rubin statistic
```

	Unnormalized		Normalized as plotted		
End iteration of bin	of pooled chains	mean within chain	of pooled chains	mean within chain	BGR ratio
20310	0.01	0.01122	0.4611	0.5175	0.8911
20620	0.02169	0.01904	1.0	0.878	1.139
20930	0.02101	0.02151	0.9687	0.9919	0.9767
21240	0.01917	0.02026	0.8838	0.9343	0.946
21550	0.01904	0.01938	0.8781	0.8938	0.9825
21860	0.01807	0.01838	0.8332	0.8477	0.9829
22170	0.01763	0.01734	0.8131	0.7994	1.017
22480	0.01871	0.01759	0.8625	0.8112	1.063
22790	0.019	0.01747	0.8762	0.8053	1.088
23100	0.01989	0.01868	0.917	0.8615	1.064
23410	0.02062	0.0199	0.9507	0.9177	1.036
23720	0.02029	0.01964	0.9356	0.9058	1.033
24030	0.01959	0.01914	0.9034	0.8827	1.023
24340	0.0196	0.019	0.9039	0.8759	1.032
24650	0.01977	0.01927	0.9114	0.8884	1.026
24960	0.0198	0.01912	0.9128	0.8818	1.035
25270	0.02009	0.01968	0.9263	0.9076	1.021
25580	0.01966	0.01928	0.9066	0.8891	1.02
25890	0.01947	0.01916	0.8977	0.8837	1.016
26200	0.02051	0.01991	0.9458	0.9181	1.03
26510	0.02054	0.01973	0.9473	0.9097	1.041
26820	0.02016	0.01946	0.9298	0.8973	1.036
27130	0.02001	0.01924	0.9227	0.8873	1.04
27440	0.01983	0.01912	0.9146	0.8817	1.037
27750	0.01966	0.01897	0.9063	0.8745	1.036
28060	0.01945	0.01881	0.8969	0.8672	1.034
28370	0.01927	0.01872	0.8886	0.8631	1.03
28680	0.01909	0.0186	0.8804	0.8578	1.026
28990	0.01916	0.01847	0.8836	0.8515	1.038
29300	0.01955	0.01867	0.9013	0.8609	1.047
29610	0.01972	0.01893	0.9095	0.873	1.042
29920	0.01945	0.01872	0.8969	0.8632	1.039
30230	0.01931	0.01865	0.8905	0.8598	1.036
30540	0.01933	0.01871	0.8914	0.8629	1.033
30850	0.01922	0.01864	0.8864	0.8594	1.031
31160	0.01942	0.01897	0.8956	0.8745	1.024
31470	0.01924	0.01885	0.887	0.869	1.021
31780	0.01907	0.01874	0.8794	0.8642	1.018

　　根據前述表 5-15 之 BGR 摘要表之數據，在 22000 迴圈之後 BGR 值才逼近於 1，顯示 beta 參數之估計值收斂速度緩慢。

表 5-16　監控節點統計摘要表

由表 5-16 的迴歸係數爲負數（-.03184），表示研究中心位置的緯度愈高（愈遠離赤道），其相對之自然對數勝算比（d）愈低，緯度接近於 10 時，預防注射對於 TB 的效果逼近於 0；換言之，緯度愈高預防注射的效果愈佳。研究間的變異量（ = .07253）並不大（屬小異質性），顯示 latitude 已解釋了不少的研究間的異質性。根據表 5-15 與表 5-16 的 tau.sq，可知加上了調節變項之後，研究間的變異量從 .4199 降爲 .07253。因此，$R^2 = 1 - \dfrac{.07253}{.4199} = 82.7\%$，可見該調節變項對於研究間變異量的解釋力爲 82.7%。

(三) 含中心化調節變項：僅適用於雙臂實驗

在整合迴歸分析時，如果預測變項係連續變項，分析者應將其中心化（化爲離均差變項），以改善 MCMC 鏈的混合效能；否則可能會因截距與迴歸係數間的高相關而導致不易收斂的現象。

```
Model{
for(i in 1:Nstud)
{
rA[i]~dbin(pA[i],nA[i])
rB[i]~dbin(pB[i],nB[i])
logit(pA[i]<-  mu[i]
logit(pB[i])<-  mu[i] + delta[i] + beta*(lat[i] - mean(lat[]))    #參見註 1
mu[i]~dnorm(0.0,1.0E-5)
delta[i]~dnorm(d,prec)
rhatA[i]<- pA[i]*nA[i]# expected value of the numerators
devA[i]<- 2*(rA[i]*(log(rA[i]) - log(rhatA[i]))# Deviance contribution
+(nA[i] - rA[i])*(log(nA[i] - rA[i]) - log(nA[i] - rhatA[i])))
resdevA[i]<- sum(devA[i])# summed residual deviance contribution for A trial
rhatB[i]<- pB[i]*nB[i]# expected value of the numerators
devB[i]<- 2*(rB[i]*(log(rB[i]) - log(rhatB[i]))# Deviance contribution
```

```
    +(nB[i] - rB[i])*(log(nB[i] - rB[i]) - log(nB[i] - rhatB[i])))
    resdevB[i] <- sum(devB[i])# summed residual deviance contribution for B trial
    }
    totresdev<- sum(resdevA[]) + sum(resdevB[])# Total Residual Deviance
    d~dnorm(0.0,1.0E-6)
    tau~dunif(0,10)
    tau.sq<-tau*tau
    prec<-1/(tau.sq)
    OR<-exp(d)
    beta~dnorm(0.0,1.0E-6)
    }
```

註 1：預測變項中心化，亦即採離差分數。

註 2：如欲恢復原來量尺以利解釋，請在倒數第二行增加下列程式：

      d.uncent <- d-beta*mean（lat[]）

```
Data
list(Nstud = 13)
```

lat[]	rB[]	nB[]	rA[]	nA[]
44	4	123	11	139
55	6	306	29	303
42	3	231	11	220
52	62	13598	248	12867
13	33	5069	47	5808
44	180	1541	372	1451
19	8	2545	10	629
13	505	88391	499	88391
27	29	7499	45	7277
42	17	1716	65	1665
18	186	50634	141	27338
33	5	2498	3	2341
33	27	16913	29	17854

```
END
Initial Values
#Initial values for delta can be generated by WinBUGS.
#chain 1
list(mu = c(0,0,0,0,0,0,0,0,0,0,0,0,0),beta = 0)
#chain 2
list(mu = c(-3,5,-1,-3,7,-3,-4,-3,-3,0,5,0,-5),beta = -2)
```

註：當讀進第一個 MCMC 鏈之起始值之後，如果 WinBUGS 出現："chain initialized but other chain(s) contain uninitialized variables"，表示仍有更多的 MCMC 鏈要讀進，請繼續讀進下一個 MCMC 鏈。

本實例之 MCMC 迴圈數設定為：

```
# of iterations: 60000
# of burn-ins: 20000
```

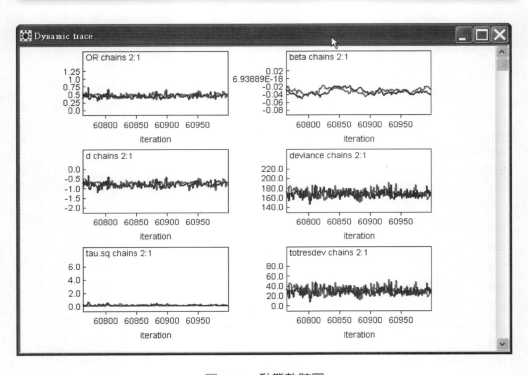

圖 5-68　動態軌跡圖

觀之圖 5-68 中的 Beta 參數值之動態軌跡知，該參數似乎已循著抽樣分配的眾數（mode）附近移動，且兩個 MCMC 鏈大都無分離狀態，顯示 Beta 參數值之 MCMC 抽樣收斂狀態已轉好。

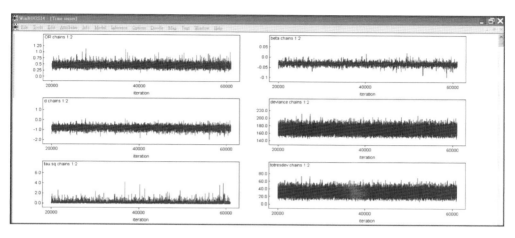

圖 5-69　歷史軌跡圖

　　圖 5-69 係歷史軌跡圖，因為抽樣分布沒有激烈之上下震動或隨意漂流的現象，各參數值之 MCMC 抽樣在參數空間的移動，似乎收斂更快。

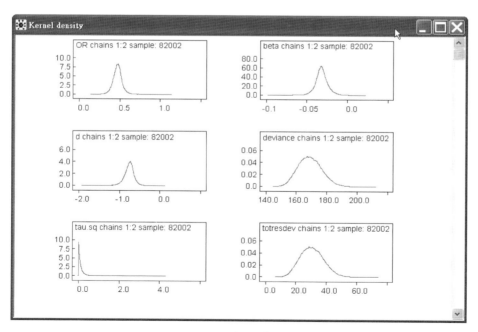

圖 5-70　核心密度圖

再由圖 5-70 之核心密度圖，呈現單峰的平滑曲線，可知各參數已達收斂狀態。

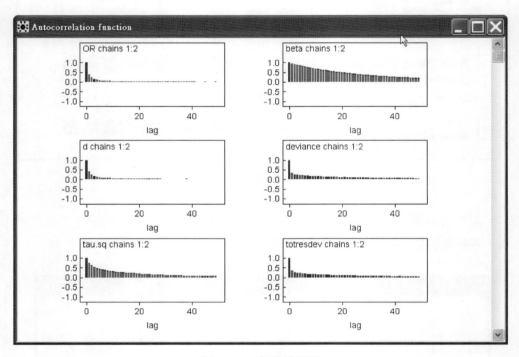

圖 5-71 　自動相關圖

又由圖 5-71 可知，除了 Beta 之外，其餘各參數的自變相關約在迴圈間距 Lag 40 之後，自變相關均已接近於 0，表示 MCMC 抽樣在參數空間的移動已脫離起始點，其抽樣分配已達收斂。

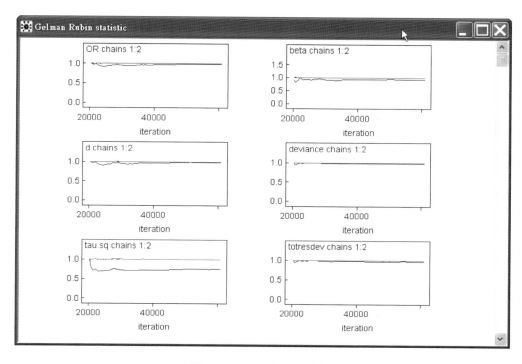

圖 5-72　G-R 收斂軌跡圖

　　圖 5-72 係 Gelman-Rubbin 收斂軌跡圖，因各參數之綠線與藍線在 20,000 迴圈之後已呈穩定聚合狀態，紅線逼近於 1，收斂狀態已達理想。

　　以 beta 為例，利用滑鼠左鍵雙擊參數的收斂軌跡圖之後，按下「Ctrl」鍵並用滑鼠左鍵點選該圖，便可獲得 beta 之 BGR 比率指標，如表 5-17。觀看本表之 BGR 值是否逼近於 1，即可推知該參數是否收斂。

表 5-17　BGR 摘要表

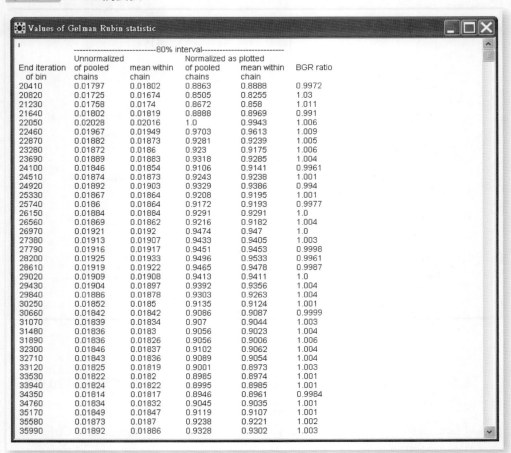

根據前述表 5-15 & 表 5-17 之 BGR 摘要表之數據，在 20000 迴圈之後 BGR 值就更逼近於 1，顯示 beta 參數之估計值收斂速度變快，這是中心化預測變項的優點。

表 5-18　監控節點統計摘要表

node	mean	sd	MC error	2.5%	median	97.5%	start	sample
OR	0.4701	0.05769	4.519E-4	0.3571	0.47	0.5895	20000	82002
beta	-0.0317	0.008297	1.972E-4	-0.0477	-0.03204	-0.0138	20000	82002
d	-0.7625	0.1236	0.001012	-1.03	-0.7551	-0.5286	20000	82002
deviance	169.1	7.805	0.09746	155.1	168.7	185.3	20000	82002
tau.sq	0.12	0.1616	0.002588	6.565E-4	0.0698	0.5351	20000	82002
totresdev	30.73	7.805	0.09746	16.77	30.36	46.93	20000	82002

　　由表 5-18 之研究間的變異量（= .0698）並不大（屬小異質性），顯示 latitude 已解釋了不少的研究間的異質性。根據表 5-14 與表 5-18 的 tau. sq，可知加上了調節變項之後，研究間的變異量從 .4199 降爲 .0698。因此，$R^2 = 1 - \dfrac{.0698}{.4199} = 83.4\%$，可見該調節變項可以解釋 83.4% 的研究間變異量。

（四）含中心化調節變項：適用於多臂實驗

1. 程式設計：適用雙臂、多臂實驗

```
# Binomial likelihood, logit link, continuous covariate
# 適用於多臂試驗的隨機效果模式
model{                     # *** PROGRAM STARTS
for(i in 1:ns){                # LOOP THROUGH STUDIES
   w[i,1] <- 0    # adjustment for multi-arm trials is zero for control arm
   delta[i,1] <- 0            # treatment effect is zero for control arm
   mu[i] ~ dnorm(0,.0001)          # vague priors for all trial baselines
   for (k in 1:na[i]) {           # LOOP THROUGH ARMS
     r[i,k] ~ dbin(p[i,k],n[i,k]) # binomial likelihood
# model for linear predictor, covariate effect relative to treat in arm 1 參見註 1 & 2
     logit(p[i,k]) <- mu[i] + delta[i,k]
              + (beta[t[i,k]]-beta[t[i,1]]) * (x[i]-mx)
     rhat[i,k] <- p[i,k] * n[i,k] # expected value of the numerators
#Deviance contribution
     dev[i,k] <- 2 * (r[i,k] * (log(r[i,k])-log(rhat[i,k]))
       +  (n[i,k]-r[i,k]) * (log(n[i,k]-r[i,k]) - log(n[i,k]-rhat[i,k])))       }
#  summed residual deviance contribution for this trial
   resdev[i] <- sum(dev[i,1:na[i]])
   for (k in 2:na[i]) {         # LOOP THROUGH ARMS
# trial-specific LOR distributions
     delta[i,k] ~ dnorm(md[i,k],taud[i,k])
# mean of LOR distributions (with multi-arm trial correction)
     md[i,k] <-  d[t[i,k]] - d[t[i,1]] + sw[i,k]
# precision of LOR distributions (with multi-arm trial correction)
     taud[i,k] <- tau *2*(k-1)/k
# adjustment for multi-arm RCTs
     w[i,k] <- (delta[i,k] - d[t[i,k]] + d[t[i,1]])
# cumulative adjustment for multi-arm trials
     sw[i,k] <- sum(w[i,1:k-1])/(k-1)
   }
 }
totresdev <- sum(resdev[])        # Total Residual Deviance
d[1]<-0     # treatment effect is zero for reference treatment
beta[1] <- 0   # covariate effect is zero for reference treatment
for (k in 2:nt){  # LOOP THROUGH TREATMENTS
```

```
    d[k] ~ dnorm(0,.0001) # vague priors for treatment effects
    beta[k] <- B    # common covariate effect
  }
B ~ dnorm(0,.0001)   # vague prior for covariate effect
sd ~ dunif(0.1,10)    # vague prior for between-trial SD
tau <- pow(sd,-2)   # between-trial precision = (1/between-trial variance)
# treatment effect when covariate = z[j] (un-centring treatment effects)
for (k in 1:nt){
   for (j in 1:nz) { dz[j,k] <- d[k] - (beta[k]-beta[1])*(mx-z[j]) }
  }
# pairwise ORs and LORs for all possible pair-wise comparisons, if nt>2
for (c in 1:(nt-1)) {
   for (k in (c+1):nt)  {
# at mean value of covariate
     or[c,k] <- exp(d[k] - d[c])
     lor[c,k] <- (d[k]-d[c])
# at covariate=z[j]
     for (j in 1:nz) {
       orz[j,c,k] <- exp(dz[j,k] - dz[j,c])
       lorz[j,c,k] <- (dz[j,k]-dz[j,c])
     }
   }
 }
}
```

註 1：共變數為類別變數的理論模式（比較公式 5-5），定義於公式 5-4：

$$r_{i,k} \sim \text{Binomial } (p_{i,k}, n_{i,k})$$

$$\text{logit } (p_{i,k}) = \mu_i + \delta_{i,k} I_{(k \neq 1)} + (\beta_k - \beta_1) x_i$$

$$\beta_1 = 0 \qquad\qquad 公式 5\text{-}4$$

註 2：共變數為連續變數，其中心化的理論模式，參見公式 5-5：

$$\text{logit}(p_{i,k}) = \mu_i + \delta_{i,k} I_{(k \neq 1)} + (\beta_k - \beta_1)(x_i - \text{mean}(x_i)) \qquad 公式 5\text{-}5$$

2. 資料結構

```
# 本資料係 BCG Vaccine 之預防注射對於 TB 之效能
# ns= number of studies; nt=number of treatments; mx = mean of covariate value for centring
# z=values of covariate at which to calculate treatment effects; nz=length of z
list(ns=13, nt=2, mx=33.46, z=c(0,13,50), nz=3)
```

t[,1]	t[,2]	na[]	r[,1]	n[,1]	r[,2]	n[,2]	x[]	#	ID
1	2	2	11	139	4	123	44	#	1
1	2	2	29	303	6	306	55	#	2
1	2	2	11	220	3	231	42	#	3
1	2	2	248	12867	62	13598	52	#	4
1	2	2	47	5808	33	5069	13	#	5
1	2	2	3372	1451	180	1541	44	#	6
1	2	2	10	629	8	2545	19	#	7
1	2	2	499	88391	505	88391	13	#	8
1	2	2	45	7277	29	7499	27	#	9
1	2	2	65	1665	17	1716	42	#	10
1	2	2	141	27338	186	50634	18	#	11
1	2	2	3	2341	5	2498	33	#	12
1	2	2	29	17854	27	16913	33	#	13
END									

註 1：本 BCG 資料格式適用於雙臂與多臂實驗。

註 2：緯度（x）的平均數為 33.46^0

註 3：BCG Vaccine 實例

3. **起始值**

```
#chain 1
list(d=c( NA, 0), mu=c(0,0,0,0,0,    0,0,0,0,0,    0,0,0), B=0)
#chain 2
list(d=c( NA, -1), mu=c(-3,-3,-3,3,-3, -3,3,-3,-3,-3, -3,-3,3), B=-2)
#chain 3
list(d=c( NA, 2), mu=c(-3,5,-1,-3,7, -3,-4,-3,-3,0, 5,0,-5), B=5)
```

4. **輸出結果**

為節省篇幅，本節各種監控圖從略，僅留最後之統計摘要如表 5-19。

表 5-19　監控節點統計摘要表

node	mean	sd	MC error	2.5%	median	97.5%	start	sample
beta[2]	-0.03158	0.008843	1.478E-4	-0.04915	-0.03184	-0.0127	20001	180000
d[2]	-0.7674	0.1303	5.508E-4	-1.045	-0.7625	-0.5161	20001	180000
deviance	167.9	7.393	0.03621	154.7	167.5	183.6	20001	180000
or[1,2]	0.4681	0.06095	2.49E-4	0.3519	0.4665	0.5968	20001	180000
orz[1,1,2]	1.401	0.4515	0.006817	0.6798	1.354	2.448	20001	180000
orz[2,1,2]	0.9058	0.1937	0.002574	0.5591	0.8949	1.334	20001	180000
orz[3,1,2]	0.2812	0.05947	7.825E-4	0.1814	0.2757	0.4161	20001	180000
tau	19.33	20.1	0.1882	1.752	11.57	79.87	20001	180000
totresdev	29.58	7.393	0.03621	16.38	29.17	45.3	20001	180000

由表 5-19 之斜率為負值（-.03158），可推知 BCG 效能與緯度成反比關係；亦即緯度愈高，其 BCG 預防注射對於 TB 之預防效果愈佳。另外，當緯度等於平均值（33.46）時，Log（OR）等於 -.7674（其值小於 0）或 OR 等於 .4681（其值小於 1），表示預防注射可以降低 TB 發生率；而其研究間的標準差為 .294（= $\frac{1}{\sqrt{11.57}}$）。

（五）次群體分析：多臂實驗

假如變異源之調節變項係研究層次的類別變項，研究者可以進行次群體整合分析。對於類別變項而言，次群體分析需使用以下的雙（或三群組）群組迴歸模式，請檢視以下灰色部分之程式（註 1），相關理論請參閱公式 5-4。

1. 雙群組分析

雙群組分析只要使用一個虛擬共變項：x1。

```
# Binomial likelihood, logit link, subgroup
# 適用於多臂試驗的隨機效果模式
model{ # *** 程式開始
for(i in 1:ns){ # 研究間迴圈
w[i,1] <- 0 # adjustment for multi-arm trials is zero : 控制組
delta[i,1] <- 0 # 處理效果為 0: 控制組
mu[i] ~ dnorm(0,.0001) # vague priors for all trial baselines
for (k in 1:na[i]) { # 試驗臂迴圈
r[i,k] ~ dbin(p[i,k],n[i,k]) # binomial likelihood
# model for linear predictor, covariate effect relative to treat in arm 1
```

```
logit(p[i,k]) <- mu[i] + delta[i,k] + (beta[t[i,k]]-beta[t[i,1]]) * x[i]   # 註 1：迴歸模式
rhat[i,k] <- p[i,k] * n[i,k] # 二項式分配期望值
dev[i,k] <- 2 * (r[i,k] * (log(r[i,k])-log(rhat[i,k])) # 殘餘離差之計算
+ (n[i,k]-r[i,k]) * (log(n[i,k]-r[i,k]) - log(n[i,k]-rhat[i,k])))
}
resdev[i] <- sum(dev[i,1:na[i]]) # 殘餘離差加總
for (k in 2:na[i]) { # 試驗臂迴圈
delta[i,k] ~ dnorm(md[i,k],taud[i,k]) # trial-specific LOR distributions
md[i,k] <- d[t[i,k]] - d[t[i,1]] + sw[i,k] # mean of LOR distributions (with multi-arm trial
correction)
taud[i,k] <- tau *2*(k-1)/k # precision of LOR distributions (with multi-arm trial correction)
w[i,k] <- (delta[i,k] - d[t[i,k]] + d[t[i,1]]) # adjustment for multi-arm RCTs
sw[i,k] <- sum(w[i,1:k-1])/(k-1) # cumulative adjustment for multi-arm trials
}
}
totresdev <- sum(resdev[]) # 殘餘離差總和
d[1]<-0 # 處理效果為 0 for reference treatment
beta[1] <- 0 # covariate effect is zero for reference treatment
for (k in 2:nt){ # LOOP THROUGH TREATMENTS
d[k] ~ dnorm(0,.0001) # vague priors for treatment effects
beta[k] <- B # common covariate effect
}
B ~ dnorm(0,.0001) # vague prior for covariate effect
sd ~ dunif(0,5) # vague prior for between-trial SD
tau <- pow(sd,-2) # between-trial precision = (1/between-trial variance)

#############################################
# Extra code for calculating all odds ratios and log odds ratios for covariate
# values in vector z, with length nz (given as data)
#############################################
for (k in 1:nt){
for (j in 1:nz) { dz[j,k] <- d[k] + (beta[k]-beta[1])*z[j] } # treatment effect when covariate
= z[j]
}
# pairwise ORs and LORs for all possible pair-wise comparisons
for (c in 1:(nt-1)) {
for (k in (c+1):nt) {
# when covariate is zero ( 無心臟病者 )
or[c,k] <- exp(d[k] - d[c])
lor[c,k] <- (d[k]-d[c])
# at covariate=z[j] ( 心臟病者 )
for (j in 1:nz) {
orz[j,c,k] <- exp(dz[j,k] - dz[j,c])
lorz[j,c,k] <- (dz[j,k]-dz[j,c])
}
}
}
} # *** PROGRAM ENDS
```

355

```
# Data (Statins example)
list(ns=19,nt=2,z=c(1),nz=1)
```

t[,1]	t[,2]	na[]	r[,1]	n[,1]	r[,2]	n[,2]	x[]	#ID	name
1	2	2	256	2223	182	2221	1	#1	4S
1	2	2	4	125	1	129	1	#2	Bestehorn
1	2	2	0	52	1	94	1	#3	Brown
1	2	2	2	166	2	165	1	#4	CCAIT
1	2	2	77	3301	80	3304	0	#5	Downs
1	2	2	3	1663	33	6582	0	#6	EXCEL
1	2	2	8	459	1	460	1	#7	Furberg
1	2	2	3	155	3	145	1	#8	Haskell
1	2	2	0	42	1	83	1	#9	Jones
1	2	2	4	223	3	224	0	#10	KAPS
1	2	2	633	4520	498	4512	1	#12	LIPID
1	2	2	1	124	2	123	1	#13	MARS
1	2	2	11	188	4	193	1	#14	MAAS
1	2	2	5	78	4	79	1	#15	PLAC 1
1	2	2	6	202	4	206	1	#16	PLAC 2
1	2	2	3	532	0	530	0	#17	PMSGCRP
1	2	2	4	178	2	187	1	#18	Riegger
1	2	2	1	201	3	203	1	#19	Weintraub
1	2	2	135	3293	106	3305	0	#20	Wscotland

```
END
```

本 19 筆資料，係 Statins 對於降低膽固醇的相對效能分析 (against Placebo)，# x[]=0 代表無心臟病者，x[]=1 代表曾患心臟病者；將作為次群體分析的分群單位。
```
# Initial values
# Initial values for delta can be generated by WinBUGS.
#chain 1
list(d=c( NA, 0), mu=c(0,0,0,0,0, 0,0,0,0,0, 0,0,0,0,0, 0,0,0,0), B=0, sd=1)
#chain 2
list(d=c( NA, -1), mu=c(-3,-3,3,-3,3, -3,3,-3,3,-3, -3,-3,3,3,-3, 3,-3,-3,3), B=-1, sd=3)
#chain 3
list(d=c( NA, 2), mu=c(-3,5,-1,-3,7, -3,-4,-3,-3,0, 5,0,-2,-5,1, -2,5,3,0), B=1.5, sd=0.5)
```

　　本例之 MCMC 迴圈數設定爲：

```
# of iterations:100000
# of burn-ins:50000
# # of thinning:4( 降低自動相關 )
```

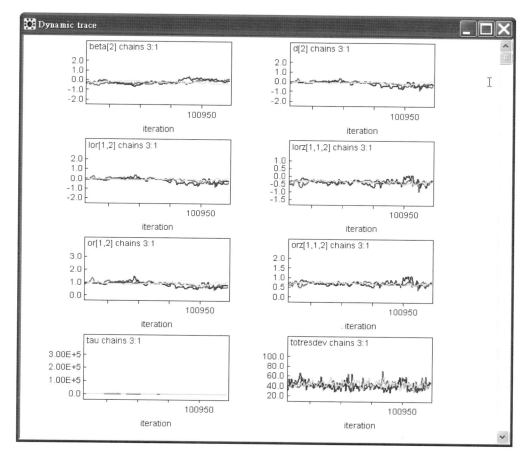

圖 5-73　動態軌跡圖

　　由圖 5-73 參數值之動態軌跡知，各參數大都循著 MCMC 抽樣分配的眾數（mode）附近移動，沒有激烈之上下震動或隨意漂流的現象，顯示各參數值之 MCMC 抽樣已收斂。

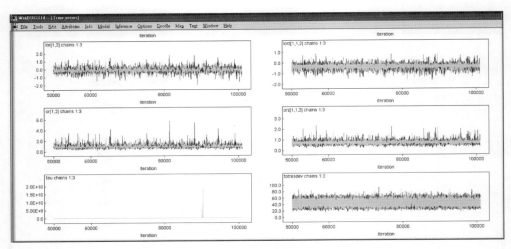

圖 5-74　歷史軌跡圖

　　圖 5-74 係歷史軌跡圖，因為抽樣分布沒有激烈之上下震動或隨意漂流的現象，各參數值之 MCMC 抽樣分布似乎已收斂。不過 tau 參數似乎有極端值，摘要統計似乎需採中位數為妥。

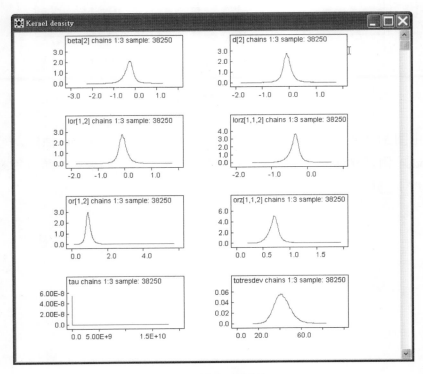

圖 5-75　核心密度圖

　　由圖 5-75 係核心密度圖，呈現平滑的單峰曲線，可知各參數已達收斂狀態；但是 Tau 的估計值，出現了不尋常值，研究者可將程式中 sd ～ dunif(0,5) 的 prior 修正為 sd ～ dunif(0.1,5)，或者直接採用 median posterior 估計值。

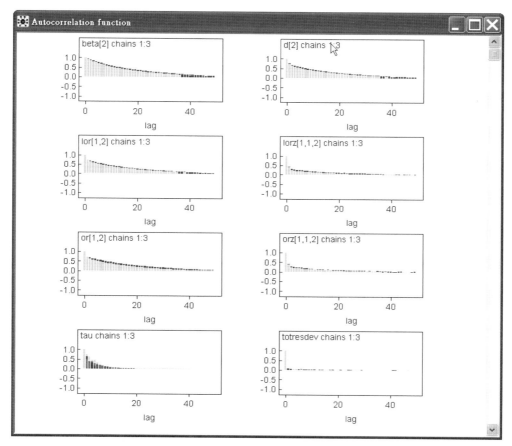

圖 5-76　自動相關圖（the value of thinning = 4）

　　由圖 5-76 可知，各參數的自變相關約在迴圈間距 Lag 40 之後，自變相關均已接近於 0，表示 MCMC 抽樣已脫離起始點，其抽樣分配已在收斂當中。

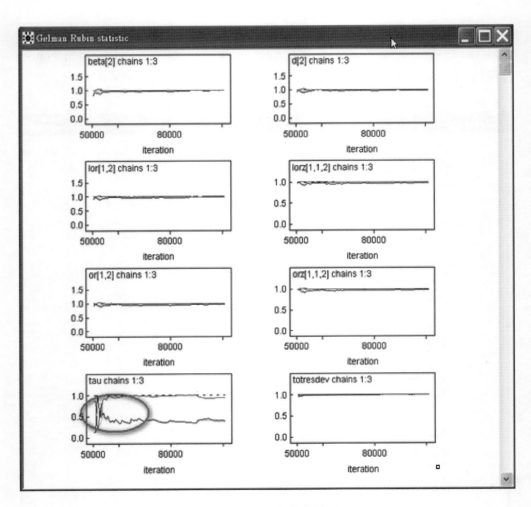

圖 5-77　G-R 收斂軌跡圖

　　圖 5-77 的 Gelman-Rubbin 收斂軌跡圖，除 tau 收斂速度較慢之外，各參數之綠線與藍線在迴圈 60000 以後已呈穩定狀態，紅線逼近於 1，收斂狀態已達理想。

　　以 tau 為例，利用滑鼠左鍵雙擊參數的收斂軌跡圖之後，按下「Ctrl」鍵並用滑鼠左鍵點選該圖，便可獲得 tau 之 BGR 比率指標如表 5-20，似乎亦顯示到 60000 迴圈之後，該參數才收斂。觀看本表之 BGR 值當逼近於 1，即可推知該參數是已收斂。

表 5-20　BGR 摘要表

```
Values of Gelman Rubin statistic                                    _ □ X

----------------------------80% interval----------------------------
          Unnormalized              Normalized as plotted
End iteration  of pooled   mean within   of pooled   mean within   BGR ratio
of bin         chains      chain         chains      chain
50508     238.6       314.3         0.1271      0.1674        0.7592
51016     261.8       299.5         0.1394      0.1595        0.874
51524     387.6       1877.0        0.2064      1.0           0.2064
52032     576.3       1640.0        0.3069      0.8738        0.3513
52540     658.6       1038.0        0.3508      0.5528        0.6346
53048     808.9       1783.0        0.4309      0.9498        0.4536
53556     920.2       1106.0        0.4902      0.589         0.8322
54064     1074.0      1180.0        0.5722      0.6285        0.9105
54572     905.4       962.9         0.4823      0.5129        0.9403
55080     846.7       959.9         0.451       0.5113        0.8822
55588     1021.0      1024.0        0.5437      0.5456        0.9966
56096     897.3       907.1         0.478       0.4832        0.9892
56604     774.4       770.7         0.4125      0.4105        1.005
57112     787.3       808.2         0.4193      0.4305        0.9741
57620     814.3       895.0         0.4337      0.4767        0.9098
58128     763.5       786.4         0.4067      0.4189        0.9709
58636     884.1       929.9         0.4709      0.4953        0.9508
59144     829.9       851.6         0.442       0.4536        0.9745
59652     755.1       778.6         0.4022      0.4147        0.9698
60160     707.3       735.7         0.3767      0.3919        0.9613
60668     728.1       734.5         0.3878      0.3912        0.9912
61176     841.6       871.8         0.4483      0.4643        0.9654
61684     839.3       846.3         0.4471      0.4508        0.9918
62192     801.1       815.0         0.4267      0.4341        0.9829
62700     771.9       782.9         0.4112      0.417         0.986
63208     772.0       773.2         0.4112      0.4119        0.9984
63716     763.4       760.4         0.4066      0.405         1.004
64224     763.4       754.2         0.4066      0.4017        1.012
64732     979.2       984.3         0.5216      0.5243        0.9948
65240     919.7       920.1         0.4899      0.4901        0.9995
65748     892.1       898.2         0.4752      0.4784        0.9932
66256     897.6       910.0         0.4781      0.4847        0.9864
66764     882.9       881.6         0.4703      0.4696        1.002
67272     967.4       958.4         0.5153      0.5105        1.009
67780     967.4       954.3         0.5153      0.5083        1.014
68288     917.5       916.7         0.4887      0.4883        1.001
68796     866.2       876.6         0.4614      0.4669        0.9881
69304     852.8       856.3         0.4543      0.4561        0.996
69812     825.9       831.4         0.4399      0.4429        0.9934
```

表 5-21　監控節點統計摘要表：雙群組分析

```
Node statistics                                                    _ □ X

node       mean       sd         MC error  2.5%     median    97.5%     start    sample
beta[2]    -0.2917    0.2658     0.007519  -0.8738  -0.2723   0.2246    50000    38250
d[2]       -0.07115   0.2097     0.005137  -0.4959  -0.07844  0.3771    50000    38250
lor[1,2]   -0.07115   0.2097     0.005137  -0.4959  -0.07844  0.3771    50000    38250
lorz[1,1,2] -0.3629   0.1588     0.002613  -0.7227  -0.3489   -0.06027  50000    38250
or[1,2]    0.9526     0.2168     0.005409  0.609    0.9246    1.458     50000    38250
orz[1,1,2] 0.7044     0.1111     0.00176   0.4854   0.7055    0.9415    50000    38250
tau        3.565E+6   1.655E+8   2.683E+6  1.63     27.52     14510.0   50000    38250
totresdev  42.55      7.556      0.06356   28.92    42.07     58.65     50000    38250
```

　　表 5-21 之研究結果顯示出：LOR < 0 或 OR < 1 表示 Stain 有利於降低死亡率。42.55 vs 38 適配度尚佳，研究間的中位數異質性指標：$\sigma = \sqrt{\dfrac{1}{27.52}} = .1906$（Tau 的平均估計值，出現了不尋常值：3.565E+6，研究者須採用 median posterior 估計值。），屬小效果值，此值顯示已不需再進行次群體之整合分析了。

　　因程式中將服用 placebo 之 d[1] 設定為 0，所以服用 Statin 之 d[2] = -.07115，即反應使用 Statins 會降低膽固醇的相對效能，但差異似乎不大；此項結果就是 Primary prevention 組的相對效能（-.07115），如果再加上 Beta 值（-.2917）即為 Secondary prevention 組的相對效能（-.3629）。就 Primary prevention of mortality（無心臟病史）而言：OR = .9526，LOR = -.07115，就 Secondary prevention of mortality（有心臟病史）而言：ORz = .7044，LORz = -.3629。另外，Beta = -.2917（反映兩組之差異效果值），.95 CI = (-.8738 ～ .2246)，因 .95 CI 包含 0，顯示無組間交互作用現象（實驗效果無組別差異）；不過 Statins 對於降低膽固醇的效能似乎對於 Secondary prevention 較有效（Beta 為負值）。

2. 三群組分析

　　三群組分析需要使用兩個虛擬共變項：x1 & x2，請檢視 logit(p[i,k]) 右側的 x1[i] & x2[i] 預測變項。

```
# Binomial likelihood, logit link, subgroup
# 適用於多臂試驗的隨機效果模式
model{ # *** PROGRAM STARTS
for(i in 1:ns){ # LOOP THROUGH STUDIES
w[i,1] <- 0 # adjustment for multi-arm trials is zero for control arm
delta[i,1] <- 0 # treatment effect is zero for control arm
mu[i] ~ dnorm(0,.0001) # vague priors for all trial baselines
for (k in 1:na[i]) { # LOOP THROUGH ARMS
r[i,k] ~ dbin(p[i,k],n[i,k]) # binomial likelihood
# model for linear predictor, covariate effect relative to treat in arm 1
logit(p[i,k]) <- mu[i] + delta[i,k] + (beta1[t[i,k]]-beta1[t[i,1]]) * x1[i] + (beta2[t[i,k]]-
beta2[t[i,1]]) * x2[i]    # 請參見註 2
rhat[i,k] <- p[i,k] * n[i,k] # expected value of the numerators
dev[i,k] <- 2 * (r[i,k] * (log(r[i,k])-log(rhat[i,k])) #Deviance contribution
+ (n[i,k]-r[i,k]) * (log(n[i,k]-r[i,k]) - log(n[i,k]-rhat[i,k])))
}
resdev[i] <- sum(dev[i,1:na[i]]) # summed residual deviance contribution for this trial
for (k in 2:na[i]) { # LOOP THROUGH ARMS
delta[i,k] ~ dnorm(md[i,k],taud[i,k]) # trial-specific LOR distributions
```

```
md[i,k] <- d[t[i,k]] - d[t[i,1]] + sw[i,k] # mean of LOR distributions (with multi-arm trial
correction)
taud[i,k] <- tau *2*(k-1)/k # precision of LOR distributions (with multi-arm trial correction)
w[i,k] <- (delta[i,k] - d[t[i,k]] + d[t[i,1]]) # adjustment for multi-arm RCTs
sw[i,k] <- sum(w[i,1:k-1])/(k-1) # cumulative adjustment for multi-arm trials
}
}
totresdev <- sum(resdev[]) # Total Residual Deviance
d[1]<-0 # treatment effect is zero for reference treatment
beta1[1] <- 0 # 1st covariate effect is zero for reference treatment
beta2[1] <- 0 # 2nd covariate effect is zero for reference treatment
for (k in 2:nt){ # LOOP THROUGH TREATMENTS
d[k] ~ dnorm(0,.0001) # vague priors for treatment effects
beta1[k] <- B1 # 1st common covariate effect
beta2[k] <- B2 # 2nd common covariate effect
}
B1 ~ dnorm(0,.0001) # vague prior for 1st covariate effect
B2 ~ dnorm(0,.0001) # vague prior for 2nd covariate effect
sd ~ dunif(0,5) # vague prior for between-trial SD
tau <- pow(sd,-2) # between-trial precision = (1/between-trial variance)
} # *** PROGRAM ENDS

# Data (Statins example) 參見註 1
list(ns=19,nt=2)
```

t[,1]	t[,2]	na[]	r[,1]	n[,1]	r[,2]	n[,2]	x1[]	x2[]	#ID	name
1	2	2	256	2223	182	2221	0	0	#1	4S
1	2	2	4	125	1	129	0	0	#2	Bestehorn
1	2	2	0	52	1	94	0	0	#3	Brown
1	2	2	2	166	2	165	0	0	#4	CCAIT
1	2	2	77	3301	80	3304	0	0	#5	Downs
1	2	2	3	1663	33	6582	0	0	#6	EXCEL
1	2	2	8	459	1	460	1	0	#7	Furberg
1	2	2	3	155	3	145	1	0	#8	Haskell
1	2	2	0	42	1	83	1	0	#9	Jones
1	2	2	4	223	3	224	1	0	#10	KAPS
1	2	2	633	4520	498	4512	1	0	#12	LIPID
1	2	2	1	124	2	123	1	0	#13	MARS
1	2	2	11	188	4	193	1	0	#14	MAAS
1	2	2	5	78	4	79	0	1	#15	PLAC 1
1	2	2	6	202	4	206	0	1	#16	PLAC 2
1	2	2	3	532	0	530	0	1	#17	PMSGCRP
1	2	2	4	178	2	187	0	1	#18	Riegger

1	2	2	1	201	3	203	0	1	#19	Weintraub
1	2	2	135	3293	106	3305	0	1	#20	Wscotland

END

\# 註 1：本 19 筆虛擬資料，係 Statins 對於降低膽固醇的相對效能分析 (against Placebo)，
\# 註 2：假設研究 #1~#6 代表青年病患，設對照組，研究 #7~#14 代表中年組病患，研究 #15~#20 代表老年組病患；因有 3 個組，必須有 2 個虛擬變項 :x1 & x2。研究者如欲進行三個組間的兩兩比較，則需使用效果值編碼 (effect coding) 方式。

```
# Initial values
# Initial values for delta can be generated by WinBUGS.
#chain 1
list(d=c( NA, 0), mu=c(0,0,0,0,0, 0,0,0,0,0, 0,0,0,0,0, 0,0,0,0), B=0, sd=1)
#chain 2
list(d=c( NA, -1), mu=c(-3,-3,3,-3,3, -3,3,-3,3,-3, -3,-3,3,3,-3, 3,-3,-3,3), B=-1, sd=3)
#chain 3
list(d=c( NA, 2), mu=c(-3,5,-1,-3,7, -3,-4,-3,-3,0, 5,0,-2,-5,1, -2,5,3,0), B=1.5, sd=0.5)
```

以上程式修訂自 Dias, Sutton, Welton, & Ades (2013) 論文中的附錄 Program 1(a)。

本實例之 MCMC 迴圈數設定為：

```
# of iterations:100000
# of burn-ins:50000
# # of thinning:4( 降低自動相關 )
```

為節省篇幅，模式適配度與參數收斂檢驗將從略，僅將主要統計量摘要於表 5-22 中。

表 5-22　監控節點統計摘要表：三群組分析

node	mean	sd	MC error	2.5%	median	97.5%	start	sample
beta1[2]	-0.3832	0.4109	0.0113	-1.298	-0.3464	0.3503	50000	150003
beta2[2]	-0.2803	0.4372	0.00918	-1.223	-0.2477	0.526	50000	150003
d[2]	-0.05965	0.284	0.006265	-0.5915	-0.08176	0.5634	50000	150003
tau	132.3	3591.0	49.67	0.9527	6.969	225.1	50000	150003
totresdev	40.91	8.07	0.05906	26.5	40.41	58.27	50001	150000

　　根據迴歸方程式：dz = d + beta1×X1 + beta2×X2，因此，當 X1 = 0，X2 = 0 時，dz = d，此即 d[2] 的估計值（= -.05965），反映出對照組（青年病患）的效果值，但因其 .95 可信區間均包含 0，顯示降低膽固醇的相對效能並不顯著；而 beta1[2] 反映組別 1（中年病患）與對照組的差異效果值（= -.3832），換言之，組別 1 的估計效果值（當 X2 為 0 時）為 -.44285[-.05965+（-.3832）]；而 beta2[2] 反映組別 2（老年病患）與控制組的差異效果值（= -.2803），換言之，組別 2 的估計效果值（當 X1 為 0 時）為 -.33995[-.05965+（-.2803）]。不管是中年病患組或老年病患組，其與對照組的相對效能均無顯著差異（因兩者之 .95 可信區間均包含 0）。另外，由 totresdev 的估計值來看，研究間的變異量已由 42.55（參見表 5-21）稍降為 40.91（參見表 5-22）。

（六）網絡不一致性分析的事後考驗

　　網絡整合分析的內在效度植基於兩大基本假設：無異質性（heterogeneity）與具一致性。在本節，筆者特別針對不一致性（inconsistency）的事後考驗進行說明。通常，研究者會先利用 DIC 值，進行一致性模式與非一致模式間的差異考驗；如果未達既定之顯著水準，即可直接使用一致性模式的分析結果，如果達既定之顯著水準，即須進行不一致性的事後考驗。筆者曾在本書第六章文末，述及如何利用 STATA 的 Mvmeta 進行迴圈不一致性（loop inconsistency）與設計不一致性（design inconsistency）的分析。不一致性參數可為固定效果或隨機效果，根據 Jackson, Barrett, Rice, White, Higgins（2014）與 Jackson, Law, Barrett, Turner, Higgins, Salanti and White（2016）的建議：研究者如欲估計橫跨所有研究設計的平均效果值或進行敏感度分析，最適於使用隨機效果模式；如欲估計特定模式的處理效果或找出出現不一致性的出處，最好使用固定效果模式。

　　在此筆者則要利用 WinBUGS 進行相類似的資料分析，以利讀者做對比，分析的原始資料參見表 5-23。由表 5-23 的內容可知，本資料集共有 28 個研究，涉及 8 個試驗與 13 個研究設計，其中兩個設計含有 3 個試驗。由上往下看，研究設計 3 與研究設計 2 係會產生研究設計不一致性的地方，因此研究設計 3 中試驗 C 的數據加黑。同理，研究設計 4 與研究設計 1、研究設計 7 與研究設計 2，其相關的試驗 D & H 的數據均加黑。研究設計 9 ～研究設計 13，則涉及迴圈不一致性的設計。例如，研究設計 9 可以估計 F-B 的直接效果，研究設計 1(ABD) 與研究設計 5(AF) 相結合可以獲得 F-B 的間接效果，此 F-B 的直接與間接效果的差異性，即爲迴圈不一致性。以上這些資訊，就是圖 5-78 的研究設計不一致性與迴圈不一致性的參數定義之依據。

表 5-23 中出現黑體數字處，係不一致性參數相關聯的研究設計。因爲在模式中界定不一致性參數可能有不同方式（由上而下或由下而上的順序），採取較簡單的定義方式爲依據研究設計的由上而下順序。在表 5-23 中，如有任何研究設計的任何一對實驗處理效果可以由前面的研究設計直接估計之，或由前面的兩個或兩個以上研究設計間接估計之（在一致性模式下），就可在模式中加入不一致性參數。因爲研究設計 1 & 研究設計 2 不可能出現不一致性參數，第一個可以加入模式的不一致性參數係出現在研究設計 3，因爲此對實驗處理效果（C），

表 5-23　網絡不一致性分析的原始資料

Table 1. The thrombolytic drugs data: entries are numbers of deaths in 30 or 35 days/number of patients. Bold entries show designs where inconsistency parameters are introduced (see text).

Design d	Study	Streptokinase (A)	Accelerated alteplase (B)	Alteplase (C)	Streptokinase + alteplase (D)	Tenecteplase (E)	Reteplase (F)	Urokinase (G)	Anti-streptilase (H)
1	1	1462/20173	652/10344		723/10328				
2	2	1455/13780		1,418/13746					1448/13773
3	3	9/130		**6/123**					
	4	5/63		**2/59**					
	5	3/65		**3/64**					
	6	887/10396		**929/10372**					
	7	7/85		**4/86**					
	8	12/147		**7/143**					
	9	10/135		**5/135**					
4	10	4/107			6/109				
5	11	285/2992					270/2994		
6	12	10/203						7/198	
7	13	3/58							**2/52**
	14	3/86							**6/89**
	15	3/58							**2/58**
	16	13/182							**11/188**
8	17		522/8488			523/8461			
9	18		356/4921				757/10138		
	19		13/155				7/169		
10	20		2/26					7/54	
	21		12/268					16/350	
11	22		5/210						17/211
	23		3/138						13/147
12	24			8/132			4/66		
	25			10/164			6/166		
	26			6/124			5/121		
13	27			13/164					10/161
	28			7/93					5/90

註：資料取自 White, Barret, Jackson, and Higgins (2012)

可以由前面的研究設計 2 直接估計之。接下來可以加入模式的不一致性參數係出現在研究設計 4，因為此對實驗處理效果（D），亦可以由前面的研究設計 1 直接估計之。接下來可以加入模式的不一致性參數係出現在研究設計 7，因為此對實驗處理效果（H），亦可以由前面的研究設計 2 直接估計之。以上此類不一致性，常被稱為設計不一致性（design inconsistency）參數。其次，出現不一致性參數在研究設計 9，因為在一致性模式下，此對實驗處理效果（F），可以由前面研究設計 1 & 研究 5 間接估計之。因此，此類不一致性，常被稱為迴圈不一致性（loop inconsistency）參數。以此類推，在模式中加入不一致性參數 G & H。

　　以下主程式部分係取自 White, Barret, Jackson, and Higgins（2012）的附錄 B，而該附錄中未含的資料檔案，則係透過 White & Barret（2016）個人通信而取得。

1. WinBUGS 程式設計：不一致性參數採固定效果模式

```
# Thrombolytic drugs data
# Random effects model (structured)
# Fixed effects inconsistency
model
  {
  for(i in 1:58){
   logit(p[i]) <- mu[study[i]] + delta[study[i],t[i],b[i]]
   r[i] ~ dbin(p[i],n[i])
   rhat[i] <- p[i] * n[i]
   dev[i] <- 2 * (r[i] * (log(r[i])-log(rhat[i]))  +  (n[i]-r[i]) * (log(n[i]-r[i]) - log(n[i]-rhat[i])))
   }
devs <- sum(dev[])
for(i in 1:28){
   delta[ i , b[offset[i]] , b[offset[i]] ] <- 0
   for(k in (offset[i]+1):(offset[i+1]-1)){
    delta[i,t[k],b[k]] <- d[design[k],t[k]] + RE[i,t[k]] - RE[i,b[k]]
   }
  }
# delta[i, ? ? ] is a dim by dim matrix containing the TRUE treatment effects for each
# study.
# The rows of delta tell you what treatment group we have and the columns tell us what
# the baseline is.
# Entiries of delta to the right of the baseline group are given by the design by treatment
# interaction terms d with variation for RE's
# It is the d entries we want, they tell us about the effect of the treatment relative to its
# baseline for each design.
# note that different baselines are used in different studies
```

```
# Random effects
 for(i in 1:28){
   RE[i,1] <- 0
   RE[i,2:8] ~ dmnorm(zero[] , Prec[,])
 }
# This is the inverse of the structured heterogeneity matrix (calculated in R). This matrix
# assumes 8 treatments and needs modifying if the number of treatments is not 8.
for( i in 1:7){
 for(j in 1:7){
   Prec[i,j] <- (equals(i,j)*8-1)/(4*sig*sig)
 }
}
# Define inconsistency parameters
w[1] <- d[3,3] - d[2,3]            # wAC3
w[2] <- d[4,4] - d[1,4]            # wAD4
w[3] <- d[9,6] - d[5,6] + d[1,2]   # wAF9
w[4] <- d[10,7] - d[6,7] + d[1,2]  # wAG10
w[5] <- d[12,7] - d[6,7] + d[2,3]  # wAG12
w[6] <- d[7,8] - d[2,8]  # wAH7
w[7] <- d[11,8] - d[2,8] + d[1,2]  # wAH11
w[8] <- d[13,8] - d[2,8] + d[2,3]  # wAH13
dAE <- d[8,5] + d[1,2]
# w[] 的定義請參見圖 5-78
# Priors
 for(i in 1:28){
   mu[i]~dnorm(0,0.01)
 }
sig ~ dunif(0,2)
 for(i in 1:13){
   for(k in (offset.design[i]+1):(offset.design[i]+num.ests[i])){
     d[i,t[k]] ~ dnorm(0,0.01)
   }
 }
}
#data1
# offset 表每一研究的起始行號 (row number)
# offset.design 表每一研究設計的起始行號 (row number)
list(
zero = c(0,0,0,0,0,0,0) ,  # 分派給 7 個隨機效果值的參數
offset = c(1,4,7,9,11,13,15,17,19,21,23,25,27,29,31,33,35,37,39,41,43,45,47,49,51,53,55,
57,59),
offset.design = c(1,4,7,21,23,25,27,35,37,41,45,49,55), num.ests
=c(2,2,1,1,1,1,1,1,1,1,1,1,1))

# data2: 1=SK, 2=AtPA, 3=tPA, 4=SK+tPA, 5=Ten, 6=Ret, 7=UK, 8-ASPAC
```

design[]	study[]	t[]	r[]	n[]	b[]
1	1	1	1472	20173	1
1	1	2	652	10344	1
1	1	4	723	10328	1
2	2	1	1455	13780	1
2	2	3	1418	13746	1
2	2	8	1448	13773	1
3	3	1	9	130	1
3	3	3	6	123	1
3	4	1	5	63	1
3	4	3	2	59	1
3	5	1	3	65	1
3	5	3	3	64	1
3	6	1	887	10396	1
3	6	3	929	10372	1
3	7	1	7	85	1
3	7	3	4	86	1
3	8	1	12	147	1
3	8	3	7	143	1
3	9	1	10	135	1
3	9	3	5	135	1
4	10	1	4	107	1
4	10	4	6	109	1
5	11	1	285	2992	1
5	11	6	270	2994	1
6	12	1	10	203	1
6	12	7	7	198	1
7	13	1	3	58	1
7	13	8	2	52	1
7	14	1	3	86	1
7	14	8	6	89	1
7	15	1	3	58	1
7	15	8	2	58	1
7	16	1	13	182	1
7	16	8	11	188	1
8	17	2	522	8488	2

8	17	5	523	8461	2
9	18	2	356	4921	2
9	18	6	757	10138	2
9	19	2	13	155	2
9	19	6	7	169	2
10	20	2	2	26	2
10	20	7	7	54	2
10	21	2	12	268	2
10	21	7	16	350	2
11	22	2	5	210	2
11	22	8	17	211	2
11	23	2	3	138	2
11	23	8	13	147	2
12	24	3	8	132	3
12	24	7	4	66	3
12	25	3	10	164	3
12	25	7	6	166	3
12	26	3	6	124	3
12	26	7	5	121	3
13	27	3	13	164	3
13	27	8	10	161	3
13	28	3	7	93	3
13	28	8	5	90	3

```
END

# initial 1
list(
d=structure(.Data = c(NA,0,NA,0,NA,NA,NA,NA,    NA,NA,0,NA,NA,NA,NA,0,
NA,NA,0,NA,NA,NA,NA,NA,    NA,NA,NA,0,NA,NA,NA,NA,    NA,NA,NA,NA,NA,0,NA,NA,
NA,NA,NA,NA,NA,NA,0,NA,    NA,NA,NA,NA,NA,NA,NA,0,    NA,NA,NA,NA,0,NA,NA,NA,
NA,NA,NA,NA,NA,0,NA,NA,    NA,NA,NA,NA,NA,NA,0,NA,    NA,NA,NA,NA,NA,NA,NA,0,
NA,NA,NA,NA,NA,NA,0,NA,
NA,NA,NA,NA, NA,NA,NA,0), .Dim=c(13,8)),
mu=c(0,0,0,0,0,  0,0,0,0,0,  0,0,0,0,  0,0,0,0,0,  0,0,0,0,0,  0,0,0,0))
# initial 2
list(
d=structure(.Data = c(NA,-2,NA,-1,NA,NA,NA,NA,    NA,NA,-2,NA,NA,NA,NA,-1,
NA,NA,-3,NA,NA,NA,NA,NA,    NA,NA,NA,-2,NA,NA,NA,NA,
NA,NA,NA,NA,NA,-2,NA,NA,    NA,NA,NA,NA,NA,NA,-1,NA,
NA,NA,NA,NA,NA,NA,NA,-3,    NA,NA,NA,NA,-2,NA,NA,NA,
```

```
NA,NA,NA,NA,NA,-1,NA,NA,   NA,NA,NA,NA,NA,NA,-2,NA,
NA,NA,NA,NA,NA,NA,NA,-3,   NA,NA,NA,NA,NA,NA,-2,NA,
NA,NA,NA,NA, NA,NA,NA,-2), .Dim=c(13,8)),
mu=c(1,2,3,1,2, 3,1,2,3,1, 2,3,1,2, 3,1,2,3,1, 2,3,1,2,3, 1,2,3,1))
# initial 3
list(
d=structure(.Data = c(NA,2,NA,1,NA,NA,NA,NA,   NA,NA,3,NA,NA,NA,NA,2,
NA,NA,2,NA,NA,NA,NA,   NA,NA,NA,3,NA,NA,NA,NA,
NA,NA,NA,NA,NA,1,NA,NA,   NA,NA,NA,NA,NA,NA,1,NA,
NA,NA,NA,NA,NA,NA,NA,2,   NA,NA,NA,NA,1,NA,NA,NA,
NA,NA,NA,NA,NA,3,NA,NA,   NA,NA,NA,NA,NA,NA,1,NA,
NA,NA,NA,NA,NA,NA,NA,2,   NA,NA,NA,NA,NA,NA,2,NA,
NA,NA,NA,NA, NA,NA,NA,1), .Dim=c(13,8)),
mu=c(-1,0.5,2,-.5,2,  -1,-2,0.5,1,1.5,  -1.5,1,-2,0.5,   0.5,1,1.5,0,-0.5,  -1,0.5,1,-1.5,2,
1,0.5,-1,-2))
```

註 1：w[1],w[2],& [6] 係 design inconsistency，其餘為 loop inconsistency，參見圖 5-78。

註 2：起始值的設定，端視每一研究所需估計參數（對照組 A 除外）而定，待估計的參數均須分派一起始值，其餘為估計之參數則以 NA 表示之。以第一個研究為例，相關程式碼為：c（NA,0,NA,0,NA,NA,NA,NA），即表示第 2& 第 4 個參數等待估計，故需賦予起始值。

註 3：AE 沒有直接效果，因此也就無不一致性的問題，但我們必須利用間接比較去估計它。

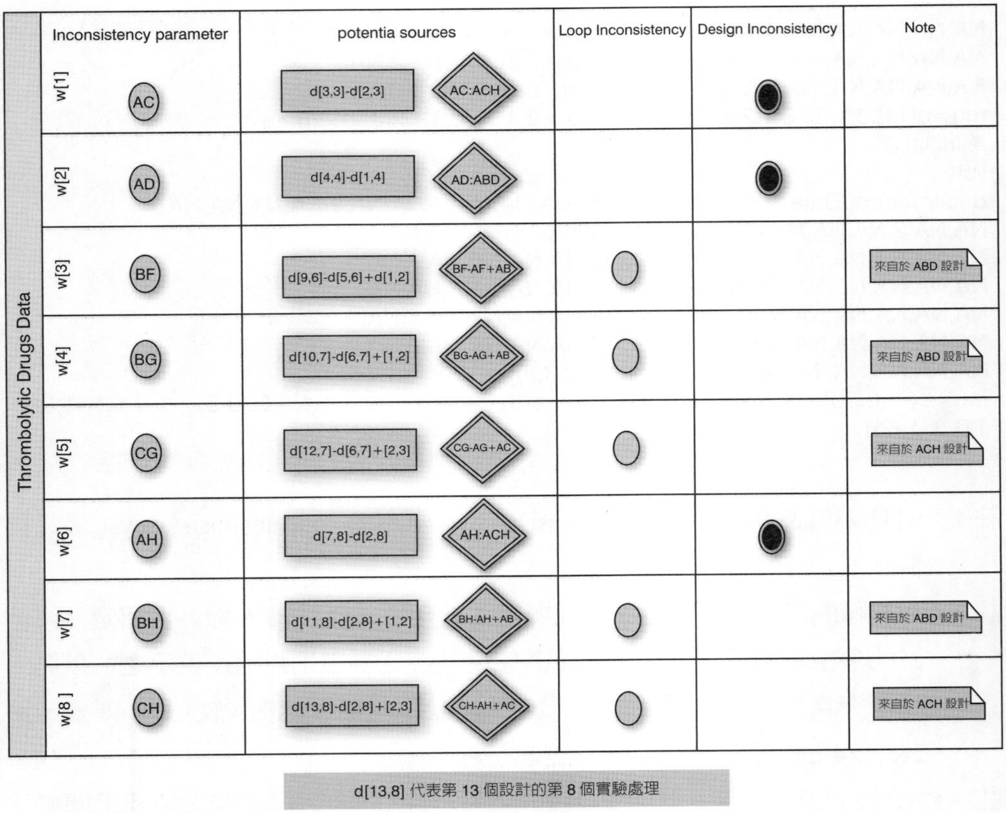

d[13,8] 代表第 13 個設計的第 8 個實驗處理

圖 5-78　網絡與設計不一致性參數的定義

　　由圖 5-78 顯示出網路不一致性，可能來自於迴圈不一致性，也有可能來自於設計不一致性。

2. 固定效果模式 WinBUGS 輸出報表

　　執行 WinBUGS 時，基本設定：Burn-in 樣本：50000、thinning：20th、# of final iterations：150000。不一致性參數的估計可採固定效果模式或採隨機效果模式，端視研究者的研究目的為何而定。如果研究者如欲估計橫跨所有設計的平均處理效果、效果值的排序與敏感度分析，Jackson, Barrett, Rice, White, & Higgins（2014）建議採用隨機效果模式；如果研究者欲了解到底不一致性出現在何處及特定設計上的處理效果，最好採用固定效果模式。

　　不一致性參數採固定效果模式，其優點是資料分析可以利用多變項整合迴歸分析，缺點是在所有設計上效果值的排序異常困難，且只能獲得特定設計上的處理效果（Jackson, Barrett, Rice, White, & Higgins, 2014）。根據表 5-24 上半部數據可知，B、E、G 似乎具有較佳的處理效果（效果值分別為 d[1,2] = -.1535、dAE = -.149、d[6,7] = -.3707），表中 d[1,2] 表第一個研究設計中之第 2 個實驗處理的效果估計值。

表 5-24　監控節點統計摘要表：固定效果不一致性參數模式

node	mean	sd	MC error	2.5%	median	97.5%	start	sample
d[1,2]	-0.1535	0.2984	0.007454	-0.796	-0.1541	0.4752	50000	19500
d[1,4]	-0.03557	0.2962	0.007341	-0.6671	-0.03962	0.6038	50000	19500
d[2,3]	-0.02165	0.3028	0.009304	-0.669	-0.025	0.6439	50000	19500
d[2,8]	-0.01378	0.3052	0.009684	-0.6972	-0.006161	0.6192	50000	19500
d[3,3]	-0.2096	0.2258	0.006367	-0.7129	-0.181	0.1394	50000	19500
d[4,4]	0.4423	0.7639	0.004892	-1.029	0.4263	1.998	50000	19500
d[5,6]	-0.0611	0.3166	0.004742	-0.7283	-0.06193	0.6127	50000	19500
d[6,7]	-0.3707	0.5926	0.00414	-1.558	-0.3595	0.7672	50000	19500
d[7,8]	-0.05752	0.3673	0.002485	-0.7874	-0.0585	0.6587	50000	19500
d[8,5]	0.004464	0.318	0.005738	-0.6648	0.0064	0.6708	50000	19500
d[9,6]	-0.119	0.2803	0.006136	-0.7735	-0.07692	0.3729	50000	19500
d[10,7]	0.1725	0.4311	0.003085	-0.6539	0.1661	1.05	50000	19500
d[11,8]	1.405	0.4656	0.003243	0.5248	1.389	2.371	50000	19500
d[12,7]	-0.2945	0.391	0.002961	-1.078	-0.2858	0.4643	50000	19500
d[13,8]	-0.299	0.4248	0.003095	-1.144	-0.2966	0.5336	50000	19500
dAE	-0.149	0.4492	0.009927	-1.117	-0.1487	0.7944	50000	19500
delta[1,2,1]	-0.1574	0.04877	3.446E-4	-0.2532	-0.1569	-0.06244	50000	19500
delta[1,4,1]	-0.04496	0.04718	3.481E-4	-0.1384	-0.04475	0.04664	50000	19500
delta[2,3,1]	-0.02564	0.03959	2.783E-4	-0.1027	-0.02557	0.05294	50000	19500
delta[2,8,1]	-0.005356	0.03957	2.841E-4	-0.08331	-0.005056	0.07217	50000	19500
delta[3,3,1]	-0.2276	0.3075	0.006171	-0.9146	-0.1846	0.2898	50000	19500
delta[4,3,1]	-0.2744	0.3573	0.008338	-1.116	-0.2134	0.2756	50000	19500
delta[5,3,1]	-0.1788	0.3334	0.005523	-0.9296	-0.1333	0.4221	50000	19500
delta[6,3,1]	0.04105	0.04933	4.402E-4	-0.05622	0.04145	0.1375	50000	19500
delta[7,3,1]	-0.2622	0.339	0.007603	-1.04	-0.2107	0.2756	50000	19500
delta[8,3,1]	-0.2709	0.3122	0.007408	-0.9795	-0.2264	0.2158	50000	19500
delta[9,3,1]	-0.2963	0.3336	0.008153	-1.058	-0.2469	0.2072	50000	19500
delta[10,4,1]	0.4405	0.6973	0.004454	-0.8982	0.4181	1.861	50000	19500
delta[11,6,1]	-0.06053	0.08902	6.189E-4	-0.2342	-0.06045	0.1134	50000	19500
delta[12,7,1]	-0.3734	0.5143	0.003703	-1.417	-0.3663	0.6158	50000	19500
delta[13,8,1]	-0.08519	0.4307	0.002957	-0.944	-0.07868	0.7587	50000	19500
delta[14,8,1]	0.04621	0.4163	0.004571	-0.7396	0.03313	0.9014	50000	19500
delta[15,8,1]	-0.09485	0.43	0.002976	-0.9663	-0.08939	0.7382	50000	19500
delta[16,8,1]	-0.1044	0.3437	0.002544	-0.7893	-0.09843	0.5514	50000	19500
delta[17,5,2]	0.005241	0.06408	4.551E-4	-0.1213	0.005039	0.1314	50000	19500
delta[18,6,2]	0.0238	0.06589	5.138E-4	-0.1044	0.02317	0.1547	50000	19500
delta[19,6,2]	-0.261	0.3381	0.008104	-1.035	-0.2003	0.2702	50000	19500
delta[20,7,2]	0.2188	0.4614	0.004031	-0.6479	0.2051	1.179	50000	19500
delta[21,7,2]	0.1254	0.3658	0.002597	-0.592	0.1222	0.8426	50000	19500
delta[22,8,2]	1.388	0.4349	0.002981	0.5876	1.375	2.288	50000	19500
delta[23,8,2]	1.42	0.4646	0.003399	0.56	1.404	2.385	50000	19500
delta[24,7,3]	-0.2549	0.4177	0.003554	-1.088	-0.255	0.5496	50000	19500
delta[25,7,3]	-0.3518	0.3922	0.003347	-1.139	-0.3453	0.3954	50000	19500
delta[26,7,3]	-0.2755	0.4103	0.003202	-1.084	-0.2721	0.5227	50000	19500
delta[27,8,3]	-0.2926	0.3792	0.002655	-1.054	-0.2893	0.4433	50000	19500
delta[28,8,3]	-0.3043	0.4257	0.003054	-1.147	-0.3027	0.5181	50000	19500
devs	51.89	9.789	0.07969	34.44	51.27	72.63	50000	19500
sig	0.2642	0.155	0.006245	0.01977	0.2519	0.6057	50000	19500
w[1]	-0.1879	0.3724	0.01115	-1.058	-0.1246	0.4498	50000	19500
w[2]	0.4778	0.8204	0.008992	-1.091	0.4613	2.113	50000	19500
w[3]	-0.2114	0.5065	0.009754	-1.368	-0.1667	0.7848	50000	19500
w[4]	0.3897	0.7901	0.008645	-1.158	0.3821	1.982	50000	19500
w[5]	0.05458	0.7725	0.01037	-1.474	0.05259	1.596	50000	19500
w[6]	-0.04375	0.4797	0.01007	-0.9837	-0.04643	0.9268	50000	19500
w[7]	1.265	0.6347	0.0133	0.04237	1.251	2.564	50000	19500
w[8]	-0.3069	0.5242	0.007929	-1.356	-0.3111	0.7574	50000	19500

　　觀之表 5-24 底部數據，只有 W[7] 參數估計值為其 SE 的兩倍大（可以利用 t-test 或 Wald test 檢驗其是否達統計上之既定顯著水準），其餘不一致性參數估計值均比其 SE 來得小，顯示欲獲得明確不一致性之結論將相當困難。據此，可知研究設計 11 的直接效果估計效果值（B-H）與來自研究設計 1（A-B-D）、研究設計 2（A-C-H）、或研究設計 7（A-H）的間接效果估計值間，具有顯著差異；亦即研究設計 ABH 可能具有迴圈不一致性。這迴圈不一致性顯現在研究設計 11 的直接效果上，B 效果優於 H（1.42），但在研究設計 1、2 或研究設計 1 & 7 上的間接效果（-.13972 vs -.0959），B-H 間則無明顯差異。另外，表 5-24 底部的 sig 值，可知研究間的變異量 τ = .2642。

表 5-25　DIC 統計摘要表：固定效果模式

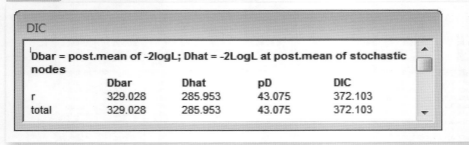

　　表 5-25 係 DIC 統計摘要表，可以提供研究者作為模式間之比較用。

3. 不一致性參數採隨機效果模式的程式設計

　　以下程式改自 Jackson, Barrett, Rice, White, & Higgins（2014）論文之附件。

```
# Design by treatment interaction model with Random
# inconsistency effects-by-Jackson et al
# 2014-Thrombolytic-Drugs
model{
# LOOP THROUGH STUDIES
for(i in 1:ns){
# BINOMIAL LIKELIHOOD WITH LOGIT LINK
# VAGUE PRIORS FOR TRIAL BASELINES
base[i] ~ dnorm(0,.0001)
# LOOP THROUGH ARMS
for (k in 1:na[i]){
r[i,k] ~ dbin(p[i,k],n[i,k])
logit(p[i,k]) <- base[i] + eta[i,k] + om[des[i],k]
rhat[i,k] <- p[i,k] * n[i,k]
```

```
dev[i,k] <- 2 * (r[i,k] * (log(r[i,k])-log(rhat[i,k]))  +  (n[i,k]-r[i,k]) * (log(n[i,k]-r[i,k]) -
log(n[i,k]-rhat[i,k])))
}

resdev[i] <- sum(dev[i,1:na[i]])

# RANDOM EFFECTS DISTRIBUTION
w[i,1] <- 0
eta[i,1] <- 0
for (k in 2:na[i]) { # LOOP THROUGH ARMS
eta[i,k] ~ dnorm(m.cond[i,k],precbeta.cond[i,k])
m.cond[i,k] <- delta[t[i,k]] - delta[t[i,1]] + sw[i,k]
precbeta.cond[i,k] <- precbeta * 2 * (k-1)/k
w[i,k] <- (eta[i,k] - delta[t[i,k]] + delta[t[i,1]])
sw[i,k] <- sum(w[i,1:k-1])/(k-1)
}
}
totresdev <- sum(resdev[])
# INCONSISTENCY PARAMETERS
for (i in 1:ndes) {
om[i,1] <- 0
for(k in 2:nades[i]) {
om[i,k] ~ dnorm(mom.cond[i,k],precom.cond[i,k])
mom.cond[i,k] <- sum(om[i,1:k-1])/(k-1)
precom.cond[i,k] <- precomega * 2 * (k-1)/k
}
}
delta[1] <- 0
# VAGUE PRIORS
for (k in 2:nt){delta[k] ~ dnorm(0,.0001) }
taubeta ~ dunif(0,5)
precbeta <- pow(taubeta,-2)
sdom ~ dunif(0,5)
precomega <- pow(sdom,-2)
# PROBABILITIES OF BEING THE BEST TREATMENT
# (assuming events are bad). If events are good replace
# equals (rk[k],1) with equals(rk[k],nt)
for(k in 1:nt){
rk[k] <- rank(delta[],k)
best[k] <- equals(rk[k],1)
}
}

DATA
list(nt = 8,ns = 28,ndes = 13,nades = c(3,3,2,2,2,2,2,2,2,2,2,2,2))
```

r[,1]	n[,1]	r[,2]	n[,2]	r[,3]	n[,3]	t[,1]	t[,2]	t[,3]	na[]	des[]
1472	20173	652	10344	723	10328	1	2	4	3	1#ABD
1455	13780	1418	13746	1448	13773	1	3	8	3	2#ACH

375

9	130	6	123	NA	1	1	3	NA	2	3#AC
5	63	2	59	NA	1	1	3	NA	2	3#AC
3	65	3	64	NA	1	1	3	NA	2	3#AC
887	10396	929	10372	NA	1	1	3	NA	2	3#AC
7	85	4	86	NA	1	1	3	NA	2	3#AC
12	147	7	143	NA	1	1	3	NA	2	3#AC
10	135	5	135	NA	1	1	3	NA	2	3#AC
4	107	6	109	NA	1	1	4	NA	2	4#AD
285	2992	270	2994	NA	1	1	6	NA	2	5#AF
10	203	7	198	NA	1	1	7	NA	2	6#AG
3	58	2	52	NA	1	1	8	NA	2	7#AH
3	86	6	89	NA	1	1	8	NA	2	7#AH
3	58	2	58	NA	1	1	8	NA	2	7#AH
13	182	11	188	NA	1	1	8	NA	2	7#AH
522	8488	523	8461	NA	1	2	5	NA	2	8#BE
356	4921	757	10138	NA	1	2	6	NA	2	9#BF
13	155	7	169	NA	1	2	6	NA	2	9#BF
2	26	7	54	NA	1	2	7	NA	2	10#BG
12	268	16	350	NA	1	2	7	NA	2	10#BG
5	210	17	211	NA	1	2	8	NA	2	11#BH
3	138	13	147	NA	1	2	8	NA	2	11#BH
8	132	4	66	NA	1	3	7	NA	2	12#CG
10	164	6	166	NA	1	3	7	NA	2	12#CG
60	124	5	121	NA	1	3	7	NA	2	12#CG
13	164	10	161	NA	1	3	8	NA	2	13#CH
7	93	5	90	NA	1	3	8	NA	2	13#CH

END

```
#Initial values
# chain 1
list(
    sdom=0.1,
    base=c(0,0,0,0,0, 0,0,0,0,0, 0,0,0,0,0, 0,0,0,0,0, 0,0,0,0,0,0,0,0),
    delta=c(NA,0,0,0,0,0,0,0),
    )
# chain 2
list(
    sdom=.5,
    base=c(0,2,0,-1,0, 0,1,0,-1,0, 0,0,0,1,0, 0,1,0,0,0, 0,-2,0,0,0,0,0,0),
```

```
   delta=c(NA,1,1,1,1,1,1,1),
 )
# chain 3
list(
  sdom=1,
  base=c(1,0,0,0,0, 1,0,0,0,0, 1,0,0,0,0,1,0,0,0,0, 1,0,0,0,0,1,0,0),
  delta=c(NA,-1,-1,-1,-1,-1,-1,-1),
 )
```

4. 隨機效果模式 WinBUGS 輸出報表

　　不一致性參數採隨機效果模式，其優點是易於進行效果值的排序與敏感度分析（參見下節之分析），且能獲得橫跨所有設計的平均處理效果（Jackson, Barrett, Rice, White, & Higgins, 2014），請參見表 5-26 中的 delta[] 值。根據表 5-26 可知，B、E、G 仍出現較佳的處理效果（其處理效果分別為：-.6074、-.578、-.8269），不管不一致性參數是固定效果或隨機效果模式，其結論似乎相同。表 5-26 中不一致性參數 om[1,2]，表第一個研究設計中之第 2 個實驗臂的效果估計值。因此，本例 om[1,2] 表第一個研究設計中之 AB 效果估計值，本例 om[1,3] 表第一個研究設計中之 AD 效果估計值。另外，研究設計 11 的直接效果估計效果值（B-H）與來自研究設計 1（om[1,2]）、研究設計 2（om[2,3]）、或研究設計 7（om[7,2]）的間接效果估計值間，在隨機效果模式下並未有顯著差異，讀者可以自行驗證之。根據表 5-26 下半部數據可知，這些不一致性參數估計值的 SE 均比其參數估計值大，反映出，顯示欲獲得明確不一致性之結論將相當困難。換言之，本網絡整合分析是否具有不一致性的現象，仍有待後續之研究。

　　當研究者發現異質性與非一致性時，可以進行整合迴歸分析找出變異源（如研究對象的特質不同所致）、檢視具有極端值的研究看看是否研究品質不佳，如果是，就可排除於整合分析對象之外、或者使用隨機效果模式（White, Barret, Jackson, and Higgins , 2012）。根據前述的兩個報表可知，不一致性參數的 SE 均很大（跟相關參數估計值相比）；同樣地，根據模式異質性與不一致性參數估計值可知：雖然異質性程度屬中度異質性（τ^2 = .26[1/3.835]），.95 CI 介於 .82 ～ .03（2.5% 與 97.5% 的倒數），但是其變異蠻大的，不一致性程度亦屬中度異質性（τ^2 = .15[1/6.716]），.95 CI 介於 1.35 ～ .001，不過變異也蠻大的。因此，很困難根據這些不一致性參數的估計值下定論：本網絡整合分析是否具有異質性或不一致性的現象，仍有待後續之研究。

表 5-26   監控節點統計摘要表：隨機效果不一致性參數模式

node	mean	sd	MC error	2.5%	median	97.5%	start	sample
best[1]	0.004311	0.06552	9.636E-4	0.0	0.0	0.0	50001	22500
best[2]	0.09191	0.2889	0.003051	0.0	0.0	1.0	50001	22500
best[3]	0.003911	0.06242	0.001239	0.0	0.0	0.0	50001	22500
best[4]	0.04191	0.2004	0.002193	0.0	0.0	1.0	50001	22500
best[5]	0.2882	0.4529	0.006115	0.0	0.0	1.0	50001	22500
best[6]	0.1447	0.3518	0.004813	0.0	0.0	1.0	50001	22500
best[7]	0.4208	0.4937	0.005601	0.0	0.0	1.0	50001	22500
best[8]	0.004222	0.06484	6.464E-4	0.0	0.0	0.0	50001	22500
delta[2]	-0.6074	0.4646	0.0114	-1.52	-0.615	0.3508	50000	22500
delta[3]	0.1195	0.4025	0.01199	-0.618	0.09979	0.9968	50000	22500
delta[4]	-0.06137	0.606	0.01599	-1.176	-0.08282	1.159	50000	22500
delta[5]	-0.578	0.9194	0.02343	-2.329	-0.604	1.369	50000	22500
delta[6]	-0.4971	0.5787	0.01279	-1.631	-0.4969	0.6773	50000	22500
delta[7]	-0.8269	0.5195	0.008932	-1.804	-0.8515	0.2863	50000	22500
delta[8]	0.1437	0.4115	0.01052	-0.626	0.1291	1.006	50000	22500
om[1,2]	0.1489	0.4375	0.01443	-0.6976	0.09663	1.099	50000	22500
om[1,3]	-0.01306	0.496	0.01863	-1.008	0.002636	0.9073	50000	22500
om[2,2]	-0.09568	0.4042	0.01511	-1.038	-0.04173	0.6576	50000	22500
om[2,3]	-0.08362	0.4136	0.01571	-1.068	-0.03553	0.7053	50000	22500
om[3,2]	-0.2966	0.4099	0.01395	-1.249	-0.2186	0.3391	50000	22500
om[4,2]	0.08902	0.4746	0.01045	-0.8174	0.04427	1.096	50000	22500
om[5,2]	0.1434	0.458	0.01089	-0.7328	0.08355	1.184	50000	22500
om[6,2]	0.102	0.4428	0.004964	-0.7681	0.05698	1.092	50000	22500
om[7,2]	-0.1002	0.396	0.009271	-1.005	-0.04744	0.6317	50000	22500
om[8,2]	-0.02044	0.5457	0.01852	-1.189	-0.001317	1.067	50000	22500
om[9,2]	-0.1612	0.468	0.01527	-1.247	-0.0979	0.721	50000	22500
om[10,2]	0.151	0.4527	0.007097	-0.6977	0.0878	1.179	50000	22500
om[11,2]	0.2385	0.4446	0.007729	-0.5011	0.1521	1.296	50000	22500
om[12,2]	-0.2633	0.4624	0.008452	-1.328	-0.1758	0.5003	50000	22500
om[13,2]	-0.1151	0.4189	0.009258	-1.042	-0.06315	0.6703	50000	22500
precbeta	146.8	9293.0	129.4	1.219	3.835	31.19	50000	22500
precomega	110600.0	8.815E+6	104100.0	0.7394	6.716	1661.0	50001	22500
sdom	0.4338	0.3068	0.012	0.02454	0.3859	1.163	50001	22500
totresdev	57.68	10.86	0.08086	38.46	56.95	80.74	50001	22500

表 5-27   DIC 統計摘要表：隨機效果模式

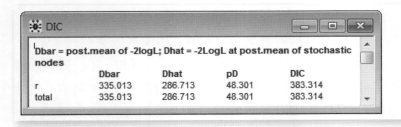

Dbar = post.mean of -2logL; Dhat = -2LogL at post.mean of stochastic nodes

	Dbar	Dhat	pD	DIC
r	335.013	286.713	48.301	383.314
total	335.013	286.713	48.301	383.314

　　根據表 5-25 與表 5-27，不一致性參數為固定效果模式與隨機效果模式間的 DIC 差異為：383.314-372.103 = 11.211，顯然地，固定效果模式比隨機效果

模式表現爲佳（DIC 差異值 > 10）。不過，不一致性參數採隨機效果模式時，totresdev 爲 57.68 非常接近研究之資料點（58, total number of trial arms）；表示本模式與資料的適配度較佳。

(七) 敏感度分析

　　當網絡僅包含少數幾個不一致性參數時，不一致性變異量（τ^2）可能出現估計不良的現象（過大的信賴區間）。此時，研究者有必要利用不一致性標準差的不同固定值，進行敏感度分析，看看結論對於不同的標準差是否很敏感。隨機效果的不一致性參數模式，可以利用不一致性參數的標準差（根據表 5-26 底部 sdom 的 .95 CI 值：.02454 ～ 1.163）進行敏感度分析。據此，筆者乃決定分別以 .01、.39、.80、1.20 作爲敏感度分析的參照點。

1. sdom = 0.1

　　WinBUGS 程式同前，唯一需更動之處：sdom ～ dunif(0,5) 更動爲 sdom<-0.1，分析結果如表 5-28 所示。

表 5-28　當 sdom = 0.1 時，敏感度分析結果

node	mean	sd	MC error	2.5%	median	97.5%	start	sample
best[1]	2.222E-4	0.01491	9.911E-5	0.0	0.0	0.0	30000	22500
best[2]	0.07529	0.2639	0.001882	0.0	0.0	1.0	30000	22500
best[3]	5.333E-4	0.02309	1.511E-4	0.0	0.0	0.0	30000	22500
best[4]	0.02604	0.1593	0.001068	0.0	0.0	1.0	30000	22500
best[5]	0.271	0.4445	0.003025	0.0	0.0	1.0	30000	22500
best[6]	0.126	0.3318	0.002035	0.0	0.0	1.0	30000	22500
best[7]	0.5	0.5	0.003331	0.0	1.0	1.0	30000	22500
best[8]	8.444E-4	0.02905	2.077E-4	0.0	0.0	0.0	30000	22500
delta[2]	-0.6764	0.3538	0.002378	-1.426	-0.6625	-0.01473	30001	22500
delta[3]	-0.01293	0.253	0.001585	-0.528	-0.007984	0.4696	30001	22500
delta[4]	-0.1248	0.4731	0.003172	-1.062	-0.1257	0.821	30001	22500
delta[5]	-0.672	0.7124	0.004842	-2.142	-0.6417	0.6932	30001	22500
delta[6]	-0.5985	0.4474	0.00278	-1.534	-0.5808	0.2379	30001	22500
delta[7]	-0.9464	0.3854	0.002472	-1.696	-0.9453	-0.1771	30001	22500
delta[8]	0.0654	0.2948	0.001949	-0.5232	0.0681	0.6397	30001	22500
om[1,2]	0.01567	0.09921	7.378E-4	-0.1781	0.01604	0.2089	30001	22500
om[1,3]	0.002788	0.09942	7.484E-4	-0.1915	0.002789	0.1994	30001	22500
om[2,2]	-0.001278	0.09854	9.481E-4	-0.196	-0.001089	0.1919	30001	22500
om[2,3]	-0.004285	0.09874	9.493E-4	-0.1983	-0.004626	0.189	30001	22500
om[3,2]	-0.04013	0.09881	7.297E-4	-0.2341	-0.04112	0.1561	30001	22500
om[4,2]	0.007921	0.09956	7.027E-4	-0.1852	0.008924	0.2021	30001	22500
om[5,2]	0.01721	0.09939	6.809E-4	-0.1797	0.01672	0.2132	30001	22500
om[6,2]	0.009123	0.09959	6.569E-4	-0.1884	0.009424	0.2043	30001	22500
om[7,2]	-0.005527	0.09814	6.541E-4	-0.1975	-0.006367	0.1887	30001	22500
om[8,2]	-7.518E-5	0.1005	6.975E-4	-0.1984	7.182E-4	0.1953	30001	22500
om[9,2]	-0.01731	0.09962	7.288E-4	-0.2111	-0.01786	0.1804	30001	22500
om[10,2]	0.01558	0.09981	6.798E-4	-0.1819	0.01525	0.2119	30001	22500
om[11,2]	0.0204	0.09933	6.745E-4	-0.1842	0.02017	0.2162	30001	22500
om[12,2]	-0.02627	0.09992	7.013E-4	-0.2232	-0.02656	0.1694	30001	22500
om[13,2]	-0.0124	0.09984	6.617E-4	-0.2071	-0.01265	0.1826	30001	22500
totresdev	57.36	10.76	0.07542	38.33	56.68	80.47	30001	22500

根據表 5-28 可知，G(best[7]) 之處理效果最佳，E(best[5]) 之處理效果次之。

2. sdom = .39

WinBUGS 程式同前，唯一需更動之處：sdom ∼ dunif(0,5) 更動為 sdom< -0.39，分析結果如表 5-29 所示。

表 5-29　當 sdom = .39 時，敏感度分析結果

node	mean	sd	MC error	2.5%	median	97.5%	start	sample
best[1]	0.001244	0.03525	2.318E-4	0.0	0.0	0.0	30000	22500
best[2]	0.09769	0.2969	0.002237	0.0	0.0	1.0	30000	22500
best[3]	0.001244	0.03525	2.477E-4	0.0	0.0	0.0	30000	22500
best[4]	0.03849	0.1924	0.001494	0.0	0.0	1.0	30000	22500
best[5]	0.2868	0.4522	0.004758	0.0	0.0	1.0	30000	22500
best[6]	0.1371	0.344	0.003442	0.0	0.0	1.0	30000	22500
best[7]	0.4354	0.4958	0.00423	0.0	0.0	1.0	30000	22500
best[8]	0.002044	0.04517	3.028E-4	0.0	0.0	0.0	30000	22500
delta[2]	-0.6119	0.3866	0.004547	-1.401	-0.6054	0.13	30000	22500
delta[3]	0.1312	0.3242	0.005526	-0.523	0.1404	0.7489	30000	22500
delta[4]	-0.09735	0.4991	0.00595	-1.081	-0.1033	0.8907	30000	22500
delta[5]	-0.5956	0.7634	0.009497	-2.125	-0.589	0.8964	30000	22500
delta[6]	-0.4947	0.4929	0.005946	-1.5	-0.4799	0.4391	30000	22500
delta[7]	-0.8328	0.445	0.004536	-1.705	-0.8305	0.03549	30000	22500
delta[8]	0.1414	0.3413	0.004442	-0.5408	0.1444	0.7998	30000	22500
om[1,2]	0.1853	0.3373	0.0066	-0.4887	0.19	0.8314	30000	22500
om[1,3]	0.02756	0.3514	0.007497	-0.6592	0.02686	0.7207	30000	22500
om[2,2]	-0.0822	0.3213	0.007927	-0.7035	-0.08632	0.5472	30000	22500
om[2,3]	-0.07072	0.3217	0.008302	-0.6926	-0.07041	0.5618	30000	22500
om[3,2]	-0.3215	0.3081	0.00631	-0.9283	-0.323	0.2929	30000	22500
om[4,2]	0.0971	0.365	0.002807	-0.6183	0.09573	0.8065	30000	22500
om[5,2]	0.1655	0.3506	0.004565	-0.5277	0.1662	0.8552	30000	22500
om[6,2]	0.11	0.3556	0.002518	-0.5904	0.1111	0.8069	30000	22500
om[7,2]	-0.08575	0.3265	0.002936	-0.7276	-0.08785	0.558	30000	22500
om[8,2]	-0.006727	0.3901	0.006718	-0.7653	-0.002681	0.7421	30000	22500
om[9,2]	-0.169	0.3521	0.007086	-0.8493	-0.1704	0.5334	30000	22500
om[10,2]	0.1595	0.3564	0.002601	-0.5388	0.1589	0.8616	30000	22500
om[11,2]	0.2297	0.3531	0.002789	-0.4685	0.2306	0.921	30000	22500
om[12,2]	-0.2713	0.3543	0.0027	-0.9634	-0.2703	0.4262	30000	22500
om[13,2]	-0.1109	0.3347	0.002599	-0.7613	-0.113	0.5466	30000	22500
totresdev	57.71	10.86	0.08517	38.65	56.94	81.03	30001	22500

根據表 5-29 可知，G 之處理效果最佳（.4354），E 之處理效果次之（.2868）。

3. sdom = 0.8

WinBUGS 程式同前，唯一需更動之處：sdom ∼ dunif(0,5) 更動為 sdom< -0.8，分析結果如表 5-30 所示。

表 5-30　當 sdom = .8 時，敏感度分析結果

node	mean	sd	MC error	2.5%	median	97.5%	start	sample
best[1]	0.006756	0.08191	7.743E-4	0.0	0.0	0.0	30000	22500
best[2]	0.1112	0.3144	0.004431	0.0	0.0	1.0	30000	22500
best[3]	0.007911	0.08859	0.001005	0.0	0.0	0.0	30000	22500
best[4]	0.06516	0.2468	0.003948	0.0	0.0	1.0	30000	22500
best[5]	0.3208	0.4668	0.009615	0.0	0.0	1.0	30000	22500
best[6]	0.167	0.373	0.007462	0.0	0.0	1.0	30000	22500
best[7]	0.3112	0.463	0.00597	0.0	0.0	1.0	30000	22500
best[8]	0.009911	0.09906	8.384E-4	0.0	0.0	0.0	30000	22500
delta[2]	-0.6139	0.5709	0.0157	-1.732	-0.6051	0.4977	30000	22500
delta[3]	0.2044	0.5215	0.01903	-0.8121	0.2003	1.241	30000	22500
delta[4]	-0.02364	0.6907	0.01683	-1.38	-0.02807	1.348	30000	22500
delta[5]	-0.6126	1.119	0.03114	-2.827	-0.6151	1.608	30000	22500
delta[6]	-0.4484	0.7446	0.0204	-1.923	-0.4432	1.003	30000	22500
delta[7]	-0.7491	0.6468	0.01143	-2.02	-0.7494	0.5071	30000	22500
delta[8]	0.1813	0.5239	0.01549	-0.8561	0.1854	1.196	30000	22500
om[1,2]	0.3348	0.5968	0.01987	-0.8579	0.3299	1.501	30000	22500
om[1,3]	-0.01608	0.6333	0.02104	-1.26	-0.01474	1.226	30000	22500
om[2,2]	-0.1529	0.5816	0.02463	-1.273	-0.1639	1.009	30000	22500
om[2,3]	-0.1328	0.581	0.02397	-1.214	-0.1449	1.047	30000	22500
om[3,2]	-0.4956	0.5301	0.01971	-1.574	-0.4801	0.5205	30000	22500
om[4,2]	0.214	0.6659	0.0094	-1.096	0.2178	1.515	30000	22500
om[5,2]	0.2625	0.681	0.01818	-1.094	0.2665	1.586	30000	22500
om[6,2]	0.2105	0.6456	0.007119	-1.039	0.2078	1.489	30000	22500
om[7,2]	-0.178	0.5531	0.01255	-1.254	-0.1808	0.912	30000	22500
om[8,2]	0.00612	0.7869	0.02429	-1.576	0.01446	1.549	30000	22500
om[9,2]	-0.316	0.6631	0.02301	-1.604	-0.3117	0.9783	30000	22500
om[10,2]	0.2467	0.6454	0.007936	-1.012	0.2496	1.52	30000	22500
om[11,2]	0.4277	0.6167	0.01007	-0.7857	0.4315	1.637	30000	22500
om[12,2]	-0.4547	0.6372	0.009451	-1.686	-0.4536	0.8065	30000	22500
om[13,2]	-0.1938	0.5815	0.0102	-1.33	-0.1975	0.9541	30000	22500
totresdev	57.4	10.69	0.09394	38.38	56.74	79.82	30000	22500

根據表 5-30 可知，E(best[5]) 之處理效果最佳，G(best[7]) 之處理效果次之。

4. sdom = 1.2

　　WinBUGS 程式同前，唯一需更動之處：sdom ～ dunif(0,5) 更動為 sdom< -.1.2，分析結果如表 5-31 所示。

表 5-31　當 sdom = 1.2 時，敏感度分析結果

node	mean	sd	MC error	2.5%	median	97.5%	start	sample
best[1]	0.01609	0.1258	0.002187	0.0	0.0	0.0	30000	22500
best[2]	0.09969	0.2996	0.006945	0.0	0.0	1.0	30000	22500
best[3]	0.01809	0.1333	0.00237	0.0	0.0	0.0	30000	22500
best[4]	0.07369	0.2613	0.005322	0.0	0.0	1.0	30000	22500
best[5]	0.3472	0.4761	0.01511	0.0	0.0	1.0	30000	22500
best[6]	0.1739	0.379	0.01184	0.0	0.0	1.0	30000	22500
best[7]	0.2498	0.4329	0.008051	0.0	0.0	1.0	30000	22500
best[8]	0.02156	0.1452	0.002185	0.0	0.0	0.0	30000	22500
delta[2]	-0.6068	0.7856	0.02866	-2.154	-0.602	0.9173	30000	22500
delta[3]	0.2001	0.7098	0.03197	-1.2	0.2075	1.585	30000	22500
delta[4]	0.0364	0.9223	0.03158	-1.811	0.04588	1.834	30000	22500
delta[5]	-0.7077	1.613	0.06508	-3.872	-0.7216	2.508	30000	22500
delta[6]	-0.4363	1.029	0.03954	-2.482	-0.4193	1.559	30000	22500
delta[7]	-0.7209	0.883	0.02037	-2.457	-0.7131	1.013	30000	22500
delta[8]	0.2015	0.713	0.02654	-1.177	0.1956	1.6	30000	22500
om[1,2]	0.3741	0.8325	0.03399	-1.233	0.3659	2.022	30000	22500
om[1,3]	-0.074	0.8937	0.03666	-1.77	-0.09466	1.725	30000	22500
om[2,2]	-0.1944	0.7659	0.03723	-1.676	-0.1894	1.263	30000	22500
om[2,3]	-0.1875	0.7515	0.03441	-1.687	-0.1706	1.259	30000	22500
om[3,2]	-0.5201	0.7223	0.03288	-1.945	-0.5247	0.8962	30000	22500
om[4,2]	0.2687	0.9223	0.02124	-1.557	0.2729	2.085	30000	22500
om[5,2]	0.3112	0.9953	0.03792	-1.624	0.3049	2.266	30000	22500
om[6,2]	0.2577	0.8985	0.01556	-1.501	0.2556	2.005	30000	22500
om[7,2]	-0.2175	0.7517	0.02358	-1.699	-0.2119	1.252	30000	22500
om[8,2]	0.1061	1.266	0.05645	-2.333	0.09921	2.576	30000	22500
om[9,2]	-0.3684	0.9568	0.04476	-2.185	-0.3874	1.522	30000	22500
om[10,2]	0.2766	0.9176	0.0184	-1.513	0.2789	2.058	30000	22500
om[11,2]	0.5061	0.8797	0.02424	-1.226	0.5098	2.248	30000	22500
om[12,2]	-0.5344	0.905	0.01912	-2.315	-0.5325	1.229	30000	22500
om[13,2]	-0.2551	0.8038	0.0219	-1.817	-0.2572	1.338	30000	22500
totresdev	57.48	10.72	0.0884	38.28	56.83	80.45	30000	22500

根據表 5-31 可知，E 之處理效果最佳（.3472），G 之處理效果次之（.2418）。綜上所述，處理效果值的排序會因不一致性的嚴重與否，產生變動。上述不一致性的敏感度分析，發現不一致性愈嚴重時，最佳處理效果的排序出現處理效果 E 優於處理效果 G；此排序結果與不一致性不嚴重時不同：處理效果 G 優於處理效果 E。源此，研究者的結論似乎仍有待商榷，必要時可進行次群體分析。

Jackson, Barrett, Rice, White, & Higgins（2014）認為共變項的資料可用的話，研究者理應盡力去說明異質性與不一致性的原因。他們建議只有當網絡較大（夠多的研究設計類型）、不一致性的嚴重性不大而又無法運用共變項加以解釋時，才能進行有效推論。

四、整合分析與 WinBUGS codes 學習網站

http://www.nicedsu.org.uk/Evidence-Synthesis-TSD-series(2391675).htm

此網站提供了 TSD 1 ~ TSD 7 七篇重要的文獻，均刊登於 Medical Decision Making 期刊（33(5), 2013）。這七篇重要的文獻敘述了整合分析的理論與實務，並提供了許多 WinBUGS codes 的實例，可供進行整合分析之參考應用，對於初學者之學習甚有助益。本章中不少實例，即是取自或修訂自它們的語法程式，欲知更詳細的內容，請直接下載閱讀。

WinBUGS 軟體下載網址：

http://www.mrc-bsu.cam.ac.uk/software/bugs/the-bugs-project-winbugs/

五、WinBUGS 建檔格式

WinBUGS 建檔格式主要有二：表單 List 格式或長方形陣列格式。

(一) 表單格式：適用於資料集較小時

```
list(
m = 6,
y = c(2,4,7,9,1,5),
e = c(1.2,4.5,6,7,5.3,9.4,8.7)
)
```

List 格式中 m = 6 係常數變項，而 y & e 係變數資料集（collectives），因此以字母 c 起頭，其後緊接著小括弧 ()，括弧的數據須以逗號分開。

(二) 長方形格式（或稱為陣列格式）：適用於資料集較大時

```
Y[]        e[]
2          1.2
4          4.5
7          6.7
9          5.3
1          9.4
5          8.7
END
```

上式向量陣列中，第一行為變項名稱，並緊接著中括弧 []。陣列中如有缺失值須以 NA 表之，END 指令之後，需至少空一行。

Y[,1]	Y[,2]	Y[,3]	Y[,4]	Y[,5]
151	199	246	NA	320
145	199	249	293	354
147	214	263	312	328
		......		
153	200	244	286	324
END				

上例係多向度陣列格式，須為同樣大小的陣列，如遇缺失值須以NA填補之。

六、WinBUGS 常用的資料轉換函數

(一) 數學運算符號

+ 加，- 減，* 乘，/ 除

(二) 資料轉換函數

表 5-32　WinBUGS 資料轉換函數

函數名稱	統計運算功能
abs(e)	$|e|$
cloglog(e)	$\ln(-\ln(1-e))$
cos(e)	cosine(e)
cut(e)	cuts edges in the graph
equals(e1,e2)	1 if e1 = e2; 0 otherwise
exp(e)	exp(e)
inprod(v1,v2)	$\Sigma v1v2$
inverse(v)	v^{-1} for symmetric positive-definite matrix v
log(e)	ln(e)
logdet(v)	ln(det(v)) for symmetric positive-definite v

函數名稱	統計運算功能
logfact(e)	ln(e!)
loggam(e)	ln(Γ(e))
logit(e)	ln(e / (1 − e))
max(e1,e2)	e1 if e1 > e2; e2 otherwise
mean(v)	$n^{-1}\Sigma$ V , n = dim(v)
min(e1,e2)	e1 if e1 < e2; e2 otherwise
phi(e)	standard normal cdf
pow(e1,e2)	$e1^{e2}$
sin(e)	sine(e)
sqrt(e)	$e^{1/2}$
rank(v,s)	number of components of v less than or equal to vs
ranked(v,s)	the sth smallest component of v
round(e)	nearest integer to e
sd(v)	standard deviation of components of v (n-1 in denominator)
step(e)	1 if e > = 0; 0 otherwise
sum(v)	Σv
trunc(e)	greatest integer less than or equal to e

＊應用實例：利用統計函數在迴圈內，進行資料之平方根轉換。

```
for (i in 1：N) {
z[i] <- sqrt(y[i])
}
```

習題

一、請利用本章 Smoking cessation 的戒菸輔導實例，使用 ITC 軟體計算在固定效果模式下 individual counseling vs No contact 的直接效果與 individual counseling vs No contact 的間接效果。接著，進行直接比較與間接比較的差異性考驗。根據此差異考驗結果，研究者可以進行直接比較效果與間接比較效果的整合嗎？

* 參考答案：$PooledOR_{A-C}^{Direct} = 1.907$, $PooledOR_{A-C}^{InDirect} = 1.20$, $CI_{.95} = 1.695 \sim 2.146$ $CI_{.95} = .614 \sim 2.345$

二、請利用本章 Parkinson disease 資料，採用以下固定效果模式程式，進行 WinBUGS 的整合分析，並根據 DIC 指標評估固定效果模式與隨機效果模式（後者程式，請參見本章內文）間之相對適配性。

```
# 多臂固定效果模式
model{ # *** 程式起始
for(i in 1:ns){ # 研究間迴圈
mu[i] ~ dnorm(0,.0001) # vague priors for all trial baselines
for (k in 1:na[i]) { # 臂間迴圈
var[i,k] <- pow(se[i,k],2) # calculate variances
prec[i,k] <- 1/var[i,k] # set precisions
y[i,k] ~ dnorm(theta[i,k],prec[i,k]) # normal likelihood
theta[i,k] <- mu[i] + d[t[i,k]] - d[t[i,1]] # model for linear predictor
dev[i,k] <- (y[i,k]-theta[i,k])*(y[i,k]-theta[i,k])*prec[i,k] #Deviance contribution
}
resdev[i] <- sum(dev[i,1:na[i]]) # summed residual deviance contribution for this trial
}
totresdev <- sum(resdev[]) #Total Residual Deviance
d[1]<-0 # treatment effect is zero for reference treatment
for (k in 2:nt){ d[k] ~ dnorm(0,.0001) } # vague priors for treatment effects
} # *** PROGRAM ENDS
# 為節省空間資料集省略，該資料集請參見內文。

# Initial Values
#chain 1
list(d=c( NA, 0,0,0,0), mu=c(0, 0, 0, 0, 0, 0, 0))
#chain 2
list(d=c( NA, -1,-3,-1,1), mu=c(-3, -3, -3, -3, -3, -3, -3))
#chain 3
list(d=c( NA, 2,2,2,2), mu=c(-3, 5, -1, -3, 7, -3, -4))
提示 :DIC 的運用準則
```

DIC 指標企圖在模式之複雜度（精簡性）與模式適配度間，取得一平衡點；因此，它係一折衷量數。DIC 指標也常用來評估模式間之相對適配性。一般來說，研究者遇到以下狀況會使用固定效果模式：(1) 研究試驗的數量不多（此時，常不易估計研究間變異量）& (2)DIC 值在模式間的差異量小於 5。當然，實質理論與臨床適切性，亦須列入模式選擇的考慮要件。

三、請利用以下固定效果模式程式（採用本章 BCG 資料），進行 WinBUGS 的整合分析，並根據 DIC 指標評估固定效果模式與隨機效果模式（後者程式，請參見本章內文）間之相對適配性。

```
# Binomial likelihood, logit link
# Fixed effects model with one covariate (independent covariate effects)
model{                # *** PROGRAM STARTS
for(i in 1:ns){            # LOOP THROUGH STUDIES
  mu[i] ~ dnorm(0,.0001)    # vague priors for all trial baselines
  for (k in 1:na[i]) {    # LOOP THROUGH ARMS
    r[i,k] ~ dbin(p[i,k],n[i,k])   # binomial likelihood
# model for linear predictor, covariate effect relative to treat in arm 1
    logit(p[i,k]) <- mu[i] + d[t[i,k]] - d[t[i,1]]
              + (beta[t[i,k]]-beta[t[i,1]]) * (x[i]-mx)
# expected value of the numerators
    rhat[i,k] <- p[i,k] * n[i,k]
#Deviance contribution
    dev[i,k] <- 2 * (r[i,k] * (log(r[i,k])-log(rhat[i,k]))
        +  (n[i,k]-r[i,k]) * (log(n[i,k]-r[i,k]) - log(n[i,k]-rhat[i,k])))
    }
# summed residual deviance contribution for this trial
  resdev[i] <- sum(dev[i,1:na[i]])
  }
totresdev <- sum(resdev[])     # Total Residual Deviance
d[1] <- 0   # treatment effect is zero for reference treatment
beta[1] <- 0 # covariate effect is zero for reference treatment
for (k in 2:nt){ # LOOP THROUGH TREATMENTS
  d[k] ~ dnorm(0,.0001) # vague priors for treatment effects
  beta[k] <- B # common covariate effect
 }
B ~ dnorm(0,.0001) # vague prior for covariate effect
# treatment effect when covariate = z[j] (un-centring treatment effects)
for (k in 1:nt){
  for (j in 1:nz) { dz[j,k] <- d[k] - (beta[k]-beta[1])*(mx-z[j]) }
 }
```

```
# pairwise ORs and LORs for all possible pair-wise comparisons, if nt>2
for (c in 1:(nt-1)) {
   for (k in (c+1):nt)  {
# at mean value of covariate
     or[c,k] <- exp(d[k] - d[c])
     lor[c,k] <- (d[k]-d[c])
# at covariate=z[j]
     for (j in 1:nz) {
        orz[j,c,k] <- exp(dz[j,k] - dz[j,c])
        lorz[j,c,k] <- (dz[j,k]-dz[j,c])
     }
   }
}
# Provide estimates of treatment effects T[k] on the natural (probability) scale
# Given a Mean Effect, meanA, for 'standard' treatment A,
# with precision (1/variance) precA and covariate value z[j]
#A ~ dnorm(meanA,precA)
#for (k in 1:nt) {
#   for (j in 1:nz){
#      logit(T[j,k]) <- A + d[k] + (beta[k]-beta[1]) * (z[j]-mx)
#   }
# }
}
# *** PROGRAM ENDS
# 為節省空間資料集省略，該資料集請參見內文。
```

　　以上 WinBUGS 程式，修訂自以下網站：http://nicedsu.org.uk/Evidence-Synthesis-TSD-series(2391675).htm

四、一致性模式 WinBUGS 程式

　　請利用以下隨機效果模式程式（採用本章 Thrombolytic drugs 資料），進行 WinBUGS 的整合分析，並根據 DIC 指標評估固定效果模式（相關程式，請參見本章內文）與隨機效果模式間之相對適配性。以下程式係透過 White & Barret（2016）個人通信而取得。

```
##Thrombolytic drugs data
##Random effects model (structured)
# Consistency model

model
 {
 for(i in 1:58){
```

```
   logit(p[i]) <- mu[study[i]] + delta[study[i],t[i]]
   r[i] ~ dbin(p[i],n[i])
   rhat[i] <- p[i] * n[i]
   dev[i] <- 2 * (r[i] * (log(r[i])-log(rhat[i]))  +  (n[i]-r[i]) * (log(n[i]-r[i]) - log(n[i]-
rhat[i])))
   }

  devs <- sum(dev[])

  for(i in 1:28){
   delta[ i , 1 ] <- 0
         for(k in 2:8){
   delta[i,k] <- d[k] + RE[i,k]
   }
  }

# Random effects
 for(i in 1:28){
  RE[i,1] <- 0
  RE[i,2:8] ~ dmnorm(zero[] , Prec[,])
  }

 # This is the inverse of the structured heterogeneity matrix (calculated in R). This
matrix assumes 8 treatments and needs modifying if the number of treatments is not
8.
for( i in 1:7){
 for(j in 1:7){
   Prec[i,j] <- (equals(i,j)*8-1)/(4*sig*sig)
  }
}

# Priors
 for(i in 1:28){
   mu[i]~dnorm(0,0.01)
 }

sig ~ dunif(0.00001,2)

for(i in 2:8){
   d[i] ~ dnorm(0,0.01)
  }

# calculate probabilities of being the best treatment. Events are unfortunate here
so a negative treatment effect is beneficial. If events are fortunate the line rk[k] <-
rank(d[],k) should be replaced with rk[k] <- N - rank(d[],k), where N is the number
of treatments.
 d[1] <- 0
 for(k in 1:8){
```

```
    rk[k] <- rank(d[],k)
    best[k] <- equals(rk[k],1)
  }
}

#initial 1
list(
d=c(NA,0,0,0,0,0,0,0),
mu=c(0,0,0,0,0,  0,0,0,0,0,  0,0,0,0,  0,0,0,0,0,  0,0,0,0,0,  0,0,0,0))

#initial 2
list(
d=c(NA,0,0,0,0,0,0,0),
mu=c(1,1,1,1,1,  1,1,1,1,1,  1,1,1,1,  1,1,1,1,1,  1,1,1,1,1,  1,1,1,1))

#initial 3
list(
d=c(NA,0,0,0,0,0,0,0),
mu=c(-1,-1,-1,-1,-1,  -1,-1,-1,-1,-1,  -1,-1,-1,-1,  -1,-1,-1,-1,-1,  -1,-1,-1,-1,-1,
-1,-1,-1,-1))

#data1
list(
zero = c(0,0,0,0,0,0,0,0) )
#data2: 1=SK, 2=AtPA, 3=tPA, 4=SK+tPA, 5=Ten, 6=Ret, 7=UK, 8-ASPAC
```

study[]	t[]	r[]	n[]
1	1	1472	20173
1	2	652	10344
1	4	723	10328
2	1	1455	13780
2	3	1418	13746
2	8	1448	13773
3	1	9	130
3	3	6	123
4	1	5	63
4	3	2	59
5	1	3	65
5	3	3	64
6	1	887	10396
6	3	929	10372
7	1	7	85

7	3	4	86
8	1	12	147
8	3	7	143
9	1	10	135
9	3	5	135
10	1	4	107
10	4	6	109
11	1	285	2992
11	6	270	2994
12	1	10	203
12	7	7	198
13	1	3	58
13	8	2	52
14	1	3	86
14	8	6	89
15	1	3	58
15	8	2	58
16	1	13	182
16	8	11	188
17	2	522	8488
17	5	523	8461
18	2	356	4921
18	6	757	10138
19	2	13	155
19	6	7	169
20	2	2	26
20	7	7	54
21	2	12	268
21	7	16	350
22	2	5	210
22	8	17	211
23	2	3	138
23	8	13	147
24	3	8	132
24	7	4	66

```
25        3        10       164
25        7        6        166
26        3        6        124
26        7        5        121
27        3        13       164
27        8        10       161
28        3        7        93
28        8        5        90
END
```

STATA 網絡整合分析套件 Mvmeta 之簡介

本章大綱

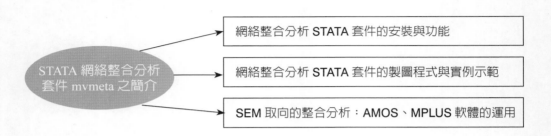

網絡整合分析的統計分析途徑，有頻率學派（frequentist approach）與貝氏學派（Bayesian approach）等兩種。頻率學派爲傳統統計分析方法，視資料爲隨機樣本，參數爲固定值，常運用最大概似估計法，進行參數、信賴區間（confidence interval）估計與推論。貝氏學派統計法視資料爲固定值，參數爲未知隨機值。貝氏估計法結合了蒐集資料的機率分配（likelihood）與先驗機率（prior），以獲得估計參數的事後機率分配（posterior probability distribution of the parameter）與可信區間（credibility interval）。本書第四章與第五章中已介紹過貝氏學派的 WinBUGS 程式，本章將介紹頻率學派的網絡整合分析軟體 STATA 套件 mvmeta。

STATA 軟體中包含不少整合分析的外掛統計分析套件，例如：meta, metan, metacum, metainf, metabias, metareg, funnel, confunnel, metafunnel, network, mvmeta；它們均採取頻率學派的分析途徑。本章將以網絡整合分析 mvmeta 套件（White, 2009, 2011）的介紹爲主，其餘的套件爲輔，並以實例說明如何利用此套件進行網絡整合分析（network meta-analysis）與相關報表的解釋。

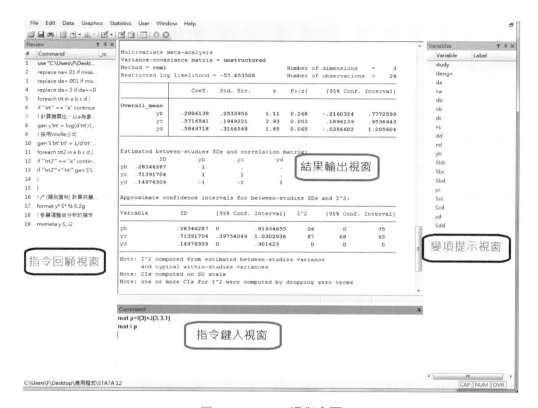

圖 6-1　STATA 操作介面

　　圖 6-1 係 STATA 的操作介面，該圖左右兩側分別為指令回顧視窗與變項提示視窗，使用者須於下方指令視窗內鍵入程式語法，統計分析結果則會顯示於上方的輸出視窗中。

一、STATA 套件的安裝與功能

　　STATA 套件的安裝需在網路連線下，先執行 STATA 之後，再下載或更新STATA 的外掛套件。下載時，請在指令視窗內輸入套件下載之指令。以 metan、mvmeta、metareg 等套件為例，其套件安裝之程式指令分別為：

1. metan 套件

　　net install sbe24_3, from (http://www.stata-journal.com/software/sj9-2) replace

2. mvmeta **套件**

net install mvmeta, from (http://www.mrc-bsu.cam.ac.uk/IW_Stata/meta) replace

或者，net from http://www.mrc-bsu.cam.ac.uk/IW_Stata。

經下載下來的 .ado 套件與 .sthlp 文件，請檢查是否已放在 stata 的 'ado' 文件夾裡面。mvmeta 套件需隨時更新，以取得最新最佳之版本，否則可能會因程式之老舊與缺陷而出現錯誤之資訊（例如：分析 rheumatoid arthritis mvmeta.dta 時，會出現：y2 and y3 have no jointly observed values，即是舊程式之缺陷所致）。

3. metareg **套件**

net install sbe23_1,from (http://www.stata-journal.com/software/sj8-4) replace

4. **相關製圖套件**

net from http://www.mtm.uoi.gr

net install network_graphs, replace

net from http://www.mrc-bsu.cam.ac.uk/IW_Stata/meta/

net install network, replace

5. **套件的線上協助**

help mvmeta

help networkplot

茲將 STATA mvmeta 及相關套件之主要命令和功能摘要於表 6-1 中，以利研究者撰寫程式語法之快速查考。以下本章各節的撰寫，亦將以此表中的功能逐一說明。

表 6-1　STATA mvmeta 及相關套件之主要命令和功能摘要表

功能（指令）	語法範例	功能解釋
證據關係圖（networkplot）	networkplot t1 t2	根據直接比較數據，圖示處理措施之直接效果間的關係。
證據貢獻圖（netweight）	netweight logOR SelogOR t1 t2	根據直接比較數據，圖示證據貢獻圖，即直接證據在網絡整合分析證據中所佔的比例。

功能（指令）	語法範例	功能解釋
不一致性檢測圖 （ifplot）	ifplot logOR SelogOR t1 t2 study	根據直接比較數據，估計直接結果和間接結果之間的差異性，並進行 Z 考驗。
網絡整合分析結果 （mvmeta）	mat P = I (3) + J (3,3,1) mvmeta y S, bscov (prop P)	根據網絡整合分析的數據，在實行 mvmeta 命令前，為 y 和 S 建置矩陣 P，本例中有 4 個處理措施，所以自由度為 3。然後根據矩陣 P 與 τ^2 計算研究間之共變數矩陣，以進行網絡整合分析。
發表偏差或小樣本效應 （netfunnel）	netfunnel logOR SelogOR t1t2, by comparison	根據直接比較數據，分組顯示出版偏差或者小樣本效應。
預測區間圖 （intervalplot）	intervalplot, mvmeta	根據網絡整合分析的數據，製作森林圖以了解異質性問題，但須在網絡整合分析之後才可進行。該功能可以反映未來各對比較結果的落入區間。
結果排序 （pbest、sucra）	matP = I (3) + J (3,3,1) mvmetayS, bscov (prop P) pbest (min, all zero gen (Prob)) sucra prob*, mvmeta	根據網絡整合分析的數據。pbest 功能下，要界定到底 max 效果值或 min 效果值為最佳，all 表輸出所有等第，zero 表示對照治療措施也納入進行排序，gen 表示欲儲存機率值。Sucra 可以計算排序結果及其概率。
估計值的兩兩比較 （netleague）	netleague, mvmeta eform	輸出聯合配對比較摘要表（以勝算比量尺呈現）

397

執行 STATA 的 mvmeta 套件之後，就可執行其附屬之套件，例如：intervalplot, sucra, and netleague；其餘 networkplot, netweight, ifplot 與 netfunnel 等套件則可單獨執行。

二、網絡整合分析 STATA 套件的製圖程式與實例示範

研究者可以在圖 6-1 之 STATA 的語法視窗中，鍵入 ". help network graphs"，即會出現圖 6-2。STATA 所提供 network meta-analysis 製圖分析之實例，對於初學者相當有幫助，其相關之資料集可以從以下網址下載：http://www.mtm.uoi.gr/example_datasets.rar。研究者欲觀看這些實例的執行結果，需先上網後，點選

"click to run" 下載資料檔案，再於圖 6-2 中點選 "click to run" 執行所欲觀看的製圖程式，STATA 亦會自動呈現分析結果於結果視窗中。

圖 6-2　STATA help network graphs 的線上協助介面

三、STATA Mvmeta 套件在各種網絡整合分析模式上之運用與操作

本節雖以網絡整合分析 mvmeta 套件的介紹爲主，但亦兼顧相關製圖套件的運用。在利用 mvmeta 分析前，研究者需要先進行缺失值的塡補、效果值的計算與共變數矩陣的計算，方能進行後續各類理論模式的網絡整合分析。有關 STATA & mvmeta 的具體語法，亦根據這些統計分析過程，依序說明如下。

(一) 參照組缺失值塡補

Data Editor (Edit) - [smoking-raw]

File Edit View Data Tools

study[1] 1

	study	design	da	na	db	nb	dc	nc	dd	nd
1	1	ACD	9	140	.	.	23	140	10	138
2	2	BCD	.	.	11	78	12	85	29	170
3	3	AB	79	702	77	694	.	.	.	.
4	4	AB	18	671	21	535	.	.	.	.
5	5	AB	8	116	19	146	.	.	.	.
6	6	AC	75	731	.	.	363	714	.	.
7	7	AC	2	106	.	.	9	205	.	.
8	8	AC	58	549	.	.	237	1561	.	.
9	9	AC	0	33	.	.	9	48	.	.
10	10	AC	3	100	.	.	31	98	.	.
11	11	AC	1	31	.	.	26	95	.	.
12	12	AC	6	39	.	.	17	77	.	.
13	13	AC	95	1107	.	.	134	1031	.	.
14	14	AC	15	187	.	.	35	504	.	.
15	15	AC	78	584	.	.	73	675	.	.
16	16	AC	69	1177	.	.	54	888	.	.
17	17	AC	64	642	.	.	107	761	.	.
18	18	AC	5	62	.	.	8	90	.	.
19	19	AC	20	234	.	.	34	237	.	.
20	20	AD	0	20	.	.	.	.	9	20
21	21	BC	.	.	20	49	16	43	.	.
22	22	BD	.	.	7	66	.	.	32	127
23	23	CD	.	.	.	.	12	76	20	74
24	24	CD	.	.	.	.	9	55	3	26

圖 6-3　未經塡補的原始資料檔案

資料取自 White（2011），該筆資料源自於 Lu and Ades（2004）的四種戒菸療法。

圖 6-3 之資料包含 24 筆資料，比較四種戒菸方法之效果：A = 未做任何處置（作爲參照組），B = 自助法，C = 個別諮商，D = 團體諮商。這些原始資料，可以利用 STATA 的「OPEN」表單（在 File 之下）打開外部檔案，或利用 STATA

的「Data Editor」（在 Data 之下）自行建立。因為，STATA 不處理缺失值，當一個研究不存在安慰劑組或共同參照組時，研究者需要設定一個共同參照組的數據（通常分派一個治療效果很小的效果值），例如參照組為 a，則無參照組的試驗，令其 na = .01，da = .001（降低對平均效果值的影響力），且在參照組中發生事件之數據為 0 者，將其值設定為 0.5；據此，STATA 的程式設定語法，分別條述如下：

```
replace na=.01 if missing(na)
replace da=.001 if missing(da)
replace da=.5 if da==0
```

由此，可知多變項整合分析軟體 Mvmeta 要求每一研究均需含有共同參照組的數據。填補結果，請參見圖 6-4 經填補的原始資料檔案。

（二）效果值的計算與共變數矩陣的計算

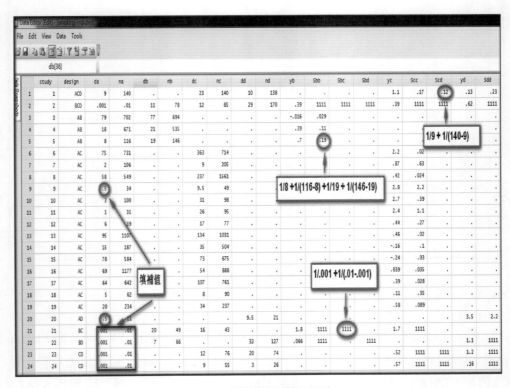

圖 6-4　經填補的資料檔案

資料經填補之後，研究者就可計算各研究的效果值與其相關的變異數／共變數矩陣，茲就類別與連續變項的資料為例，說明如下。以第 5 筆資料為例，該研究的效果值如採 Wolfe 法，其計算過程與結果（y_{b5}）為：

$$\log\left(\frac{19/(146-19)}{8/(116-8)}\right) = \log(.1496) - \log(.074) = .70 \text{ 或 } \log\left(\frac{(116-8)\,19}{(146-19)\,8}\right)$$
$$= \log(2.02) = .70$$

相關計算勝算比、變異數／共變數之 STATA 程式，細節請參見下節 (三) 與習題二之說明。

1. 類別變項

同一研究內享有共同參照組的兩個效果值，兩個效果值的共變量等於共同參照組數據的變異量（Chaimani, 2014），參見公式 6-5；而勝算比及其變異數之計算，條述如公式 6-1 ～ 6-4。

$$\log OR_{ABi} = \log \frac{f_{Ai}r_{Bi}}{f_{Bi}r_{Ai}} = \log it(p_{Bi}) - \log it(p_{Ai}) \qquad \text{公式 6-1}$$

$$\text{var}(\log OR_{ABi}) = \frac{1}{r_{Ai}} + \frac{1}{f_{Ai}} + \frac{1}{r_{Bi}} + \frac{1}{f_{Bi}} = \text{var}(\log it(p_{Ai})) + \text{var}(\log it(p_{Bi})) \qquad \text{公式 6-2}$$

$$\log OR_{ACi} = \log \frac{r_{Ci}f_{Ai}}{f_{Ci}r_{Ai}} \qquad \text{公式 6-3}$$

$$\text{var}(\log OR_{ACi}) = \frac{1}{r_{Ai}} + \frac{1}{f_{Ai}} + \frac{1}{r_{Ci}} + \frac{1}{f_{Ci}} \qquad \text{公式 6-4}$$

$$\text{cov}(\log OR_{ABi}, \log OR_{ACi}) = \text{var}(\log it(p_{Ai})) = \frac{1}{r_{Ai}} + \frac{1}{f_{Ai}} \qquad \text{公式 6-5}$$

上列公式中，r 為事件發生數，f 為事件未發生數，p 為事件發生機率。

資料經填補之後，研究者就可計算各研究的效果值的變異數、共變數矩陣，以第 5 筆資料為例，該研究的效果值的變異數（參見圖 6-4），其計算過程與結果（S_{bb5}）為：

$$\frac{1}{8} + \frac{1}{116-8} + \frac{1}{19} + \frac{1}{146-19} = .194$$

至於研究間效果值的共變數，其計算過程與結果，請自行演練（參見圖 6-4）。相關計算勝算比之 STATA 程式，請參見下節 (三) 之說明。

2. 連續變項

當數據為連續變項與對比本位（contrast-based data）時，同一研究內享有共同參照組的兩個效果值，兩個效果值的共變量為：共同參照組數據的變異量除以參照組總人數（等於共同參照組的變異誤），當平均數差異效果值加以標準化時，其變異量約等於參照組總人數的倒數（Chaimani, 2014, Franchini, et al., 2012），參見公式 6-6-1。

$$cov(MD_{ABi}, MD_{ACi}) = \frac{SD^2_{Ai}}{n_{Ai}} \quad cov(SMD_{ABi}, SMD_{ACi}) \sim \frac{1}{n_{Ai}} \qquad \text{公式 6-6-1}$$

當數據為連續變項與臂本位（arm-based data）時，同一研究內享有共同參照組的兩個效果值（$y^{con}_{i,j}$）之變異誤，為對比組的變異誤與參照組變異誤的總和，參見公式 6-6-2（Franchini, et al., 2012）。

$$(SE^{con}_{i,j})^2 = SE^2_{i,j} + SE^2_{i,1} \qquad \text{公式 6-6-2}$$

(三) 估計效果值、變異數與共變數矩陣

根據前節相關統計公式之推演，STATA 程式之撰寫，具體說明如下：

```
foreach trt in a b c d {
! 跳過 a 迴圈
if "`trt'" == "a" continue
! 計算勝算比，以 a 為參照組
gen y`trt' = log(d`trt'/(n`trt'-d`trt')) - log(da/(na-da))
! 採用 Wolfe 公式
gen S`trt'`trt' = 1/d`trt' + 1/(n`trt'-d`trt') + 1/da + 1/(na-da)
foreach trt2 in a b c d {
! 跳過 a 迴圈
if "`trt2'" == "a" continue
if "`trt2'">"`trt'" gen S`trt'`trt2' = 1/da + 1/(na-da) if !mi(d`trt') & !mi(d`trt2')
}
}
! /* ( 類別資料 ) 計算共變數矩陣 mi 代表 not missing value*/
format y* S* % 6.2g
```

注意：STATA 之操作指令，需使用小寫。

（四）各種整合分析理論模式之 STATA 程式語法與數值分析結果

1. 一致性模式

　　在網絡整合分析中，研究者不僅要注意研究間的異質性問題，尚需考慮直接效果與間接效果間之不一致性問題。Lu and Ades（2004）所提的一致性理論模式，係標準型的分析模式，乃假定研究設計間無系統性差異，但允許研究效果間具有異質性，且允許每對比較之異質性變異量可以不同（分離的 τ）。此種分析模式適合於封閉型的網絡整合分析，才不致於無法產生共變數矩陣的問題。如果不是，每一比較至少需存在兩個以上之研究（才能計算研究變異量），才能執行統計分析。如果出現不能執行的現象，請改用以下節的結構型模式指令，就可順利執行。

　　一致性模式 Mvmeta 的語法撰寫為：mvmeta y S, i2

　　語法程式中 y 為效果值指標、S 為變異數／共變數矩陣。本例 STATA 的輸出結果，如表 6-2 所示。

　　表 6-2 係一致性理論模式下的輸出報表，以 a 為參照組，如果 yb，yc，yd 為正值，代表其值最大者為最佳處理方法；如果為負值，代表 a 為較佳處理方法。本例似乎顯示 yd（.8357452）為最佳處理方法（p < .05）。由於本模式允許研究效果間具有異質性與分離的 τ，因此可以看出 Y_{c-a} 的研究間異質性最大（SD = .74977178，I^2 = .88）。另外，由研究間相關係數的信賴區間過寬（-.9999 ～ .9999）可知，使用非結構模式似乎幾乎產生模式無法辨識（可能來自於研究的篇數不足），須改用下節結構型模式進行資料分析較妥。

2. 結構型模式

　　結構型模式乃設定每一對比較之異質性變異量相等（具同質性），適用於樣本篇數較少的情境或非封閉型的網絡。因為此時常無法有效估計分離的研究間變異量，例如：該比較只存在於一個研究中，以致無法計算研究間之變異量。為了讓所有組間的變異量具同質性，本法強迫變異數／共變數矩陣與 p 矩陣成比率關係。對稱性 P 矩陣的建置，研究者可以利用 STATA 完成。以下 P 矩陣實例涉及 4 個處理措施，其自由度為 3。

表 6-2　一致性理論模式下的 mvmeta 輸出報表

```
Multivariate meta-analysis
Variance-covariance matrix = unstructured
Method = reml                              Number of dimensions    =    3
Restricted log likelihood = -53.826928     Number of observations  =   24

               Coef.     Std. Err.     z      P>|z|      [95% Conf. Interval]

Overall_mean
        yb    .3326056   .304872     1.09    0.275     -.2649326    .9301437
        yc    .6810161   .2189561    3.11    0.002      .2518701   1.110162
        yd    .8357452   .3664549    2.28    0.023      .1175067   1.553984
```

```
Estimated between-studies SDs and correlation matrix:
          SD          yb          yc          yd
yb  .31410087          1           .           .
yc  .74977178    .93624519         1           .
yd  .72247192    .85586387    .6195812         1
```

```
Approximate confidence intervals for between-studies SDs and I^2:

Variable      SD       [95% Conf. Interval]   I^2    [95% Conf. Interval]

yb       .31410087    0        .90877648      31       0         79
yc       .74977178   .39813113 1.1014124      88      68         94
yd       .72247192    0        1.8312408       8       0         35
```

```
Note: I^2 computed from estimated between-studies variance
      and typical within-studies variances
Note: CIs computed on SD scale
Note: one or more CIs for I^2 were computed by dropping zero terms
```

```
Between-study correlations:

Variables      Correl.    [95% Conf. Interval]

yb & yc       .93624519   -.99999762 1
yb & yd       .85586387   -.99994589 .99999967
yc & yd       .6195812    -.83474032 .99011019
```

```
Note: CI computed on log((1+corr)/(1-corr)) scale
```

$$P = \begin{bmatrix} 1 & 0 & 0 \\ 0 & 1 & 0 \\ 0 & 0 & 1 \end{bmatrix} + \begin{bmatrix} 1 & 1 & 1 \\ 1 & 1 & 1 \\ 1 & 1 & 1 \end{bmatrix} = \begin{bmatrix} 2 & 1 & 1 \\ 1 & 2 & 1 \\ 1 & 1 & 2 \end{bmatrix}$$

其 STATA 的程式撰寫為：

```
!Structure sigma
mat p=I(3)+J(3,3,1)
mat l p
```

輸出結果如表 6-3 所示：

表 6-3　對稱性 p 矩陣

symmetric p[3,3]

	c1	c2	c3
r1	2		
r2	1	2	
r3	1	1	2

結構型模式 Mvmeta 的程式語法：mvmeta y S, bscov (prop p) i2

　　語法程式中 bscov() 即是界定變異數／共變數矩陣的函數，要求變異數／共變數矩陣與 p 矩陣成比率關係。
　　本例 STATA 的輸出結果，如表 6-4 所示。

表 6-4　結構型理論模式下的 mvmeta 輸出報表

```
Multivariate meta-analysis
Variance-covariance matrix = proportional p
Method = reml                          Number of dimensions    =    3
Restricted log likelihood = -54.827755 Number of observations  =   24
```

	Coef.	Std. Err.	z	P>|z|	[95% Conf. Interval]	
Overall_mean						
yb	.396637	.3304472	1.20	0.230	-.2510276	1.044302
yc	.7001563	.1986364	3.52	0.000	.3108361	1.089476
yd	.8609165	.3755452	2.29	0.022	.1248615	1.596972

　　本模式的分析結果，亦顯示 yd(.8609165) 為最佳處理方法（$p < .05$）。

表 6-5　結構型理論模式下比較間的標準差與相關係數

```
Estimated between-studies SDs and correlation matrix:
          SD          yb          yc          yd
yb  .6744175           1           .           .
yc  .6744175          .5           1           .
yd  .6744175          .5          .5           1

Approximate confidence intervals for between-studies SDs and I^2:
─────────────────────────────────────────────────────────────────────
Variable        SD        [95% Conf. Interval]    I^2    [95% Conf. Interval]
─────────────────────────────────────────────────────────────────────
yb          .6744175   .40100094   .94783407       67      42          80
yc          .6744175   .40100094   .94783407       86      68          92
yd          .6744175   .40100094   .94783407        7       3          13
─────────────────────────────────────────────────────────────────────
Note: I^2 computed from estimated between-studies variance
      and typical within-studies variances
Note: CIs computed on SD scale
```

　　研究者由表 6-5 的結果可知，各對比較的標準差（.6744175，異質性的指標）均相同，這是結構型模式的特徵。由表 6-5 的 I^2 亦知，A-C 的比較所出現的研究間異質性百分比為 86%。

3. 非一致性模式

　　傳統統合分析只能處理兩種處理方式間的比較，為了比較超過兩種處理方式，乃發展出網絡統合分析，也因而產生迴圈不一致性（loop inconsistency）與設計不一致性（design inconsistency）的議題，參見圖 6-5 & 圖 6-6。除了異質性的問題之外，非一致性的問題也是網絡整合分析效度所需顧慮的議題。

　　迴圈非一致性，是指在某一封閉迴圈內，直接比較（參見圖 6-5 中的 BC）與間接比較（參見圖 6-5 中經由 AC & AB 的 BC）間之差異性，這些差異可能起因於受試者不同，處理方法不同或處理情境不同；而造成設計非一致性的原因很多，例如：研究設計上的異質（如藥劑份量、追蹤時間）、受試者的異質（如年齡、醫療情境）、結果變項的不同評估方法與隨機變異等（Higgins, Jackson, Barrett, Lu, Ades, White, 2012）。設計非一致性會發生在多臂（超過 2 臂）的實驗設計上，例如圖 6-6 中的 BC & ABC 間的差異；設計非一致性為研究層次的干擾變項，可視為異質性的特殊案例。

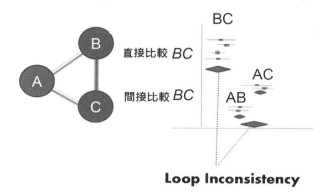

圖 6-5　迴圈非一致性

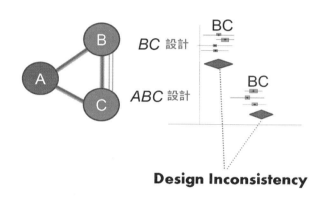

圖 6-6　設計非一致性

　　解釋網絡整合分析結果時，須將這些造成非一致性的理由列入考量。一般來說，當研究間的異質性程度愈高，愈有可能造成直接與間接證據間的矛盾，也因而降低了利用統計方法偵測到不一致性的機會（Veroniki, Vasiliadis, Higgins, & Salanti, 2013）。因此，處理研究間的異質性應是避免直接與間接證據間的矛盾，應是首要工作。在沒有嚴重的異質現象之後，方能有效去檢驗非一致性的矛盾或衝突。

　　處理直接效果與間接效果間之不一致性，主要方法有兩種：一是節點分割法（node splitting，直接效果與間接效果分離分析）；二是將不一致性參數納入網絡模式中。非一致性理論模式乃允許不同處理效果在不同設計間，可以具有系統性之差異。評估傳統網絡中的不一致性，主要有兩種方法：一是個別迴圈途徑（loop-specific approach）：分別檢驗每一封閉迴圈之一致性，二是設計與處理交互作用途徑（design by treatment approach）：將不一致參數納入模式中。在貝氏網絡不一致性的評估上，常見的也有兩種方法：一是節點分離法（node splitting），二是比較一致性理論模式與非一致性理論模式間 DIC 差異值。在 STATA 的副程式中，研究者可以利用 ifplot 探究特定迴圈非一致性的問題，R package 的 GeMTC 則更進一步根據節點分離法，提供各配對的分析結果；而設計非一致性則可利用以下 mvmeta 的操作指令，來考驗此設計間非一致性的困擾。至於 DIC 差異值的統計考驗，則可利用 WinBUGS 軟體進行分析。

> 非一致性模式之 **STATA** 的程式語法：tab design, gen (des)

利用 tabulate 命令下之 "generate" 指令，根據 design 變項（在資料檔中須有此變項）建立虛擬變項當作共變項，以進行多變項整合迴歸分析，其起首名稱為 des：此例為 des1 ～ des8（參見表 6-6），並以 A 為參照組。

表 6-6　理論模式下的 8 種不同研究設計

```
. tab design, gen(des)

   design |      Freq.     Percent        Cum.
----------+-----------------------------------
       AB |          3       12.50       12.50
       AC |         14       58.33       70.83
      ACD |          1        4.17       75.00
       AD |          1        4.17       79.17
       BC |          1        4.17       83.33
      BCD |          1        4.17       87.50
       BD |          1        4.17       91.67
       CD |          2        8.33      100.00
----------+-----------------------------------
    Total |         24      100.00
```

表 6-7 係 STATA 的資料表單，由 design 欄位的變項可知：每一研究設計，均分別建立一個虛擬變項，因此共有 8 個虛擬變項（des1 ～ des8）。

表 6-7 理論模式下的 8 個虛擬變項

des1	des2	des3	des4	des5	des6	des7	des8	design	yc
0	0	1	0	0	0	0	0	ACD	1.1
0	0	0	0	0	1	0	0	BCD	.39
1	0	0	0	0	0	0	0	AB	.
1	0	0	0	0	0	0	0	AB	.
1	0	0	0	0	0	0	0	AB	.
0	1	0	0	0	0	0	0	AC	2.2
0	1	0	0	0	0	0	0	AC	.87
0	1	0	0	0	0	0	0	AC	.42
0	1	0	0	0	0	0	0	AC	2.7
0	1	0	0	0	0	0	0	AC	2.7
0	1	0	0	0	0	0	0	AC	2.4
0	1	0	0	0	0	0	0	AC	.44
0	1	0	0	0	0	0	0	AC	.46
0	1	0	0	0	0	0	0	AC	-.16
0	1	0	0	0	0	0	0	AC	-.24
0	1	0	0	0	0	0	0	AC	.039
0	1	0	0	0	0	0	0	AC	.39
0	1	0	0	0	0	0	0	AC	.11
0	1	0	0	0	0	0	0	AC	.58
0	0	0	1	0	0	0	0	AD	.
0	0	0	0	1	0	0	0	BC	1.7
0	0	0	0	0	0	1	0	BD	.
0	0	0	0	0	0	0	1	CD	.52
0	0	0	0	0	0	0	1	CD	.57

Mvmeta 的程式語法：mvmeta y S, bscov(prop p) eq(yc: des3 des5 des6, yd: des3 des6 des7 des8)i2

　　利用 eq 可根據不同依變項，建立不同的迴歸模式，其預測變項為代表各研究設計之虛擬變項（參見表 6-7）；本例，選擇含有 A 的雙臂研究設計：AB、AC、AD 作為對照組，建立了兩個迴歸模式：yc: des3 des5 des6 與 yd: des3 des6 des7 des8。建立這些迴歸方程式須顧慮到實質意義與模式是否可以辨識（identification）。例如：如將 des7（BD）納入效標為 yc 的方程式中作為預測變項，將產生多元共線性的警訊（因 AC vs BD 間之比較並無實質意義，所以 yc 變項上，des7 出現 1 的細格並無相對應之數據存在；同理，des1、des4 也是如此），且該設計將會自動被剔除於模式之外。

　　以上 STATA 程式的輸出結果，如表 6-8 & 表 6-9 所示。

表 6-8　非一致性理論模式下 mvmeta 的輸出報表

```
Multivariate meta-analysis
Variance-covariance matrix = proportional p
Method = reml                            Number of dimensions    =     3
Restricted log likelihood = -45.783933   Number of observations  =    24

                 Coef.    Std. Err.      z     P>|z|    [95% Conf. Interval]

yb
     _cons     .3303086    .4673829    0.71    0.480    -.5857451    1.246362

yc
     des3      .3468573    .882037     0.39    0.694    -1.381903    2.075618
     des5     -.5253268   1.004197    -0.52    0.601    -2.493516    1.442862
     des6     -.3728619   1.013567    -0.37    0.713    -2.359417    1.613693
     _cons     .7044357    .2347563    3.00    0.003     .2443219    1.16455

yd
     des3    -3.393989    1.889914    -1.80    0.073    -7.098153     .3101746
     des6    -2.966854    1.926324    -1.54    0.124    -6.742379     .808671
     des7    -2.148826    1.940325    -1.11    0.268    -5.951792    1.654141
     des8    -2.576181    1.80985     -1.42    0.155    -6.123422     .9710607
     _cons    3.522517    1.67126     2.11    0.035     .2469075    6.798126
```

　　表 6-8 中 Des3(ACD) 在 yc 或 yd 方程式上的參數估計值（與參照設計組的差異效果值）：分別為 .3468573 & -3.393989，是設計不一致的指標，均未達 .05 之顯著差異水準（p 值分別為 0.694 & 0.073）；_cons（截距項）則為對照組（A vs B、A vs C、A vs D）的效果值指標（分別為 .3303086、.7044357、3.522517）；至於其餘的 des 也是在檢驗迴圈不一致性或設計不一致性的參數；例如：des5（BC對比），因不包含對照組 A，先前經資料填補之後，變成 ABC 設計，它與 AC 設計間的處理效果差異係數：-.5253268（p 值為 0.601），未達 .05 之顯著差異水準。又因表 6-8 中 des 變項係一致性參數，若其 .95 的信賴區間包含無效線 1，即表示設計間不一致性不存在。本例 des3, des5, des6, des7, des8 均包含 1，顯示設計間均具一致性（p > .05）。

　　值得注意的是，所有係數的標準誤均很大，可能係各研究設計所涉及之研究篇數過小所致。讀者如欲深入探究非一致性理論模式下，如何分辨設計不一致性與迴圈不一致性（有時不容易完全加以分離，White, 2015 個人通信）及了解 mvmeta 輸出報表中各估計參數的意義，可參考 White, Barret, Jackson, and Higgins

(2012) & Higgins, Jackson, Barrett, Lu, Ades, White (2012) 之經典著作。因為設計
不一致與迴圈不一致的區辨並非總是那麼容易，研究者界定不一致性因素的參數
時，常感困惑。因此，研究者通常會透過 STATA 的 ifplot，進行局部不一致性之
檢驗。

表 6-9　非一致性理論模式下比較間的標準差與相關係數

```
Estimated between-studies SDs and correlation matrix:
          SD            yb          yc          yd
yb  .74304022          1           .           .
yc  .74304022          .5          1           .
yd  .74304022          .5          .5          1

Approximate confidence intervals for between-studies SDs and I^2:

Variable      SD      [95% Conf. Interval]    I^2    [95% Conf. Interval]

yb         .74304022  .39849237  1.0875881     71       42        84
yc         .74304022  .39849237  1.0875881     90       71        95
yd         .74304022  .39849237  1.0875881      0        0         0

Note: I^2 computed from estimated between-studies variance
      and typical within-studies variances
Note: CIs computed on SD scale
```

　　由表 6-9 的 I^2 亦知，yc 的比較所出現的研究間異質性百分比為 90%；而結構
性模式的共同異質性指標值（t）為 .74304022。執行上述之整合迴歸分析之後，
緊接著可以利用下行 STATA 指令，進行整體性不一致性的考驗（global test for
inconsistency），分析結果參見表 6-10。

STATA 的程式指令：test ([yc]: des3 des5 des6) ([yd]: des3 des6 des7 des8)

　　表 6-10 中的統計考驗，旨在考驗七個設計間不一致參數均為 0 的虛無假設。
整體性設計與處理交互作用模式（full design-by-treatment interatcion model）分析
（Higgins et al., 2012），主要分析因來自於不同設計間不一致性與迴圈內不一致
性，係一種整體性的考驗（Wald's global tests）。整體性考驗來看，也反映出並
無不一致性的證據（$\chi^2 = 5.11$, p = .6464）。假如整體性 χ^2 考驗達既定的顯著水
準，即需進行局部迴圈內或設計間的不一致性檢查，可以透過 STATA 的 ifplot 與

R 套件 GeMTC 進行檢驗，以查出到底不一性出現在哪一比較上。

表 6-10　整體性設計與處理交互作用模式分析結果摘要表

```
. test ([yc]: des3 des5 des6) ([yd]:des3 des6 des7 des8)

 ( 1)   [yc]des3 = 0
 ( 2)   [yc]des5 = 0
 ( 3)   [yc]des6 = 0
 ( 4)   [yd]des3 = 0
 ( 5)   [yd]des6 = 0
 ( 6)   [yd]des7 = 0
 ( 7)   [yd]des8 = 0

          chi2(  7) =      5.11
        Prob > chi2 =      0.6464
```

　　當研究者發現不一致性的現象時，可採取以下幾個因應措施：分割網絡節點、移除部分節點、採取不一致性理論模式、使用網絡整合迴歸法與分離比較直接效果、間接效果與混合效果（Higgins et al., 2012）。

4. 估計最佳機率

Mvmeta 的 最 佳 機 率 估 計 程 式 語 法：mvmeta y S,longparm pbest(max in 1, zero reps(1000) seed(123))

　　假如表 6-11 的係數均爲負值，表示參照組（ya）爲最佳處理方法；假如這些係數均爲正值，表示參照組（ya）並非最佳處理方法。當係數值愈大的，其相對效果愈佳（max 表示效果值愈大，其效果愈好），程式中 max 即是此目的：找出最大值；當係數值愈小的，其相對效果愈佳（min 表示效果值愈小，其效果愈好），程式中 max 需改成 min 以找出極小值。另外，式中 in 1 表示只輸出第一個研究之結果，因爲沒有共變項，其他的研究結果與第一個研究將完全相同。

　　以貝氏事後機率來看（參見表 6-11 底部），也驗證了 yd 是最佳處理方法，其出現最佳的機率爲 63.4%，因而推知 D 爲最佳的處理方法。

　　以下各節將針對 STATA 的附屬整合分析製圖程式，利用實例逐一加以介紹。這些整合分析製圖程式包括證據關係圖、非一致性考驗森林圖、證據貢獻圖、修正漏斗圖、預測區間圖與累進機率排序圖。Chaimani, Higgins, Mavridis, Spyridonos, and Salanti (2013) 曾針對以上這些 STATA 製圖程序進行詳細的介紹，有興趣讀者請自行參閱這篇論文。另外，也特別引介 R 套件 GeMTC 的節點分離圖，以補 STATA 之不足。

表 6-11　最佳機率估計表

```
Multivariate meta-analysis
Variance-covariance matrix = unstructured
Method = reml                          Number of dimensions    =    3  =    3
Restricted log likelihood = -53.826928 Number of observations  =   24s =   24

                  Coef.    Std. Err.     z     P>|z|    [95% Conf. Interval] Interval]

yb
      _cons     .3326062  .3048765    1.09    0.275    -.2649408   .9301531  .9301531

yc
      _cons     .6810158  .2189756    3.11    0.002    .2518316    1.1102    1.1102

yd
      _cons     .8357451  .3664427    2.28    0.023    .1175306    1.55396   1.55396


Estimated between-studies SDs and correlation matrix:
        SD          yb          yc          yd
yb  .3141014        1           .           .
yc  .74977164   .93624777       1           .
yd  .722463     .85586422   .61958747       1

Estimated probabilities (%) of each treatment being the best
- assuming the maximum parameter is the best
- using 1000 reps
- allowing for parameter uncertainty

                     Treatment
   study    zero    yb    yc    yd

      1     0.0    5.0   31.6  63.4
```

5. 證據關係圖的繪製：networkplot

　　假如研究中評估了 4 個戒菸治療措施 A、B、C、D（A = 未做任何處置（作為參照組），B = 自助法，C = 個別諮商，D = 團體諮商）。要想利用 STATA 繪製網絡 meta 分析證據圖，必須手動修改數據的呈現形式，因為 STATA 採用 networkplot 繪製證據圖，只接受兩個變項。在這個過程中，需要將三臂或者四臂的研究分別拆分成若干個兩兩配對的研究（如為 3 臂研究需拆成 3 組數據，如為

413

4 臂研究需拆成 6 組數據），例如 A vs B vs C vs D，必須拆開分成 A vs B，A vs C，A vs D，B vs C，B vs D 與 C vs D（注意變項 t1 & t2 的建立）。只有這樣兩兩配對的資料結構（參見圖 6-7），STATA 才能運行 networkplot 命令。證據關係圖的繪製，可以了解直接比較兩兩關係及出現最頻繁的比較。

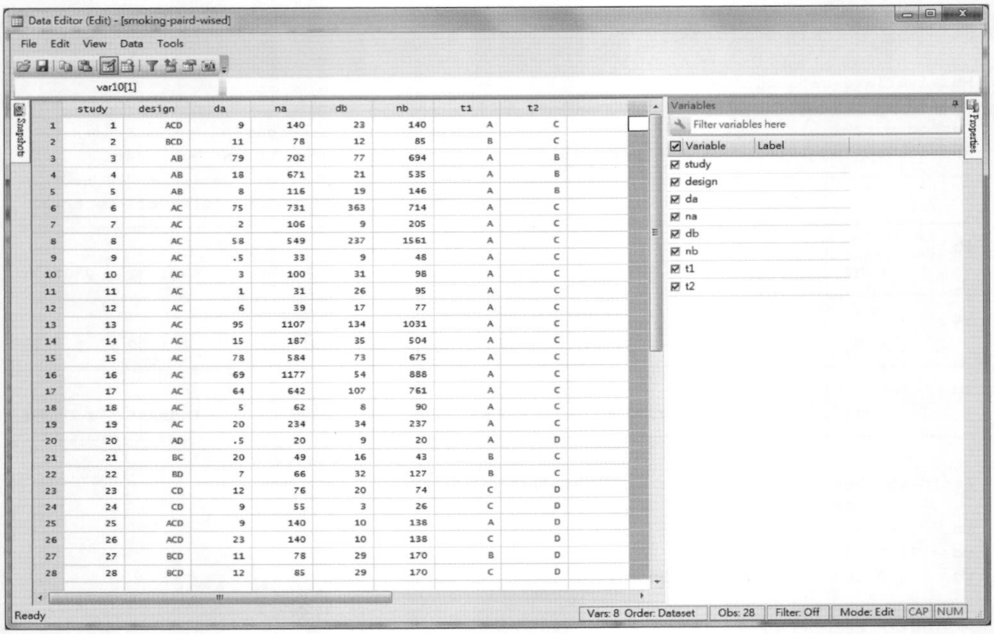

	study	design	da	na	db	nb	t1	t2
1	1	ACD	9	140	23	140	A	C
2	2	BCD	11	78	12	85	B	C
3	3	AB	79	702	77	694	A	B
4	4	AB	18	671	21	535	A	B
5	5	AB	8	116	19	146	A	B
6	6	AC	75	731	363	714	A	C
7	7	AC	2	106	9	205	A	C
8	8	AC	58	549	237	1561	A	C
9	9	AC	.5	33	9	48	A	C
10	10	AC	3	100	31	98	A	C
11	11	AC	1	31	26	95	A	C
12	12	AC	6	39	17	77	A	C
13	13	AC	95	1107	134	1031	A	C
14	14	AC	15	187	35	504	A	C
15	15	AC	78	584	73	675	A	C
16	16	AC	69	1177	54	888	A	C
17	17	AC	64	642	107	761	A	C
18	18	AC	5	62	8	90	A	C
19	19	AC	20	234	34	237	A	C
20	20	AD	.5	20	9	20	A	D
21	21	BC	20	49	16	43	B	C
22	22	BD	7	66	32	127	B	C
23	23	CD	12	76	20	74	C	D
24	24	CD	9	55	3	26	C	D
25	25	ACD	9	140	10	138	A	D
26	26	ACD	23	140	10	138	C	D
27	27	BCD	11	78	29	170	B	D
28	28	BCD	12	85	29	170	C	D

圖 6-7　兩兩配對的資料檔案

接著，利用以下 STATA 語法，計算勝算比與相關變異量。

```
! 採用 Wolfe 公式計算勝算比，以 a 為參照組
  gen LnOR = log(db/(nb-db)) - log(da/(na-da))
! 計算變異量
  gen VarLnOR = 1/db + 1/(nb-db) + 1/da + 1/(na-da)
  format LnOR VarLnOR % 6.2g
```

輸出結果參見圖 6-8 兩兩配對的資料檔案，檔案末端已增列勝算比與相關變異量等兩個變項。

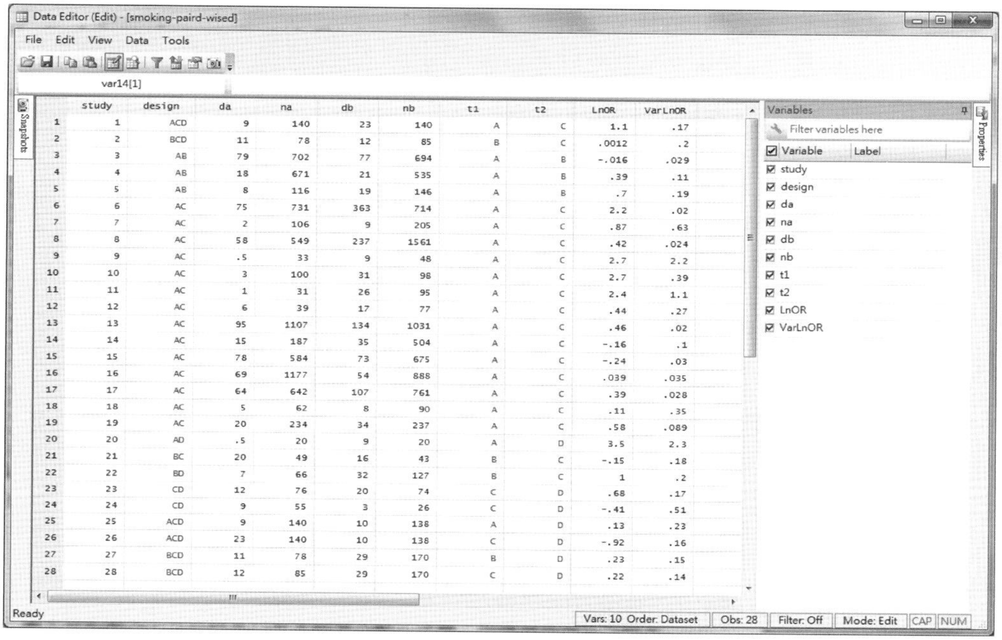

	study	design	da	na	db	nb	t1	t2	LnOR	VarLnOR
1	1	ACD	9	140	23	140	A	C	1.1	.17
2	2	BCD	11	78	12	85	B	C	.0012	.2
3	3	AB	79	702	77	694	A	B	-.016	.029
4	4	AB	18	671	21	535	A	B	.39	.11
5	5	AB	8	116	19	146	A	B	.7	.19
6	6	AC	75	731	363	714	A	C	2.2	.02
7	7	AC	2	106	9	205	A	C	.87	.63
8	8	AC	58	549	237	1561	A	C	.42	.024
9	9	AC	.5	33	9	48	A	C	2.7	2.2
10	10	AC	3	100	31	98	A	C	2.7	.39
11	11	AC	1	31	26	95	A	C	2.4	1.1
12	12	AC	6	39	17	77	A	C	.44	.27
13	13	AC	95	1107	134	1031	A	C	.46	.02
14	14	AC	15	187	35	504	A	C	-.16	.1
15	15	AC	78	584	73	675	A	C	-.24	.03
16	16	AC	69	1177	54	888	A	C	.039	.035
17	17	AC	64	642	107	761	A	C	.39	.028
18	18	AC	5	62	8	90	A	C	.11	.35
19	19	AC	20	234	34	237	A	C	.58	.089
20	20	AD	.5	20	9	20	A	D	3.5	2.3
21	21	BC	20	49	16	43	B	C	-.15	.18
22	22	BD	7	66	32	127	B	C	1	.2
23	23	CD	12	76	20	74	C	D	.68	.17
24	24	CD	9	55	3	26	C	D	-.41	.51
25	25	ACD	9	140	10	138	A	D	.13	.23
26	26	ACD	23	140	10	138	C	D	-.92	.16
27	27	BCD	11	78	29	170	B	D	.23	.15
28	28	BCD	12	85	29	170	C	D	.22	.14

圖 6-8 兩兩配對的資料檔案

證據關係圖之 Networkplot 操作指令：networkplot t1 t2

圖 6-9 是一個封閉式的網絡整合分析，全部比較均為直接比較，並無間接比較，圖中各節點大小可以設定代表受試者人數之多寡，而線條粗細也可設定代表研究多寡；假如未進行任何權重之設定（如本例），節點大小與線條粗細則會依照所牽涉比較的研究篇數進行調整，例如 C 節點所涉及其他節點：B、C、D 研究的篇數最多，因此 C 節點圖形最大。

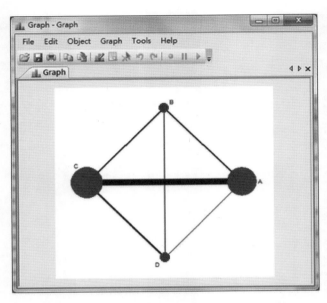

圖 6-9　直接效果證據關係圖：封閉式網絡

6. 非一致性考驗森林圖

　　非一致性係指在同一比較中，直接比較與間接比較間之差異性，此異質性會威脅到研究結果之效度。如果異質性過高，研究者有必要進一步分析其不一致的原因。此非一致性的局部性考驗（local tests），可以分析哪一個 loop 是較重要的不一致變異源。此種非一致性的局部性考驗，可以利用 STATA 的指令 ifplot 完成（參見圖 6-12）。研究者欲評估一個網絡整合分析中的非一致性，可以根據圖 6-9 之網路結構，將網絡中的每一封閉網絡都分離出來（如圖 6-10 所示），以檢驗直接比較與間接比較間之絕對差異量，定義如公式 6-7：

$$\mu^{dir} - \mu^{ind} = IF$$
$$H_0 : IF = 0 \qquad\qquad 公式\ 6\text{-}7$$

以一個封閉型迴圈 ABC 為例，

$\hat{IF}_{ABC} = \hat{\mu}_{BC} - (\hat{\mu}_{AC} - \hat{\mu}_{AB})$，而其

$\hat{\delta}^2_{IF_{ABC}} = var(\hat{\mu}_{BC}) + var(\hat{\mu}_{AC}) + var(\hat{\mu}_{AB})$

接者，就可利用公式 6-8，進行 Z 考驗，這就是 Bucher's 的間接效果考驗法（Bucher, Guyatt, Griffith, & Walker, 1997）。

$$z = \frac{\widehat{IF_{ABC}}}{\hat{\delta}_{IF_{ABC}}} \sim N(0,1)$$ 公式 6-8

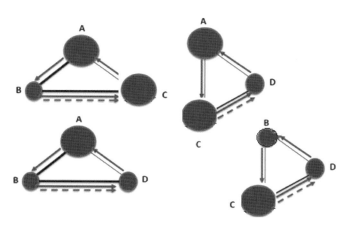

圖 6-10　網絡整合分析內四個封閉式網絡

分析過程中需利用 STATA 計算效果值之標準誤：

STATA 語法程式：gen SELnOR = sqrt (VarLnOR)

輸出結果參見圖 6-11 兩兩配對的資料檔案，檔案中已增列勝算比、相關變異量與標準誤等變項。

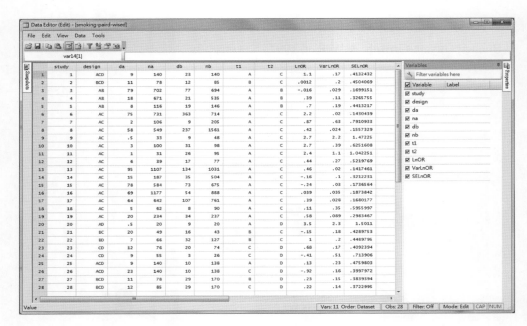

圖 6-11　兩兩配對的資料檔案

非一致性考驗之 Ifplot 語法程式：ifplot LnOR SELnOR t1 t2 study

　　IF 代表每一封閉迴圈內之 inconsistency factor，該值愈大反映出各組直接比較與間接比較間的差異愈大（參見表 6-12 & 圖 6-12）。此法所得結果僅能反映某一特定封閉迴圈內是否具有不一致性問題，並無法推知整個網絡是否具有一致性，或到底哪一比較具有不一致性問題。

表 6-12　非一致性局部性考驗的摘要表：自然對數勝算比量尺

```
* 4 triangular loops found

Evaluation of inconsistency using loop-specific heterogeneity estimates:
```

Loop	IF	seIF	z_value	p_value	CI_95	Loop_Heterog_tau2
A-C-D	0.263	1.001	0.263	0.792	(0.00,2.23)	0.705
A-B-C	0.110	0.764	0.144	0.885	(0.00,1.61)	0.641
A-B-D	0.100	1.127	0.089	0.929	(0.00,2.31)	0.196
B-C-D	0.002	0.874	0.003	0.998	(0.00,1.72)	0.315

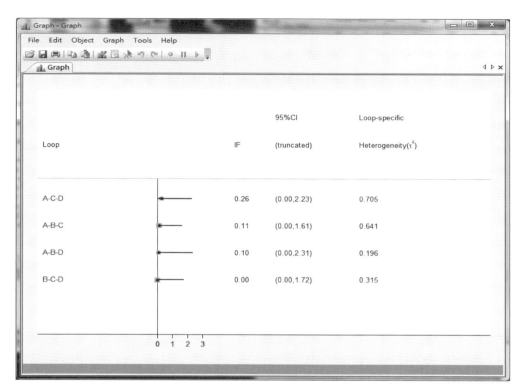

圖 6-12　非一致性局部性考驗的森林圖：以自然對數勝算比量尺呈現

　　當 IF = 0 時，表示直接比較與間接比較間完全一致（例如：B-C-D 的 IF 值為 0），由表 6-12 亦知各迴圈之 p 值均小於 .05，而 .95 CI 也均包含 0，反映出在各封閉的迴圈內，各組直接比較與間接比較間的差異未達 .05 顯著差異水準。因此，研究者不需要進一步進行次群體分析或整合迴歸分析，以探究不一致性與異質性的來源。如果發現某一迴圈內之 IF 值達 .05 顯著差異水準，研究者可以利用 R package 的 GeMTC 套件，利用節點分離法（node splitting），進一步探究倒底哪一配對發生不一致性現象。為利於研究者的運用，特將 GeMTC 的程式語法（參見表 6-13）與分析結果摘要於圖 6-13 中。

表 6-13　節點分離法的 GeMTC 語法程式範例

```
# Read an example GeMTC XML file
> library(gemtc)
>file <- system.file("extdata/luades-smoking.gemtc", package="gemtc")
>network <- read.mtc.network(file)
>network
>mtc.nodesplit.comparisons(network)
>result <- mtc.nodesplit(network)
>summary(result)
>plot(summary(result))
>names(result)
>summary(result$d.A.C)
>medianHeterogeneity <-function(x) {median(as.matrix(x$samples[,'sd.d']))}
>sapply(result, medianHeterogeneity)
```

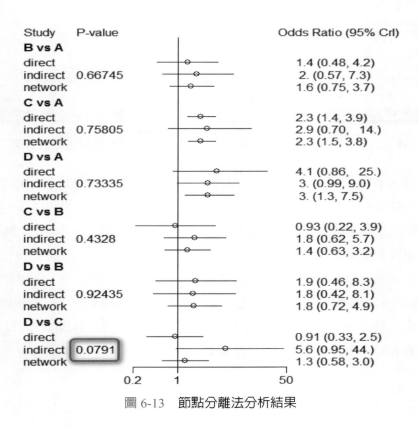

圖 6-13　節點分離法分析結果

　　由圖 6-13 的節點分離法之分析結果可知，各對比較的 p 值均未達 .05 之顯著水準。不過，其中 D vs C(0.91 vs 5.6) 的比較，其間接效果與直接效果的實質差異很大，但未達 .05 之顯著水準，可能係研究篇數過少所致。

STATA 的程式語法：ifplot yb seyb t1 t2 study,eform
程式中 seyb，可由下列 STATA 指令求得：
gen seyb = sqrt (Sbb)

　　程式中 eform 係要求以指數量尺呈現分析結果（$\exp^{(IF)}$ = ROR, Ratio of Odds Ratios），亦即以勝算比量尺呈現分析結果，參見表 6-14 & 圖 6-14。本程式所用到的原始資料檔案，請參見本章附錄一。

表 6-14　非一致性局部性考驗的摘要表：ROR 量尺

```
* 4 triangular loops found

Evaluation of inconsistency using loop-specific heterogeneity estimates:
```

Loop	ROR	z_value	p_value	CI_95	Loop_Heterog_tau2
A-C-D	1.301	0.263	0.792	(1.00,9.26)	0.705
A-B-C	1.117	0.144	0.885	(1.00,4.99)	0.641
A-B-D	1.105	0.089	0.929	(1.00,10.07)	0.196
B-C-D	1.002	0.003	0.998	(1.00,5.56)	0.315

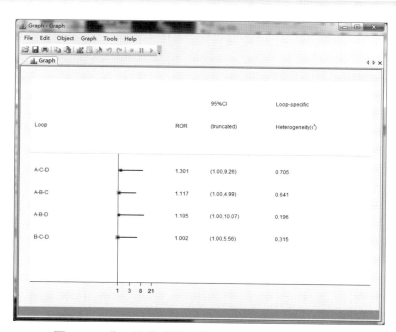

圖 6-14　非一致性考驗森林圖：以勝算比量尺呈現

當 ROR = 1 時，表示直接比較與間接比較間完全一致，由表 6-14 亦知其 p 值均大於 .05，而 .95 CI 也均包含 1（參見圖 6-14），反映出各組直接比較與間接比較間的差異未達 .05 顯著差異水準。

綜上所述，研究者可循序檢驗不一致性的問題；首先，利用設計與處理交互作用模式，進行 Wald 氏整體性卡方考驗，具有顯著差異後，再利用 ifplot 進行局部迴圈內的顯著考驗，最後再利用節點分割法，進行各比對的不一致性考驗。

7. 證據貢獻圖

分析每一個直接比較在整體網絡整合分析或每一網絡估計值（含混合效果與間接效果）的影響力或貢獻量。證據貢獻圖可以了解，哪一個直接比較對於整體或個別網絡分析的貢獻最大。決定一個直接比較貢獻量的主要因素有變異量大小、網路結構與研究篇數多寡。具體言之，變異量愈小的研究，其對整體整合分析結果貢獻量愈大；直接比較的貢獻量大於間接比較；簡單間接比較（simple indirect comaprison）優於複合間接比較（compound indirect comaprison）；研究篇數愈多的比較，其貢獻量愈大。

證據貢獻圖之 Netweight 的程式語法：netweight yb seyb t1 t2

根據證據貢獻圖 6-15 與表 6-17，A vs B 的網絡混合估計值（Mixed estimates：個別 NMA 值），約有 61% 的資訊係來自於 A vs B 的直接效果，其餘的間接證據之影響力較小。A vs C 的網絡混合估計值，約有 49% 的資訊係來自於 A vs C 的直接效果，其餘的間接證據之影響力較小。就整體網絡效果（Entire network）來看，貢獻量較多的是來自於 A vs B & A vs C 的直接效果，分別占了 26.7% & 23.7%；而 B vs C 的個別網絡混合估計值，約有 21.5% 的資訊係來自於 B vs C 的直接效果，其餘大半亦來自於 A vs B & A vs C 的間接證據（貢獻量分別為 29% & 28.9%）。注意，本例因圖 6-9 係一封閉式網路，所以並未出現直接效果對於網絡間接效果（Indirect estimates）的貢獻量數值。

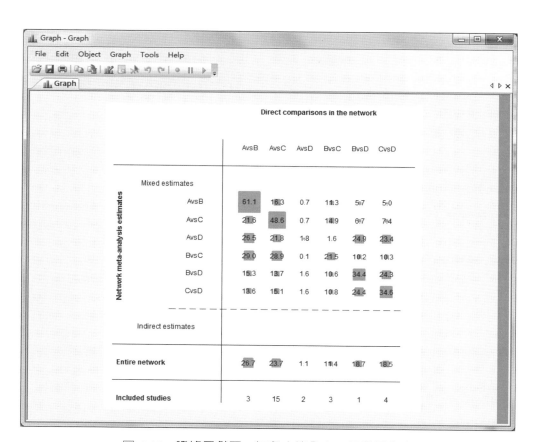

圖 6-15　證據貢獻圖：灰色方塊愈大，貢獻量愈大

表 6-15　證據貢獻分析初步報表

```
. netweight yb seyb t1 t2

Direct comparisons and number of included studies:

    1.      AvsB        3
    2.      AvsC        15
    3.      AvsD        2
    4.      BvsC        3
    5.      BvsD        1
    6.      CvsD        4


Indirect comparisons:



Direct relative effects:
```

```
        c1
r1   0.222
r2   0.747
r3   1.492
r4   0.292
r5   0.225
r6  -0.073
```

表 6-16　證據貢獻分析過程資料

```
Variances of direct relative effects:

        c1      c2      c3      c4      c5      c6
r1   .0423       0       0       0       0       0
r2       0   .0617       0       0       0       0
r3       0       0    2.69       0       0       0
r4       0       0       0     .14       0       0
r5       0       0       0       0    .147       0
r6       0       0       0       0       0    .147
```

表 6-17　證據貢獻分析結果摘要表

```
Basic contrasts:

      AvsB    AvsC    AvsD

Design matrix:

      c1  c2  c3
r1     1   0   0
r2     0   1   0
r3     0   0   1
r4    -1   1   0
r5    -1   0   1
r6     0  -1   1

Contribution of each direct comparison in each pairwise summary effect:

        r1      r2      r3      r4      r5      r6
r1   0.783   0.209   0.008  -0.144  -0.073   0.064
r2   0.305   0.685   0.010   0.210   0.095  -0.105
r3   0.529   0.435   0.036   0.032   0.497   0.467
r4  -0.478   0.476   0.002   0.354   0.168  -0.169
r5  -0.254   0.226   0.027   0.176   0.570   0.403
r6   0.224  -0.250   0.026  -0.178   0.403   0.572

Percentage contribution of each direct comparison in each pairwise summary effect:
```

```
          _P1    _P2    _P3    _P4    _P5    _P6
comp1    61.1   16.3    0.7   11.3    5.7    5.0
comp2    21.6   48.6    0.7   14.9    6.7    7.4
comp3    26.5   21.8    1.8    1.6   24.9   23.4
comp4    29.0   28.9    0.1   21.5   10.2   10.3
comp5    15.3   13.7    1.6   10.6   34.4   24.3
comp6    13.6   15.1    1.6   10.8   24.4   34.6

Percentage contribution of each direct comparison in the entire network:

          _C1    _C2    _C3    _C4    _C5    _C6
network  26.7   23.7    1.1   11.4   18.7   18.5
```

8. 出版偏差或小樣本效應

修正漏斗圖之 Netfunnel 語法程式：netfunnel yb seyb t1 t2, bycomparison

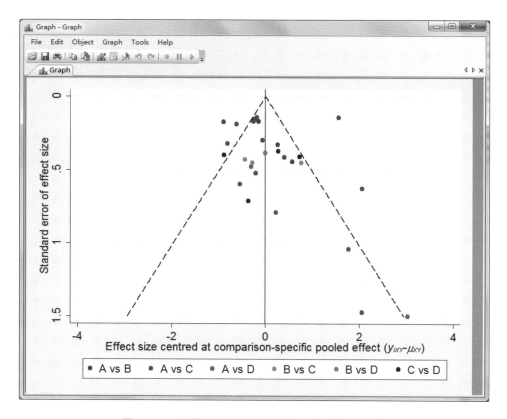

圖 6-16　出版偏差或小樣本效應的修正漏斗圖

　　圖 6-16 中 X 軸代表某特定研究效果值與其對應的特定比較平均效果值間之差異值（中心化之離差），Y 軸代表效果值標準誤。當無出版偏差或小樣本效應時，此比較修正的漏斗圖（comparison-adjusted funnel plot），應會以紅色無效線為中心線而左右對稱。本修正漏斗圖似乎並無顯著的出版偏差或小樣本效應。

9. 預測區間圖

　　預測區間圖可用以了解哪一比較受到異質性變異量的影響最大。以下程式所分析之資料，請參見圖 6-19。

> 預測區間圖之 Intervalplot 語法程式：intervalplot, mvmetaresults prediction null(1) eform

　　程式中 prediction 用來輸出未來研究的可信區間，null(1) 可填加中軸線以利解釋。

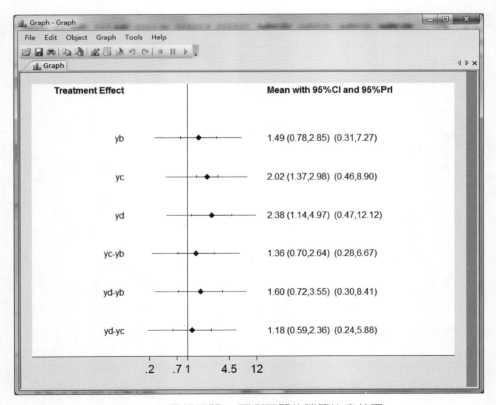

圖 6-17　信賴區間 & 預測區間的勝算比森林圖

語法指令中 eform（以指數形式呈現），係要求以勝算比製圖而非對數勝算比製圖，因此勝算比爲 1 的垂直線，係兩組無差異的分割線（參見圖 6-17）。yc & yd 的 CI（黑橫線）並未橫跨無效線（數值爲 1 的垂直線），表示處理效果組比對照組好，但其 PrI（紅橫線）卻橫跨無效線，顯示在未來的研究上，其處理效果的不確定性大，因此處理效果組可能比對照組差；至於其餘各對比較結果，均未達 .05 之顯著水準（CI & PrI 均包含 1）。

表 6-18 　比較效果值之信賴區間與預測區間摘要表（以自然對數量尺呈現）

. intervalplot, mvmetaresults pred

The intervalplot command assumes that the saved results from mvmeta or network meta commands have been derived from the current dataset

_Comparison	_Effect_Size	_Standard_Error	_LCI	_UCI	_LPrI	_UPrI
yb	.398495	.3310664	-.2503832	1.047373	-1.186599	1.983589
yc	.7023595	.1991056	.3121196	1.092599	-.7812505	2.18597
yd	.8658847	.376228	.1284914	1.603278	-.7634428	2.495212
yc-yb	.3038644	.3404953	-.3634941	.9712229	-1.290095	1.897824
yd-yb	.4673896	.4073614	-.331024	1.265803	-1.194929	2.129708
yd-yc	.1635252	.3547005	-.531675	.8587255	-1.444165	1.771215

表 6-18 係比較效果值之信賴區間與預測區間摘要表，該表內之數據係以自然對數量尺呈現。

10. 各對比較的效果值排序

效果值排序之語法程式：mvmeta y S,bscov(prop p) pbest(max, all zero gen(prob))

程式中納入 zero，表示將對照組也納入排序，max 表示效果值愈大，其效果愈好，all 表所有等第均在報表中呈現，gen（prob）表將機率存檔。Mvmeta 輸出結果，參見表 6-19，顯示諮商方法 D 爲最佳效果的機率爲 63.9%。

表 6-19　比較的效果值排序表（節錄片段）

```
Estimated probabilities (%) of each treatment being the best (and other ranks)
- assuming the maximum parameter is the best
- using 1000 reps
- allowing for parameter uncertainty

_id and          Treatment
Rank      zero    yb     yc     yd

1
     Best   0.0    7.7   28.4   63.9
     2nd    0.8   18.3   54.3   26.6
     3rd   10.7   63.5   17.3    8.5
   Worst   88.5   10.5    0.0    1.0

2
     Best   0.0    7.7   28.4   63.9
     2nd    0.8   18.3   54.3   26.6
     3rd   10.7   63.5   17.3    8.5
   Worst   88.5   10.5    0.0    1.0
```

比較的效果值排序也可使用以下 sucra 指令，進行相對效能排序。

STATA 語法程式：sucra prob*, mvmeta lab (A B C D)

　　SUCRA（surface under the cumulative ranking curve）係累進排序曲線圖下之面積（以 % 表示，參見圖 6-18 & 表 6-20），代表一個處理方法與最佳理想方法的相對效能或安全性；SUCRA 值愈高，表示該處理方法愈有效；當一個處理效果確定為最佳，其 SUCRA 為 100%；而當一個處理效果確定為最差，其 SUCRA 為 0%。因此，當 SUCRA 為 85% 時，意謂著該處理方法可以達到理想處理方法的 85% 效能。表 6-20 中的 PrBest 代表最佳之機率（相對於參照組 A 而言），當此機率大於 97.5%，表該處理效果確定比參照組為有效（亦即在 OR 量尺下，.95 信賴區間將不包含 1），如此機率大於 85% 但小於 97.5%，表該處理效果可能比參照組為有效，當此機率約在 50% 左右，表該處理效果與參照組效能相當。

表 6-20　相對效能排序摘要

Treatment Relative Ranking of Model 1

Treatm~t	SUCRA	PrBest	MeanRank
A	3.7	0.0	3.9
B	40.9	6.4	2.8
C	70.6	29.0	1.9
D	84.8	64.6	1.5

　　由表 6-20 與圖 6-18 排序結果可知，相對於參照組 A 而言，處理方法 D（團體諮商）為最佳處理方法（排序為 1，有 64.6% 的機率）；排序為 1 或 2 的機率約為 .70，排序為 1、2 或 3 的機率約為 .90，其平均等第為 1.5；個別諮商 (C) 的效能次之。因此機率大於 85% 但小於 97.5%，表示該處理效果可能比參照組為有效。

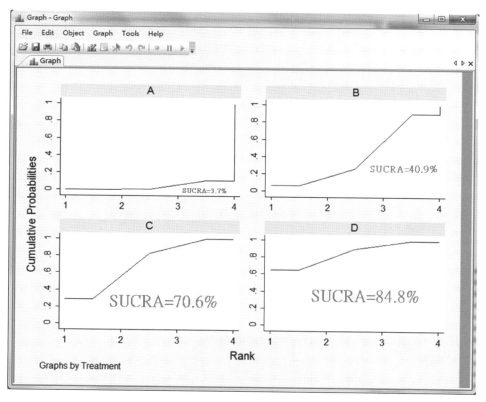

圖 6-18　相對效能累進機率排序圖

11. 網絡整合分析估計值的兩兩比較

估計值的兩兩比較之 STATA 語法程式：netleague, mvmeta eform

表 6-21　聯合配對比較摘要表（以勝算比量尺呈現）

就下三角內之數據而言，表 6-21 的方框底部係三種諮商方法與參照組的勝算比，分別為 2.38、2.02、1.49（也可參見圖 6-17），亦顯示團體諮商方法（D）的戒菸效果最好；至於團體諮商方法（D）與個別諮商方法（C）、自我協助（B）的勝算比分別為：1.16 & 1.60，而個別諮商方法（C）與自我協助方法（B）（的勝算比為 1.36（括弧內的數據係 .95 的 CI）。

12. STATA & mvmeta 程式的彙整：以一致性理論模式為例

為便利研究者的程式運用，乃將前面依序示範的 mvmeta 片段程式，完整彙集於下。研究者只要將以下的整批程式語法抄錄於 STATA 指令視窗內，即可一次完成網絡整合分析。

```
!缺失值的填補
replace na=.01 if missing(na)
replace da=.001 if missing(da)
replace da=.5 if da==0

foreach trt in a b c d {
if "`trt'" == "a" continue
!計算勝算比，以 a 為參照組
gen y`trt' = log(d`trt'/(n`trt'-d`trt')) - log(da/(na-da))
! 採用 Wolfe 公式
gen S`trt'`trt' = 1/d`trt' + 1/(n`trt'-d`trt') + 1/da + 1/(na-da)
foreach trt2 in a b c d {
```

```
if "`trt2'" == "a" continue
if "`trt2'">"`trt'" gen S`trt'`trt2' = 1/da + 1/(na-da) if !mi(d`trt') & !mi(d`trt2')
}
}
! /* (類別資料) 計算共變數矩陣 mi 代表 not missing value*/
format y* S* % 6.2g
! 多變項整合分析的指令
mvmeta y S, i2
```

註：請呼叫圖 6-3 之原始資料檔案之後，再執行以上之 STATA 程式。

以上程式執行之後，在 STATA 的 Data Editor 中，可以看到圖 6-19 的新增對比資料，作爲後續整合分析的數據。

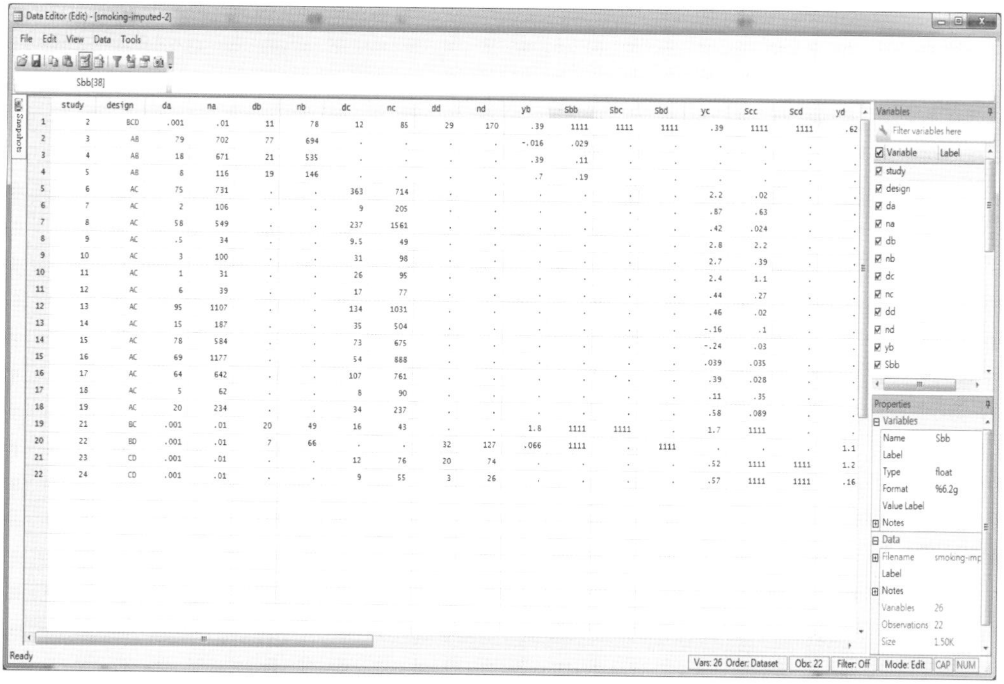

	study	design	da	na	db	nb	dc	nc	dd	nd	yb	Sbb	Sbc	Sbd	yc	Scc	Scd	yd
1	2	BCD	.001	.01	11	78	12	85	29	170	.39	1111	1111	1111	.39	1111	1111	.62
2	3	AB	79	702	77	694	.	.	.	.	-.016	.029	.	.	.	.	.	.
3	4	AB	18	671	21	535	.	.	.	.	.39	.11	.	.	.	.	.	.
4	5	AB	8	116	19	146	.	.	.	.	.7	.19	.	.	.	.	.	.
5	6	AC	75	731	.	.	363	714	.	.	.	.	.	.	2.2	.02	.	.
6	7	AC	2	106	.	.	9	205	.	.	.	.	.	.	.87	.63	.	.
7	8	AC	58	549	.	.	237	1561	.	.	.	.	.	.	.42	.024	.	.
8	9	AC	.5	34	.	.	9.5	49	.	.	.	.	.	.	2.8	2.2	.	.
9	10	AC	3	100	.	.	31	98	.	.	.	.	.	.	2.7	.39	.	.
10	11	AC	1	31	.	.	26	95	.	.	.	.	.	.	2.4	1.1	.	.
11	12	AC	6	39	.	.	17	77	.	.	.	.	.	.	.44	.27	.	.
12	13	AC	95	1107	.	.	134	1031	.	.	.	.	.	.	.46	.02	.	.
13	14	AC	15	187	.	.	35	504	.	.	.	.	.	.	-.16	.1	.	.
14	15	AC	78	584	.	.	73	675	.	.	.	.	.	.	-.24	.03	.	.
15	16	AC	69	1177	.	.	54	888	.	.	.	.	.	.	.039	.035	.	.
16	17	AC	64	642	.	.	107	761	.	.	.	.	.	.	.39	.028	.	.
17	18	AC	5	62	.	.	8	90	.	.	.	.	.	.	.11	.35	.	.
18	19	AC	20	234	.	.	34	237	.	.	.	.	.	.	.58	.089	.	.
19	21	BC	.001	.01	20	49	16	43	.	.	1.8	1111	1111	.	1.7	1111	.	.
20	22	BD	.001	.01	7	66	.	.	32	127	.066	1111	.	1111	.	.	.	1.1
21	23	CD	.001	.01	.	.	12	76	20	74	.	.	.	.	.52	1111	1111	1.2
22	24	CD	.001	.01	.	.	9	55	3	26	.	.	.	.	.57	1111	1111	.16

圖 6-19　對比資料摘要：等待 STATA 進行網絡整合分析

習題

一、表 6-22 係 Elliott & Meyer（2007）探討哪一種藥物最不會誘發糖尿病的原始資料，該研究比較了 6 種（a~f）抗高血壓藥物是否會誘發糖尿病。因此，勝算比愈低的抗高血壓藥物副作用愈少。請利用 STATA 的 Mvmeta 程式，進行網絡整合分析，以找出最佳處理方法的藥物。

表 6-22　6 種（a～f）抗高血壓藥物出現糖尿病的研究結果（未經整理）

	Year	Duration (years)	Drug 1	New cases of diabetes/total	Drug 2	New cases of diabetes/total	Drug 3	New cases of diabetes/total
AASK[25]	2006	3·8	ACE inhibitor	45/410	β blocker	70/405	CCB	32/202
ALLHAT[26]	2002	4·0	ACE inhibitor	119/4096	CCB	154/3954	Diuretic	302/6766
ALPINE[27]	2003	1·0	ARB	1/196	Diuretic	8/196	..	..
ANBP-2[28]	2005	4·1	ACE inhibitor	138/2800	Diuretic	200/2826	..	..
ASCOT[29]	2005	5·5	β blocker	799/7040	CCB	567/7072	..	..
CAPPP[39]	1999	6·1	ACE inhibitor	337/5183	β blocker	380/5230	..	..
CHARM[30]	2003	~3·1	ARB	163/2715	Placebo	202/2721	..	..
DREAM[31]	2006	~3·0	ACE inhibitor	449/2623	Placebo	489/2646	..	..
EWPHE[32]	1991	4·7	Diuretic	29/416	Placebo	20/424	..	..
FEVER[20]	2005	3·3	CCB	177/4841	Placebo	154/4870	..	..
HAPPHY[33]	1987	3·8	β blocker	86/3297	Diuretic	75/3272	..	..
HOPE[34]	2001	4·5	ACE inhibitor	102/2837	Placebo	155/2883	..	..
INSIGHT[35]	2000	3·0	CCB	136/2508	Diuretic	176/2511	..	..
INVEST[36]	2003	4·0	β blocker	665/8078	CCB	569/8098	..	..
LIFE[37]	2002	4·8	ARB	242/4020	β blocker	320/3979	..	..
MRC-E[38]	1992	5·8	β blocker	37/1102	Diuretic	43/1081	Placebo	34/2213
NORDIL[39]	2000	4·5	β blocker or diuretic	251/5059	CCB	216/5095	..	..
PEACE[40]	2004	4·8	ACE inhibitor	335/3432	Placebo	399/3472	..	..
SCOPE[41]	2003	3·7	ARB	93/2167	Placebo	115/2175	..	..
SHEP[42]	1998	3·0	Diuretic	140/1631	Placebo	118/1578	..	..
STOP-2[43]	1999	4·0	ACE inhibitor	93/1970	β blocker or diuretic	97/1960	CCB	95/1965
VALUE[44]	2004	4·2	ARB	690/5087	CCB	845/5074	..	..

Table 1: Summary of clinical trials of antihypertensive drugs that reported new cases of diabetes

研究者須先將表 6-22 之 6 種（a～f）抗高血壓藥物出現糖尿病的研究數據，重新整理成 STATA 所要求的檔案格式，如表 6-23 所示。

表 6-23　6 種（a～f）抗高血壓藥物出現糖尿病的研究結果（適合 STATA 分析的檔案格式）

id	design	da	na	db	nb	dc	nc	dd	nd	de	ne	df	nf
1	bde	.	.	45	410	.	.	70	405	32	202	.	.
2	bef	.	.	119	4096	.	.	.	.	154	3954	302	6766
3	cf	.	.	.	.	1	196	.	.	.	.	8	196
4	bf	.	.	138	2800	.	.	.	.	.	.	200	2826
5	de	.	.	.	.	.	.	799	7040	567	7072	.	.
6	bd	.	.	337	5183	.	.	380	5230	.	.	.	.
7	ac	202	2721	.	.	163	2715	.	.	.	.	.	.
8	ab	489	2646	449	2623	.	.	.	.	.	.	.	.
9	af	20	424	.	.	.	.	.	.	.	.	29	416
10	ae	154	4870	.	.	.	.	.	.	177	4841	.	.
11	ad	75	3272	.	.	.	.	86	3297	.	.	.	.
12	ab	155	2883	102	2837	.	.	.	.	.	.	.	.
13	ef	.	.	.	.	.	.	.	.	136	2508	176	2511
14	de	.	.	.	.	.	.	665	8078	569	8098	.	.
15	cd	.	.	.	.	242	4020	320	3979	.	.	.	.
16	adf	34	2213	.	.	.	.	37	1102	.	.	43	1081
17	be	.	.	251	5059	.	.	.	.	216	5095	.	.
18	ab	399	3472	335	3432	.	.	.	.	.	.	.	.
19	ac	115	2175	.	.	93	2167	.	.	.	.	.	.
20	af	118	1578	.	.	.	.	.	.	.	.	140	1631
21	bde	.	.	93	1970	.	.	97	1960	95	1965	.	.
22	ce	.	.	.	.	690	5087	.	.	845	5074	.	.

註 1：a 為安慰劑組，當作對照組。
註 2：注意，新版 STATA 可以開啓舊版建立的資料檔，但舊版 STATA 無法正確開啓新版建立的資料檔。

在執行 STATA 程式之前，需先利用 STATA 的 OPEN 或 DATA EDITOR 的表單，將表 6-23 的資料呼叫到 STATA 的資料表單中。

```
! 程式語法提示：
replace na=.01 if missing(na)
replace da=.001 if missing(da)
replace da=.5 if da==0
foreach trt in a b c d e f {
if "`trt'" == "a" continue
! 計算勝算比，以 a 為參照組
gen y`trt' = log(d`trt'/(n`trt'-d`trt')) - log(da/(na-da))
! 採用 Wolfe 公式
gen S`trt'`trt' = 1/d`trt' + 1/(n`trt'-d`trt') + 1/da + 1/(na-da)
foreach trt2 in a b c d e f {
```

```
if "`trt2'" == "a" continue
if "`trt2'">"`trt'" gen S`trt'`trt2' = 1/da + 1/(na-da) if !mi(d`trt') & !mi(d`trt2')
}
}
! /* ( 類別資料 ) 計算共變數矩陣 mi 代表 not missing value*/
format y* S* % 6.2g

!Structure sigma
mat p=I(5)+J(5,5,1)
mat l p

 ! 程式提示 1:
mvmeta y S, bscov(prop p) eform
 ! 程式提示 2:
mvmeta y S, bscov(prop p) longparm pbest(min in 1, zero reps(1000) seed(123))
eform
```

參考答案：

　　以貝氏事後機率來看，也驗證了 yc 是最佳處理方法（係數愈小代表療效愈佳），其出現最佳的機率爲 87.8%，因而推知 C（ARB）爲最佳的處理方法。

二、表 6-24 係 Dias, et al.（2011/2013b）爲探討哪一種 Parkinson 藥物最有效的原始資料，該研究比較了 5 種（a～e）治療 Parkinson 疾病的藥效。此一研究係屬連續變數的 Parkinson' disease 實例，依變數爲降低藥效失效的平均時間（mean off-time reduction, hours/per day）。巴金森症病人用藥期間，時常出現藥物療效有效時期（on-time period）與藥物無效時期（off-time period，症狀無法獲得控制）的交替現象。請利用 STATA 的 Mvmeta 程式，進行網絡整合分析與各對效果值的排序。相關的 STATA Mvmeta 參考程式與分析結果（參見表 6-25～表 6-27 與圖 6-20），彙整如下供研究者自行驗證。

表 6-24　5 種（a ～ e）治療 Parkinson 疾病的研究結果（適合 STATA 分析的檔
　　　　　 案格式）

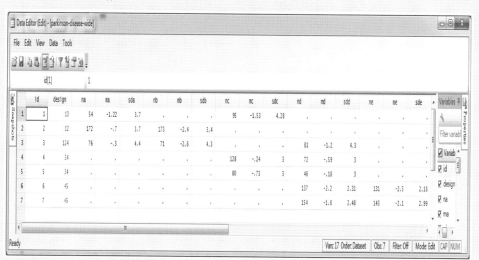

```
replace na=1 if missing(na)
replace ma=-1.35 if missing(ma)
!replaced with the mean of observed outcomes=-1.35
replace sda=.01614*1000 if missing(sda)
!replaced with the max(variance error)=.2604

foreach trt in a b c d e {
if "`trt'" == "a" continue
! 計算 Hedges g，以 a 為參照組
! 採用 Hedges & Olkin, 1985 公式
gen sp`trt'=sqrt((((n`trt'-1)*(sd`trt')^2)+ ((na-1)*(sda)^2))/(n`trt'+na-2))
gen d`trt'=(m`trt'-ma)/sp`trt'
gen H`trt'= d`trt' * (1-(3/(4*(na+n`trt')-9)))
! 計算 mean difference for the y contrast
gen y`trt'= m`trt'- ma
!Compute the variance error of the y contrast, See p.43, Franchini, et al., 2012
gen S`trt'`trt' =(sda/sqrt(na))^2 + (sd`trt'/sqrt(n`trt'))^2
foreach trt2 in a b c d e{
if "`trt2'" == "a" continue
!See Chaimani, 2014/Salanti, 2013, Appemdix B, Franchini, et al., 2012 for details
!The covariance between two different treatment contrasts in the same trial is equal to
!the observed variance error for the control arm.
if "`trt2'">"`trt'" gen S`trt'`trt2' = (sda^2)/na if !mi(m`trt') & !mi(m`trt2')
}
}
```

```
! /* ( 連續資料 ) 計算共變數矩陣 mi 代表 not missing value*/
format y* S* % 6.2g

 ! 假設研究間變異量具同質性 !
!Structure sigma
mat p=I(4)*.5+J(4,4,1)*.5
mat l p

 ! 各種分析程式與結果條列如下

! 隨機效果模式
mvmeta y S, bscov(prop p)

 ! 參考答案
Yb 的療效比對照組，最能降低病患症狀無法獲得控制時間 ( 大約降低 1.8 個小時的
症狀失控現象 )。

 ! 量尺轉換
mvmeta y S, bscov(prop p) eform
```

表 6-25　隨機效果模式的 STATA 輸出結果：經對數轉換

```
Multivariate meta-analysis
Variance-covariance matrix = proportional p
Method = reml                               Number of dimensions    =    4
Restricted log likelihood = -18.191748      Number of observations  =    7
```

	exp(Coef)	Std. Err.	z	P>|z|	[95% Conf. Interval]	
Overall_mean						
yb	.1634455	.0543704	-5.44	0.000	.0851568	.3137085
yc	.6212846	.3019427	-0.98	0.327	.2396673	1.610543
yd	.5932733	.2835407	-1.09	0.275	.2325109	1.513792
ye	.4394973	.229072	-1.58	0.115	.1582334	1.220715

```
 ! 固定效果模式
mvmeta y S, fixed nojointcheck
```

表 6-26　固定效果模式的 STATA 輸出結果

```
. mvmeta y S, fixed nojointcheck
Note: using method fixed
Note: using variables yb yc yd ye
Note: 7 observations on 4 variables

Multivariate meta-analysis
Variance-covariance matrix = (none)
Method = fixed                              Number of dimensions    =     4
                                            Number of observations  =     7
```

		Coef.	Std. Err.	z	P>|z|	[95% Conf. Interval]	
Overall							
	yb	-1.811276	.3326454	-5.45	0.000	-2.463249	-1.159303
	yc	-.475966	.4860107	-0.98	0.327	-1.428529	.4765974
	yd	-.5221002	.4779017	-1.09	0.275	-1.45877	.4145699
	ye	-.8221237	.5212573	-1.58	0.115	-1.843769	.1995219

> ! 各對比較的效果值排序
> mvmeta y S,bscov(prop p) pbest(min, all zero gen(prob))

表 6-27　各對比較的效果值排序

```
Estimated probabilities (%) of each treatment being the best (and other ranks)
- assuming the minimum parameter is the best
- using 1000 reps
- allowing for parameter uncertainty
```

_id and Rank	Treatment				
	zero	.	.	.	.
1					
Best	0.0	95.6	0.1	0.1	4.2
2nd	4.2	3.6	16.0	3.8	72.4
3rd	5.8	0.5	26.1	51.0	16.6
4th	10.9	0.3	44.7	38.2	5.9
Worst	79.1	0.0	13.1	6.9	0.9

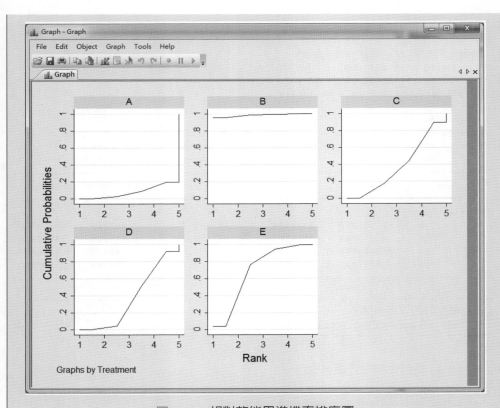

圖 6-20 相對效能累進機率排序圖

三、請利用 STATA 的 Mvmeta 程式，重新分析 Lu & Ades（2006）的原始資料：研究 8 種處理急性心肌梗塞的血栓處理方法之效能。根據所輸出之報表，看看是否可以重建如圖 6-21 的 White et al.（2012）表 3 中非一致性的分析結果（REML 估計結果）與 Wald's 整體性考驗。

表 6-28　Lu & Ades（2006）的原始資料：8 種處理急性心肌梗塞的血栓處理方法之效能

	study	r1	n1	r2	n2	r3	n3	r4	n4	r5	n5	r6	n6	r7	n7	r8	n8	design
1	1	1472	20173	652	10344	.	.	723	10328	.	.	.	.	.	.	.	.	ABD
2	2	1455	13780	.	.	1418	13746	.	.	.	.	.	.	.	.	1448	13773	ACH
3	3	9	130	.	.	6	123	.	.	.	.	.	.	.	.	.	.	AC
4	4	5	63	.	.	2	59	.	.	.	.	.	.	.	.	.	.	AC
5	5	3	65	.	.	3	64	.	.	.	.	.	.	.	.	.	.	AC
6	6	887	10396	.	.	929	10372	.	.	.	.	.	.	.	.	.	.	AC
7	7	7	85	.	.	4	86	.	.	.	.	.	.	.	.	.	.	AC
8	8	12	147	.	.	7	143	.	.	.	.	.	.	.	.	.	.	AC
9	9	10	135	.	.	5	135	.	.	.	.	.	.	.	.	.	.	AC
10	10	4	107	.	.	.	.	6	109	.	.	.	.	.	.	.	.	AD
11	11	285	2992	.	.	.	.	.	.	.	.	270	2994	.	.	.	.	AF
12	12	10	203	.	.	.	.	.	.	.	.	.	.	7	198	.	.	AG
13	13	3	58	.	.	.	.	.	.	.	.	.	.	.	.	2	52	AH
14	14	3	86	.	.	.	.	.	.	.	.	.	.	.	.	6	89	AH
15	15	3	58	.	.	.	.	.	.	.	.	.	.	.	.	2	58	AH
16	16	13	182	.	.	.	.	.	.	.	.	.	.	.	.	11	188	AH
17	17	.	.	522	8488	.	.	.	.	523	8461	.	.	.	.	.	.	BE
18	18	.	.	356	4921	.	.	.	.	.	.	757	10138	.	.	.	.	BF
19	19	.	.	13	155	.	.	.	.	.	.	7	169	.	.	.	.	BF
20	20	.	.	2	26	.	.	.	.	.	.	.	.	7	54	.	.	BG
21	21	.	.	12	268	.	.	.	.	.	.	.	.	16	350	.	.	BG
22	22	.	.	5	210	.	.	.	.	.	.	.	.	.	.	17	211	BH
23	23	.	.	3	138	.	.	.	.	.	.	.	.	.	.	13	147	BH
24	24	.	.	.	.	8	132	.	.	.	.	.	.	4	66	.	.	CG
25	25	.	.	.	.	10	164	.	.	.	.	.	.	6	166	.	.	CG
26	26	.	.	.	.	6	124	.	.	.	.	.	.	5	121	.	.	CG
27	27	.	.	.	.	13	164	.	.	.	.	.	.	.	.	10	161	CH
28	28	.	.	.	.	7	93	.	.	.	.	.	.	.	.	5	90	CH

*Data file: thromb-long.dta

```
**Data augmentation approach: STATA mvmeta 程式
forvalues j = 1/8 {
gen logodds`j' = log(r`j'/(n`j'-r`j'))
gen var`j' = 1/r`j' + 1/(n`j'-r`j')
}
forvalues j = 2/8{
gen y`j' = logodds`j' - logodds1
gen double S`j'`j' = var`j' + var1
local j1 = `j'+1
forvalues k = `j1'/8 {
gen double S`j'`k' = var1 if !mi(logodds`j',logodds`k')
}
}
mat P7 = 0.5 * (I(7) + J(7,7,1))
mvmeta y S, bscov(prop P7) longparm
tab design, gen(des)
mvmeta y S, bscov(prop P7) eq(y3:des3, y4:des4,y6:des9, y7: des10 des12,
y8:des7 des11 des13)
mvmeta, pbest(min in 1, zero reps(10000) seed(4187))
test [y3] des3 [y4] des4 [y6] des9 [y7] des10 des12 [y8] des7 des11 des13
```

Table 3. Thrombolytic drugs data: results from consistency and inconsistency models. 'REML' is the data augmentation approach using $h = 0.001$, $m = 0.08$ and with 10 000 parametric bootstrap samples to compute P(best). 'Bayes' is the Bayesian approach and estimates are posterior means.

Treatment	Parameter	Consistency model Estimate (standard error)		P(best)		Inconsistency model Estimate (standard error)	
		REML	Bayes	REML	Bayes	REML	Bayes
A	-			0.00	0.00		
B	δ^{AB}	−0.16 (0.05)	−0.23 (0.14)	0.19	0.17	−0.16 (0.22)	−0.16 (0.31)
C	δ^{AC}	0.00 (0.03)	−0.02 (0.10)	0.00	0.01	−0.03 (0.22)	−0.03 (0.31)
	ω_3^{AC}					−0.16 (0.32)	−0.18 (0.38)
D	δ^{AD}	−0.04 (0.05)	−0.06 (0.14)	0.00	0.02	−0.04 (0.22)	−0.04 (0.31)
	ω_4^{AD}					0.45 (0.73)	0.48 (0.82)
E	δ^{AE}	−0.16 (0.08)	−0.22 (0.22)	0.23	0.28	−0.15 (0.32)	−0.15 (0.45)
F	δ^{AF}	−0.11 (0.06)	−0.18 (0.16)	0.07	0.11	−0.06 (0.23)	−0.06 (0.32)
	ω_9^{AF}					−0.18 (0.40)	−0.21 (0.52)
G	δ^{AG}	−0.20 (0.22)	−0.23 (0.24)	0.51	0.41	−0.35 (0.55)	−0.37 (0.60)
	ω_{10}^{AG}					0.33 (0.71)	0.38 (0.80)
	ω_{12}^{AG}					0.05 (0.69)	0.05 (0.77)
H	δ^{AH}	0.01 (0.04)	0.04 (0.11)	0.00	0.04	−0.00 (0.22)	−0.00 (0.30)
	ω_7^{AH}					−0.06 (0.41)	−0.06 (0.47)
	ω_{11}^{AH}					1.20 (0.53)	1.25 (0.64)
	ω_{13}^{AH}					−0.31 (0.45)	−0.32 (0.52)
Heterogeneity	τ	0.02 (0.08)	0.12 (0.10)			0.22 (0.14)	0.26 (0.15)
Wald test of consistency (χ_8^2)						8.61	7.91
Deviance information criterion		95.92					97.96

圖 6-21　White et al. (2012) 血栓處理方法效能的分析結果摘要表

附錄一　STATA已填補原始資料檔案

study	design	da	na	db	nb	t1	t2	yb	Sbb	seyb
1	ACD	9	140	23	140	A	C	1.1	.17	.4132432
2	BCD	11	78	12	85	B	C	.0012	.2	.4504069
3	AB	79	702	77	694	A	B	-.016	.029	.1699151
4	AB	18	671	21	535	A	B	.39	.11	.3265755
5	AB	8	116	19	146	A	B	.7	.19	.4413217
6	AC	75	731	363	714	A	C	2.2	.02	.1430439
7	AC	2	106	9	205	A	C	.87	.63	.7910933
8	AC	58	549	237	1561	A	C	.42	.024	.1557329
9	AC	.5	33	9	48	A	C	2.7	2.2	1.47225
10	AC	3	100	31	98	A	C	2.7	.39	.6251608
11	AC	1	31	26	95	A	C	2.4	1.1	1.042251
12	AC	6	39	17	77	A	C	.44	.27	.5219769
13	AC	95	1107	134	1031	A	C	.46	.02	.1417461
14	AC	15	187	35	504	A	C	-.16	.1	.3212231
15	AC	78	584	73	675	A	C	-.24	.03	.1736564
16	AC	69	1177	54	888	A	C	.039	.035	.1873842
17	AC	64	642	107	761	A	C	.39	.028	.1680177
18	AC	5	62	8	90	A	C	.11	.35	.5955997
19	AC	20	234	34	237	A	C	.58	.089	.2983467
20	AD	.5	20	9	20	A	D	3.5	2.3	1.5011
21	BC	20	49	16	43	B	C	-.15	.18	.4289753
22	BD	7	66	32	127	B	C	1	.2	.4489795
23	CD	12	76	20	74	C	C	.68	.17	.4092394
24	CD	9	55	3	26	C	D	-.41	.51	.713906
25	ACD	9	140	10	138	A	D	.13	.23	.4759803
26	ACD	23	140	10	138	A	D	-.92	.16	.3997972
27	BCD	11	78	29	170	B	D	.23	.15	.3839394
28	BCD	12	85	29	170	C	D	.22	.14	.3722995

441

Netmeta R 套件簡介與整合分析

本章大綱

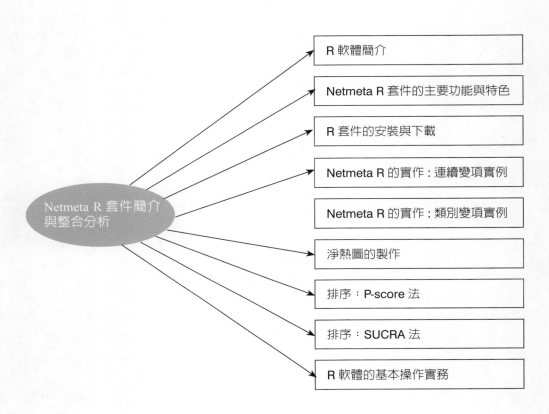

一、R 軟體簡介

R 統計軟體係由 Ihaka 及 Gentleman（1996）兩人，仿 S 語言架構而開發出來的統計軟體，主要目的為統計分析與繪圖；其最大特色是免費的開發與應用軟體。第一次操作 R 統計軟體的讀者，建議先閱讀本章文末 R 基本操作指令的簡介，當更能得心應手。

R 軟體中包含不少整合分析的外掛統計分析套件，例如：rmeta（Lumley, 2012）、metafor（Viechtbauer, 2010）、meta（Schwarzer, 2007）、mvmeta（Gasparrini, 2014）、netmeta（Rucker et al., 2014）；這些套件可從 CRAN 網站下載：http://cran.r-project.org/web/packages/netmeta/index.html。

筆者於本書第一章，曾介紹單變項與多變項整合分析 R 套件：mvmeta，本套件使用頻率學派（frequentist approach）做法。本章將再簡介另一 R 套件 netmeta 的語法操作，並以實例說明如利用此套件，進行網絡整合分析（network meta-analysis）與相關報表的解釋。

二、Netmeta R 套件的主要功能與特色

Netmeta R 套件可以執行固定效果模式與隨機效果模式（假設比較間具有共同的異質性）的分析，該套件採用頻率學派方法進行網絡整合分析（Rücker, 2012; Krahn et al., 2013; Rucker & Schwarzer, 2015）。該套件可輸出平均效果值、森林圖、Q 統計量與排序資料：其六大函數與功能列述於下：

1. decomp.design() 可以分解 Q 統計量（設計內與設計間）
2. Netgraph 可以製作網絡圖
3. Netheat 可以製作淨熱圖
4. Netrank 可以進行處理效能之排序（P-score）
5. Forest 可以製作森林圖
6. SUCRA 可以繪製 SUCRA 圖（須配合 WinBUGS）。

當中，Netmeta 軟體之最大特色是可以製作淨熱圖（net heat plot）（Krahn et al., 2013）；此圖可以協助研究者找出到底網絡中哪一對比較是不一致性（important inconsistency）的來源。本章將針對以上這些重要功能，一一進行理論與實務之簡介。

三、R 套件的安裝與下載

數千個 R 的外掛套件可供研究者安裝（install），安裝之後即可載入（load）使用。安裝套件的手續依序為：

(1) 點擊打開圖 7-1 表單中的「Packages」，

(2) 設定 CRAN，第一次安裝時，需選擇一最接近自己的備份網站（a mirror site），

(3) 點選「Install package(s)…」（僅需安裝一次，又第一次安裝時，需選擇一最接近自己的備份網站（a mirror site），或在程式編輯區中使用指令：

```
>install.packages（"套件名稱"），
```

(4) 點選「Load package…」，下載套件。

下載完套件 X，即可在程式編輯區呼叫使用：

> >library（套件名稱）

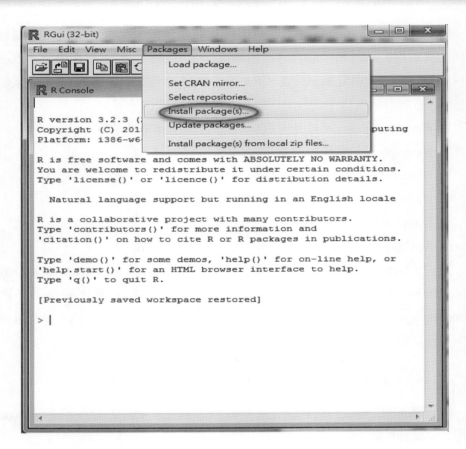

圖 7-1　R 套件的安裝與下載之操作介面：R Console 語法操作視窗

　　以下各節的 R 語法輸入，請將各節的 R 指令，依先後順序直接拷貝到圖 7-1 語法撰寫視窗中。爲便利讀者的理解，各節 R 指令中會穿插一些文字說明（含 # 字號或中文說明）與報表，撰寫語法時請務必忽略之；亦即含有 < 的語法，才 需拷貝入 R Console 語法操作視窗。

四、Netmeta R 的實作：連續變項實例

本實例資料取自 Franchini, Dias, Ades, Jansen, and Welton（2012），該研究比較藥物失效或症狀失控的下降時間（Parkinson's disease）。

```
##Contrast-level summary data (e.g. log-odds ratio) needed as input.

> library(netmeta)
#load netmeta
> data(parkinson)
#load dataset
> parkinson
#print dataset
```

	Study	Treat-ment1	y1	sd1	n1	Treat-ment2	y2	sd2	n2	Treat-ment3	y3	sd3	n3
1	1	1	-1.22	3.70	54	3	-1.53	4.28	95	NA	NA	NA	NA
2	2	1	-0.70	3.70	172	2	-2.40	3.40	173	NA	NA	NA	NA
3	3	1	-0.30	4.40	76	2	-2.60	4.30	71	4	-1.2	4.3	81
4	4	3	-0.24	3.00	128	4	-0.59	3.00	72	NA	NA	NA	NA
5	5	3	-0.73	3.00	80	4	-0.18	3.00	46	NA	NA	NA	NA
6	6	4	-2.20	2.31	137	5	-2.50	2.18	131	NA	NA	NA	NA
7	7	4	-1.80	2.48	154	5	-2.10	2.99	143	NA	NA	NA	NA

```
# treatment 1 為參照組
# Netmeta 無法處理臂本位資料
# 因此須將臂本位資料格式轉換為對比本位資料格式
# 7 個研究，因內含一個 3 臂的研究，可分解成 9 個對比結果
> p1 <- pairwise(list(Treatment1, Treatment2, Treatment3),
        n=list(n1, n2, n3),
        mean=list(y1, y2, y3),
        sd=list(sd1, sd2, sd3),
        data=parkinson, studlab=Study)
> p1
```

	TE	seTE	studlab	treat1	treat2	n1	mean1	sd1	n2	mean2	sd2
1	0.31	0.6680897	1	1	3	54	-1.22	3.70	95	-1.53	4.28
2	1.70	0.3826406	2	1	2	172	-0.70	3.70	173	-2.40	3.40
3	2.30	0.7177460	3	1	2	76	-0.30	4.40	71	-2.60	4.30
4	0.90	0.6949881	3	1	4	76	-0.30	4.40	81	-1.20	4.30
5	-1.40	0.6990666	3	2	4	71	-2.60	4.30	81	-1.20	4.30
6	0.35	0.4419417	4	3	4	128	-0.24	3.00	72	-0.59	3.00
7	-0.55	0.5551146	5	3	4	80	-0.73	3.00	46	-0.18	3.00
8	0.30	0.2742763	6	4	5	137	-2.20	2.31	131	-2.50	2.18
9	0.30	0.3200872	7	4	5	154	-1.80	2.48	143	-2.10	2.99

```
# 進行網絡整合分析：固定效果模式
> net1 <- netmeta(TE, seTE, treat1, treat2, studlab, data=p1)
> net1
original data (with adjusted standard errors for multi-arm studies):
```

	treat1	treat2	TE	seTE	seTE.adj	narms	multiarm
1	1	3	0.31	0.6681	0.6681	2	
2	1	2	1.70	0.3826	0.3826	2	
3	1	2	2.30	0.7177	0.8976	3	*
3	1	4	0.90	0.6950	0.8404	3	*
3	2	4	-1.40	0.6991	0.8497	3	*
4	3	4	0.35	0.4419	0.4419	2	
5	3	4	-0.55	0.5551	0.5551	2	
6	4	5	0.30	0.2743	0.2743	2	
7	4	5	0.30	0.3201	0.3201	2	

以下係 Netmeta 主要的輸出統計量與報表，所研究的變項為連續變項。

1. 固定效果模式摘要表

treat1	treat2		MD	95%-CI	Q	leverage
1	1	3	0.4781	[-0.4757; 1.4319]	0.06	0.53
2	1	2	1.8116	[1.1595; 2.4636]	0.08	0.76
3	1	2	1.8116	[1.1595; 2.4636]	0.30	0.14
3	1	4	0.5240	[-0.4141; 1.4621]	0.20	0.32
3	2	4	-1.2876	[-2.3110; -0.2641]	0.02	0.38
4	3	4	0.0459	[-0.5877; 0.6795]	0.47	0.54
5	3	4	0.0459	[-0.5877; 0.6795]	1.15	0.34
6	4	5	0.3000	[-0.1082; 0.7082]	0.00	0.58
7	4	5	0.3000	[-0.1082; 0.7082]	0.00	0.42

```
# 研究篇數：k=7
# 實驗處理數：n=5
# 配對比較數：m=9
# treatment 1 為參照組
#Q 代表每一個比較對於整個異質性統計量的貢獻量
#leverage =1 代表間接效果對於該對比精確度（變異量的下降）無貢獻，該值愈小表示該
對比的精確度愈受惠於間接效果。
```

2. 各配對比較間的效果值與其 .95 之信賴區間

Treatment estimate (sm='MD'):

	1	2	3	4	5
1	.	1.8116	0.4781	0.5240	0.8240
2	-1.8116	.	-1.3334	-1.2876	-0.9876
3	-0.4781	1.3334	.	0.0459	0.3459
4	-0.5240	1.2876	-0.0459	.	0.3000
5	-0.8240	0.9876	-0.3459	-0.3000	.

Lower 95%-confidence limit:

	1	2	3	4	5
1	.	1.1595	-0.4757	-0.4141	-0.1991
2	-2.4636	.	-2.3972	-2.3110	-2.0894
3	-1.4319	0.2697	.	-0.5877	-0.4079
4	-1.4621	0.2641	-0.6795	.	-0.1082
5	-1.8471	-0.1143	-1.0996	-0.7082	.

Upper 95%-confidence limit:

	1	2	3	4	5
1	.	2.4636	1.4319	1.4621	1.8471
2	-1.1595	.	-0.2697	-0.2641	0.1143
3	0.4757	2.3972	.	0.6795	1.0996
4	0.4141	2.3110	0.5877	.	0.7082
5	0.1991	2.0894	0.4079	0.1082	.

3. 異質性分析結果

Quantifying heterogeneity / inconsistency:

$$\text{tau} \char`\^2 < 0.0001; \text{I} \char`\^2 = 0\%$$

Test of heterogeneity / inconsistency:

Q	d.f.	p. value
2.29	4	0.683

　　當 τ^2 等於 .04 附近時，表研究間具低度異質性或不一致性（substantial heterogeneity/inconsistency）（Spiegelhalter, Abrams, & Myles, 2004）。觀之本研究之 τ^2 值小於 .0001（$I^2 = 0$），表無異質性問題，Q 值（= 2.29）也未達 .05 之顯著水準；因而採用固定效果模式是適當的。

4. 繪製網絡圖

```
> # 繪製網絡圖
> netgraph(net1, points=TRUE, cex.points=3, cex=1.5,
      thickness="se.fixed")
```

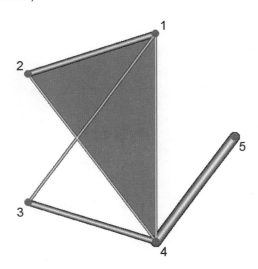

圖 7-2　網絡圖：Parkinson 研究

```
# 節點 2 & 3 與節點 1 & 5 沒有連接線，係因相關比較 ( 即直接比較 ) 不存在。
# 圖中陰影區 (124) 表示 3-arm 的研究。
# points=TRUE 表要列印出節點，cex=1.5 為次標籤放大倍數，
# thickness="se.fixed" 表節點間線條寬度，係依固定效果模式下的標準誤倒數來設
# 定。
> netgraph(net1, points=TRUE, cex.points=3, cex = 1.5,
      plastic=TRUE, thickness="se.fixed",
      iterate=TRUE)
# plastic=TRUE 表圖形將以 3D 型態呈現，iterate=TRUE 表理想節點間距離
# 的設定
```

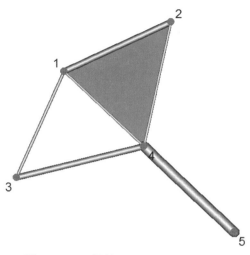

圖 7-3　3D 網絡圖：Parkinson 研究

```
> netgraph(net1, points=TRUE, cex.points=3, cex = 1.5,
      plastic=TRUE, thickness="se.fixed",
      iterate=TRUE, start="eigen")
# start="eigen" 係伴隨著 iterate 指令，表迭代的起始設計方式
```

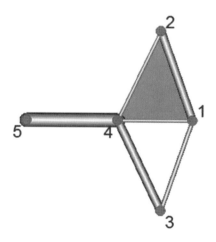

圖 7-4　網絡圖：Parkinson 研究

5. 繪製森林圖

```
> forest(net1, xlim=c(-2.5,1), ref="1",
    xlab="Healing effect difference",
    leftcols="studlab", rightcols=NULL,
    leftlabs="Contrast to placebo")
# 以 1 為參照組 (placebo)
```

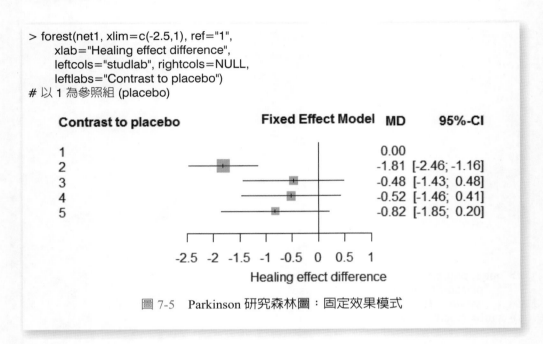

圖 7-5　Parkinson 研究森林圖：固定效果模式

　　相對於第一個處理，第二個試驗處理之差異最大（MD = -1.81，較能降低藥物失效時間），其信賴區間未包含 0，達統計上 .05 之顯著差異水準。

```
##
## 進行網絡整合分析：隨機效果模式
##
> net2 <- netmeta(TE, seTE, treat1, treat2, studlab,
        data=p1, sm="MD", comb.random=TRUE)
## 固定效果模式 : comb.fixed=TRUE
> forest(net2, xlim=c(-2.5,1), ref="1",
    xlab="Healing effect difference",
    leftcols="studlab", rightcols=NULL,
    leftlabs="Contrast to placebo")
```

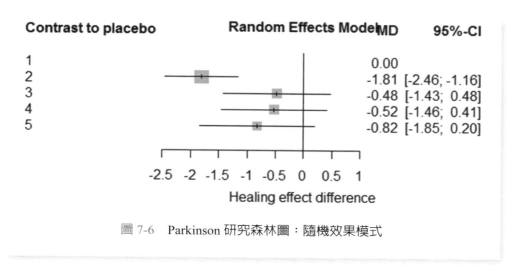

圖 7-6　Parkinson 研究森林圖：隨機效果模式

　　由於 τ^2 幾乎等於 0，固定效果模式與隨機效果模式的平均數差異估計值與信賴區間完全相同。

五、Netmeta R 的實作：類別變項實例

```
# 戒菸輔導研究，依變項為輔導成功的人數
# No intervention 為控制組
# 程式與資料取自 Dias, Welton, Sutton, Caldwell, & Ades(2011)
> library(netmeta)
> data(smokingcessation)
# load("C:/Users/F/Desktop/smokingcessation.Rda") 亦可
> smokingcessation
```

	event1	n1	event2	n2	event3	n3	treat1	treat2	treat3
1	9	140	23	140	10	138	A	C	D
2	11	78	12	85	29	170	B	C	D
3	79	702	77	694	NA	NA	A	B	NA
4	18	671	21	535	NA	NA	A	B	NA
5	8	116	19	149	NA	NA	A	B	NA
6	75	731	363	714	NA	NA	A	C	NA
7	2	106	9	205	NA	NA	A	C	NA
8	58	549	237	1561	NA	NA	A	C	NA
9	0	33	9	48	NA	NA	A	C	NA
10	3	100	31	98	NA	NA	A	C	NA

11	1	31	26	95	NA	NA	A	C	NA
12	6	39	17	77	NA	NA	A	C	NA
13	95	1107	143	1031	NA	NA	A	C	NA
14	15	187	36	504	NA	NA	A	C	NA
15	78	584	73	675	NA	NA	A	C	NA
16	69	1177	54	888	NA	NA	A	C	NA
17	64	642	107	761	NA	NA	A	C	NA
18	5	62	8	90	NA	NA	A	C	NA
19	20	234	34	237	NA	NA	A	C	NA
20	0	20	9	20	NA	NA	A	D	NA
21	20	49	16	43	NA	NA	B	C	NA
22	7	66	32	127	NA	NA	B	D	NA
23	12	76	20	74	NA	NA	C	D	NA
24	9	55	3	26	NA	NA	C	D	NA

```
# 須將臂本位資料轉換為對比本位資料
# 24 個研究，因內含二個 3 臂的研究，可分解成 28 個對比結果
# (interal call of metabin function). Argument 'sm' has to be used for
# odds ratio as risk ratio (sm="RR") is default of metabin function.
> p1 <- pairwise(list(treat1, treat2, treat3),
        list(event1, event2, event3),
        list(n1, n2, n3),
        data=smokingcessation,
        sm="OR")
> p1
```

	TE	seTE	studlab	treat1	treat2	event1	n1	event2	n2
1	-1.051293027	0.4132432	1	A	C	9	140	23	140
2	-0.128527575	0.4759803	1	A	D	9	140	10	138
3	0.922765452	0.3997972	1	C	D	23	140	10	138
4	-0.001244555	0.4504070	2	B	C	11	78	12	85
5	-0.225333286	0.3839393	2	B	D	11	78	29	170
6	-0.224088731	0.3722995	2	C	D	12	85	29	170
7	0.015964936	0.1699150	3	A	B	79	702	77	694
8	-0.393504544	0.3265754	4	A	B	18	671	21	535
9	-0.679594214	0.4411158	5	A	B	8	116	19	149
10	-2.202289286	0.1430439	6	A	C	75	731	363	714
11	-0.870353637	0.7910933	7	A	C	2	106	9	205
12	-0.415648522	0.1557329	8	A	C	58	549	237	1561
13	-2.779683746	1.4698402	9	A	C	0	33	9	48

14	-2.705393275	0.6251608	10	A	C	3	100	31	98
15	-2.425187415	1.0422512	11	A	C	1	31	26	95
16	-0.443616874	0.5219769	12	A	C	6	39	17	77
17	-0.539679846	0.1401199	13	A	C	95	1107	143	1031
18	0.125505082	0.3199924	14	A	C	15	187	36	504
19	0.239970162	0.1736564	15	A	C	78	584	73	675
20	-0.038956007	0.1873842	16	A	C	69	1177	54	888
21	-0.390412268	0.1680177	17	A	C	64	642	107	761
22	-0.106335650	0.5955997	18	A	C	5	62	8	90
23	-0.583398287	0.2983467	19	A	C	20	234	34	237
24	-3.522516830	1.4969970	20	A	D	0	20	9	20
25	0.151684587	0.4289753	21	B	C	20	49	16	43
26	-1.043486306	0.4489795	22	B	D	7	66	32	127
27	-0.680724661	0.4092394	23	C	D	12	76	20	74
28	0.405465108	0.7139060	24	C	D	9	55	3	26

進行網絡整合分析
```
> net1 <- netmeta(TE, seTE, treat1, treat2, studlab, data=p1)
> net1
```

	treat1	treat2	TE	seTE	seTE.adj	narme	multiarm
1	A	C	-1.0513	0.4132	0.4776	3	*
1	A	D	-0.1285	0.4760	0.6875	3	*
1	C	D	0.9228	0.3998	0.4551	3	*
2	B	C	-0.0012	0.4504	0.6707	3	*
2	B	D	-0.2253	0.3839	0.4390	3	*
2	C	D	-0.2241	0.3723	0.4204	3	*
3	A	B	0.0160	0.1699	0.1699	2	
4	A	B	-0.3935	0.3266	0.3266	2	
5	A	B	-0.6796	0.4411	0.4411	2	
6	A	C	-2.2023	0.1430	0.1430	2	
7	A	C	-0.8704	0.7911	0.7911	2	
8	A	C	-0.4156	0.1557	0.1557	2	
9	A	C	-2.7797	1.4698	1.4698	2	
10	A	C	-2.7054	0.6252	0.6252	2	
11	A	C	-2.4252	1.0423	1.0423	2	
12	A	C	-0.4436	0.5220	0.5220	2	
13	A	C	-0.5397	0.1401	0.1401	2	

14	A	C	0.1255	0.3200	0.3200	2
15	A	C	0.2400	0.1737	0.1737	2
16	A	C	-0.0390	0.1874	0.1874	2
17	A	C	-0.3904	0.1680	0.1680	2
18	A	C	-0.1063	0.5956	0.5956	2
19	A	C	-0.5834	0.2983	0.2983	2
20	A	D	-3.5225	1.4970	1.4970	2
21	B	C	0.1517	0.4290	0.4290	2
22	B	D	-1.0435	0.4490	0.4490	2
23	C	D	-0.6807	0.4092	0.4092	2
24	C	D	0.4055	0.7139	0.7139	2

以下係 Netmeta 主要的輸出統計量與報表，所研究的變項為類別變項。

1. 固定效果模式摘要表

	treat1	treat2	OR	95%-CI	Q	leverage
1	A	C	0.5208	[0.4640; 0.5846]	0.70	0.02
1	A	D	0.4883	[0.3379; 0.7057]	0.73	0.07
1	C	D	0.9376	[0.6526; 1.3472]	4.71	0.17
2	B	C	0.6359	[0.4894; 0.8263]	0.45	0.04
2	B	D	0.5963	[0.4030; 0.8822]	0.44	0.21
2	C	D	0.9376	[0.6526; 1.3472]	0.14	0.19
3	A	B	0.8189	[0.6397; 1.0483]	1.61	0.55
4	A	B	0.8189	[0.6397; 1.0483]	0.35	0.15
5	A	B	0.8189	[0.6397; 1.0483]	1.18	0.08
6	A	C	0.5208	[0.4640; 0.5846]	117.39	0.17
7	A	C	0.5208	[0.4640; 0.5846]	0.08	0.01
8	A	C	0.5208	[0.4640; 0.5846]	2.31	0.14
9	A	C	0.5208	[0.4640; 0.5846]	2.09	0.00
10	A	C	0.5208	[0.4640; 0.5846]	10.78	0.01
11	A	C	0.5208	[0.4640; 0.5846]	2.89	0.00
12	A	C	0.5208	[0.4640; 0.5846]	0.16	0.01
13	A	C	0.5208	[0.4640; 0.5846]	0.65	0.18
14	A	C	0.5208	[0.4640; 0.5846]	5.91	0.03

15	A	C	0.5208	[0.4640; 0.5846]	26.41	0.12
16	A	C	0.5208	[0.4640; 0.5846]	10.72	0.10
17	A	C	0.5208	[0.4640; 0.5846]	2.43	0.12
18	A	C	0.5208	[0.4640; 0.5846]	0.84	0.01
19	A	C	0.5208	[0.4640; 0.5846]	0.05	0.04
20	A	D	0.4883	[0.3379; 0.7057]	3.51	0.02
21	B	C	0.6359	[0.4894; 0.8263]	1.98	0.10
22	B	D	0.5963	[0.4030; 0.8822]	1.37	0.20
23	C	D	0.9376	[0.6526; 1.3472]	2.27	0.20
24	C	D	0.9376	[0.6526; 1.3472]	0.43	0.07

研究篇數：k=24
實驗處理數：n=4
配對比較數：m=28
treatment A(No intervention) 為參照組
#Q 代表每一個比較對於整個異質性統計量的貢獻量
#leverage ＝1 代表間接效果對於該對比精確度 (變異量的下降) 無貢獻，該值愈小表示該對比的精確度愈受惠於間接效果。

457

2. 各配對比較間的效果值與其 .95 之信賴區間

Treatment estimate (sm='OR')

	A	B	C	D
A	.	0.8189	0.5208	0.4883
B	1.2211	.	0.6359	0.5963
C	1.9202	1.5725	3	0.9376
D	2.0479	1.6771	1.0665	.

Lower 95%-confidence limit:

	A	B	C	D
A	.	0.6397	0.4640	0.3379
B	0.9539	.	0.4894	0.4030
C	1.7107	1.2102	.	0.6526
D	1.4170	1.1335	0.7423	.

Upper 95%-confidence limit:

	A	B	C	D
A	.	1.0483	0.5846	0.7057
B	1.5631	.	0.8263	0.8822
C	2.1554	2.0433	.	1.3472
D	2.9598	2.4814	1.5323	.

3. 異質性分析結果

Quantifying heterogeneity / inconsistency:

> tau ^ 2 < 0.5989; I ^ 2 = 88.6%

Test of heterogeneity / inconsistency:

> Q   d.f.   p. value
> 202.62   23   < 0.0001

　　當 τ^2 等於或大於 .40 以上時，表研究間具高度異質性或不一致性（substantial heterogeneity/inconsistency）（Spiegelhalter, Abrams, & Myles, 2004）。觀之本研究之值大於 .40，表高度異質性，Q 值（= 202.61）也達 .05 之顯著水準。

4. 繪製網絡圖

```
# 繪製網絡圖
> netgraph(net1, points=TRUE, cex.points=3, cex=1.25)
> tname <- c("No intervention","Self-help","Individual
counselling","Group counselling")
> netgraph(net1, points=TRUE, cex.points=3, cex=1.25, labels=tname)
```

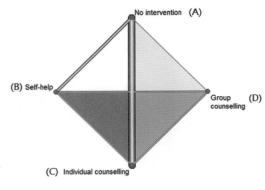

圖 7-7　網絡圖：Smoking-cessation

　　由圖 7-7 可知，各處理方法間均有直接比較存在。

5. 繪製森林圖

```
> forest(net1, xlim=c(.5,3.0), ref="A",
    xlab="Smoking Cessation Effect",
    leftcols="studlab", rightcols=NULL,
    leftlabs="Contrast to placebo")
```

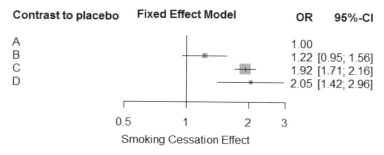

圖 7-8　Smoking-cessation 森林圖：固定效果模式

由圖 7-8 知，Group counseling(D) 的效能約為 No intervention(A) 的兩倍（OR = 2.05），已達到統計上 .05 的顯著水準。

```
> net2 <- netmeta(TE, seTE, treat1, treat2, studlab,
    data=p1, sm="OR", comb.random=TRUE)

> forest(net2, xlim=c(.3,6.0), ref="A",
  '
    xlab=" Smoking Cessation Effect ",
    leftcols="studlab", rightcols=NULL,
    leftlabs="Contrast to placebo")
```

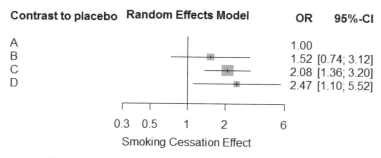

圖 7-9　Smoking-cessation 森林圖：隨機效果模式

六、淨熱圖的製作

淨熱圖具有兩大統計分析功能：

第一、可評估每一研究設計，對於每一網絡估計值的貢獻量，

第二、可以分析每一研究設計，改變每一網絡估計值不一致性的程度。

在網絡整合分析中，欲找出不一致性的來源，常非易事。除了利用統計數字之考驗外，Krahn, Binder, & Konig（2013）利用淨熱圖（net heat plot），透過顏色的深淺與方塊大小的行列安排，以產生不一致性的熱點，而讓研究者能利用視覺就能順利找出直接效果與間接效果（配對比較）間或研究設計間不一致性的來源，亦甚簡便與有效。茲將淨熱圖的程式撰寫過程與圖表之詮釋，透過戒菸輔導實例簡介如下。

```
> library(netmeta)
> data(smokingcessation)
 # 須將臂本位資料轉換為對比本位資料
> p1 <- pairwise(list(treat1, treat2, treat3),
         list(event1, event2, event3),
         list(n1, n2, n3),
         data=smokingcessation,
         sm="OR")
## Generation of an object of class 'netmeta' with
## reference treatment 'A', i.e. placebo
##
> net1 <- netmeta(TE, seTE, treat1, treat2, studlab, data=p1,reference="A")

## Net Heat is a graph that helps to identify pairwise comparisons that
## might be potential sources of important inconsistency in the network.

##
## Generate a net heat plot based on a fixed effects model
##
> netheat(net1)
```

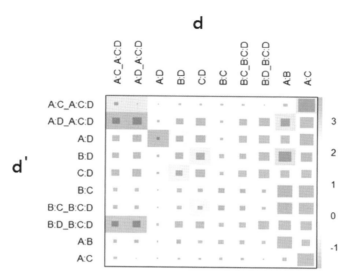

圖 7-10　淨熱圖實例：固定效果模式

　　為了快速找出不一致性的熱點，圖 7-10 的淨熱圖結合了方塊大小（代表貢獻量程度）與顏色深淺（代表不一致性程度），以評估貢獻量與不一致性的程度。淨熱圖含有三種色系：暖色系（黃→橘→紅）與冷色系（藍）；暖色系代表不一致性程度，藍色系代表一致性程度；灰色代表直接效果對於網絡估計值（network estimate，通常為 mixed evidence）的貢獻程度。圖 7-10 的淨熱圖之方塊大小與顏色深淺，係根據設計間異質性或不一致性（Q^{inc}）在 d 分離前後之改變方向與大小而決定；請參見圖 7-11 的定義。

(1) $Q_{d'}^{inc} > Q_{d'(d)}^{inc}$　分離 d 後下降

　　　　　　　　不一致證據 ▌

(2) $Q_{d'}^{inc} < Q_{d'(d)}^{inc}$　分離 d 之後上升

　　　　　　　　一致性證據 ▌

圖 7-11　淨熱圖不同色系之代表意義

　　圖 7-10 中對角線部分，代表在未分離某一個 d 欄位中的直接效果時，網絡估計值（d'）之直接效果與間接效果間之不一致性（利用 Cochran's Q^{inc}）；暖色

系之顏色愈深、方塊愈大，不一致性愈嚴重（Q^{inc} 值愈大），參見圖 7-11。淨熱圖中，對角線或非對角線上之灰色方塊的面積，代表 d 欄位（columns）中（圖 7-10 的上緣）的直接效果對於 d' 行（rows）上的各網絡估計值（圖 7-10 的左緣）的貢獻量；圖 7-10 中 A：B & A：C 的直接效果對於其網絡估計值影響最大（出現的灰色方塊面積均甚大，參見圖 7-10 右下角）。

又由圖 7-10 亦知，來自於其他設計之直接效果，對於 A：B & A：C 的網絡估計值影響不大（圖 7-10 的底部最後兩行之灰色方塊面積均不大）。對角線的暖色系之顏色，代表相對應設計對於不一致性的貢獻量，請看對角線上 A：D_A：C：D 的橘顏色。非對角線的顏色代表，當放鬆欄中特定設計下效果值（shown in the columns）的一致性假設（亦即移除該研究設計的一致性假設）之後，行中網絡估計值（a network estimate shown in the row）在其直接與間接證據間的不一致性的改變量。因此，非對角線元素的顏色密度，反應出設計不一致性（design inconsistency）的熱點所在，請看非對角線上 A：D_A：C：D 的橘顏色（反映出在排除 A_C：A：C：D 研究設計之後，A_D：A：C：D 的處理效果與其他證據間之差異性顯著下降），此暗示著 A：C_A：C：D 可能是不一致性的主要根源。

另外，冷色代表不一致性增加（刪除之後，不一致性反而增加），暖色代表不一致性減少（刪除之後，不一致性減弱），而且顏色的深度愈強，不一致性的差異在分離前後，差異愈大。因此，藍色的元素代表在特定之設計下的證據，該網絡估計值的直接效果與間接效果間具有一致性（請參見圖 7-11）；例如：就 A：C_A：C：D 或 A：D_A：C：D 的間接證據而言，其與 B：D_B：C：D 的直接證據相吻合。假如欄位中設計 d 的顏色在非對角線的元素向量上與對角線上的顏色向量相同，此意謂著刪除研究設計 d 效果之後，可完全排除該網絡中的不一致性。

綜上所述，可獲致以下幾個結論：

1. A：B & A：C 的直接效果對於其他網絡估計值影響最大，

2. 來自於其他設計之間接效果，對於 A：B & A：C 的網絡估計值影響不大，

3. A：C_A：C：D 設計的刪除，可以顯著改善 A：D_A：C：D 網絡估計值的不一致性，

4. A：D_A：C：D 與 A：D 的兩個設計，可能是設計不一致性（design inconsistency）的主要根源。

除了上述淨熱圖之外，研究者亦可使用 Netmeta 之副程式（decomp. design），分解出異質性與不一致性之變異源。此副程式可以評估分離單一設計之後的一致性假設。此副程式以設計為導向而將 Cochran's Q 進行再分解，以評估整個網絡的同質性（homogeneity）、設計內的同質性與設計間的同質性。

```
> decomp.design(net1)
Q statistics to assess homogeneity / consistency
                   Q      df      p.value
Whole network   202.62   23   <   0.0001
Within designs  187.40   16   <   0.0001
Between designs  15.22    7       0.0333
```

上述輸出報表的 Within designs & Between designs 分別代表設計內（代表異質性 Q^{het}，含配對比較內或研究設計內）與設計間（代表不一致性 Q^{inc}，含配對比較間或研究設計間）的 Q 值，均達 .05 之顯著水準（$p < .05$）。因為 $Q^{net} = Q^{het} + Q^{inc}$，$202.61 = 187.40 + 15.22$。以下為設計內 Q 值的再分解：特定設計的 Q 值：

Design-specific decomposition of within-designs Q statistic

Design	Q	df		p.value
A：B	2.94	2		0.2299
A：C	182.72	13	<	0.0001
A：D	0.00	0		--
B：C	0.00	0		--
B：D	0.00	0		--
C：D	1.74	1		0.1868
A：C：D	0.00	0		--
B：C：D	0.00	0		--

由上述結果可知：只有 A：C 設計中的 Q 值達到 .05 顯著水準（$p < .05$），值得研究者進一步探究其異質性（heterogeneity）的原因；而研究設計中：A：D、B：C、B：D、A：C：D、B：C：D 的設計中皆僅包含一個研究，其自由度為 0，Q 設定為 0，無法進行統計考驗。以上設計內的 Q 值再分解結果，亦可由以下程式獲得：

```
> print(decomp.design(net1) $Q.het.design,digits=2)
```

以下為設計間 Q 值的再分解：分離單一設計之後的 Q 值：

Between-designs Q statiatic after detaching of single designs

Detached	Design	Q	df	p.value
	A：B	14.28	6	0.0267
	A：C	15.09	6	0.0196
	A：D	11.65	6	0.0702
	B：C	13.02	6	0.0427
	B：D	13.51	6	0.0357
	C：D	13.90	6	0.0307
A：C：D		7.46	5	0.1883
B：C：D		14.05	5	0.0153

A：C：D 設計中的效果分離之後，Q 值降為 7.46（p = .1883），代表 A：C：D 可能是最大的不一致性來源，其次為 A：D。以上設計間 Q 值的再分解結果，亦可由以下程式獲得：

```
> print(decomp.design(net1) $Q.inc.detach)
      以下指令可以用來評估研究間的一致性：
> print(decomp.design(net1) $Q.inc.random,3)
Q statistic to assess consistency under the assumption of
a full design-by-treatment interaction random effects model

                 Q   df   p.vlue   tau.within   tau2.within
Between designs 4.66  7   0.7009    0.8131        0.6611
```

當 $\tau^2 = 0$ 時，隨機效果模式即簡化為固定效果模式，當 τ^2 接近 .04 時，表低異質性（low heterogeneity），當 τ^2 接近 .14 時，中度異質性（moderate heterogeneity），當 τ^2 等於或大於 .40 以上時，表高度異質性（substantial heterogeneity）（Spiegelhalter, Abrams, & Myles, 2004）。觀之本研究之值大於 .40，表高度異質性，但可能因樣本過小，未達統計上 .05 之顯著水準。

```
> print(decomp.design (net1) $Q.inc.design,digits=1)
# 設計間不一致性 Q^inc，可以再分解，以了解主要的不一致性來源
A：B  A：C  A：D  B：C  B：D  C：D  A：C：D   A：C：D   B：C：D   B：C：D
0.207  0.008  3.513  1.985  1.375  0.959  2.599    3.537    0.861    0.178
```

　　以這些 Q 值，事實上就是淨熱圖中對角線上的暖色系列的製圖依據；也證實了 A：D_A：C：D（Q = 3.537）與 A：D（Q = 3.513）可能是研究設計間不一致性的主要根源。

　　由以上 R 套件 Netmeta 之圖解式與統計分析，研究者得以間接證據之不一致性與研究結果之異質性大小，評估網絡整合分析的正當性與效度。當直接證據與間接證據間不一致性，間接證據就不可納入整合分析中；當研究結果間異質性甚大時，就應考慮可能的變異源。當研究者一時無法找到異質性的變異源，最好使用隨機效果模式進行分析，參見圖 7-12。

```
## Generate a net heat plot based on a random effects model ##
>netheat(net1, random=TRUE)
```

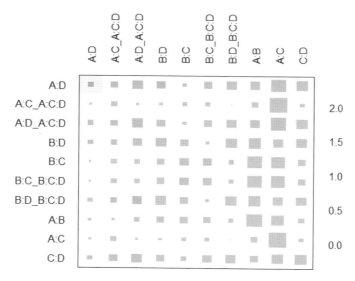

圖 7-12　　Net heat plot：隨機效果模式

七、效果值排序：P-score 法

　　處理效果值的排序，在 Bayesian 模式下，SUCRA（surface under the cumulative ranking curve）是常見的統計指標；但在 Frequentist 學派下，P-score 是處理效果值排序的常用指標，它與 SUCRA 是統計功能相似。P-score 指標介於 0（最糟）～ 1（最佳）之間，它是根據參數估計值與其標準誤計算而來，可將參數不確定納入考慮。茲將 P-score 之程式語法說明如下：

```
> net1 <- netmeta(TE, seTE, treat1, treat2, studlab, data=p1, sm="OR",reference="A")
> net1
# 省略與前述資料重疊部分
Treatment estimate (sm='OR', reference.group='A'):
     OR              95%-CI
A       .                .
B   1.2211    [0.9539; 1.5631]
C   1.9202    [1.7107; 2.1554]
D   2.0479    [1.4170; 2.9598]
> nr1 <- netrank(net1,small.values="bad")
# netrank(x,small.values="good")，小的處理效果代表有益效果
# netrank(x,small.values="bad")，小的處理效果為有害效果為內定值，
# small.values="good"，為內定值，可省略之。
> nr1
     P-score
D  0.8376
C  0.7103
B  0.4042
A  0.0479
```

　　根據這些 P-score 可知：D 為最佳輔導方法，其 P-score 為 .8376，其計算方法如公式 7-1 所示：

$$P\text{-}score_i = \frac{\sum_{j \neq i}^{c} prob_{ij}}{c-1}$$　　　　　　　　公式 7-1

　　上式中，P-score 為處理效果 i 比其他處理效果為佳的平均機率，$Prob_{ij}$ 係處理效果 i 比處理效果 j 為佳的機率，c= # of treatments。P-score 的解釋類似於 SUCRA，兩者的估計值也很接近（Rucker & Schwarzer, 2015），因此 SUCRA 之計算實例，亦一併在此介紹之。這一類程式在第六章 STATA 中，亦曾提及有一相似功能的副程式 SUCRA。

八、效果值排序：SUCRA 法

　　SUCRA（曲線下之面積）常以%或小數點呈現，本指標介於0（最糟）~1（最佳）之間；假如所有處理效果相同時，其 SUCRA 值應接近 50% 或 .50；假如一個處理效果永遠排第一，其 SUCRA 值為 100% 或 1；假如一個處理效果永遠排最後，其 SUCRA 值為 0% 或 0。SUCRA 的計算，如公式 7-2 所示：

$$SUCRA_k = \frac{\sum_{r=1}^{c-1} prob_{k,r}}{c-1}$$
公式 7-2

　　上式中，c= # of treatments，r: the r-th best，SUCRA 為累進等第機率的平均值。

　　以下將利用兩個研究實例，說明如何運用 WinBUGS 取得等第資料與 R 之 sucraplot.fun 函數製作 SUCRA 圖，一個為類別變項範例，另一個為連續變項變項範例。

1. 糖尿病患的高血壓治療範例：類別變項

　　本 節 的 SUCRA 圖 的 製 作，將 透 過 WinBUGS 輸 出 等 第 機 率（rank probabilities）的資料矩陣，再利用 R 呼叫 sucraplot.fun 函數，繪製累積性機率 SUCRA 圖。以下 WinBUGS 程式修訂自 http://www.mtm.uoi.gr/index.php/how-to-do-an-mtm/10-how-to-do-an-mtm/20-results。

```
model {
        for(i in 1:ns) {
        w[i,1] <- 0
          delta[i,t[i,1]] <- 0

#Binomial Likelihood#

                for (k in 1:na[i]) {
                r[i,t[i,k]] ~ dbin(p[i,t[i,k]],n[i,t[i,k]])
                }
                # 模式參數的設定 #
                logit(p[i,t[i,1]]) <- mu[i]
                for (k in 2:na[i]) {
        logit(p[i,t[i,k]]) <- mu[i] + delta[i,t[i,k]]
                        delta[i,t[i,k]] ~ dnorm(md[i,t[i,k]],taud[i,t[i,k]])
                        taud[i,t[i,k]] <- tau *2*(k-1)/k
```

```
md[i,t[i,k]] <-  d[t[i,k]] - d[t[i,1]]  + sw[i,k]
w[i,k] <- (delta[i,t[i,k]]  - d[t[i,k]] + d[t[i,1]])
sw[i,k] <- sum(w[i,1:k-1])/(k-1)
            }
    }

#Priors 的設定 #

sd ~ dnorm(0,1)I(0,1)
tau <- 1/pow(sd,2)
#sd truncated within 0~1
for(k in 1:(ref-1)) {
        d[k] ~ dnorm(0,.0001)
}
for(k in (ref+1):nt) {
        d[k] ~ dnorm(0,.0001)
}
for(i in 1:ns) {
        mu[i] ~ dnorm(0,.0001)
}

# 參照組的設定，可以為任意組，不必一定放在第一組

d[ref] <- 0

for (c in 1:(ref-1)) {
        OR.ref[c] <- exp(d[c] - d[ref])
        LOR.ref[c] <- d[c] - d[ref]
        predLOR.ref[c] ~ dnorm(LOR.ref[c],tau)
        predOR.ref[c] <- exp(predLOR.ref[c])
}
# 跳過 d[ref] 這一組的 OR 值之計算
for (c in (ref+1):nt) {
        OR.ref[c] <- exp(d[c] - d[ref])
        LOR.ref[c] <- d[c] - d[ref]
        predLOR.ref[c] ~ dnorm(LOR.ref[c],tau)
        predOR.ref[c] <- exp(predLOR.ref[c])
}
for(i in 1:(nt-1)) {
        for (j in (i+1):nt) {
                OR[i,j] <- exp(d[i] - d[j])
                LOR[i,j] <- d[i] - d[j]
                predLOR[i,j] ~ dnorm(LOR[i,j],tau)
                predOR[i,j] <- exp(predLOR[i,j])
        }
    }
#Initial values
# chain 1
list(
```

```
    sd=.9,
     d=c(0,0,0,0,0,NA),
     mu=c(0,0,0,0,0, 0,0,0,0,0, 0,0,0,0,0, 0,0,0,0,0, 0),
     )
# chain 2
list(
   sd=.5,
    d=c(-1,0,-2,0,1,NA),
   mu=c(0,2,0,-1,0, 0,1,0,-1,0, 0,0,0,10,0, 0,5,0,0,0,0),
)
# chain 3
list(sd=.3,
     d=c(0,2,0,1,0,NA),
     mu=c(3,0,0,1,0, 0,1,0,6,0, 0,2,0,0,1, 0,-2,0,0,0,1),
)
# initial values for delta can be generated by Winbugs
# 療效的排序 #

        for(k in 1:nt) {
                order[k]<- rank(d[],k)
# This is when the outcome is bad - add  'nt+1-' when the outcome is good
                most.effective[k]<-equals(order[k],1)
                # Probability of being the j-th best treatment
                for(j in 1:nt) {
                        effectiveness[k,j]<- equals(order[k],j)
                }
        }
        for(k in 1:nt) {
                for(j in 1:nt) {
                        cumeffectiveness[k,j]<- sum(effectiveness[k,1:j])
                }
        }

# 計算 SUCRA 數據

        for(k in 1:nt) {
                SUCRA[k]<- sum(cumeffectiveness[k,1:(nt-1)]) /(nt-1)
        }

# 模式的適配度考驗

        for(i in 1:ns) {
                for (k in 1:na[i]) {
                        Darm[i,k]<- -2*( r[i,t[i,k]] *log(n[i,t[i,k]]*p[i,t[i,k]]/
r[i,t[i,k]])+(n[i,t[i,k]] -                 r[i,t[i,k]])*log((n[i,t[i,k]]-n[i,t[i,k]]* p[i,t[i,k]])/
(n[i,t[i,k]]- r[i,t[i,k]])))
                }
                D[i]<- sum(Darm[i,1:na[i]])
        }
```

```
        D.bar<- sum(D[])
}
# 第 6 組設定為參照組
list(ns = 21 , nt=6, ref=6,
# 原始資料矩陣

r = structure(.Data=c(NA, 45, 32, 70, NA, NA, NA, 119, 154, NA, 302, NA, NA, 138, NA,
NA, 200, NA, NA, NA, 567, 799, NA, NA, NA, 337, NA, 380, NA, NA, 163, NA, NA, NA,
NA, 202, NA, 449, NA, NA, NA, 489, NA, NA, NA, NA, 29, 20, NA, NA, 177, NA, NA, 154,
NA, NA, NA, 86, 75, NA, NA, 102, NA, NA, NA, 155, NA, NA, 136, NA, 176, NA, NA, NA,
569, 665, NA, NA, 242, NA, NA, 320, NA, NA, NA, NA, NA, 37, 43, 34, NA, NA, 216, 251,
NA, NA, NA, 335, NA, NA, NA, 399, 93, NA, NA, NA, NA, 115, NA, NA, NA, NA, 140, 118,
NA, 93, 95, 97, NA, NA, 690, NA, 845, NA, NA, NA),.Dim=c( 21 , 6 )),

n = structure(.Data=c(1, 410, 202, 405, 1, 1, 1, 4096, 3954, 1, 6766, 1, 1, 2800, 1, 1,
2826, 1, 1, 1, 7072, 7040, 1, 1, 1, 5183, 1, 5230, 1, 1, 2715, 1, 1, 1, 1, 2721, 1, 2623, 1,
1, 1, 2646, 1, 1, 1, 1, 416, 424, 1, 1, 4841, 1, 1, 4870, 1, 1, 1, 3297, 3272, 1, 1, 2837, 1, 1,
1, 2883, 1, 1, 2508, 1, 2511, 1, 1, 1, 8098, 8078, 1, 1, 4020, 1, 1, 3979, 1, 1, 1, 1, 1, 1102,
1081, 2213, 1, 1, 5095, 5059, 1, 1, 1, 3432, 1, 1, 1, 3472, 2167, 1, 1, 1, 1, 2175, 1, 1, 1, 1,
1631, 1578, 1, 1970, 1965, 1960, 1, 1, 5087, 1, 5074, 1, 1, 1),.Dim=c( 21 , 6 )),

na = c( 3 , 3 , 2 , 2 , 2 , 2 , 2 , 2 , 2 , 2 , 2 , 2 , 2 , 2 , 2 , 3 , 2 , 2 , 2 , 2 , 3 , 2 ),

t = structure(.Data=c(2, 3, 4, 2, 3, 5, 2, 5, NA, 3, 4, NA, 2, 4, NA, 1, 6, NA, 2, 6, NA, 5, 6,
NA, 3, 6, NA, 4, 5, NA, 2, 6, NA, 3, 5, NA, 3, 4, NA, 1, 4, NA, 4, 5, 6, 3, 4, NA, 2, 6, NA, 1, 6,
NA, 5, 6, NA, 2, 3, 4, 1, 3, NA),.Dim=c( 21 , 3 ))
)
```

以上程式中參照組的設定，可以為任意組，不必一定放在第一組，這是本程式的一大特色。

執行上述的 WinBUGS 程式唯一目的，在於取得等第機率（rank probabilities）資料矩陣；此資料矩陣的輸出方法簡述如下：

第一、在 WinBUGS 的 "Options" 表單（參見圖 7-13），點開 "Output options" 視窗，點選 "window" 或點選 "log"，以便設定報表欲放在 window 視窗內（內定）或 log 視窗內。

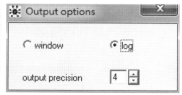

圖 7-13　報表輸出方式的設定

　　圖 7-14 的資料，須等 WinBUGS 執行完畢後，在「Sample Monitor Tool」視窗內，點選「stats」按鈕，才能取得。

node	mean	sd	MC error	2.5%	median	97.5%	start	sample
effectiveness[1,1]	0.7151	0.4514	0.001774	0.0	1.0	1.0	12001	189000
effectiveness[1,2]	0.247	0.4312	0.001572	0.0	0.0	1.0	12001	189000
effectiveness[1,3]	0.03255	0.1775	5.171E-4	0.0	0.0	1.0	12001	189000
effectiveness[1,4]	0.005063	0.07098	1.791E-4	0.0	0.0	0.0	12001	189000
effectiveness[1,5]	2.646E-4	0.01626	4.062E-5	0.0	0.0	0.0	12001	189000
effectiveness[1,6]	7.407E-5	0.008606	1.965E-5	0.0	0.0	0.0	12001	189000
effectiveness[2,1]	0.2774	0.4477	0.001744	0.0	0.0	1.0	12001	189000
effectiveness[2,2]	0.6609	0.4734	0.001758	0.0	1.0	1.0	12001	189000
effectiveness[2,3]	0.05689	0.2316	7.58E-4	0.0	0.0	1.0	12001	189000
effectiveness[2,4]	0.004804	0.06915	1.756E-4	0.0	0.0	0.0	12001	189000
effectiveness[2,5]	5.291E-5	0.007274	1.665E-5	0.0	0.0	0.0	12001	189000
effectiveness[2,6]	0.0	0.0	1.328E-13	0.0	0.0	0.0	12001	189000
effectiveness[3,1]	9.894E-4	0.03144	7.36E-5	0.0	0.0	0.0	12001	189000
effectiveness[3,2]	0.01899	0.1365	3.905E-4	0.0	0.0	0.0	12001	189000
effectiveness[3,3]	0.2717	0.4448	0.00185	0.0	0.0	1.0	12001	189000
effectiveness[3,4]	0.6965	0.4598	0.001925	0.0	1.0	1.0	12001	189000
effectiveness[3,5]	0.01125	0.1055	2.816E-4	0.0	0.0	0.0	12001	189000
effectiveness[3,6]	5.026E-4	0.02241	5.114E-5	0.0	0.0	0.0	12001	189000
effectiveness[4,1]	5.291E-6	0.0023	5.298E-6	0.0	0.0	0.0	12001	189000
effectiveness[4,2]	5.291E-5	0.007274	1.665E-5	0.0	0.0	0.0	12001	189000
effectiveness[4,3]	7.725E-4	0.02778	6.575E-5	0.0	0.0	0.0	12001	189000
effectiveness[4,4]	0.01164	0.1073	2.842E-4	0.0	0.0	0.0	12001	189000
effectiveness[4,5]	0.747	0.4347	0.001812	0.0	1.0	1.0	12001	189000
effectiveness[4,6]	0.2405	0.4274	0.001821	0.0	0.0	1.0	12001	189000
effectiveness[5,1]	0.0	0.0	1.328E-13	0.0	0.0	0.0	12001	189000
effectiveness[5,2]	3.175E-5	0.005634	1.293E-5	0.0	0.0	0.0	12001	189000
effectiveness[5,3]	3.122E-4	0.01767	4.254E-5	0.0	0.0	0.0	12001	189000
effectiveness[5,4]	0.005476	0.0738	1.886E-4	0.0	0.0	0.0	12001	189000
effectiveness[5,5]	0.2354	0.4243	0.001777	0.0	0.0	1.0	12001	189000
effectiveness[5,6]	0.7588	0.4278	0.001823	0.0	1.0	1.0	12001	189000
effectiveness[6,1]	0.00654	0.0806	2.143E-4	0.0	0.0	0.0	12001	189000
effectiveness[6,2]	0.07309	0.2603	8.951E-4	0.0	0.0	1.0	12001	189000
effectiveness[6,3]	0.6378	0.4806	0.001882	0.0	1.0	1.0	12001	189000
effectiveness[6,4]	0.2765	0.4473	0.001917	0.0	0.0	1.0	12001	189000
effectiveness[6,5]	0.005968	0.07702	2.058E-4	0.0	0.0	0.0	12001	189000
effectiveness[6,6]	1.746E-4	0.01321	3.071E-5	0.0	0.0	0.0	12001	189000

圖 7-14　點選 "window" 的輸出報表

　　直接複製報表中的資料矩陣，拷貝所須之數據至剪貼簿或記事本中，並存成 *.txt 檔案。本例存成 diabetesresults.txt 檔案，參見圖 7-16。如果點選 "log"，請繼續第二個步驟；如果變項名稱與數據沒有對齊，請手動調好。

　　第二、在 WinBUGS 的 "Info" 表單（參見圖 7-15），點開 "Open log" 視窗，點選 "log"，以便複製等第資料矩陣。

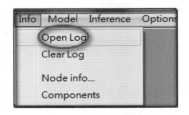

圖 7-15　打開 WinBUGS 報表

　　第三、將複製的資料矩陣（亦可刪除不需要的數據，只保留前面兩個變項，參見圖 7-16），拷貝數據至剪貼簿或記事本中，並存成 *.txt 檔案。本例存成 diabetesresults.txt 檔案，參見圖 7-17；如果變項名稱與數據沒有對齊，請手動調好。

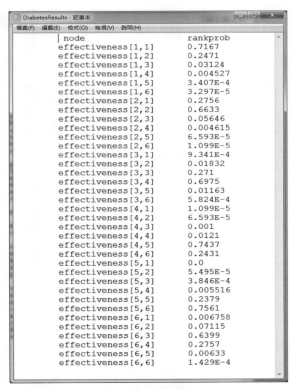

圖 7-16　拷貝數據至記事本

diabetesresults - 記事本

檔案(F) 編輯(E) 格式(O) 檢視(V) 說明(H)

node	mean	sd	MC_error	2.5%	median	97.5%	start	sample
effectiveness[1,1]	0.7172	0.4504	0.001827	0.0	1.0	1.0	50000	180003
effectiveness[1,2]	0.2447	0.4299	0.001595	0.0	0.0	1.0	50000	180003
effectiveness[1,3]	0.03285	0.1782	5.464E-4	0.0	0.0	1.0	50000	180003
effectiveness[1,4]	0.004978	0.07038	1.817E-4	0.0	0.0	0.0	50000	180003
effectiveness[1,5]	2.833E-4	0.01683	4.139E-5	0.0	0.0	0.0	50000	180003
effectiveness[1,6]	4.444E-5	0.006666	1.566E-5	0.0	0.0	0.0	50000	180003
effectiveness[2,1]	0.2752	0.4466	0.001803	0.0	0.0	1.0	50000	180003
effectiveness[2,2]	0.6624	0.4729	0.001877	0.0	1.0	1.0	50000	180003
effectiveness[2,3]	0.05727	0.2324	7.576E-4	0.0	0.0	1.0	50000	180003
effectiveness[2,4]	0.005122	0.07139	1.91E-4	0.0	0.0	0.0	50000	180003
effectiveness[2,5]	5.555E-5	0.007453	1.746E-5	0.0	0.0	0.0	50000	180003
effectiveness[2,6]	5.555E-6	0.002357	5.551E-6	0.0	0.0	0.0	50000	180003
effectiveness[3,1]	0.001028	0.03204	7.944E-5	0.0	0.0	0.0	50000	180003
effectiveness[3,2]	0.01908	0.1368	4.083E-4	0.0	0.0	0.0	50000	180003
effectiveness[3,3]	0.2713	0.4446	0.00188	0.0	0.0	1.0	50000	180003
effectiveness[3,4]	0.696	0.46	0.001923	0.0	1.0	1.0	50000	180003
effectiveness[3,5]	0.01208	0.1093	3.112E-4	0.0	0.0	0.0	50000	180003
effectiveness[3,6]	5.333E-4	0.02309	5.485E-5	0.0	0.0	0.0	50000	180003
effectiveness[4,1]	5.555E-6	0.002357	5.551E-6	0.0	0.0	0.0	50000	180003
effectiveness[4,2]	4.444E-5	0.006666	1.563E-5	0.0	0.0	0.0	50000	180003
effectiveness[4,3]	9.222E-4	0.03035	7.587E-5	0.0	0.0	0.0	50000	180003
effectiveness[4,4]	0.01263	0.1117	3.202E-4	0.0	0.0	0.0	50000	180003
effectiveness[4,5]	0.7439	0.4365	0.001871	0.0	1.0	1.0	50000	180003
effectiveness[4,6]	0.2425	0.4286	0.001866	0.0	0.0	1.0	50000	180003
effectiveness[5,1]	0.0	0.0	1.361E-13	0.0	0.0	0.0	50000	180003
effectiveness[5,2]	1.667E-5	0.004082	9.601E-6	0.0	0.0	0.0	50000	180003
effectiveness[5,3]	3.333E-4	0.01825	4.414E-5	0.0	0.0	0.0	50000	180003
effectiveness[5,4]	0.005789	0.07586	2.112E-4	0.0	0.0	0.0	50000	180003
effectiveness[5,5]	0.2372	0.4253	0.001816	0.0	0.0	1.0	50000	180003
effectiveness[5,6]	0.7567	0.4291	0.001866	0.0	1.0	1.0	50000	180003
effectiveness[6,1]	0.006622	0.08111	2.14E-4	0.0	0.0	0.0	50000	180003
effectiveness[6,2]	0.07381	0.2615	9.219E-4	0.0	0.0	1.0	50000	180003
effectiveness[6,3]	0.6373	0.4808	0.00182	0.0	1.0	1.0	50000	180003
effectiveness[6,4]	0.2755	0.4468	0.001937	0.0	0.0	1.0	50000	180003
effectiveness[6,5]	0.00655	0.08067	2.333E-4	0.0	0.0	0.0	50000	180003
effectiveness[6,6]	1.833E-4	0.01354	3.216E-5	0.0	0.0	0.0	50000	180003

圖 7-17　拷貝數據至記事本

```
#R 軟體 SUCRAPLOT 程式之撰寫，
# 本函數目的在製作累積性機率 SUCRA 圖、等第機率 (rank probabilities) 圖與計算
SUCRA 數據。
# 本函數的呼叫檔案為等第機率的資料矩陣 (defined as data frame)，可由 WinBUGS 輸
# 出。
>Data1<- read.table("C:/Users/F/Desktop/DiabetesResults.txt",header=T,sep="")
> Data1
>eff<-Data1[1:36,2]
>effectiveness<-as.data.frame(matrix(eff,nrow=6,ncol=6,byrow=F))
>names(effectiveness)<-c("Diuretic","b-blocker","CCB","ACEinhibitor","ARB","Placebo")
# 在 R 指令視窗內撰寫 sucraplot.fun 製 SUCRA 圖與計算 SUCRA 值之函數：
"sucraplot.fun" = function(effectiveness, plotmfrow = c(4,3))
{
        # effectiveness: the effectiveness matrix as DATABASE, each column is a
treatment
        # plotmfrow 配置圖形矩陣之長與寬的大小，本程式預先設定 rows 中安置 4 個
  # 圖，columns 中安置 3 個圖，研究者可以根據自己的效果值數量自訂。
```

```
        cumeff<-data.frame()
    cumeffectiveness<-data.frame()
    names <- names(effectiveness)
    msu<-data.frame()
    nr.of.treat <- dim(effectiveness)[1]
    cumeffectiveness <- apply(effectiveness, 2, cumsum)
        par(mfrow = plotmfrow)
for(i in 1:nr.of.treat) {
    sucra<-cumeffectiveness[1:(nr.of.treat)-1,i]
    msu<- mean(sucra)
    msu<-format(round(msu, 3), nsmall =3)
    plot(1:nr.of.treat, type = "none", ylim = c(0, 1), xlab =paste("Rank of",
as.character(names[i]), " SUCRA=", msu), ylab ="Cumulative Probability" )
    lines(lwd = 2, c(1, c(1:c(nr.of.treat - 1)) + 0.5, nr.of.treat
    ), cumeffectiveness[c(1, 1:c(nr.of.treat - 1), c(
    nr.of.treat - 1)), i])
        }
for(i in 1:nr.of.treat) {
        plot(1:nr.of.treat, type = "none", ylim = c(0, 1), xlab =          paste("Rank of",
as.character(names[i])), ylab =      "Probability")
    lines(lwd = 2, c(1, c(1:c(nr.of.treat - 1)) + 0.5, nr.of.treat), effectiveness[c(1, 1:c(nr.
of.treat - 1), c(
        nr.of.treat - 1)), i])
        }
}

# 以上程式修訂自 #http://www.mtm.uoi.gr/index.php/how-to-do-an-mtm/10-how-to-do-
an-mtm/20-results。
# 因原程式未計算 SUCRA 值，本程式新增計算 SUCRA 值的功能。
# 呼叫 sucraplot.fun 製圖函數
# 依據您變項的多寡調整圖形在行列中的配置，本例 c(4,3) 表希望圖形在 4 rows 與 3
# columns 的圖形矩陣中，以呈現 12 個 SUCRA 圖形。
>effectiveness
```

	Diuretic	b-blocker	CCB	ACE inhibitor	ARB	Placebo
1	7.172e-01	2.752e-01	0.0010280	5.555e-06	0.000e+00	0.0066220
2	2.447e-01	6.624e-01	0.0190800	4.444e-05	1.667e-05	0.0738100
3	3.285e-02	5.727e-02	0.2713000	9.222e-04	3.333e-04	0.6373000
4	4.978e-03	5.122e-03	0.6960000	1.263e-02	5.789e-03	0.2755000
5	2.833e-04	5.555e-05	0.0120800	7.439e-01	2.372e-01	0.0065500
6	4.444e-05	5.555e-06	0.0005333	2.425e-01	7.567e-01	0.0001833

　　以頻率學派的觀點，上表中的各欄位資訊代表各等第之機率（相對於參照組 A 而言），當此貝氏機率大於 .975，表該處理效果確定比參照組為有效（如在 OR 量尺下，.95 信賴區間將不包含 1），如此機率大於 .85 但小於 .975，表該處

理效果可能比參照組爲有效，當此機率約在 .50 左右，表該處理效果與參照組效
能相當。

```
>names(effectiveness)<-c("Diuretic","b-blocker","CCB","ACEinhibitor","ARB","Placebo")
>cumeffectiveness <- apply(effectiveness, 2, cumsum)
#apply 函數旨在針對資料集的欄位 (1 代表行，2 代表列 )，進行累進加總。
>cumeffectiveness
          Diuretic   b-blocker       CCB  ACE inhibitor       ARB    Placebo
[1, ]     0.717200    0.275200  0.001028     0.000005555  0.00000000  0.0066220
[2, ]     0.961900    0.937600  0.020108     0.000049995  0.00001667  0.0804320
[3, ]     0.994750    0.994870  0.291408     0.000972195  0.00034997  0.7177320
[4, ]     0.999728    0.999992  0.987408     0.013602195  0.00613897  0.9932320
[5, ]     1.000011    1.000048  0.999488     0.757502195  0.24333897  0.9997820
[6, ]     1.000056    1.000053  1.000021     1.000002195  1.00003897  0.9999653
```
就 Diuretic 處理效果而言，排第一的機率有 .7172；排第一或第二的機率有 .9619；排第
一、第二或第三的機率有 .99475；以此類推。這些累進機率值，將作為計算 SUCRA 用 (參
見圖 7-18)。
```
> sucraplot.fun(effectiveness,plotmfrow=c(4,3))
```

以 Diuretic 處理效果爲例（參見上方累進機率），利用公式 7-2 計算累進等
第機率的 SUCRA 平均值爲：

$$SUCRA = \frac{.7172 + .9619 + .99475 + .999728 + 1.000011}{6 - 1} = 0.935$$

上式中分子部分數據，係取自前述之累積機率（cumeffectiveness）；其餘的
處理效果的 SUCRA，亦可依法求得。

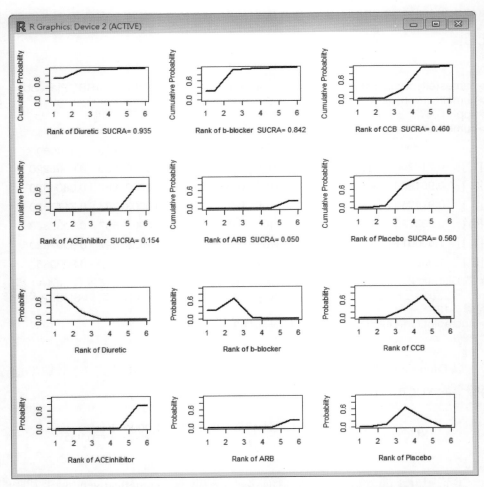

圖 7-18　SUCRA 圖框與 SUCRA 數據：糖尿病患的高血壓治療範例

　　就圖 7-18 中最左上角的 Diuretic 處理效果之曲線而言，代表著排第一的機率有 .7172；排第一或第二的機率有 .9619；排第一、第二或第三的機率有 .99475；以此類推；而其平均值為 .9350。

2. 急性躁動症（Acute mania）：連續性變項

　　本節的 SUCRA 圖的製作，仍將透過 WinBUGS 輸出等第機率的資料矩陣，再利用 R 呼叫 sucraplot.fun 函數，繪製累積性機率 SUCRA 圖及計算 SUCRA 平均數。以下 WBUGS 程式亦修訂自 http://www.mtm.uoi.gr/index.php/how-to-do-an-mtm/10-how-to-do-an-mtm/20-results。

```
# MTM model for continuous data of acute mania, made-up by Chaimani
model {
        for(i in 1:ns) {
                w[i,1] <- 0
          delta[i,t[i,1]] <- 0

                ss[i] <- sum(n[i,1:na[i]])
                nom[i] <- sum(nom1[i,1:na[i]])
                pooled.sd[i] <- sqrt(nom[i]/(ss[i]-na[i]))
                J[i] <- 1-(3/((4*(ss[i]-na[i]))-1))

#Normal Likelihood#

                for (k in 1:na[i]) {
                        y[i,k] ~ dnorm(phi[i,t[i,k]],prec[i,k])

                        se[i,k] <- sd[i,k]/sqrt(n[i,k])
                        var[i,k] <- se[i,k]*se[i,k]
                        prec[i,k] <- 1/var[i,k]
                        nom1[i,k] <- (n[i,k]-1)*sd[i,k]*sd[i,k]
                }
# 模式參數的定義 #

                phi[i,t[i,1]] <- u[i]*(pooled.sd[i]/J[i])

                for (k in 2:na[i]) {
                        phi[i,t[i,k]] <- (u[i]+delta[i,t[i,k]])*(pooled.sd[i]/J[i])
                        delta[i,t[i,k]] ~ dnorm(md[i,t[i,k]],taud[i,t[i,k]])
                        md[i,t[i,k]] <- d[t[i,k]] - d[t[i,1]]  + sw[i,k]
                        taud[i,t[i,k]] <- tau *2*(k-1)/k
                        w[i,k] <- (delta[i,t[i,k]] - d[t[i,k]] + d[t[i,1]])
                        sw[i,k] <- sum(w[i,1:k-1])/(k-1)
                }
        }
#Priors 的設定 #

        SD ~ dnorm(0,1)I(0,1)
        tau <- 1/pow(SD,2)

        for(k in 1:(ref-1)) {
                d[k] ~ dnorm(0,.0001)
        }
        for(k in (ref+1):nt) {
                d[k] ~ dnorm(0,.0001)
        }
        for(i in 1:ns) {
```

```
            u[i] ~ dnorm(0,.0001)
        }

# 標準化平均數差異值的估計 :Estimated & Predicted#

        d[ref]<- 0

        for (c in 1:(ref-1)) {
                SMD.ref[c]<- d[c] - d[ref]
                predSMD.ref[c] ~ dnorm( SMD.ref[c],tau)
        }
        for (c in (ref+1):nt) {
                SMD.ref[c]<- d[c] - d[ref]
                predSMD.ref[c] ~ dnorm( SMD.ref[c],tau)
        }
        for (c in 1:(nt-1)) {
                for (k in (c+1):nt) {
                        SMD[c,k]<- d[c] - d[k]
                        predSMD[c,k] ~ dnorm(SMD[c,k],tau)
                }
        }

# 療效排序 #

        for(k in 1:nt) {
                order[k]<- rank(d[],k)
# 上式係對結局有害；如對結局有益須加上 'nt+1'
                most.effective[k]<-equals(order[k],1)

                for(j in 1:nt) {
                        effectiveness[k,j]<- equals(order[k],j)
                }
        }
        for(k in 1:nt) {
                for(j in 1:nt) {
                        cumeffectiveness[k,j]<- sum(effectiveness[k,1:j])
                }
        }

#SUCRA 值之計算 #
        for(k in 1:nt) {
                SUCRA[k]<- sum(cumeffectiveness[k,1:(nt-1)]) /(nt-1)
        }

# 模式適配度的考驗 #

        for(i in 1:ns) {
                for(k in 1:na[i]) {
```

```
                    Darm[i,k]<-(y[i,k]-phi[i,t[i,k]])*(y[i,k]-phi[i,t[i,k]])/var[i,k]
                }
            D[i]<- sum(Darm[i,1:na[i]])
        }
    D.bar<- sum(D[])
}
```

```
#ns: the number of studies
#nt: the number of treatments
#ref: the reference treatment，參照組訂在第二組 (ref=2)
#y: the observed mean
#n; the sample size
#sd: the standard deviation of y
#na; the number of arms
#t: the treatments
list(ns = 10 , nt = 3 , ref = 2 ,
# 原始資料矩陣
n = structure(.Data=c(70, 66, 1, 54, 56, 1, 125, 123, 1, 220, 114, 1, 55, 60, 1, 58, 59, 1,
187, 177, 1, 144, 78, 1, 100, 101, 1, 201, 186, 99),.Dim=c( 10 , 3 )) ,
# 前兩行中，1 代表缺失值，也可以下式取代
#n = structure(.Data=c(70, 66, NA, 54, 56, NA, 125, 123, NA, 220, 114, NA, 55, #60,
NA, 58, 59, NA, 187, 177, NA, 144, 78, NA, 100, 101, NA, 201, 186, #99),.Dim=c( 10 , 3 ))
,

sd = structure(.Data=c(13.43, 11.64, 0, 12.49, 12.72, 0, 8.78, 10.45, 0, 8.53, 9.36,
0, 12.49, 11.39, 0, 8.148877, 8.372449, 0, 10.9, 10.9, 0, 10.9, 10.9, 0, 7, 6.934414, 0,
8.506468, 8.455673, 7.959899),.Dim=c( 10 , 3 )) ,

y = structure(.Data=c(-10.26, -4.88, NA, -14.78, -8.13, NA, -13.36, -10.39, NA, -13.11,
-9.1, NA, -16.6, -14.9, NA, -15.49, -15.25, NA, -11.5, -9, NA, -10.1, -8.7, NA, -11.71, -8.97,
NA, -9.4, -8.2, -7.4),.Dim=c( 10 , 3 )) ,

t = structure(.Data=c(2, 1, NA, 2, 1, NA, 2, 3, NA, 2, 1, NA, 2, 3, NA, 2, 1, NA, 3, 1, NA, 3,
1, NA, 2, 1, NA, 2, 3, 1),.Dim=c( 10 , 3 )) ,

na = c(2 , 2 , 2 , 2 , 2 , 2 , 2 , 2 , 2 , 3)
)

#Initial values
# chain 1
list(
    SD=.9,
    u=c(0,0,0,0,0, 0,0,0,0,0),
    d = c(0,NA,0)
    )
# chain 2
list(
    SD=.5,
    u=c(0,2,0,-1,0, 0,1,0,-1,0),
```

479

```
   d =  c(1,NA,5)
)
# chain 3
list(
   SD=.2,
   u=c(1,0,1,0,0, 1,0,0,2,1),
   d = c(-3,NA,-3)
)
# initial values for delta can be generated by Winbugs
```

　　執 行 上 述 的 WinBUGS 程 式 唯 一 目 的，在 於 取 得 等 第 機 率（rank probabilities）資料矩陣；此資料矩陣的輸出報表如圖 7-19。

node	mean	sd	MC error	2.5%	median	97.5%	start	sample
effectiveness[1,1]	5.0E-5	0.007071	4.98E-5	0.0	0.0	0.0	12001	20000
effectiveness[1,2]	0.0166	0.1278	0.001276	0.0	0.0	0.0	12001	20000
effectiveness[1,3]	0.9833	0.128	0.001272	1.0	1.0	1.0	12001	20000
effectiveness[2,1]	0.9934	0.08097	7.229E-4	1.0	1.0	1.0	12001	20000
effectiveness[2,2]	0.00655	0.08067	7.244E-4	0.0	0.0	0.0	12001	20000
effectiveness[2,3]	5.0E-5	0.007071	5.015E-5	0.0	0.0	0.0	12001	20000
effectiveness[3,1]	0.00655	0.08067	7.175E-4	0.0	0.0	0.0	12001	20000
effectiveness[3,2]	0.9768	0.1504	0.00156	1.0	1.0	1.0	12001	20000
effectiveness[3,3]	0.0166	0.1278	0.001272	0.0	0.0	0.0	12001	20000

圖 7-19　點選 "window" 的 WinBUGS 輸出報表

　　將圖 7-19 的資料，拷貝至剪貼簿或記事本中，並存成 acute-mania-data.txt 檔案；如果變項名稱與數據沒有對齊，請手動調好。注意，須將圖 7-19 中的 MC error 變項名稱，更正為 MC-error，否則 R 會產生資料讀取錯誤（參見圖 7-20），因為變項名稱不允許空格存在。

　　以下係 R 的操作語法與其 sucraplot.fun 的輸出結果：

```
> Data1<- read.table("C:/Users/F/Desktop/acute-mania-data.txt",header=T,sep="")
> Data1
> eff<-Data1[1:9,2]
> eff
```

圖 7-20　拷貝數據至記事本

```
>effectiveness<-as.data.frame(matrix(eff,nrow=3,ncol=3,byrow=F))
>effectiveness
        V1        V2        V3
1   0.00005   0.99340   0.00655
2   0.01660   0.00655   0.97680
3   0.98330   0.00005   0.01660
> 呼叫 sucraplot.fun 的製圖副程式 ( 程式內容請參閱前例 )
>cumeffectiveness <- apply(effectiveness, 2, cumsum)
#apply 函數旨在針對資料集的欄位 (1 代表行，2 代表列 )，進行累進加總。
>cumeffectiveness
           V1        V2        V3
[1, ]   0.00005   0.99340   0.00655
[2, ]   0.01665   0.99995   0.98335
```

　　計算 V1、V2、V3 的平均數，即可獲得 SUCRA 的平均數（參見圖 7-21）。

```
> sucraplot.fun(effectiveness,plotmfrow=c(2,3))
```

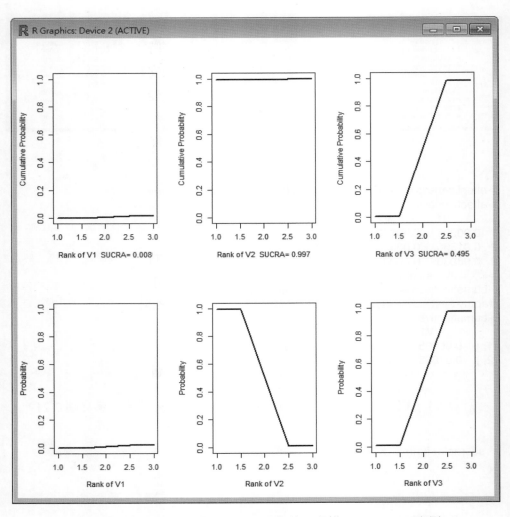

圖 7-21　SUCRA 圖框與 SUCRA 平均值：虛構 Acute mania 實例

　　由圖 7-21 可知：V2 的處理效果最佳，比其他處理效果為佳的平均機率為 .997。

3. 排序指標的正用與誤用

　　於網絡整合分析中，研究者常使用 P（best）、SUCRA、P-score 進行處理效果的排序，其中以 P（best）的機率值最易誤用，SUCRA 與 P-score 則可慮及不確定性。但它們均無法取代信賴區間（變異量的大小，反映估計值的精確度）與相對性之處理效果（差異效果值的大小或機率的大小）。例如，相等的 SUCRA

值可能來自於變異量差異很大的實驗處理，誤差大的實驗處理，其效果相對地不穩定。因此，輔導人員或醫護人員在選擇最佳療效的同時，也應同時考慮療效的大小與變異量、長短期效能、療效的經濟性、實用性與安全性。由此觀之，有時 SUCRA 與 P-score 排序最佳卻風險也最高，因而排序次佳的處理，亦可能是療效穩定而又安全的處理方法；而 P（best）的機率值因未考慮到變異量的大小與效果值的大小，運用時必須參酌其他因素，如：經濟性、實用性與安全性。

九、R 軟體的基本操作實務

(一)R 軟體的下載

R 軟體的官方網站為 http://www.r-project.org/，其中有個相當重要的子網站稱為 CRAN（Comprehensive R Archive Network），其網址為 http://cran.r-project.org/bin/windows/base/，您可以從這個網站中下載適用於 Windows 作業系統的 R 軟體，其操作視窗參見圖 7-22。

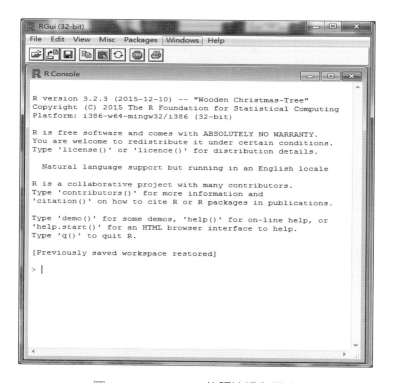

圖 7-22　R Console 的語法操作視窗

　　另外，爲便於外部資料之呼叫與編修（R 之 Data Editor 編修功能不強且操作不易）與統計報表之易於閱讀，於下載 R 之後，亦可同時下載 R-Commander 套件（參見圖 7-23），並安裝之。請於 R Console 語法視窗中，輸入以下程式：

```
> install.packages("Rcmdr", dependencies = TRUE)
# 第一次開啓 R-Commander 指令
>library(Rcmdr)
#R-Commander 關閉後，重新開啓指令
>Commander()
```

　　由圖 7-23 可知，R-Commander 的語法撰寫視窗與報表輸出視窗是分離的，閱讀上較爲便利。

圖 7-23　R Commander 操作視窗：語法視窗與報表視窗

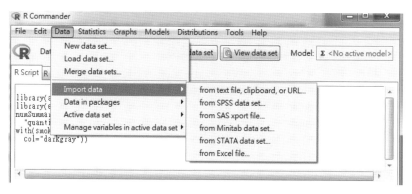

圖 7-24　R Commander 操作視窗：呼叫外部檔案選單

　　以呼叫 SPSS 檔案為例，呼叫之步驟敘述如下。首先，點選圖 7-24 小視窗內之「from SPSS data set…」，以獲得圖 7-25 的 SPSS 資料檔的呼叫。

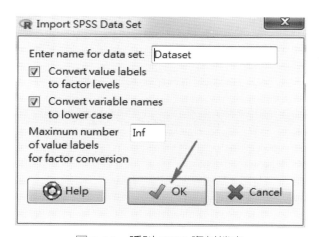

圖 7-25　呼叫 SPSS 資料檔案

　　接著，直接點選圖 7-25 視窗內之 OK 按鈕，以進入其他資料夾尋找待呼叫之 SPSS 檔案，如圖 7-26。最後，就可開啟圖 7-27 的 SPSS 檔案呼叫表單。

圖 7-26　尋找與點選 SPSS 資料檔

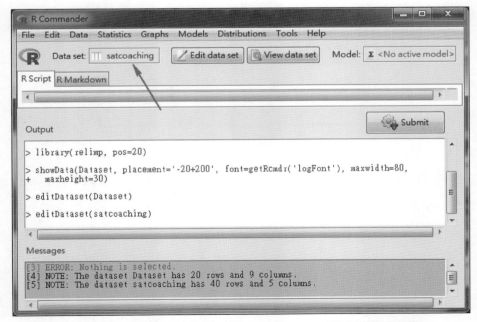

圖 7-27　SPSS 檔案已經呼叫入 R-Commander 等待編輯或查閱

比起 R Console 的程式語法撰寫，R-Commander 圖形操作視窗，對於各式資料的呼叫、開啓、編輯與儲存（參見圖 7-24、圖 7-27），較爲便利。

(二) 資料建檔

請利用 R 之程式語言，建立以下之資料檔案，並加以儲存。

Study	Year	N of patients	PD	AL	Var_PD	Cov_PD_AL	Var_AL
1	1983	14	0.47	-0.32	0.0075	0.0030	0.0077
2	1982	15	0.20	-0.60	0.0057	0.0009	0.0008
3	1979	78	0.40	-0.12	0.0021	0.0007	0.0014
4	1987	89	0.26	-0.31	0.0029	0.0009	0.0015

最後成品範例，如圖 7-28 所示：

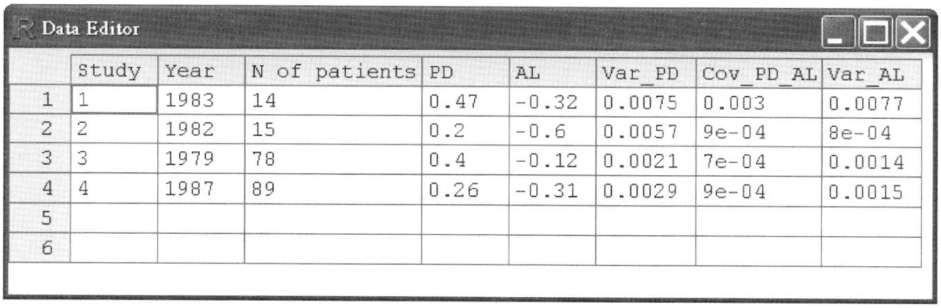
Data Editor

	Study	Year	N of patients	PD	AL	Var_PD	Cov_PD_AL	Var_AL
1	1	1983	14	0.47	-0.32	0.0075	0.003	0.0077
2	2	1982	15	0.2	-0.6	0.0057	9e-04	8e-04
3	3	1979	78	0.4	-0.12	0.0021	7e-04	0.0014
4	4	1987	89	0.26	-0.31	0.0029	9e-04	0.0015
5								
6								

圖 7-28　R 資料編輯器之建檔範例

提示：利用 edit 或 fix 指令完成之，參見以下控制指令。

```
> data1 <- data.frame()
# 建立一個空白的資料框架 ( 表單 )，這是使用 R 資料編輯器的必備要件
> data1 <- edit(data1)
# 呼叫文字編輯器，以編輯空白資料框架 ( 表單 )
> data1 <- fix(data1)
# 亦可使用 fix 指令，編輯空白資料框架 ( 表單 )
# 接著就可在空白資料表單上進行變項名稱、屬性與資料的輸入
```

（三）讀取資料外部檔案方法

　　請試著利用 Excel 程式，建立前述之資料檔案，並存成 *.csv 檔案格式（以逗點分隔）；接著利用以下 R 語言的指令，讀取該資料檔案：

```
>library(foreign)
>data1 <- read.csv("…/*.csv")
# 解決變項或研究名稱為中文字之亂碼現象
>Sys.setlocale(category = "LC_ALL", locale = "Chinese (Traditional)")
# 呼叫外部檔案之實例一：
>handicap <- read.csv("C:/Users/F/Desktop/1.csv", header=T, sep=",")
# 如將資料輸入在記事本而儲存成 ASCII 格式，須改用 read.table() 函數，格式與上述
read.csv() 相同。
#sep 的 () 不一定是逗號，而是根據資料中的分隔符號來決定。
# 呼叫外部檔案之實例二：
>data1<-read.table("c:/dload/customer.txt", header=T, sep=";")
```

（四）儲存與呼叫檔案

　　在 R 中儲存或呼叫 *.Rda（或 *.RData）檔案的方式：

```
>save(smokingcessation,file="smokingcessation.RData")
>load("smokingcessation.RData")；或者存成
>save(smokingcessation,file="smokingcessation.Rda")
>load("smokingcessation.Rda")
```

（五）列出 R 資料庫中已存的資料集

```
>data(xxx)
```

（六）線上協助

```
>help(mean)
>?help
>help("+")
>? "+"
```

(七) 結束 R 程式

直接關閉視窗或利用指令：

> q()

(八) 基本運算子

R 中的基本數學運算符號，界定如下：

算數		比較	
+	加	<	小於
-	減	>	大於
*	乘	<=	小於或等於
/	除	>=	大於或等於
^	指數	==	等於
		!=	不等

(九) 列出物件指令

> ls(x)

(十) 移除物件指令

> rm(x)

習題

分析資料：抗高血壓藥是否會誘發糖尿病，是爭論性的議題。Elliot and Meyer (2007) 乃蒐集了圖 7-29 的資料，以進行整合分析。

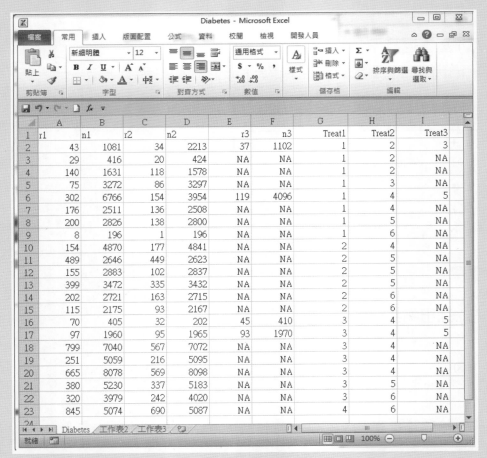

圖 7-29　抗高血壓藥誘發糖尿病的實徵資料

請利用以下程式，讀取 EXCEL 外部檔案呼叫入 R。

```
> diabetes2 <- read.csv("C:/Users/F/Desktop/diabetes.csv", header=T, sep=",")
```

資料編輯器

	r1	n1	r2	n2	r3	n3	Treat1	Treat2	Treat3
1	43	1081	34	2213	37	1102	1	2	3
2	29	416	20	424	NA	NA	1	2	NA
3	140	1631	118	1578	NA	NA	1	2	NA
4	75	3272	86	3297	NA	NA	1	3	NA
5	302	6766	154	3954	119	4096	1	4	5
6	176	2511	136	2508	NA	NA	1	4	NA
7	200	2826	138	2800	NA	NA	1	5	NA
8	8	196	1	196	NA	NA	1	6	NA
9	154	4870	177	4841	NA	NA	2	4	NA
10	489	2646	449	2623	NA	NA	2	5	NA
11	155	2883	102	2837	NA	NA	2	5	NA
12	399	3472	335	3432	NA	NA	2	5	NA
13	202	2721	163	2715	NA	NA	2	6	NA
14	115	2175	93	2167	NA	NA	2	6	NA
15	70	405	32	202	45	410	3	4	5
16	97	1960	95	1965	93	1970	3	4	5
17	799	7040	567	7072	NA	NA	3	4	NA
18	251	5059	216	5095	NA	NA	3	4	NA
19	665	8078	569	8098	NA	NA	3	4	NA
20	380	5230	337	5183	NA	NA	3	5	NA
21	320	3979	242	4020	NA	NA	3	6	NA
22	845	5074	690	5087	NA	NA	4	6	NA
23									

圖 7-30　資料已成功讀入 R 編輯器

接著，利用以下程式繪製圖 7-31 的森林圖。

```
p1 <- pairwise (event=list(r1, r2, r3),
                    n=list(n1, n2, n3),
                    list(Treat1, Treat2, Treat3),
                    data=diabetes2,
                    sm="OR")
# 隨機效果模式
net2 <- netmeta(TE, seTE, treat1, treat2, studlab, data=p1, sm="OR", comb.
random=TRUE)
# 界定標籤
tname <- c("DIURETIC","PLACEBO","BLOCKER", "CCB","ACE","ARB")
# 製作森林圖
forest(net2, xlim=c(.5,3.0), ref="2",
          xlab="A forest plot of the estimates of odds ratios with diabetes data",
          leftcols="studlab", rightcols=NULL,
          leftlabs="Contrast to placebo")
```

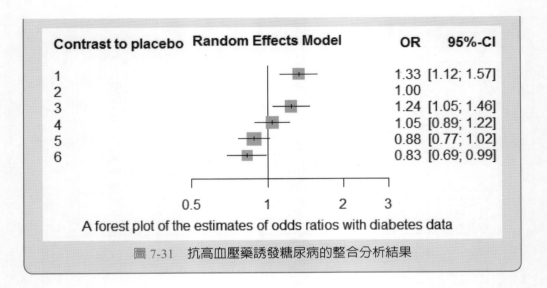

圖 7-31　抗高血壓藥誘發糖尿病的整合分析結果

心理計量整合分析 ESS
的建檔格式與操作

本章大綱

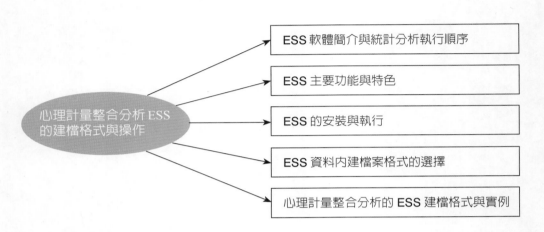

心理計量整合性分析的應用軟體並不多見，有些是免費的，例如：Stauffer（1996）的 DOS 版軟體、Brannick（2015）的 EXCEL 表單計算器，有的是商業軟體需要付費，例如 Schmidt & Le（2015）的 VG6 & INTNL。為利於研究者的應用與整合性分析的推廣，特介紹筆者所研發的免費整合分析軟體：ESS「Effect Size Synthesizer」。該軟體已隨《傳統整合分析理論與實務：ESS & EXCEL》一書同時發行（李茂能，2015）。

一、ESS 軟體簡介與統計分析執行順序

ESS 軟體係 EXCEL 的增益集，結合了 EXCEL 表單與 VBA，所開發的本土化整合分析應用軟體。本軟體的設計，係依整合分析的全方位分析步驟而構思：首先進行統計考驗力分析，以決定適切之研究樣本大小；接著，進行效果值之估計、出版偏差之評估與分析、與最後森林圖、漏斗圖等之繪製。為便利研究者之操作與應用，ESS 所設計的流程盡量簡化，讓電腦主動至事先設定的欄位讀取資料，以減少研究者準備統計分析所需資料及資料應放在哪一欄位的困擾。研究者只要依據圖 8-11 或 8-12 的資料建檔（Data Entry）內定格式選擇之後，只要逐一按下操作表單的選目，在顯示表單中的變項欄位填入相關資料即可；接著，研究者只要在 ESS 點選的統計分析選單，依序執行即可。換言之，累人的統計分析過程：如選擇哪些需要的變項、正確資料欄位的設定、統計量的計算與統計圖的製

作，ESS 將全部替您代勞。

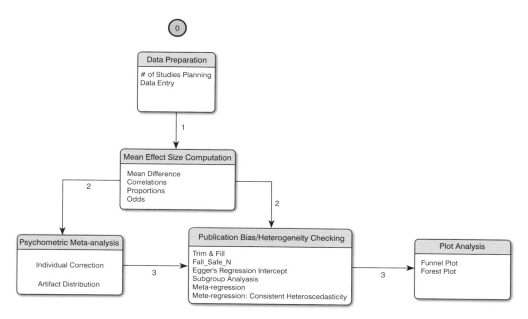

圖 8-1　ESS 整合性分析軟體的設計與資料分析順序

　　由圖 8-1 知，除第 1 階段的統計分析可以獨立運作之外，第 2 階段的統計分析係第 3 階段資料分析的必備過程，因為後一階段的統計分析端賴前一階段資料分析的結果。圖 8-1 中除了右側的傳統整合分析路徑之外，左側係心理計量整合分析，本法會先校正信度、效度與全距減縮等人為偏差的效果，再進行整合分析。ESS 心理計量整合分析的副程式，係一獨立運作的副程式，不須依照前述之順序去執行。

二、ESS 主要功能與特色

　　ESS 整合性分析軟體，具有以下主要功能與特色：
➢ 利用大家熟悉的 EXCEL 表單格式進行資料的輸入，
➢ 提供事先建置好的各種檔案格式，建檔無煩惱，
➢ 提供四大類效果值的整合分析，
➢ 可進行統計考驗力分析（研究樣本規劃），

➤ 可評估多元出版偏差：Trim & Fill（提供各類效果值指標之刪補過程資料與結果）、Meta-regression Trim & Fill、Fail-Safe-N（安全失效數）、Egger's regression intercept，

➤ 多重異質性分析：次群體整合分析（處理類別變項）與 Meta-regression（可處理多個預測變項），

➤ 提供經濟學常用的 Meta-regression：FAT-PET-MAR model & PEESE model（可處理多個預測變項），

➤ 次群體整合分析可進行次群體間效果值差異的統計考驗，

➤ 可進行心理計量整合分析（psychometric meta-analysis），含人為偏差分配法（可以處理資料不全），

➤ 提供森林圖與漏斗圖分析。

　　由此觀之，ESS 除了提供一系列完整的傳統的整合分析方法之外，亦提供醫學、心理計量學與經濟學上常用的整合分析技術。本章特針對心理計量整合分析的副程式：「Hunter-Schmidt Meta-Analysis」，詳加介紹（參見圖 8-2），本副程式包含 6 個子程式，進行不同類別的人為偏差校正。除了「Data Entry」、「Hunter-Schmidt Meta-Analysis」兩個心理計量整合分析必備的副程式之外，本書光碟亦將開放「Menan_Difference」、「Correlation」、Trim and Fill 的「Lo Estimator」的副程式，供讀者試用。另外，圖 8-2 中出現在左側的 0～3，代表 ESS 建議的一貫作業程序，依此順序執行之，才能確保分析結果的正確性。如有 ESS 操作問題，請點擊「On-Line Help」按鈕，此外部線上協助檔 ESS-2016-Moderrn.exe，請務必安裝在 C:\ 根目錄之下。

　　為便利中文讀者之操作，ESS 亦提供中文操作介面，請參見本章附錄一。

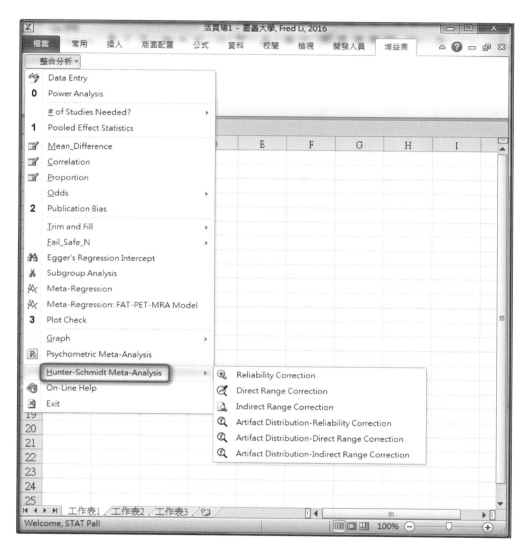

圖 8-2　心理計量整合分析 ESS 操作介面：主選單與次選單（EXCEL 2010）

三、ESS 的安裝與執行

　　ESS 的安裝與執行，最簡便的方法就是直接點選 ESS 增益集的圖像（參見圖 8-6），EXCEL 就會自動將 ESS 安裝在 EXCEL 的執行表單中。如果無法開啟，請依照以下的開啟步驟，依圖 8-3 ～圖 8-9 順序執行之就可順利開啟與執行（EXCEL 2010 版）。

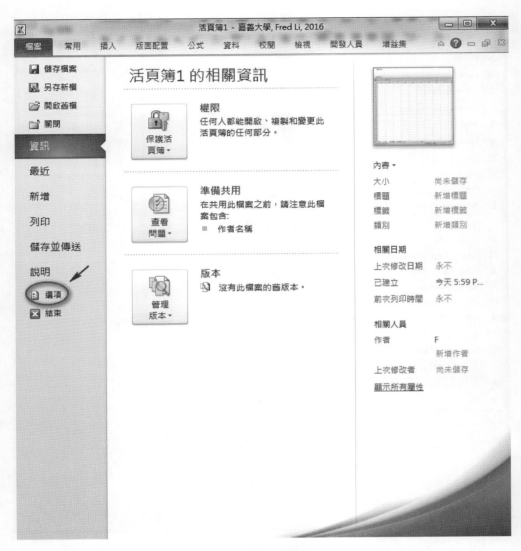

圖 8-3　EXCEL 選項的開啓

　　欲手動安裝 EXCEL 的增益集，首先須點開圖 8-3 中 EXCEL 的功能表單「檔案」下的「選項」。

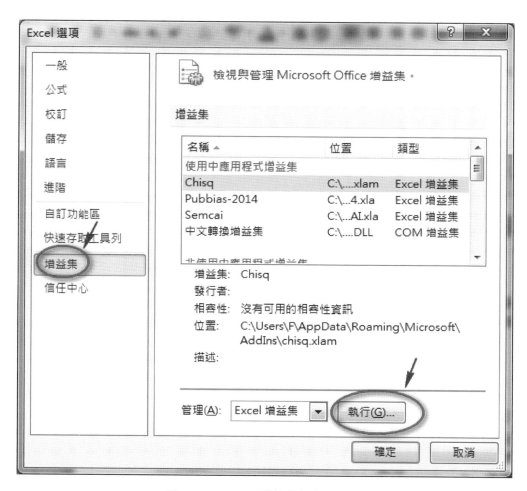

圖 8-4　EXCEL 增益集視窗的開啓

　　接著，在圖 8-4 的 EXCEL 選項視窗中，點開「增益集」後，並按下「執行」，就可開啓圖 8-5 的增益集視窗。

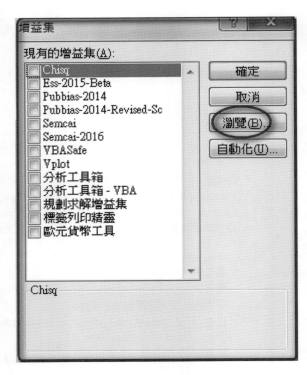

圖 8-5　EXCEL 增益集的瀏覽

　　因為 ESS-2016 增益集在圖 8-5 的增益集視窗中，並未出現在現有增益集視窗內，使用者須點開「瀏覽」，以便在圖 8-6 的視窗內，選擇所欲開啟的 EXCEL 增益集：ESS-2016。

圖 8-6　EXCEL 增益集的選擇

　　圖 8-6 顯示出所欲開啓的 EXCEL 增益集：ESS-2016，已被點入檔案名稱右側的小視窗中，等待您確定後，開啓 EXCEL 增益集的設定，參見圖 8-7。

圖 8-7　EXCEL 增益集的設定

　　其次，在圖 8-7 現有的增益集視窗中，勾選欲載入的 EXCEL 增益集，本例為 ESS-2016；按下確定鈕之後，就會看到 EXCEL 增益集的功能表單（參見圖 8-8）。

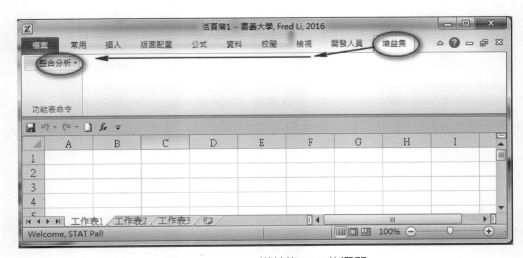

圖 8-8　EXCEL 增益集 ESS 的選單

接著，使用者點選此增益集的功能表單，就會在 EXCEL 表單的左上角，出現所欲載入的增益集名稱，本例為整合分析（參見圖 8-8）；點開此選目，就可開啟下拉式的功能表單，顯示所有 ESS 的統計分析副程式，參見圖 8-9。讀者此時，應能馬上找到心理計量整合分析的副程式：Hunter-Schmidt Meta-Analysis。

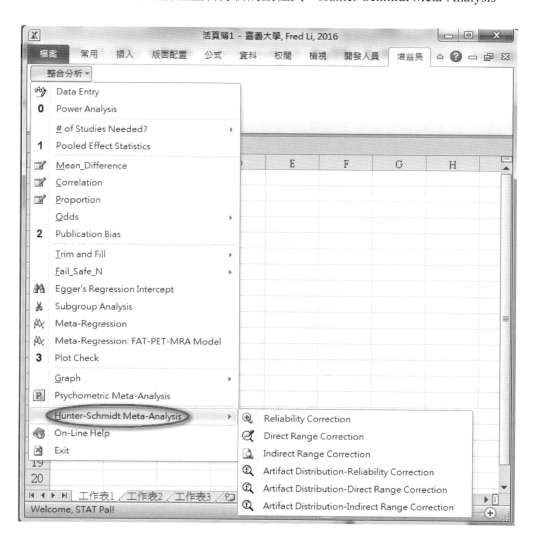

圖 8-9　EXCEL 增益集 ESS 的開啟

圖 8-9 內之「Psychometric Meta-analysis」之選目，係另一獨立之心理計量整合分析的副程式。當在 EXCEL 的空白表單中建立所需之資料後，研究者就可

點選圖 8-10 中 ESS 的副程式執行之。點開心理計量整合分析的主表單：Hunter-Schmidt Meta-Analysis，就會出現圖 8-10 中的 6 個副程式，等待使用者進行不同類別的人為偏差（測量信度、抽樣誤差與全距減縮）校正。

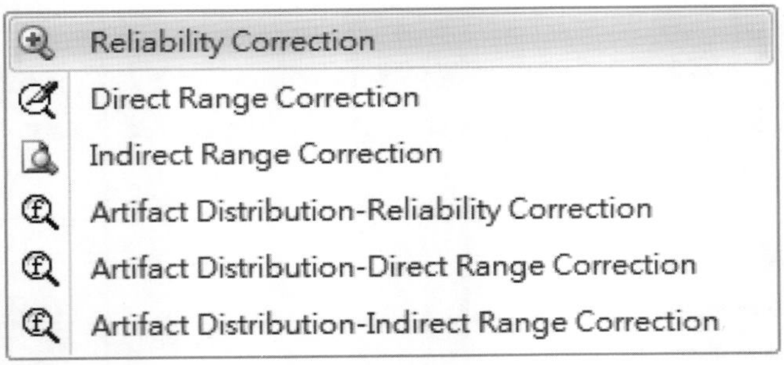

圖 8-10　心理計量整合分析的 ESS 副程式的表單

四、ESS 資料內建檔案格式的選擇

　　ESS 整合分析軟體有一定之資料分析順序，資料檔案之格式亦依各效果值類別而定，不允許有任何偏差，否則會有不正確的分析結果。為了讓 ESS 使用者能夠正確的建立檔案格式及鍵入必備之資料，在「Data Entry」的表單內（參見圖 8-11、8-12），ESS 內建四類效果值計算及各整合分析所需之檔案格式（參見圖 8-13），以確保資料建檔之正確性與效率。研究者必須使用正確建檔格式，至於其後的各項統計分析，研究者不需操心如何準備相關資料，只要按下選目按鈕就可迅速獲得所需的統計量。相信此友善之介面會替您省下不少寶貴的時間與精神。

圖 8-11　心理計量整合性分析 ESS 內定檔案格式的選擇（EXCEL 2010）

　　圖 8-11、圖 8-12 內第 7 ～ 12 項，即爲「Psychometric Meta-analysis」的資料輸入格式的選目；這 6 個選目的相對應格式設定，請參見圖 8-13。

圖 8-12　心理計量整合性分析 ESS 內定檔案格式的選擇（EXCEL 2003）

圖 8-13　心理計量整合分析所需的 ESS 檔案格式設定摘要表：以相關係數為例

　　以相關係數為例，由圖 8-13 中檔案格式設定摘要表即可知，進行心理計量整合分析時需要哪些必備資訊與在哪一欄位中輸入數據。為了解決讀者建檔格式與欄位設定之困擾，如果運用 ESS 的「Data Entry」副程式，ESS 會自動幫您在內定的欄位中呈現所需變項的名稱，使用者只要在這些欄位中鍵入所需的數據即可。請 ESS 使用者特別注意 H 欄位的各式設定：Ux & ux 不可混淆，否則會產生錯誤的結果。

五、心理計量整合分析的 ESS 建檔格式與實例

　　心理計量整合分析，主要涉及三大資料類別的校正：測量工具信度的校正、直接全距減縮的校正與間接全距減縮的校正。以相關係數為例，各類別心理計量整合分析檔案格式，分別在圖 8-14 ～圖 8-19 中進行實例示範說明，以利運用者快速上手。在圖 8-14 ～圖 8-19 中的第一行，係 ESS 自動內建的必備變項名稱（可利用圖 8-11 的表單選擇，不須研究者費心），第二行以後才是研究者需要鍵入

的各研究之相關數據。

(一) 測量誤差校正

利用圖 8-11 的表單選擇，鍵入代碼「7」(Measurement Error Correction)，按確定之後，ESS 就會設定測量工具信度校正的所需變項與其名稱，如圖 8-14 第一行所示，第一行以後爲空白，等待研究者之輸入（本例，筆者已事先鍵入資料）。當然，研究者亦可直接依檔案此格式設定，自行建立檔案名稱以輸入數據。

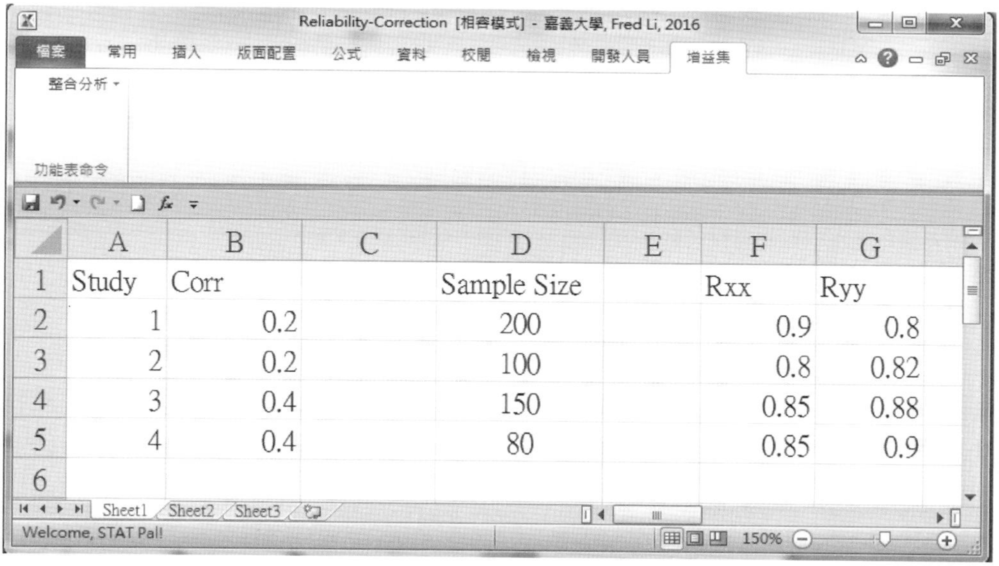

	A	B	C	D	E	F	G
1	Study	Corr		Sample Size		Rxx	Ryy
2	1	0.2		200		0.9	0.8
3	2	0.2		100		0.8	0.82
4	3	0.4		150		0.85	0.88
5	4	0.4		80		0.85	0.9
6							

圖 8-14　測量工具信度校正的檔案格式（代號 7）

圖 8-14 係雙變項的信度均加以校正的檔案格式（F & G 欄位均有信度資料），假如這些校正因子變項的信度資料無法加以蒐集，可將相關之欄位資料空著不必填入任何資料；此時，ESS 只能進行 Bare-bones 整合分析，無法進行人爲偏差之效正。

(二) 直接全距減縮校正

研究者可利用圖 8-11 的表單選擇，鍵入代碼「8」(Direct Range Restriction Correction)，以進行直接全距減縮校正。

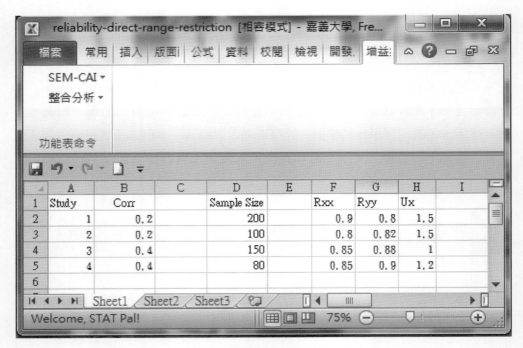

圖 8-15　直接全距減縮校正的檔案格式（代號 8）

　　圖 8-15 係雙變項的信度、直接全距校正因子均加以校正的檔案格式（F、G & H 欄位均有資料），假如這些校正因子變項的信度資料無法加以蒐集，可將相關之欄位資料空著不必填入任何資料；此時，ESS 只能進行 Bare-bones 整合分析，無法進行人為偏差之效正。

(三) 間接全距減縮校正

　　研究者可利用圖 8-11 的表單選擇，鍵入代碼「9」（Indirect Range Restriction Correction），以進行間接全距減縮校正。

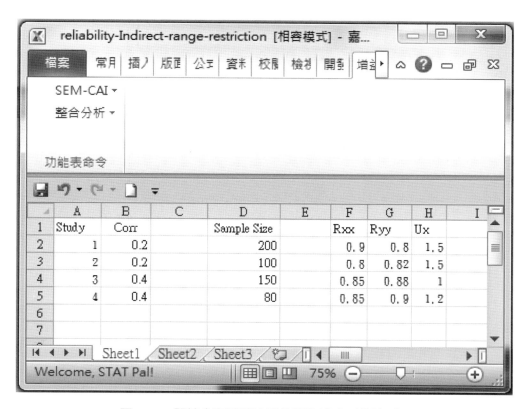

圖 8-16　間接全距減縮校正的檔案格式（代號 9）

　　圖 8-16 係雙變項的信度、間接全距校正因子均加以校正的檔案格式（F、G、& H 欄位均有資料），假如這些校正因子變項的信度資料無法加以蒐集，可將相關之欄位資料空著不必填入任何資料；此時，ESS 只能進行 Bare-bones 整合分析，無法進行人為偏差之效正。

（四）測量工具信度校正的檔案格式：Artifact distribution 方法

　　研究者可利用圖 8-11 的表單選擇，鍵入代碼「10」（Artifact Distribution Measurement Error Correction），以進行利用人為偏差分配的測量工具信度校正。人為偏差分配的測量工具信度校正法，最適合於當人為偏差的資訊不全時，例如：有些研究，並未報告變項之信度資料。

	A	B	C	D	E	F	G
1	Study	Corr	SE	Sample Size	W	Rxx	Ryy
2	1					0.7	
3	2					0.5	
4	3						0.7
5	4						0.5
6	5	0.01		68			
7	6	0.14		68			
8	7	0.23		68			
9	8	0.34		68			
10							

圖 8-17　測量工具信度校正的檔案格式：Artifact distribution 方法（代號 10）

圖 8-17 係利用人為偏差分配，針對雙變項的信度均加以校正的檔案格式（F & G 欄位有些研究沒有信度資料），假如這些校正因子變項的信度資料無法加以蒐集，可將相關之欄位資料空著不必填入任何資料。

(五) 直接全距減縮校正的檔案格式：Artifact distribution 方法

研究者可利用圖 8-11 的表單選擇，鍵入代碼「11」（Artifact Distribution Direct Range Restriction Correction），以進行利用人為偏差分配的直接全距減縮校正。

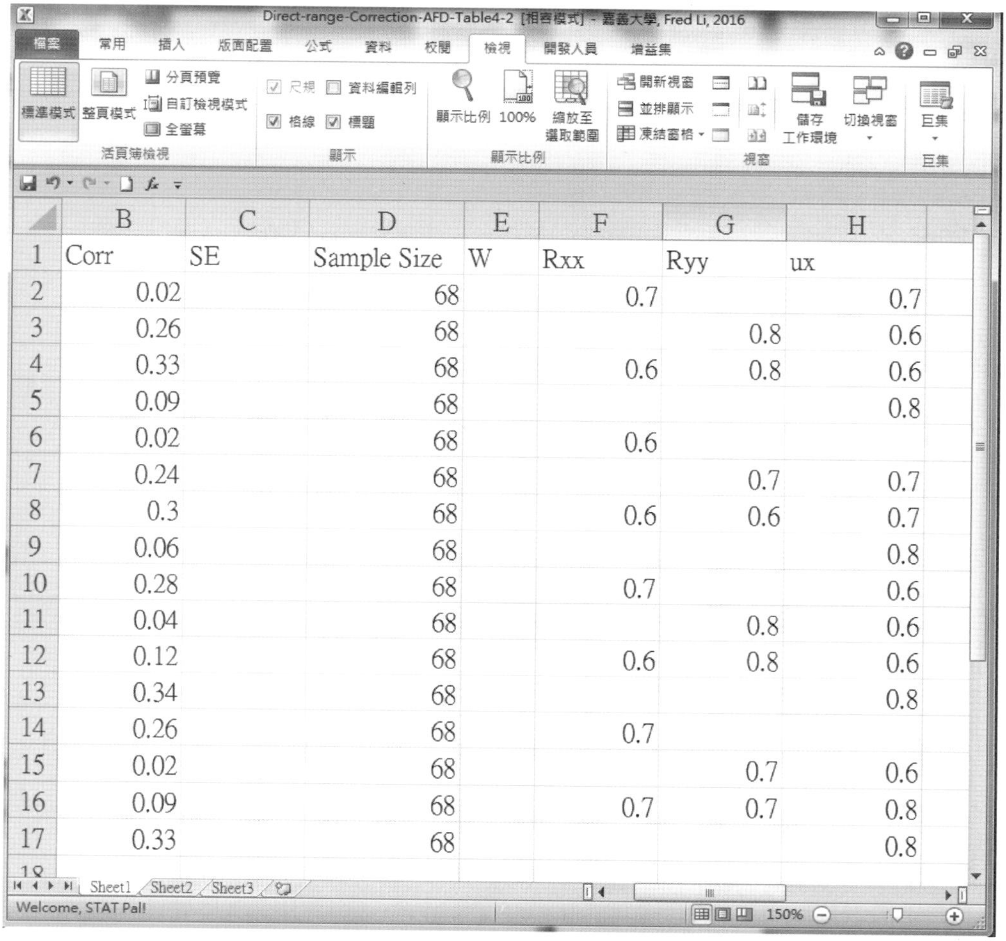

圖 8-18 　直接全距減縮校正的檔案格式：Artifact distribution 方法（代號 11）

圖 8-18 係利用人為偏差分配，針對效標的信度、直接全距均加以校正的檔案格式（G & H 欄位），假如這些校正因子變項的信度資料無法加以蒐集，可將相關之欄位資料空著不必填入任何資料。

（六）間接全距減縮校正的檔案格式：Artifact distribution 方法

研究者可利用圖 8-11 的表單選擇，鍵入代碼「12」（Artifact Distribution Indirect Range Restriction Correction），以進行利用人為偏差分配的間接全距減縮校正。

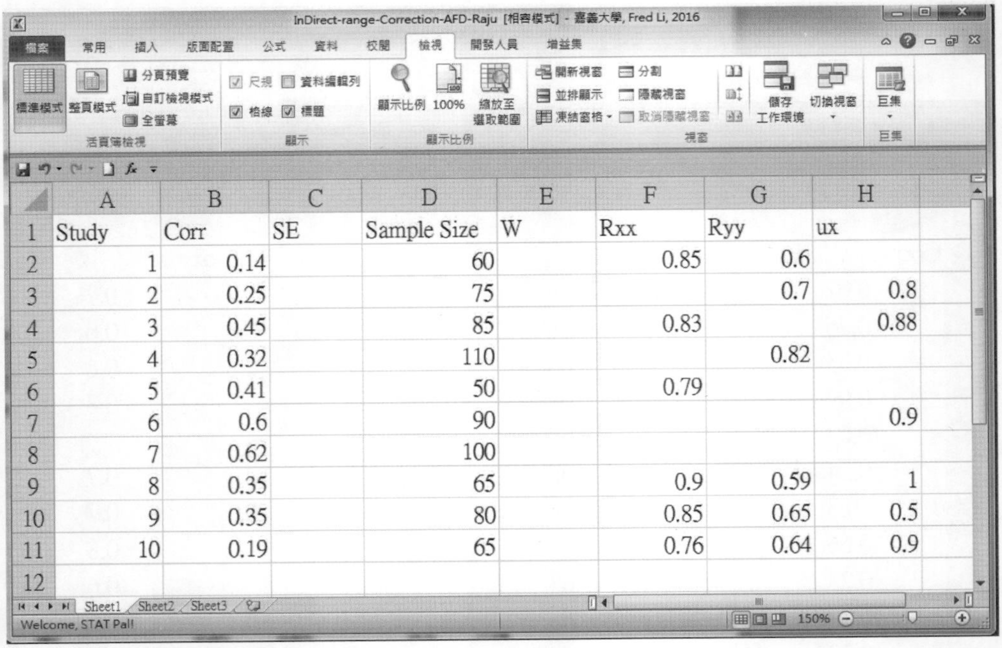

圖 8-19　間接全距減縮校正的檔案格式：Artifact distribution 方法（代號 12）

　　圖 8-19 係利用人為偏差分配，針對效標的信度、間接全距均加以校正的檔案格式（F ～ H 欄位），假如這些校正因子變項的信度資料無法加以蒐集，可將相關之欄位資料空著不必填入任何資料。

附錄一　ESS-2016的中文操作界面表單

References

参考文献

● 參考文獻 ●

中文部分

李茂能（2015）。傳統整合分析理論與實務：ESS & EXCEL。台北：五南。

陳瑋婷（2012）。親職壓力、社會支持與生活品質之關係研究：身心障礙者家長與普通家長之比較。特殊教育研究學刊，37(3)，1-26。

邵文逸（2009）。間接比較各種隨機分派臨床試驗之治療效果：一種擴大利用實證資料的分析方法。醫療爭議審議報導，系列 43。

英文部分

Aloe, A. M., Amo, L. C., & Shanahan, M. E. (2014). Classroom management self-efficacy and burnout: A multivariate meta-analysis. *Educational Psychology Review*, *26*(1), 101-126. doi: 10.1007/s10648-013-9244-0.

Bucher HC, Guyatt GH, Griffith LE, Walter SD (1997). The Results of Direct and Indirect Treatment Comparisons in Meta-Analysis of Randomized Controlled Trials. *Journal of Clinical Epidemiology*, *50*, 683-691.

Becker, B.J. (2007). Multivariate meta-analysis: contributions of Ingram Olkin. *Statistical Science, 22(3)*, 401-406.

Becker, B. J. (2009). Model-based meta-analysis, chapter 20, in The handbook of research synthesis and meta-analysis, editors: Cooper, H.M. and Hedges, L.V. and Valentine, J.C., Russell Sage Foundation Publications.

Borenstein, M., Hedges, L. V., Higgins, J. P. T., & Rothstein, H. R. (2009). *Introduction to meta-analysis.* West Sussex, UK: John Wiley.

Bornmann, L., Mutz, R., & Daniel, H.-D. (2007). Gender differences in grant peer review: A meta-analysis. *Journal of Inform*etrics, *1*(3), 226-238.

Brannick, M. T. (2015). Course materials and research website:Meta-analysis.

Retrieved from http://faculty.cas.usf.edu/mbrannick/meta/Lectures/index. html

Brooks, S.P. and Gelman A. (1998): Alternative Methods for Monitoring Convergence of Iterative Simulations. *Journal of Computational and Graphical Statistics, 7*, 434-455.

Bucher, H.C., Guyatt, G.H., Griffith, L.E. & Walker, S. D.(1997). The results of direct and indirect treatment comparisons in meta-analysis of randomized controlled trial. *Journal of Clinical Epidemiology, 50*(6), 683-691.

Callender, J. C., & Osburn, H. G. (1980). Development and test of a new model for validity generalization. *Journal of Applied Psychology, 65,* 543-558.

Card, N. A. (2012). *Applied Meta-Analysis for Social Science Research.* New York: Guilford Press.

Chaimani, A.(2014). Network meta-analysis in STATA. Available at http://www. mtm.uoi.gr/index.php/research-and-publications/11-rap-articles/22-talks.

Cheung, M.W.L. (2002). *Meta-analysis for Structural Equation Modeling: A Two-stage Approach.* Unpublished doctoral dissertation. The Chinese University of Hong Kong, Hong Kong.

Cheung, M. W. L., & Chan, W. (2005). Meta-analytic structural equation modeling: A two-stage approach. *Psychological Methods, 10*, 40-64.

Cheung, M. W. L. (2007). TSSEM: A LISREL syntax generator for two-stage structural equation modeling (Version 1.10) [Computer software and manual]. Retrieved from ttp://courses.nus.edu.sg/course/psycwlm/internet/tssem. zip.

Cheung, M. W. L. (2007). Comparison of approaches to constructing confidence intervals for mediating effects using structural equation models. *Structural Equation Modeling, 12*, 227-246.

Cheung, M. W. L. (2008). A model for integrating fixed-, random-, and mixed-effects meta-analyses into structural equation modeling. *Psychological*

Methods, 13, 182-202.

Cheung, M. W. L. (2009a). Constructing approximate confidence intervals for parameters with structural equation models. *Structural Equation Modeling, 16*, 267-294.

Cheung, M. W. L. (2009b). *TSSEM: A LISREL syntax generator for two-stage structural equation modeling* (Version 1.11) [Computer software and manual]. Retrieved from http://courses.nus.edu.sg/course/psycwlm/internet/tssem.zip.

Cheung, M. W. L., & Chan, W. (2004). Testing dependent correlation coefficients via structural equation modeling. *Organizational Research Methods, 7(2)*, 206-223.

Cheung, M. W. L., & Chan, W. (2005a). Meta-analytic structural equation modeling: A two-stage approach. *Psychological Methods, 10*, 40-64.

Cheung, M. W. L., & Chan, W. (2005b). Classifying correlation matrices into relatively homogeneous subgroups: A cluster analytic approach. *Educational and Psychological Measurement, 65*, 954-979.

Cheung, M. W. L., & Chan, W. (2009). A two-stage approach to synthesizing covariance matrices in meta-analytic structural equation modeling. *Structural Equation Modeling, 16(1)*, 28-53.

Cheung, Mike W. L. (2010): Fixed-Effects Meta-Analyses as Multiple-Group Structural Equation Models, Structural Equation Modeling. *A Multidisciplinary Journal, 17(3)*, 481-509.

Cheung, M.W.L. (2012). metaSEM: An R package for meta-analysis using structural equation modeling. *Manuscript submitted for publication.*

Cheung, M. W. L. (2013a). *metaSEM: Meta-Analysis using Structural Equation Modeling.*Retrieved from http://courses.nus.edu.sg/course/psycwlm/Internet/metaSEM/

Cheung, M.W.L. (2013b). Fixed- and random-effects meta-analytic structural equation modeling: Examples and analyses in R. Behavior Research Methods, July, 1-12. Available at https://dl.dropboxusercontent.com/u/25182759/Fixed%20and%20Random%20Effects%20Meta%20Analytic%20Structural%20Equation%20Modeling.pdf

Cheung, M. W. L. (2014). Modeling dependent effect sizes with three-level meta-analyses: A structural equation modeling approach. *Psychological Methods*, *19*(2), 211-229.http://doi.org/10.1037/a0032968

Cheung, M. W. L. (2015). *Meta-Analysis: A Structural Equation Modeling Approach*. Wiley, Amazon and Google Book.

Cheung, M. W. L. (2015). metaSEM: An R package for meta-analysis using structural equation modeling. *Frontiers in Psychology, 5*(1521). http://doi.org/10.3389/fpsyg.2014.01521

Coleman, C.I., Phung, O.J., Cappelleri, J.C., Baker, W.L., Kluger, J., White, C.M., Sobieraj, D.M.(2012). *Use of Mixed Treatment Comparisons in Systematic Reviews. Methods Research Report*. AHRQ Publication No. 12-EHC119-EF. Rockville, MD: Agency for Healthcare Research and Quality. Available at: www.effectivehealthcare.ahrq.gov/reports/final.cfm.

Conway, J. M. (1999). Distinguishing contextual performance from task performance for managerial jobs. *Journal of Applied Psychology, 84*(1), 3-13.

Denson, N. and *Seltzer*, M. (*2011*). Meta-analysis in higher education: An illustrative example using hierarchical linear modeling, *Research in Higher Education, 52*, 215-244.

Dias, S., Welton, N.J., Sutton, A.J. & Ades, A. E. (2013a). Evidence Synthesis for Decision Making 1: Introduction. *Medical Decision Making, 33*(5), *597-606*. available from http://www.nicedsu.org.uk

Dias, S., Welton, N.J., Sutton, A.J. & Ades, A. E. (2013b). Evidence synthesis for decision making 2: A generalized linear modeling framework for pairwise and network meta-analysis of randomized controlled trials. *Medical*

Decision Making, 33(5), *607-617.* available from http://www.nicedsu.org.uk

Dias, S., Welton, N.J., Sutton, A.J. & Ades, A. E. (2013c). Evidence synthesis for decision making 3: Heterogeneity—subgroups, meta-regression, bias, and bias-adjustment. *Medical Decision Making, 33*(5), 618-640. available from http://www.nicedsu.org.uk

Dias, S., Welton, N.J., Sutton, A.J. Caldwell, D. M. & Ades, A.E.(2011). NICE DSU Technical Support Document 2: A Generalised Linear Modelling Framework for Pairwise and Network Meta-Analysis of Randomised Controlled Trials; last updated March 2013: Available from: http://www.nicedsu.org.uk/TSD2%20General%20meta%20analysis%20corrected%20Mar2013.pdf.

Dias, S., Welton, N.J., Sutton, A.J. & Ades, A. E. (2011). Evidence synthesis for decision making 4: Inconsistency in networks of evidence based on randomized controlled trials. *Medical Decision Making, 33*(5), 641-656.

Duval, S, and Weinhandl, R. (2011). *Correcting the publication bias in the presence of covariates.* (Prepared by the Minnesota Evidence-based Practice Center under Contract No. 290-02-0009.) AHRQ Publication No. 11-EHC041-EF. Rockville, MD: Agency for Healthcare Research and Quality. September 2011. Available at: www.effectivehealthcare.ahrq.gov/reports/final.cfm.

Elliott, W.J., & Meyer, P. M.(2007).Incident diabetes in clinical trials of antihypertensive drugs: a network meta-analysis. *The Lancet ,369* , 201-207.

Fife, D. A., Mendoza, J. L., & Terry, T. (2012). The assessment of reliability under range restriction: A comparison of α, ω, and test-retest reliability for dichotomous data. *Educational and Psychological Measurement, 19,* 862-888.

Franchini,A.J.,Dias,S.Ades,A.E.,Jansen,J P.,and Welton,N.J.(2012). Accounting for correlation in network meta-analysis with multi-arm trials. *Research Synthesis Methods,3,* 142-160.

Fried, Y.; Shirom, A.; Gilboa, S.; Cooper, C. L. (2008). The mediating effects of job satisfaction and propensity to leave on role stress-job performance relationships: Combining meta-analysis and structural equation modeling. *International Journal of Stress Management, 15(4)*, 305-328.

Furlow, C. F., & Beretvas, S. N. (2005). Meta-analytic methods of pooling correlation matrices for structural equation modeling under different patterns of missing data. *Psychological Methods, 10*, 227-254.

Gasparrini A, Armstrong B, Kenward MG (2012). Multivariate meta-analysis for non-linear and other multi-parameter associations. *Statistics in Medicine, 31*(29):3821-3839.

Gasparrini, A. (2014). mvmeta: Multivariate and univariate meta-analysis and meta-regression. R package version 0.4.3.

Gegenfurtner, A. (2011). Comparing two handbooks of meta-analysis: Review of Hunter & Schmidt, Methods of Meta-Analysis: Correcting Error and Bias in Research Findings, and Borenstein, Hedges, Higgins, and Rothstein, Introduction to Meta-Analysis. *Vocations and Learning, 4* (2), 169-174. doi:10.1007/s12186-011-9057-6

Gramham, J. M. (2011). Measuring love in romantic relationships: A meta-analysis. *Journal of Social and Personal Relationships,28*(6), 748-771.

Gurevitch, J., Mengersen, K. L., Koricheva, J.(2013). *Handbook of meta-analysis in ecology and evolution.* Oxford : Princeton University Press.

Guyatt, G.H., Oxman, A.D., Sultan, S., Glasziou, P., Akl, E.A., Alonso-Coello, P., Atkins, D., Kunz, R., Brozek, J., Montori, V., Jaeschke, R., Rind, D., Dahm, P., Meerpohl, J., Vist, G., Berliner, E., Norris, S., Falck-Ytter, Y., Murad, M.H., Schünemann, H.J.; The GRADE Working Group.(2011). GRADE guidelines: 9. *Rating up the quality of evidence. Journal of Clinical Epide-*

miology, 64, 1311-1316.

Haute Autorité de Santé.(2009). Indirect comparisons methods and validity. downloaded from www.has-sante.fr

Hedges, L.V.,& Olkin, I. (1985). *Statistical methods for meta-analysis*. Orlando, FL: Academic Press.

Hedges, L. V, & Vevea, J. L. (1998). Fixed- and random-effects models in meta-analysis. *Psychological Methods, 3,* 486-504.

Higgins, J. P. T., Jackson, D., Barrett, J. K., Lu, G., Ades, A. E., White, I. R.(2012). Consistency and inconsistency in network meta-analysis: concepts and models for multi-arm studies. *Research Synthesis Method, 3,* 98-100.

Hox, J. J. (2002). *Multilevel analysis: Techniques and applications.* Mahwah, N.J.: Lawrence Erlbaum Associates.

Hox, J. J. & Roberts, J. K. (Eds.) (2011). *Handbook of advanced multilevel analysis*. New York: Routledge.

Hox, J. J. (2010). *Multilevel analysis. Techniques and applications. 2nd Edition*. New York: Routledge.

Hunter, J. E., & Schmidt, F. L. (1990). *Methods of meta-analysis: Correcting error and bias in research findings*. Newbury Park, CA: Sage.

Hunter, J.E. and Schmidt, F.L. (2004). *Methods of meta-analysis: Correcting error and bias in research findings* (2nd ed.). Thousand Oaks: Sage Publications.

Hunter, J. E.; Schmidt, F. L.; Le, H.(2006). Implications of direct and indirect range restriction for meta-analysis methods and findings. Journal of Applied *Psychology, 91(3)*, 594-612. doi: 10.1037/0021-9010.91.3.594

Ihaka, R. and Gentleman, R. (1996). "R: A language for data analysis and graphics," *Journal of Computational and Graphical Statistics, 5*, 299-314.

Jackson, D., Barrett, J.K., Stephen, R., White, I.R., & Higgins, J. (2014). A design-by-treatment interaction model for network meta-analysis with random

523

inconsistency effects. *Statistics in Medicine, 33*, 3639-3654.

Jackson, D., Law, M., Barrett, J., Turner, R., Higgins, J., Salanti, G., and White, I.(2016). Extending DerSimonian and Laird's methodology to perform network meta-analyses with random inconsistency effects, *Statistics in Medicine, 35*, 819-839. DOI 10.1002/sim.6752

Jansen, J.P., Fleurence, R., Devine, B., et al. (2011). Interpreting indirect treatment comparisons & network meta-analysis for health care decision-making: Report of the ISPOR Task Force on Indirect Treatment Comparisons Good Research Practices—part 1. *Value Health, 14*, 417-428.

Kalaian, H. A., & Raudenbush, S. W. (1994, April). *Scholastic Aptitude Test Coaching Effectiveness: A Multivariate Hierarchical Linear Model Meta-Analysis Approach*. Paper presented at the annual meeting of the American Educational Research Association (AERA). New Orleans.

Kalaian, S. A., & Kasim, R. M. (2008). Multilevel methods for meta-analysis. In A. A. O'Connel & D. B. McCoach (Eds.). *Multilevel modeling of educational data*. Charlotte, NC: Information Age Publishing.

Keil, M., Tan, B. C.Y., Wei, K. K., & Saarinen, T.(2000). A cross-cultural study on escalation of commitment behavior in software projects. *MIS Quarterly, 24*(2), 299-325.

Koricheva, J., Gurevitch, J., & Mengersen, K. (Eds.). (2013). *Handbook of Meta-analysis in Ecology and Evolution*. Princeton University Press.

Krahn, U., Binder, H., Konig, J. (2013). A graphical tool for locating inconsistency in network meta-analyses. *BMC Medical Research Methodology, 13*(35). DOI: 10.1186/1471-2288-13-35.

Kuncel, N. R., Hezlett, S. A., & Ones, D. S. (2001). A comprehensive meta-analysis of the predictive validity of the Graduate Record Examinations: Implications for graduate student selection and performance. *Psychological Bulletin, 127*, 162-181.

Le, H., & Schmidt, F. L. (2006). Correcting for indirect range restriction in meta-analysis: testing a new meta-analytic procedure. *Psychological Methods,11(4)*,416-438.

Le, H. A. (2003). *Correcting for indirect range restriction in metaanalysis: Testing a new meta-analytic method.* Unpublished doctoral dissertation, University of Iowa.

Lim, E., Ali, Z., Ali, A., Routledge, T., Edmonds, L., Altman, D.G., et al.(2003). Indirect comparison meta-analysis of aspirin therapy after coronary surgery. *BMJ, 327*(7427), 1309.

Linden, D. van der, Nijenhuis, J. te & Bakker, A.B. (2010). The general factor of personality: A meta-analysis of Big Five intercorrelations and a criterion-related validity study. *Journal of Research in Personality, 44*, 315-327.

Lord, F.M., & Novick, (1968). *Statistical theories of mental test scores.* Reading, MA: Addison-Wesley.

Lu, G., and Ades, A.E.(2004). Combination of direct and indirect evidence in mixed treatment comparisons. *Statistics in Medicine, 23*, 3105-3124.

Lu, G., and Ades, A.E.(2006). Assessing evidence inconsistency in mixed treatment comparisons. J*ournal of the American Statistical Association, 101*, 447-459.

Lumley T.(2002). Network meta-analysis for indirect treatment comparisons. *Statistics in Medecine, 21*(16), 2313-24.

Lumley, T. (2012). rmeta: Meta-analysis. Available at \url{http:// cran.r-project. org/web/packages/rmeta/}.

Mount, M. K., & Barrick, M. R. (1995). The Big Five personality dimensions: Implications for research and practice in human resources management.In K. M. Rowland & G. Fen-is (Eds.), *Research in personnel and human resources management* (Vol. 13, pp. 153-200). Greenwich, CT: JAI Press.

Murphy, K. R. (2003). The logic of validity generalization. In K. R. Murphy (Ed.)

Validity generalization: a critical review. Mahwah, NJ: Erlbaum.

Muthén, B., Kaplan, D., & Hollis, M. (1987). On structural equation modeling with data that are not missing completely at random. *Psychometrika, 42,* 431-462.

National Research Council. (1992). *Combining information: Statistical issues and opportunities for research.* Washington, DC: National Academy Press.

Nelson, J. P.(2010). Alcohol marketing, adolescent drinking and publication bias in longitudinal studies: A critical survey using meta-analysis. *Journal of Economic Surveys, 25*(2), 191-232.

Oh, I. S. (2007). In search of ideal methods of research synthesis over 30 years (1977-2006): Comparison of Hunter-Schmidt meta-analysis methods with other methods and recent improvements. *International Journal of Testing, 7*(1), 2007, 89-93.

Olkin, I., & Siotani, M. (1976). Asymptotic distribution of functions of a correlation matrix. In S. Ideka (Ed.), *Essays in probability and statistics* (pp. 235-251). Tokyo: Shinko Tsusho.

O'Mara, A. J., & Marsh, H. W., (2008). Incorporating within-study correlations in multivariate meta-analysis: Multilevel versus traditional models. *Unpublished manuscript.*

Pierce, C. A.(2008). *Software Review: Borenstein, M., Hedges, L. V., Higgins, J. P. T., & Rothstein, H. R. (2006). Comprehensive Meta-Analysis (Version 2.2.027)* [Computer software]. Englewood, NJ: Biostat. *Organizational Research Methods* January,11(1),188-191.

Raju, N.S. & Burke, M.J. (1983). Two new procedures for studying validity generalization. *Journal of Applied Psychology, 68*, 382-395.

Raju, N. S., & Brand, P. A. (2003). Determining the significance of correlations corrected for unreliability and range restriction. *Applied Psychological Measurement, 27*(1), 52-71.

Raju, N. S., Burke, M. J., Normand, J., & Langlois, G. M. (1991). A meta-analysis approach. *Journal of Applied Psychology, 76,* 432-446.

Raudenbush, S. W., & Bryk, A. S. (2002). *Hierarchical linear models: Applications and data analysis methods* (2nd ed.). Thousand Oaks, CA: Sage.

Raudenbush, S. W. (2009). Analyzing effect sizes: Random- effects models. In Cooper, H., Hedges, L. V. & Valentine, J. C. (Eds.). *The handbook of research synthesis and meta-analysis (2nd ed).* New York: Russell Sage Foundation.

Ree, M. J., Carretta, T. R., Earles, J. A., & Albert, W. (1994). Sign changes when correcting for range restriction: A note on Pearson's and Lawley's selection formulas. *Journal of Applied Psychology, 79,* 298-301.

Rodríguez, M.C. and Maeda, Y. (2006). Meta-analysis of coef cient alpha. *Psychological Methods, 3,* 306-322.

Rücker, G. (2012) Network meta-analysis, electrical networks and graph theory. *Research Synthesis Methods, 3,* 312-324.

Rucker, G., Schwarzer, G., Krahn, U., and Konig, J. (2014). netmeta: Network meta-Analysis with R. R package version 0.5-0.

Rucker,G. and Schwarzer, G.(2015). Ranking treatments in frequentist network meta-analysis works without resampling methods. *BMC Medical Research Methodology,* 15-58.DOI 10.1186/s12874-015-0060-8

Salanti, G.(2012). Indirect and mixed-treatment comparison, network, or multiple-treatments meta-analysis: many names, many benefits, many concerns for the next generation evidence synthesis tool. *Research Synthesis Methods, 3* (2), 80-97.

Salanti, G.(2013).Problems introduced by multi-arm trials: full network meta-analysis (Handout S8-L).Cochrane Comparing Multiple Interventions Methods Group, Oxford Training event.

Schmidt, F. L. and Hunter, J. E. (1977). Development of a general solution to the

527

problem of validity generalization. *Journal of Applied Psychology,* 62, 529-540.

Schmidt, F. L. & Hunter, J. E. (2015). *Methods of meta-analysis: Correcting error and bias in research synthesis* (3rd Ed.). CA:Sage.

Schwarzer, G. (2007). meta: An R package for meta-analysis. R News, 7(3):40{45.

Shadish, W.R. (1996). Meta-analysis and the exploration of causal mediating processes: A primer of examples, methods, and issues. *Psychological Methods, 1,* 47.

Song, F., Loke, Y.K., Walsh, T., Glenny, A.M., Eastwood, A.J., Altman, D.G. (2009). Methodological problems in the of indirect comparisons for evaluating healthcare interventions: survey of published systematic reviews. *British Medicine Journal,* 338-b1147.

Spiegelhalter, D.J., Abrams, K.R., & Myles, J.P.(2004). *Bayesian approaches to clinical trials and health care evaluation.* Chichester: John Wiley & Sons.

Stauffer, J.M. (1996). A graphical user interface psychometric meta-analysis program for DOS. *Educational and Psychological Measurement, 56*(4), 675.

Tzeng, O.C. S. (1993). *Measurement of love and intimate relations.* Westport, CT.: Greenwood Publishing Group, Inc.

Veroniki, A. A., Vasiliadis, H. S., Higgins,J. P. T., and Salanti, G.(2013). Evaluation of inconsistency in networks of interventions. *International Journal of Epidemiology, 42,*332-345.

Viechtbauer, W. (2010). Conducting meta-analyses in R with the metafor package. *Journal of Statistical Software, 36*(3), 1-48. http://www.jstatsoft.org/v36/i03.

Viswesvaran, C., & Ones, D. S. (1995). Theory testing: Combining psychometric meta-analysis and structural equation modeling. *Personnel Psychology, 48,* 865-885.

Wells, G.A., Sultan, S.A., Chen, L., Khan, M., Coyle, D.(2009). *Indirect treatment comparison* [computer program]. Version 1.0. Ottawa: Canadian Agency for Drugs and Technologies in Health.

White, I.R.(2011). Multivariate random-effects meta-regression: Updates to mvmeta. *Stata Journal, 11,* 255-70.

White, I.R.(2009). Multivariate random-effects meta-analysis. *Stata Journal,* 9, 40-56. http://www.stata-journal.com/article.html?article=st0156

White, I.R., Barret, J.K., Jackson, D., and Higgins, J.P.T.(2012). Consistency and inconsistency in multiple treatments meta-analysis: model estimation using multivariate meta-regression. *Research Synthesis Methods, 3,* 111-25.

Whitener, E. M.(1990). Confusion of confidence intervals and credibility intervals in meta-analysis. *Journal of Applied Psychology, 75(3),* 315-321. doi: 10.1037/0021-9010.75.3.315

Woodward, P. (2011). *Bayesian Analysis Made Simple: An Excel GUI for Win-BUGS,* Chapman & Hall/CRC Biostatistics. http://Serieshttp://www.phil-woodward.co.uk/bugsxla/download.html

Yeager, D.S., Fong, C.J., Lee, H.Y., Espelage, D.L.(2015). Declines in efficacy of anti-bullying programs among older adolescents: A developmental theory and a three-level meta-analysis. *Journal of Applied Developmental Psychology, 37,* 36-51.

Zhang, Y. (2011). *Meta-analytic Structural Equation Modeling (MASEM): Comparison of the multivariate methods.* Doctoral thesis at Florida State University.

Index

索　引

• 索 引 •

535

537

職場專門店

五南文化事業機構
WU-NAN CULTURE ENTERPRISE

書泉出版社
SHU-CHUAN PUBLISHING HOUSE

國家圖書館出版品預行編目資料

當代整合分析理論與實務／李茂能著. －－初
版. －－臺北市：五南, 2016.11
　　面；　公分
ISBN 978-957-11-8897-3 (平裝)
1.社會科學 2.研究方法 3.後設分析
501.2　　　　　　　　　105019994

1HOB

當代整合分析理論與實務：
ESS、Meta-SEM、Mvmeta & WinBUGS

作　　　者 ─ 李茂能

發 行 人 ─ 楊榮川

總 編 輯 ─ 王翠華

主　　編 ─ 侯家嵐

責任編輯 ─ 劉祐融

文字校對 ─ 丁文星、鐘秀雲

封面設計 ─ 盧盈良

出 版 者 ─ 五南圖書出版股份有限公司

地　　　址：106台北市大安區和平東路二段339號4樓

電　　　話：(02)2705-5066　　傳　真：(02)2706-6100

網　　　址：http://www.wunan.com.tw

電子郵件：wunan@wunan.com.tw

劃撥帳號：01068953

戶　　　名：五南圖書出版股份有限公司

法律顧問　林勝安律師事務所　林勝安律師

出版日期　2016年11月初版一刷

定　　　價　新臺幣680元